Gudrun Hessler, Mechtild Oechsle, Ingrid Scharlau (Hg.)
Studium und Beruf:
Studienstrategien – Praxiskonzepte – Professionsverständnis

W0176692

Gudrun Hessler, Mechtild Oechsle, Ingrid Scharlau (Hg.)

Studium und Beruf: Studienstrategien – Praxiskonzepte – Professionsverständnis

Perspektiven von Studierenden und Lehrenden nach der Bologna-Reform

[transcript]

Bibliografische Information der Deutschen Nationalbibliothek
Die Deutsche Nationalbibliothek verzeichnet diese Publikation in der Deutschen Nationalbibliografie; detaillierte bibliografische Daten sind im Internet
über http://dnb.d-nb.de abrufbar.

© **2013 transcript Verlag, Bielefeld**

Umschlagkonzept: Kordula Röckenhaus, Bielefeld
Lektorat: Gudrun Hessler und Christoph Gesigora
Druck: Majuskel Medienproduktion GmbH, Wetzlar
ISBN 978-3-8376-2156-3

Gedruckt auf alterungsbeständigem Papier mit chlorfrei gebleichtem Zellstoff.
Besuchen Sie uns im Internet: *http://www.transcript-verlag.de*
Bitte fordern Sie unser Gesamtverzeichnis und andere Broschüren an unter:
info@transcript-verlag.de

Inhalt

WISSENSCHAFT UND PRAXIS IM STUDIUM

SELF-ASSESSMENTS:
REFLEXIONSINSTRUMENTE IN DER LEHRERBILDUNG

NACHBETRACHTUNG

Bewusst studieren
Zur Bedeutung von Studienstrategien und Metakognition

ANHANG

Einleitung

GUDRUN HESSLER, MECHTILD OECHSLE, INGRID SCHARLAU

Das Verhältnis von Studium und Beruf bzw. Studium und Arbeitswelt wird unter verschiedenen Vorzeichen und eingebettet in unterschiedliche Diskurse spätestens seit der Öffnung der Hochschulen in den 60er Jahren immer wieder thematisiert. Die Begrifflichkeiten haben sich in diesem Zeitraum jedoch stark gewandelt und auch die Rahmenbedingungen sind andere geworden. So stand lange Zeit der Humankapitalansatz im Zentrum der Debatte; auch das Verhältnis von Theorie und Praxis wurde mit Bezug auf das Humboldt'sche Bildungsideal immer wieder diskutiert. Jüngst entwickelte sich hinsichtlich des Themas ein »neuer Zeitgeist« (Teichler i.d. Band) mit Begrifflichkeiten wie Kompetenzorientierung und Beschäftigungsfähigkeit bzw. »Employability«. Dieser neue Zeitgeist entspricht einem veränderten gesellschaftlichen Kontext, der durch eine Entwicklung hin zur Wissensgesellschaft, durch eine Flexibilisierung von Arbeits- und Beschäftigungsverhältnissen und durch die Forderung nach »lebenslangem Lernen« gekennzeichnet ist. Die Europäisierung des Hochschulraums durch die Bologna-Reform und das Ziel, höhere Anteile eines Geburtsjahrgangs durch ein Hochschulstudium mindestens bis zu einem ersten berufsbefähigenden Bachelor-Abschluss zu führen, sind hier nur zwei Bausteine.

Das Verhältnis von Studium und Beruf kann unter verschiedenen Blickwinkeln betrachtet werden. Eine Perspektive ist die quantitativ-strukturelle Analyse des Verhältnisses von Studium und Arbeitsmarkt, die z.B. über Absolventenstudien die Übergangsdauer in ein Arbeitsverhältnis und andere Kennzahlen erhebt. Der gesellschaftstheoretische Ansatz bietet eine, oftmals normativ orientierte, Diskussion über die Funktion von Hochschulen und von Bildung für das Individuum und die Gesellschaft. Insgesamt sind wissenschaftliche und politisch-praktische Thematisierung häufig eng mit einander verbunden. Der vorliegende Band verfolgt demgegenüber einen anderen Zugang – er konzentriert sich auf die Studienphase selbst: Was passiert *im* Studium und *in* der Hochschule? Wie werden hier Studium und Beruf aufeinander bezogen, wie das Verhältnis von Wissenschaft und Praxis thematisiert? Im Mittelpunkt der Analysen stehen die Perspektiven der Studierenden, die durch die Sichtweisen der Lehrenden ergänzt werden. Mit der stärkeren Betonung von Berufs- und Praxisorientierung werden Erwartungen an Studierende, aber auch an Lehrende, komplexer und widersprüchlicher. Sie sind nach wie vor mit wissenschaftsinternen Leistungsanforderungen konfrontiert, zugleich aber auch mit externen Ansprüchen des Arbeitsmarktes. Der vorliegende Band versammelt Beiträge, die sich mit einzelnen Aspekten des komplexen Verhältnisses von Studium und Beruf auseinandersetzen: Wie beziehen Studierende und Lehrende verschiedener Studiengänge die Erwartungen des Wissenschaftssystems und des Beschäftigungssystems im Rahmen eines Hochschulstudiums aufeinander? Welche Subjektiven Theorien und Strategien entwickeln Studierende im Hinblick auf das Studium und den späteren Übergang in den Arbeitsmarkt? Welche Konzepte zum Verhältnis von Wissenschaft und Berufspraxis, von Praxisbezug und Professionalität existieren und welche Vorstellungen von Kompetenzentwicklung liegen vor? Wie gelingt es, Kompetenzentwicklung im Studium und Studienerträge zu verbessern? Und welche Ansätze und Möglichkeiten gibt es, den Studierenden diese Prozesse durch Selbstreflexion zugänglich und bewusst zu machen? Mit dieser Themensetzung verfolgt der Band zwei übergeordnete Fragestellungen: Zum einen thematisiert er das Verhältnis von Studium und Beruf mit den Facetten Kompetenzerwerb, Forschungs- und Praxisbezug im Studium und Studienerfolg aus Sicht der Studierenden und Lehrenden. Zum anderen spricht er die Möglichkeit der Reflexion und Entwicklung solcher Vorstellungen an und stellt damit die Frage, wie weit Studienstrategien und Kompetenzerwerb im Studium bewusst gewählt und gesteuert werden können. Der Band verbindet verschiedene disziplinäre Zugänge und präsentiert Ergebnisse soziologischer, erziehungswissenschaftlicher und psychologischer Forschung. Die verschiedenen disziplinären Perspektiven ergänzen sich und geben Anregungen sowohl für konzeptionelle und theoretische Überlegungen als auch für die Gestaltung des Studiums und die Verbesserung der Studienqualität.

Die Fokussierung auf die Perspektiven der Studierenden macht deutlich, dass es »die Studierenden« nicht gibt: Nicht nur zwischen den verschiedenen Studiengängen gibt es große Differenzen, sondern auch innerhalb einzelner Fächer ist mit einer nicht unerheblichen Heterogenität der Studierenden hinsichtlich ihrer Vorstellungen zum Verhältnis von Studium und Beruf zu rechnen und diese bei der Gestaltung des Studiums zu berücksichtigen. Auch wird deutlich, dass Praxisbezug ein mehrdimensionales Phänomen ist und nicht z.B. gegen einen Forschungsbezug des Studiums ausgespielt werden darf. Mit Self-Assessment-Instrumenten wird eine Möglichkeit der Selbstreflexion vorgestellt, die der Heterogenität der Studierenden Rechnung trägt, einen subjektiven Zugang zur Thematik und eine Selbsteinschätzung erlaubt und zugleich Kriterien von Beruflichkeit und Profession stärkt.

Der Band geht zurück auf die Abschlusstagung des vom Bundesministerium für Bildung und Forschung geförderten Forschungsprojektes »Studium und Beruf. Subjektive Theorien von Studierenden und Lehrenden zwischen Praxisbezug, Employability und Professionalisierung« (STEP) im Rahmen der Förderlinie »Zukunftswerkstatt Hochschullehre – Hochschulforschung als Beitrag zur Professionalisierung der Hochschullehre«. Ergänzt werden die Tagungsbeiträge durch weitere Beiträge namhafter Wissenschaftlerinnen und Wissenschaftler aus der Hochschul- und Studierendenforschung. Der Band bietet damit einen Einblick in aktuelle Forschungsergebnisse der soziologischen Hochschul- und Studierendenforschung sowie der erziehungswissenschaftlichen und psychologischen Lehrerprofessionsforschung zum Verhältnis von Studium und Beruf, zu Orientierungen und Strategien von Studierenden, zu Fragen des Praxisbezugs, der Kompetenzentwicklung und zum Professionsverständnis sowie zu Self-Assessment-Konzepten. Wir danken allen Autorinnen und Autoren für die engagierte Beteiligung an diesem Band sowie Ludwig Huber, der die Entstehung des Bandes durch die verschiedenen Phasen hindurch begleitet und mit kritischem Sachverstand zum Gelingen beigetragen hat.

ÜBERBLICK ÜBER DIE BEITRÄGE

Der *erste Abschnitt* leitet in zentrale Themen des Bandes ein. Der Beitrag von *Ulrich Teichler* gibt einen Überblick über theoretische Überlegungen, politische Diskurse und empirische Befunde zum Verhältnis von Hochschule und Arbeitswelt. Er macht deutlich, dass wissenschaftliche und politisch-praktische Diskurse über diese Beziehung eng miteinander verzahnt sind. Die größte Aufmerksamkeit gewinnt die Thematik, wenn Appelle an die Hochschulen erfolgen, die Anforderungen des Beschäftigungssystems stärker zu berücksichtigen: Dies traf bereits in der Diskussion über den »Bildungsnotstand« zu und gilt noch heute in der »Employability«-Diskussion. Hier herrscht ein normativer Diskurs über die Funktionen der Hochschule vor, d.h. über wünschenswerte Kompetenzen und deren berufliche Verwendungschancen. Die aktuelle Diskussion über »Employability« wird häufig als Aufruf zur Subordination unter vermeintlichen Bedarf interpretiert; sie kann aber, so die Argumentation Teichlers, auch als offener Aufruf zur Reflexion der beruflichen Relevanz des Studiums verstanden werden

– nicht zuletzt für die in naher Zukunft zu erwartende Situation, dass mehr als die Hälfte eines Geburtsjahrgangs einen Hochschulabschluss erreicht und die meisten von ihnen außerhalb der traditionellen akademischen Berufe tätig werden.

Auf der Grundlage langjähriger Untersuchungen über die Vorstellungen und Motive, Erfahrungen und Schwierigkeiten, Werte und Wünsche der Studierenden rückt der Beitrag von *Tino Bargel* verschiedene Fehleinschätzungen, die über Studierende im Umlauf sind, zurecht. Die empirische Grundlage liefert die Zeitreihe des Konstanzer Studierendensurvey über die deutschen Studierenden an Universitäten und Fachhochschulen. Behandelt werden der steigende Erfolgsdruck im Studium bei erschwerter Studierbarkeit, wobei dafür nicht primär der zeitliche Studieraufwand verantwortlich ist, sondern andere Studienbedingungen den erhöhten Stress verursachen. Als eine Fata Morgana stellt sich das Verlangen nach »Beschäftigungsbefähigung« heraus – mit manchen nachteiligen Folgen, so die Argumentation. Der Beitrag macht zudem auf soziale Ungleichheit im Studium aufmerksam. Neue Befunde über die Grundwerte der Studierenden werden vorgelegt und Grundzüge ihrer gesellschaftlich-politischen Haltungen aufgezeigt. Schließlich werden Folgerungen für die Gestaltung des Studiums und die Verantwortung der Studierenden gezogen und zur Diskussion gestellt.

Der *zweite Abschnitt* enthält empirische Analysen zum Thema Studium und Beruf, die sich mit Studienstrategien, Kompetenzkonzepten und dem Professionsverständnis von Studierenden beschäftigen. Der Beitrag von *Gudrun Hessler, Mechtild Oechsle* und *Justus Heck* untersucht auf Basis der Daten des Forschungsprojektes STEP, wie Studierende und Lehrende das Verhältnis zwischen Wissenschafts- und Beschäftigungssystem wahrnehmen: Wie sehen Studierende und Lehrende das Verhältnis von Studium und Beruf und welche Kompetenzvorstellungen entwickeln sie? Der Beitrag behandelt diese Fragen am Beispiel der Fächer Soziologie und Sozialwissenschaft. Es werden verschiedene Subjektive Theorien zum Verhältnis von Studium und Beruf sowie zum Kompetenzerwerb dargestellt und analysiert; hierbei wird deutlich, dass sich insbesondere bei Studierenden eine große Heterogenität in den Subjektiven Theorien findet.

Ausgangspunkt des Beitrags von *Hildegard Schaeper* sind die qualitativen Befunde zu den Subjektiven Theorien Studierender zum Verhältnis von Studium und Beruf. In Ergänzung zum STEP-Projekt präsentiert sie mit Daten der HIS-Absolventenbefragung Befunde zum Zusammenhang zwischen Studienmerkmalen und den Deutungen des Verhältnisses von Studium und Beruf. Angesichts der deutlich unterschiedlichen Herangehensweisen und der nur teilweisen Übereinstimmung der untersuchten Konstrukte überrascht das Ausmaß, in dem die

Ergebnisse konvergieren. Nicht nur konnten mit den standardisierten Daten die in der Analyse von STEP identifizierten Typen von Studierenden rekonstruiert werden, auch deren quantitative Verteilung weist große Übereinstimmungen auf. Zum Schluss diskutiert die Autorin die Frage, wie Hochschulen mit der festzustellenden Heterogenität der Studierenden und ihren Erwartungen und Sichtweisen umgehen sollen.

Hilke Rebenstorf und *Margret Bülow-Schramm* stellen Ergebnisse des Forschungsprojektes USuS (»Untersuchung zu Studienverläufen und Studienerfolg«) vor und gehen den Fragen nach, wie der Theorie-Praxis-Bezug von den Studierenden in ihren Studiengängen wahrgenommen wird, welche Beziehung zwischen dieser Wahrnehmung und der Studierpraxis besteht und welchen Einfluss diese Wahrnehmung auf den subjektiv wahrgenommenen Kompetenzerwerb hat. Die Ergebnisse zeigen, dass Studienstile und -praktiken sowie die Einstellungen zum Studium mit der Beurteilung des Theorie-Praxis-Bezugs im Studiengang variieren; die Bewertung des Theorie-Praxis-Bezugs sowie des Lehrverhaltens haben zudem einen Effekt auf den Erwerb bestimmter Kompetenzen. In den qualitativen Interviews zeigt sich, dass die Studierenden Schwierigkeiten haben, den Bezug zwischen bestimmen Studieninhalten und ihrer späteren Berufspraxis herzustellen. Das diagnostizierte Missverhältnis wird von den Autorinnen auf ein Dilemma zwischen anwendungsorientiertem und wissenschaftlichem Modus der Wissensproduktion hochschulischer Ausbildung zurückgeführt.

Im Rahmen einer schwedischen Langzeitstudie haben sich *Madeleine Abrandt Dahlgren, Håkan Hult, Lars Owe Dahlgren, Helene Hård af Segerstad* und *Kristina Johansson* mit dem Übergang von der Universität in das Berufsleben befasst. Sie fragen, wie Studienabsolventinnen und -absolventen sich selbst als »professionals« konstruieren und wie sie den Übergang in den soziokulturellen Kontext des Berufslebens erleben. Auf der Grundlage qualitativer Interviews mit Hochschulabsolventinnen und -absolventen der Master-Studiengänge Politikwissenschaft, Psychologie und Maschinenbau nach achtzehn Monaten Berufserfahrung im Übergang (trajectory) zwischen verschiedenen »communities of practice« untersucht die Studie Aspekte der Identitäts- und Wissensbildung. Merkmale von Wissensdiskursen und Kompetenzen, die sowohl in den jeweiligen Studiengängen als auch im anschließenden Berufsleben aufzufinden sind, werden analysiert und diese Resultate mit den Unterschieden in der Gestaltung der Studiengänge verglichen.

Der *dritte Teil* des Bandes geht näher auf das Verhältnis von Wissenschaft und Praxis ein. Der in das Thema einführende Beitrag von *Frank Multrus* gibt auf Grundlage der Daten des Konstanzer Studierendensurvey eine empirisch orientierte Einführung. Der Autor hält fest, dass Forschung und Praxis wichtige, aber noch zu selten umgesetzte Elemente des Studiums sind und die Studierenden, besonders an den Universitäten, vor allem mehr Praxis fordern. Die Daten zeigen jedoch auch, dass insbesondere durch gute Forschungsbezüge die Qualität eines Studiums erhöht werden kann, da sie die Studienerträge insgesamt steigern, d.h. auch die praktischen Fähigkeiten – und zwar mehr als Praxisbezüge alleine. Der Autor argumentiert, dass es daher wichtig ist, den Studierenden frühzeitig den Wert der Forschung zu vermitteln, ihr Engagement im forschenden Lernen zu unterstützen, Möglichkeiten zur Teilhabe zu schaffen und die Forschungsbezüge in Studium und Lehre auszubauen. Dies sollte auf verschiedenen Ebenen der Hochschule geschehen.

Peer Pasternack betrachtet in seinem Beitrag das Verhältnis Hochschule-Praxis aus einer strukturellen Perspektive am Beispiel der ostdeutschen Hochschulen und untersucht Kooperationsformen zwischen Hochschule und Praxis, die über die üblichen Angebote weit hinausgehen. Ins Zentrum der möglichen Strategien rücken dabei lehr- und studienbezogene Hochschule-Praxis-Netzwerke unter Einbeziehung regionaler Arbeitgeber. Es erweist sich, dass Verzahnungen zwischen Hochschulen und Beschäftigungssektor benötigt werden, die über Career Centers oder sonstige berufsorientierende Angebote in der Schlussphase eines Studiums hinausgehen. Die Vorteile solcher Verzahnungen sind, so argumentiert der Autor, dass sie in den Hochschulen verbesserte Kenntnisse der beruflichen Praxisanforderungen erzeugen, den individuellen beruflichen Einstieg erleichtern und für Arbeitgeber Planungssicherheit in der Personalentwicklung schaffen.

Der Beitrag von *Wilfried Schubarth, Karsten Speck, Andreas Seidel, Corinna Gottmann, Caroline Kamm, Maud Krohn, Andrea Kopp* und *Juliane Ulbricht* geht auf das Forschungsprojekt ProPrax (»Evidenzbasierte Professionalisierung von Praxisphasen in außeruniversitären Lernorten«) zurück. Er geht der Frage nach, inwieweit eines zentralen Bologna-Ziele, die Erhöhung der Praxis- und Berufsfeldbezüge in den Bachelor-Studiengängen, tatsächlich erreicht wird und welchen Beitrag dazu Praxisphasen leisten können. Der Beitrag gibt einen Überblick über die Bandbreite an curricularen Praxiskonzepten verschiedener Hochschulen und analysiert die Wahrnehmung des Theorie-Praxis-Verhältnisses im Studium und zum Praxisbezug in Praxisphasen aus Sicht der Studierenden in ausgewählten Studiengängen. Abschließend formulieren die Autorinnen und Autoren Empfehlungen für eine Professionalisierung von Praxisphasen.

Der Beitrag von *Renate Schüssler* und *Kathrin Günnewig* (ebenfalls STEP-Projekt) analysiert die Subjektiven Theorien Studierender zum Praxisbezug im Lehramtsstudium. Dabei stellt sich heraus, dass dem verbreiteten Ruf nach mehr

Praxis äußerst heterogene Subjektive Theorien zugrunde liegen. Während die Argumentation vieler Studierender Sehnsucht nach anwendungsrelevantem Wissen erkennen lässt, wünscht sich ein ähnlich großer Anteil eine bessere wechselseitige Verknüpfung von Theorie und Praxis, also einen qualitativ anderen Praxisbezug des Studiums. Somit greift es zu kurz, die Forderung nach mehr oder anderer Praxis als studentische Kurzsichtigkeit zu belächeln oder zu diskreditieren. Da die Subjektiven Theorien wie eine Art Filter auf die Wahrnehmung und Bewertung von Studienangeboten wirken und die Gestaltung des Studiums erheblich beeinflussen, gilt es, sie stattdessen im Rahmen universitärer Angebote zu explizieren und kommunikativ zu bearbeiten, folgern die Autorinnen.

Über die Analysen von Schüssler und Günnewig hinausgehend zeigt der Beitrag von *Ingrid Scharlau* und *Sabrina Wiescholek*, dass die Studierenden weniger konsistente Subjektive Theorien als eher lockere Ensembles von Überzeugungen zum Thema Praxis haben. Eine Analyse der Strukturmerkmale Komplexität, Differenzierung und Organisation zeigt, dass die in den Leitfadeninterviews zum Ausdruck gebrachten Ansichten die Bedingungen für Subjektive Theorien höchstens teilweise erfüllen. Die Studierenden haben keine komplexen, organisierten, reflektierten oder theoriegesättigten Ansichten dazu entwickelt, was sie vom Praxisbezug im Studium erwarten. Bei aller subjektiven Überzeugtheit, dass Praxisbezug wichtig ist, und trotz der betont vorgetragenen Kritik an mangelndem Praxisbezug, ringen sie noch sehr grundsätzlich um ein Verständnis dessen, was Praxisbezug ist.

Der *vierte Teil* des Bandes befasst sich mit der Möglichkeit von Selbstreflexion im Studium und geht dabei auf Self-Assessment-Instrumente primär in der Lehrerbildung ein. Der Beitrag von *Ingrid Scharlau, Nicola Bunte* und *Sabrina Wiescholek* fragt nach der Möglichkeit der Bildung, Reflexion und Ausdifferenzierung von Subjektiven Theorien durch Self-Assessments. Sie gehen dabei auf die im STEP-Projekt untersuchten subjektiven Vorstellungen von Studierenden zu Kompetenzen, Kompetenzentwicklung, Praxisbezug und Professionalität ein. Inhalte wie Strukturiertheit und Theorieförmigkeit der Vorstellungen (Vernetzungen, schlussfolgernd-argumentativer Charakter) erweisen sich in der Untersuchung als deutlich veränderungsbedürftig. Bevor eine inhaltliche Anreicherung der Vorstellungen oder Restrukturierung der vorhandenen Überzeugungen stattfinden kann, müssen größere und komplexe Überzeugungssysteme ausgebildet werden, argumentiert der Beitrag und stellt Maßnahmen, die an den individuellen Vorstellungen, deren Bewusstmachung und Reflexion ansetzen, vor.

Der Beitrag von *Dorit Bosse* befasst sich mit dem Beispiel des Kasseler Projekts »Psychosoziale Basiskompetenzen für den Lehrerberuf«. Davon ausgehend, dass im Zuge des Bologna-Prozesses Standards und Kompetenzen inzwischen festlegen, über welche Fähigkeiten Studierende am Ende eines Studiums verfügen sollen, um den Anforderungen ihres angestrebten Berufes gewachsen sein zu können, richtet sich die Aufmerksamkeit in den letzten Jahren auch auf die Voraussetzungen, die Studierende für ein Studium mitbringen sollten. Am Beispiel des Kasseler Projekts zeigt die Autorin auf, wie Studienanfängerinnen und -anfängern Lerngelegenheiten geboten werden, in denen sie selbstreflexiv und feedbackgestützt im Austausch mit Kommilitoninnen und Kommilitonen und Dozentinnen und Dozenten abklären können, welche grundlegenden psychosozialen Fähigkeiten sie für das Studium und den Lehrerberuf mitbringen und wo besonderer Entwicklungsbedarf besteht. Erste Evaluationsergebnisse zeigen, dass insbesondere jene Studierende von dem Studienangebot profitieren, die über vergleichsweise geringe psychosoziale Kompetenzen verfügen, aber eine hohe psychosoziale Lernorientierung mitbringen.

Birgit Nieskens beschäftigt sich mit Selbsterkundungsverfahren in der Lehrerbildung und argumentiert, dass sich unterschiedliche Perspektiven auf die Eignungsabklärung für den Lehrerberuf einnehmen lassen: Möchte die Bildungspolitik eher junge Menschen für den Lehrerberuf gewinnen, setzt die Lehrerbelastungsforschung auf Verfahren, die dazu beitragen, Personen mit ungünstigen Eingangsvoraussetzungen vom Lehramtsstudium »abzuhalten«. Der Lehrerberuf wird als schwieriger Beruf mit hohen Anforderungen vorgestellt, bei dessen Wahl man bei ungenügender Prüfung ein Risiko für die eigene Gesundheit und den Berufserfolg eingeht. Aus der Sicht der Berufspsychologie gilt es, Personen mit entsprechenden Instrumenten dabei zu unterstützen, den für sie passenden Beruf zu wählen, eigene Stärken und Schwächen zu reflektieren und Potenziale für die Ausbildung auszuschöpfen. Dies wird derzeit überwiegend als Mischung aus Attrahierung und Selbstreflexion umgesetzt. Webbasierte Selbsterkundung, Beratung und Reflexionsdokumentation via Portfolio sollen die Eignungsabklärung als wesentlichen Bestandteil der Lehrerbildung implementieren. Erste Evaluationsergebnisse belegen die Wirksamkeit dieses Ansatzes.

In der *Schlussbetrachtung* greift *Ludwig Huber* zentrale Ergebnisse der Beiträge des Bandes auf und geht auf die Bedeutung von Studienstrategien und Metakognition für das Studium ein. Die leitende Frage ist, wie ein Studium nicht nur objektiv, d.h. den angestrebten Abschluss in einer angemessenen Zeit mit guten Noten zu erreichen, sondern auch subjektiv für Studierende befriedigend verlaufen kann, insofern an interessanten Themen gelernt und ein Zuwachs an Kompetenzen erfahren werden kann. Der Beitrag geht von der These aus, dass Orientierung und ein leitendes Wissen darüber, wofür bzw. worin man sich warum engagiert und wohin man weitergeht, hierfür entscheidend sind. Gerade angesichts der Intransparenz des Studiums, wechselnder Anforderungskataloge aus dem Beschäftigungssystem und oftmals zu enger oder platter Berufsnützlichkeitsvorstellungen wäre es stattdessen wichtig, dass die Studierenden eigene Konzepte von »Beruf«, »Praxis« und »Studium« entwickeln und umsetzen, so schlussfolgert Huber. Er identifiziert drei zentrale Voraussetzungen für solch eine Orientierung, nämlich Interesse, Strategie und Reflexion, und diskutiert, was ein bewussteres Studieren heißen könnte und welche Umsetzungsmöglichkeiten das Studium und die Hochschule bieten, wenn ihnen an der Ermöglichung bewussteren Studierens und an »Bildung durch Wissenschaft« gelegen ist.

Studium und Beruf:
einleitende Befunde

Hochschule und Arbeitswelt

Theoretische Überlegungen, politische Diskurse
und empirische Befunde

ULRICH TEICHLER

1. EINFÜHRENDE ÜBERLEGUNGEN

Analysen über die Beziehungen von Hochschule und Arbeitswelt, so lässt sich
erstens feststellen, streichen in manchen Fällen ihre wissenschaftliche Basis heraus; in anderen Fällen wird sehr stark auf politisch-praktische Diskurse Bezug
genommen. In der folgenden Analyse wird eine solche Grenzziehung weitgehend vermieden, denn es gibt kaum ein anderes Thema der Hochschulforschung
und der öffentlichen Diskussion über das Hochschulwesen, in der wissenschaftliche und politisch-praktische Thematisierungen und Argumente so eng Hand in
Hand gehen wie bei Fragen der Beziehung von Hochschule und Arbeitswelt. Das
ist nicht zuletzt darauf zurückzuführen, dass die OECD viele dieser Diskussionen angestoßen und geprägt hat – d.h. die Regierungsorganisation der ökonomisch fortgeschrittenen Länder mit marktwirtschaftlicher Prägung, die von
Thema zu Thema »Denktanks« unterschiedlicher Experten zusammenführt.

Zweitens beobachten wir, dass manche Analysen in diesen Themenbereichen
von Fragestellungen der Arbeitswelt ausgehen, etwa von den Ansprüchen des
Beschäftigungssystems an die Hochschulen. Andere gehen von den Fragestellungen des Hochschulsystems aus: Welchen Stellenwert hat die Arbeitswelt insgesamt im Funktionsbündel der Hochschulen?

Drittens sind manche Analysen ganz auf aktuelle Diskurse und Probleme
konzentriert. Andere Analysen dagegen unternehmen den Versuch, den Wandel
der Beziehungen von Hochschule und Arbeitswelt über mehrere Jahrzehnte oder
noch längere Zeiträume nachzuzeichnen.

Die folgende Analyse nimmt angesichts der engen Verzahnung der Diskurse keine klare Trennung der wissenschaftlichen und politisch-praktischen Diskussionsstränge vor. Sie geht häufig von den Funktionen der Hochschule aus, ohne die Fragestellungen seitens des Beschäftigungssystems zu vernachlässigen. Schließlich setzt sie Akzente im Bezug auf aktuelle Diskussionen, ohne frühere Entwicklungslinien zu übergehen.

Vorab sei darauf verwiesen, dass die Überlegungen des Autors nach über drei Jahrzehnten wissenschaftlicher Arbeit in zwei Büchern und einem längeren Aufsatz zusammengefasst worden sind: U. Teichler: Hochschule und Arbeitswelt. Konzeptionen, Diskussionen, Trends. Frankfurt/M. und New York: Campus 2003; U. Teichler: Higher Education and the World of Work. Conceptual Frameworks, Comparative Perspectives, Empirical Findings. Rotterdam und Taipei: Sense 2009; U. Teichler:»Der Berufsweg der Studierenden«. In W. Rüegg (Hg.): Geschichte der Universitäten in Europa. Band IV. München: Beck 2011, S. 283-328. Daher wird im Folgenden auf andere Quellenverweise verzichtet.

2. ANLÄSSE ZUR AKTUELLEN THEMATISIERUNG

Die Frage, wieweit Studienangebote an allgemeinen Zielen von Wissenschaft und Bildung beziehungsweise an zukünftigen beruflichen Aufgaben von Hochschulabsolventen (genauer: solchen Absolventen, die außerhalb der Wissenschaft tätig werden) orientiert sind, ist seit den späten 1990er Jahre (wieder) ein Thema, das einen hohen Stellenwert im Diskurs über Aufgaben und Probleme der Hochschulen hat. Das Schlagwort»Employability«, mit dem die Forderung zum Ausdruck gebracht wird, dass die Hochschulen die Beschäftigungschancen ihrer Absolventen stärker als zuvor zur Maxime der Gestaltung von Studienangeboten und -bedingungen machen sollen, steht seitdem im Vordergrund. Dafür lassen sich verschiedene – eng miteinander verknüpfte – Gründe und Anlässe nennen:

- Es ist ein Gemeinplatz geworden, dass wir uns auf dem Weg zu einer *Wissensgesellschaft* befinden und dass in diesem Prozess die Erwartungen an den instrumentellen Wert der Wissenschaft steigen. Das gilt auch im Hinblick auf die Kompetenzen der Hochschulabsolventen.
- Neue Formen von *Steuerung* des Hochschulwesens und des *Managements* der Hochschulen haben sich entwickelt, in denen die systematische Evaluation sowohl zur Förderung von Verbesserungen wie zur Leistungskontrolle

einen wichtigen Stellenwert gewonnen hat. Damit wird der Berufssituation und -tätigkeit von Hochschulabsolventen mehr Aufmerksamkeit geschenkt, denn sie indizieren den Ertrag des Studiums und die Wirkungen von Studienangeboten und -bedingungen.

- Infolge des hohen Tempos der *Hochschulexpansion* übernimmt in vielen Ländern ein wachsender Anteil von Absolventen berufliche Positionen »unterhalb« klassischer Akademiker-Positionen. Damit stehen die Hochschulen, ob sie nun wollen oder nicht, vor deutlich veränderten Aufgaben.

- Es mehren sich die Zeichen, dass die *»Gesellschaft des lebenslangen Lernens«* nicht mehr nur eine ferne Zielvorstellung ist, sondern immer mehr die Bildungsbiographie verändert. Damit stehen die Hochschulen vor der Frage, wie weit sie gezielt eine neue Aufgabenverteilung zwischen vorberuflichem und berufsbegleitendem Lernen anstreben sollten.

- *Arbeitsmarktdynamiken* sind ebenfalls von großer Bedeutung. Experten stimmen darin überein, dass die hohe Dynamik der Berufe mehr Weiterqualifizierung für diejenigen, die langfristig in einem bestimmten Berufsfeld verbleiben, verlangt, viel häufiger als in der Vergangenheit einen Berufswechsel erzwingt und zu einer Zunahme instabiler Beschäftigungsverhältnisse führt: Dies alles scheint dafür zu sprechen, dass in den Studienangeboten für vorberufliche Qualifizierung stärker auf generelle Kompetenzen, »Lernen zu Lernen«, »Schlüsselqualifizierung« u.ä. statt nur auf die fachliche Qualifizierung Wert gelegt wird.

- Neue Formen von *Steuerung* des Hochschulwesens und des *Managements* der Hochschulen bilden sich heraus. Dabei wächst die strategische Bedeutung der einzelnen Hochschulen und ihrer Leitungen. Dies hat zur Folge, dass die einzelnen Hochschulen dem Verbleib ihrer Absolventen größere Aufmerksamkeit schenken und dass die Fragen, wie sich die besonderen Profile, besondere curriculare Akzente und besondere unterstützende Maßnahmen der einzelnen Hochschulen und Fachbereiche auf Beschäftigung und Tätigkeit ihrer Absolventen auswirken, höheres Gewicht bekommen.

- In Verbindung damit entwickeln sich im Hochschulsystem insgesamt eine *Evaluationskultur und eine Vielfalt von Evaluationsaktivitäten.* Dabei wird von den Hochschulen ein höheres Maß von »Output awareness« und »Outcome awareness« erwartet. Was bewirke ich für meine Absolventen? Was können sie beim Abschluss des Studiums und was nicht, und was bedeutet das für ihr weiteres Leben? Diese Fragen stellen sich – gleichgültig, welche Konzepte wissenschaftlicher bzw. beruflicher Orientierungen favorisiert werden.

- Mit dem sogenannten *»Bologna-Prozess«* wurden drei Themenbereiche zur Beziehung von Hochschule und Beruf akut: Angenommen wird erstens, dass der Anteil der Hochschulabsolventen wächst, die nach einem relativ kurzem Studium (nunmehr Bachelor-Studium) berufstätig werden. Zweitens stehen die Universitäten nunmehr unabdingbar vor der Frage, wie sie ein kurzes wissenschaftliches Studium so gestalten können, dass die universitären Bachelor-Absolventen nicht gegenüber Absolventen eines anwendungsorientierten Studiums – in Deutschland gegenüber den Fachhochschulabsolventen – ins Hintertreffen geraten. Drittens schließlich wird in den neuen Master-Studiengängen eine Fülle neuer curricularer Akzente entwickelt, durch die neue Qualifikationsprofile entstehen.

All diese Entwicklungen werden in der einen oder anderen Weise in die Diskussionen und Maßnahmen aufgenommen, die unter dem Schlagwort »Employability« firmieren. Gemeinsam ist sicherlich dabei die Forderung, die Hochschulen sollen der Beziehung von Studium und Arbeitswelt große Aufmerksamkeit schenken. Es wird allerdings nicht verwundern, dass dabei im Einzelnen sehr unterschiedliche Aspekte im Vordergrund stehen und unterschiedliche Lösungen bevorzugt werden.

3. DIE IRREFÜHRENDE THESE DER DRAMATISCHEN KEHRTWENDE

Zuweilen wird die These vertreten, dass die europäischen Hochschulsysteme, die stark vom Humboldt'schen Verständnis der Universität geprägt seien,

- sich lange Zeit ganz durch wissenschaftliche Freiheit zur Verfolgung von wissenschaftlicher Wahrheit an sich und durch den Gedanken der Bildung durch Wissenschaft ausgezeichnet hätten,
- und dass dann die Studiengänge in zwei Wellen zunehmend den Anforderungen des Beschäftigungssystems subordiniert worden seien:
  (a) durch die »Manpower«-Politik, die die OECD seit Beginn der 1960er Jahre betont hat,
  (b) durch die »Employability«-Akzentsetzung des Bologna-Prozesses seit 1999.

Es bietet sich an, sich mit einer solchen verbreiteten, aber sicherlich irreführenden Deutung der Entwicklungsprozesse in den vergangenen Jahrzehnten und der heutigen Situation auseinander zu setzen, um zu verstehen, was in Zukunft zu bewältigen ist.

4. TRADITIONEN IM DISKURS ZUR BEZIEHUNG VON HOCHSCHULE UND ARBEITSWELT

Wir halten es für eine Errungenschaft moderner Gesellschaften, dass junge Menschen, bevor sie dem Ernst des Berufes und der vollen Verantwortung eines erwachsenen Menschen ausgesetzt werden, eine Reihe von Jahren in institutionalisierten Lehr- und Lernprozessen in Abstand zum »richtigen Leben« verbringen. Schulen und Hochschulen sind deshalb nicht weltfern, sondern sie sollen besonders gezielt und effektiv Grundlagen für das weitere Leben schaffen: Vorbereitung auf zivilisatorische Mindestanforderungen, Persönlichkeitsentwicklung, Einführung in die Kultur und Bereitstellung von Grundlagen für die spätere berufliche Tätigkeit.

In der Beziehung von Bildung und Beruf können wir international feststellen: Je höher die Ebene des Bildungsabschlusses, desto mehr wird nicht nur darauf Wert gelegt, mit den zu erwartenden beruflichen Aufgaben zurechtzukommen, sondern auch darauf, die konventionellen beruflichen Praktiken in Frage zu stellen und umgestalten zu können: Hochschulabsolventen sollen nicht nur funktionierende Praktiker werden, sondern auch sozusagen zertifizierte Skeptiker, die ständig fragen: Wäre es nicht besser, wenn wir in den beruflichen Tätigkeiten alles ganz anders machen würden?

Unumstritten ist, dass die Hochschulen in Lehre und Studium nicht allein die Aufgabe der Vorbereitung auf den Beruf haben. Weitgehender Konsens besteht, was die Funktionen der Hochschulbildung sind:

- Verstehen und ggf. Beherrschen von wissenschaftlichen Theorien, Methoden und Stoffen,
- kulturelle Bereicherung und Förderung der Persönlichkeitsentwicklung,
- Vorbereitung auf die spätere Berufstätigkeit bzw. auf andere Lebensbereiche durch Einführung in bzw. Vermittlung von den »rules and tools« in der vorfindlichen Praxis und
- Förderung der Befähigung, die bestehende Praxis in Frage zu stellen: Skeptisch und kritisch zu sein, unbestimmte Aufgaben bewältigen zu können, zu Innovationen beizutragen.

Geht es jedoch um den Bezug von Studium und Beruf im Detail, so ist der Konsens-Vorrat weitaus geringer. Allenfalls lässt sich konstatieren, dass in den meisten Ländern der Welt eine Verknüpfung von Forschung und Lehre an den qualitativ anspruchsvollsten Hochschulen als wertvoll für die Qualität der Lehre und die Innovation in der Lehre gilt. Kontrovers ist jedoch,

- wieweit das Studium lediglich Grundlagen für späteres berufliches Handeln bereitstellen soll oder eine weitgehend berufsfertige Qualifizierung erreichen soll,
- wieweit Lehre und Studium sich auf das Verständnis von wissenschaftlicher Denkweise und Problemlösung konzentrieren soll oder auch die berufspraktischen Denkweisen und Problemlösungen zum Gegenstand wählt,
- wieweit Lehre und Studium fachlich spezialisiert sein soll (nach Disziplinen bzw. beruflichen Einsatzbereichen) oder generell bzw. fachübergreifend angelegt sein soll,
- wieweit Lehre und Studium auf kognitiv-wissenssystematisches Lernen ausgerichtet ist bzw. Persönlichkeitsentwicklung und affektiv-motivationale Kompetenzen explizit fördern soll,
- was der Studienabschluss konkret für den Eintritt in den Beruf bedeutet: Ein Nachweis der Qualifizierung für einen entsprechenden Berufsbereich (»effectus civilis«), eine unabdingbare Voraussetzung für den Eintritt in bestimmte Berufe (»geschlossene Berufe«), lediglich die Voraussetzung für Zertifikate bzw. Eingangsprüfungen, die vom Beschäftigungssystem kontrolliert werden (z.B. Staatsexamina in Deutschland), oder nur ein Signal für bestimmte Kompetenzen auf einem offenen Arbeitsmarkt für Absolventen.

Es gilt dabei erstens als selbstverständlich, dass es in diesen Fragen große Unterschiede zwischen den Disziplinen gibt. Zweitens sehen wir, dass die jeweils gewählten Maximen nicht einheitlich für alle Hochschulen eines Landes gelten; wie bereits angesprochen, wird in dieser Hinsicht in Deutschland seit den 1970er Jahren der Unterschied zwischen einer Theorie-Orientierung der Hochschulen und einer Anwendungsorientierung der Fachhochschulen hervorgehoben. Drittens lässt sich – wie bereits beim vorigen Argument angesprochen – erkennen, dass in den verschiedenen Ländern der Welt eine bemerkenswerte Vielfalt der Konzeptionen über wünschenswerte Beziehungen von Studium und Beruf besteht.

5. Besonderheiten im deutschen Diskurs

Was die Aufgabe der Hochschule im Hinblick auf die spätere berufliche Tätigkeit der Absolventen bedeuten soll, kann zusammenfassend wie folgt beschrieben werden:

- Die humboldtsche »Idee der Universität« lässt sich in diesem Kontext als das Postulat beschreiben, dass die Reflexion der »Sache« nicht durch nur praxisorientierte Erwägungen eingeengt werden sollte.
- Der deutsche Staat hat im Hinblick auf die »Berufsorientierung« von Studiengängen ein ungewöhnlich starkes »einnehmendes Wesen«: In die Rechtwissenschaft, Medizin, Lehrerbildung mischt er sich zumindest sichtbarer ein als in anderen Ländern, wie die Praxis der Staatsexamen am deutlichsten belegt.
- Die Diskussion ist von einer ausgeprägten Wirtschaftsskepsis des Kulturbürgertums beeinflusst. Die von staatlichen Arbeitgebern geäußerten Qualifikationsanforderungen werden als normal hingenommen, die der privaten Arbeitgeber aber oft als illegitime Einmischung bewertet.
- Die Diskussion über die Arbeitsmarktsituation von Hochschulabsolventen in Deutschland zeigt: Im Grunde wird erwartet, dass es eine enge Abstimmung zwischen der Menge der Absolventen der verschiedenen Fächer und den fachlich affinen Stellenangeboten geben müsste. Die früher verbreiteten Klagen über »akademisches Proletariat« und »Verdrängungsbewerb« tauchen in neuen Varianten (z.B. »Taxifahrer Dr. phil.«) immer wieder auf: Obwohl einerseits weitgehend akzeptiert wird, dass ein relativ offener Hochschulzugang die Freiheit der Berufswahl unterstreicht, wird andererseits in Deutschland gerne vorwurfsvoll festgestellt, dass die Hochschulen in manchen Bereichen »zu viele Absolventen produzieren«.
- In Deutschland ist die Skepsis gegenüber der Hochschulexpansion nach wie vor weit verbreitet. Zwar gibt es keine lauten Klagen über »akademisches Proletariat« und »Überqualifikation« mehr. Aber bedenken wir, dass Deutschland mit seinen geringen Studienanfänger- und Absolventenquoten weiter entfernt vom OECD-Durchschnitt ist als in schlechtesten Zeiten die PISA-Testdaten; das zeigt doch, dass wir in Deutschland noch lange nicht bei einer Akzeptanz von »mass higher education« angekommen sind.

Insgesamt ist bemerkenswert, dass in Deutschland einerseits eine relativ enge Verknüpfung von Studienfächern und späteren beruflichen Einsatzbereichen besteht und die Mehrheit der Studierenden durch die Hochschulen eine professionelle Grundqualifizierung erhalten, aber andererseits eine nicht zu enge Ausrichtung des Studiums an dem Ziel der beruflichen Grundqualifizierung gewünscht ist: Betont werden die Freiheit der Studien- und Berufswahl, die sich nur bedingt mit bedarfsorientierter Lenkung von Studienangeboten verträgt, die Aufgabe der Hochschulen, die Studierenden zu kritisch-innovativer Auseinandersetzung mit den etablierten »rules and tools« der Berufspraxis zu befähigen.

6. CURRICULARE IMPLIKATIONEN DES QUANTITATIV-STRUKTURELLEN DISKURSES ÜBER DIE HOCHSCHULEXPANSION

In den 1960er Jahren setzte sich in den ökonomisch fortgeschrittenen Ländern weithin die Vorstellung durch, dass ein starker Anstieg an Personen mit Hochschulabschluss für wirtschaftliches Wachstum und eine wünschenswerte Gesellschaft angemessen sei. Bildungsökonomische Konzepte fanden großen Anklang: Man sprach von »Bildung und Wirtschaftswachstum«, dem »Manpower-Ansatz«, dem »Human-Kapital-Ansatz« u.ä. Drei quantitiv-strukturelle Maximen fanden großen Anklang:

- *Höhere Studierquoten*: Eine deutliche Zunahme des Anteils der Studienanfänger und der Hochschulabsolventen an den entsprechenden Altersjahrgängen ist wünschenswert, um das Wirtschaftswachstum zu stimulieren; und dies wird mit einem Abbau der Ungleichheit von Studien- und Sozialchancen verbunden sein.
- *Bedarfsgerechter Ausbau*: Wünschenswert ist insbesondere ein starker quantitativer Ausbau bestimmter Studienfächer – z.b. der Wirtschaftswissenschaften und der Ingenieurwissenschaften – in Abstimmung mit dem zu erwartenden Bedarf an hoch qualifizierten Arbeitskräften in korrespondierenden Berufsbereichen.
- *Differenzierung*: Mit der Hochschulexpansion gewinnt die Aufgabe, Studierende für Berufsbereiche »unterhalb« von Eliten- und klassischen Akademiker-Positionen zu qualifizieren, immer mehr an Gewicht. Insgesamt hat die Differenzierung der Studienangebote und -bedingungen vertikal (in der Qualität) und horizontal (in substantiellen Profilen) zuzunehmen, um der wachsenden Vielfalt der Studierenden in ihren Kompetenzen, Motiven und Berufsperspektiven zu entsprechen.

Dieser Diskurs war vordergründig eindeutig quantitativ-strukturell orientiert: Um welche Mengen von Absolventen verschiedener Fächer und Mengen von Arbeitsplätzen verschiedener Berufsbereiche geht es? Aber die quantitativ-strukturellen Argumente basierten auf – zumeist unausgesprochenen – Annahmen zur substantiellen Beziehung von Studium und Beruf.

Auf der einen Seite war die bildungsökonomisch geprägte Diskussion von Hochschulexpansion und Wirtschaftswachstum nicht von der Absicht geprägt, die Stoffe der Studiengänge eindeutig unter vermeintliche berufliche Anforderungen zu subsumieren. Den treibenden Kräften dieser Diskussion, die mehrheitlich angelsächsisch geprägt waren, war im Gegenteil das starke professionelle Denken in den Ländern höchst suspekt, in denen humboldtsche und napoleonische Universitätsverständnisse vorherrschten. Angenommen wurde vielmehr, dass curriculare Akzente unterschiedlicher Art sich in Zukunft weltweit in einer offenen Markt-Abstimmung zu behaupten hätten, bei der die Verantwortlichen für Studiengänge keineswegs nur auf die vermeintlichen Anforderungen der Arbeitgeber schielen müssten.

Auf der anderen Seite war der quantitativ-strukturelle Diskurs doch durch die Vorstellung einer engen Zuordnung von Kompetenzbündeln und beruflichen Aufgabenbündeln geprägt. Der Gebrauch von Termini wie »Überqualifizierung« (»over-education«) und – seltener – »Unterqualifizierung« (»under-education«) oder »Fehlqualifizierung« (»mismatch«) und – seltener – »Passung« (»match«) von Studium und Beruf verrät, dass eine enge Zuordnung von Ebenen von Bildungsabschlüssen und beruflichen Positionsebenen sowie von Fächern der Qualifizierung und beruflichen Einsatzbereich als Normalfall gesehen wurde.

Erst mit der wachsenden Einsicht, dass dieser »Normalfall« keineswegs die Regel ist, öffnete sich in gewissem Umfange der Blick für Gegenargumente: für die Nicht-Normalität des »Normalfalls« bzw. auch für die Chancen, die in einer nicht so engen »Abstimmung« liegen. Die Gegenargumente lassen sich in Stichworten wie folgt zusammenfassen: Es gibt eine »objektive Vagheit« der Qualifikationsanforderungen; künftige Anforderungen lassen sich nur bedingt prognostizieren; das Studium muss im Hinblick auf den Beruf immer zugleich unterqualifizieren und überqualifizieren; unorthodoxe Qualifizierung kann sich als kreativ erweisen; die Vielfalt von Orientierungen der Studierenden und Absolventen wird nie eine enge Abstimmung zulassen; Studierende sollten zugleich kompetent auf die vorherrschenden »rules and tools« der bestehenden Berufstätigkeiten vorbereitet und zu »Diplom-Skeptikern« qualifiziert werden; ein Mix aus fachlicher Vorbereitung und Flexibilität für den Fall der nicht gelingenden Abstimmung ist unabdingbar.

Der Wunsch nach einer engen Passung von Studienabschlüssen und beruflichen Einsatzbereichen ist im Laufe der folgenden Jahrzehnte dennoch nicht verblasst. Die Diskussion über das Verhältnis von Hochschule und Arbeitswelt ist nunmehr seit Jahrzehnten von einem paradoxen Kontrast beherrscht: Einerseits postulieren Argumente zu Bildung und Wirtschaftswachstum in den meisten Fällen, dass höhere Studienanfänger- und Absolventenquoten für Wirtschaft und Gesellschaft wünschenswert seien. Auf der anderen Seite überwiegt mit Blick auf Aussagen von beschäftigenden Organisationen zum Qualifikationsbedarf und mit Blick auf den beruflichen Verbleib von Hochschulabsolventen das Argument, dass die Hochschulexpansion zu weit gehe und zu einen »mismatch« insbesondere in Form eines Überangebots an hoch qualifizierten Arbeitskräften führe.

7. DER NEUE MIX VON WISSENSCHAFTS-, ANWENDUNGS- UND PRAXISORIENTIERUNG DER 1970ER JAHRE

In den Ländern, an denen die Universitäten deutlich von der humboldtschen Idee der Universität mitgeprägt sind, entwickelte sich in den 1960er und 1970er Jahren ein spezifischer (deutlich anderer als z.b. in den USA, Großbritannien und Japan) Diskurs zum Verhältnis von Hochschule und Beruf. Für die damaligen Situationsanalysen gilt:

• Verbreitet war die Skepsis (vor allem seitens der politischen »Rechten«), dass eine starke Hochschulexpansion tatsächlich notwendig bzw. wünschenswert sei.
• Ebenso fand die Kritik großen Zuspruch (stärker seitens der politischen »Linken« als der »Rechten«), dass die in sich gekehrte Universität gesellschaftlich irrelevant bliebe bzw. unbewusst traditionelle gesellschaftliche Verhältnisse stabilisiere.

Unter den praktischen Konsequenzen, die damals gezogen wurden, sind zwei Akzente hervorzuheben:

• Die Sorge vor einer »Überqualifikation« durch eine Zunahme von Universitätsabsolventen beflügelte in einigen europäischen Ländern die Entscheidung, das expandierende Hochschulsystem in einen »wissenschaftsorientierten« und einen »anwendungsorientierten« Bereich zu gliedern.
• Darüber hinaus war eine Zunahme »praxisorientierter« curricularer Ansätze neben den traditionellen wissenschaftsorientierten Ansätzen an Universitäten beobachtbar: d.h. eine explizite Thematisierung des Spannungsverhältnisses von Wissenschaft und beruflicher Problemlösung in Lehre und Studium.

Es gab daneben jedoch eine Fülle weiterer Lösungsversuche: Nennenswert sind die Entscheidungen in Deutschland und Schweden, einen Berufsfeldbezug der Studiengänge in allen Fächern obligatorisch zu machen. Die Gesamthochschulen, die in den 1970er Jahren in Deutschland gegründet wurden, erprobten Zwischenlösungen zwischen den Studiengangsprofilen der Universitäten und der

Fachhochschulen. Auch in Schweden sollte die Etablierung eines integrierten Gesamtsystems der Hochschulen die Polarität der Studiengangsprofile von Universitäten und anderen Hochschulen relativieren.

Von besonderer Bedeutung für die späteren Diskussionen über »Employability« ist ein retrospektiver Blick auf den Versuch in Deutschland, die berufliche Relevanz als ein Prinzip der Studienangebote gesetzlich zu verankern. Durch das Hochschulrahmengesetz von 1976 sind alle Hochschulen und Fachbereiche in die Pflicht genommen worden, die berufliche Relevanz aller Studiengänge zu sichern:

»Die Hochschulen [...] bereiten auf berufliche Tätigkeiten vor, die die Anwendung wissenschaftlicher Erkenntnis und wissenschaftlicher Methoden oder die Fähigkeit zu künstlerischer Gestaltung erfordern« (§ 2.1).

»Lehre und Studium sollen den Studenten auf ein berufliches Tätigkeitsfeld vorbereiten und ihm die dafür erforderlichen fachlichen Kenntnisse, Fähigkeiten und Methoden dem jeweiligen Studiengang entsprechend so vermitteln, dass er zu wissenschaftlicher oder künstlerischer Arbeit und zu verantwortlichem Handeln in einem freiheitlichen, demokratischen und sozialen Rechtsstaat befähigt wird« (§ 7).

Nach anfänglich kontroverser Diskussion entwickelte sich eine stillschweigende Übereinstimmung, dass das HRG *alle Studiengänge zur Reflexion der beruflichen Relevanz auffordert*, aber keine genauen Mandate des Berufsbezugs erteilt. Genauere Aussagen wurden den Rahmenrichtlinien für die Studiengänge überlassen. Dabei entstanden keine verbindlichen fachrichtungsübergreifende, wohl aber fachspezifische Richtlinien.

8. DIE SCHLEICHENDE DIFFERENZIERUNG IN DEN 80ER JAHREN

In der Zeit zwischen Ende der 1970er und Anfang der 1990er Jahre hatte das Thema »Hochschule und Beruf« in den meisten europäischen Ländern einen geringeren hochschulpolitischen Stellenwert als zuvor. Dazu trug nicht zuletzt bei, dass auf der einen Seite die Hochschulexpansion und die damit vollzogenen Veränderungen in Art und Anspruchsniveau der Studienangebote, das mehr oder weniger dem Bedarf des Beschäftigungssystems entsprach, nicht eindeutig als ein »Angebot« des Hochschulsystems erklärt werden konnte. Auf der anderen Seite waren aber nicht solche Friktionen auf dem Arbeitsmarkt entstanden, wie sie vorher die Warner vor einem »akademischen Proletariat« oder vor »Over-education« pognostiziert hatten.

Das bedeutet jedoch nicht, dass die Beziehungen von Hochschule und Beruf im Prinzip in diesem Zeitraum mehr oder weniger unverändert blieben. Je mehr Personen eines Jahrgangs einen Hochschulabschluss erwarben, desto mehr wuchs vielmehr der Stellenwert kleiner Unterschiede zwischen den Hochschul-absolventen für die Beschäftigungsperspektiven: Noten, die besuchte Hochschu-le und anderes mehr. Damit rückten Fragen nach der Differenzierung des Hoch-schulwesens – »horizontal« in dem curricularen Profil und »vertikal« in der Re-putation – in den Vordergrund.

9. DER NEUE ZEITGEIST: ERTRAGSREFLEXION, KOMPETENZORIENTIERUNG, »EMPLOYABILITY«

Wie bereits zuvor ausgeführt, wuchs in der zweiten Hälfte der 1990er Jahre die Aufmerksamkeit für die Beziehungen zwischen Hochschule und Arbeitswelt deutlich. Die großen Entwicklungslinien waren angesichts der Steigerung der Studienanfänger- und Absolventenzahlen, der vermuteten Entstehung der »Wis-sensgesellschaft« und angesichts von Ansätzen zu einer wachsenden Bedeutung lebenslangen Lernens neu einzuordnen. Die wachsende Bedeutung der Strate-gien der einzelnen Hochschulen und der größer werdende Einfluss von Evalua-tionsmechanismen auf Entscheidungen zur Gestaltung des Studiums erhöhten ebenfalls das Interesse, mehr über Beschäftigung und Tätigkeit von Hochschul-absolventen zu wissen und die Tragweite der jeweiligen Studienangebote und -bedingungen zu verstehen, um daraus Folgerungen für Neugestaltungen ziehen zu können.

Etwa zeitgleich setzte sich die Idee durch, europaweit ein System gestufter Studiengänge und -abschlüsse einzuführen – oft Bachelor-Master-System ge-nannt. Der Prozess der Umsetzung dieser Strukturreform war sehr vielschichtig, und die dabei zu Wort kommenden Ideen weiterer Reformen waren zahlreich. Daher kann es nicht verwundern, dass die Aussagen darüber divergieren, welche Reformkonzepte einerseits als Bestandteile des so genannten »Bologna-Prozesses« zu betrachten seien und was andererseits aus anderen Anlässen zum Reformthema wurde und sich auf die eine oder andere Weise mit den Bologna-Reformen verknüpfte.

Eindeutig ist, dass die für Hochschulfragen zuständigen Minister einer gro-ßen Zahl europäischer Länder in der Bologna-Erklärung von 1999 im Kern eine strukturpolitische Maßnahme empfahlen: Die Einführung einer konvergenten

Struktur von gestuften Studiengängen und -abschlüssen in allen europäischen Ländern. Als strategische Ziele dieser Strukturpolitik nannte sie vor allem die Erhöhung studentischer Mobilität: steigende Attraktivität der Studienangebote in Europa für Studierende aus anderen Regionen der Welt und Erleichterung der intra-europäischen Mobilität.

Im Kontext dieser Analyse ist zweifellos von Bedeutung, dass die Bologna-Erklärung von 1999 keinen Aufruf zu einer stärkeren »Beschäftigungsorientierung« der Hochschulen enthielt. Hier und da gibt es kurze Verweise auf Fragen der Beziehung von Studium und Beruf, aber nur eine eindeutige Forderung zu diesem Themenbereich wurde formuliert: »The degree awarded after the first cycle shall also be relevant to the European labour market as an appropriate level of qualification«; in der missverständlichen deutschen Übersetzung heißt es: »Der nach dem ersten Zyklus erworbene Abschluss attestiert eine für den europäischen Arbeitsmarkt relevante Qualifikationsebene.« Die zitierte Formulierung wurde angesichts der Befürchtung gewählt, dass die Universitäten derjenigen europäischen Länder, die nur Langstudiengänge an Universitäten hatten, dazu neigen könnten, das Bachelor-Studium nur als ein Durchgangsstadium zu einem Master-Studium anzulegen.

Festzustellen ist allerdings, dass die Einführung gestufter Studiengänge Fragen einer neuen Gestaltung des Studiums zwingend aufwirft oder zumindest nahelegt. Vor allem folgende Aspekte sind zu nennen:

- Ein System gestufter Studiengänge verlangt nach einer Abgrenzung, *welches Niveau und welches Profil von Kompetenzen mit den jeweiligen Studienstufen* erreicht werden sollte. Das schlug sich in der Entwicklung sogenannter »Qualifications Frameworks« nieder.
- *Art und Ausmaß der beruflichen Orientierung* von Bachelor-Studiengängen musste ein wichtiges Thema werden. Legt die nunmehr hohe Bedeutung der Stufung von Studiengängen nahe, dass die Differenzen der Studiengänge nach Hochschularten sich verringern? Welche curricularen Konzepte eignen sich am besten dafür, dass der Bachelor-Abschluss zugleich dem Übergang in den Beruf und dem Weiterstudium auf der Master-Ebene dienen kann?
- Für die Universitäten stellte sich mit der Einführung von Bachelor-Studiengängen nunmehr unabweisbar die Frage, was sie für die Qualifizierung von Absolventen leisten können, die *»unterhalb« des akademischen Berufspektrums* tätig werden. Was früher eher als unerwünschte Ausnahme betrachtet worden war, musste nunmehr als expliziter Aufgabenbereich avisiert werden.

- Welche *Profile* kommen für *Master-Studiengänge* in Frage, mit denen das Ende eines langen Studiums durch neue kürzer-fristige Studiengänge sui generis abgelöst werden?
- Da der Bologna-Prozess zum Anwachsen studentischer Mobilität beitragen sollte, stellt sich für die zunehmende temporäre Mobilität die Frage: Wieweit sollen unsere zeitweilig im Ausland lernenden Studierenden am Ende des Studiums ein anderes Profil haben als die nicht-mobilen Studierenden, und was bedeutet das einerseits für die Anerkennung von Studienleistungen im Ausland und andererseits für den Verzicht von Studienleistungen, die die nicht-mobilen Studierenden daheim zu erbringen haben?

Da die Einführung der gestuften Studiengangsstruktur notwendigerweise eine Reihe von Fragen der Gestaltung von Studienangeboten und ihrer Beziehungen zum Beruf aufwirft, war es zweifellos naheliegend, auch andere Reformüberlegungen mit einzubeziehen, die ihren Ursprung nicht im Kernbereich der Bologna-Reform hatten:

- *In einzelnen europäischen Ländern* gewannen *jeweils verschiedene Themen* an Gewicht: So wurde zum Beispiel in Deutschland die Förderung von »Schlüsselqualifikationen« ein zentrales Thema. In Finnland sollten bei der Einführung gestufter Studiengänge Wege gefunden werden, Studienzeitverlängerung und Studienabbruch zu verringern.
- Im ersten Jahrzehnt des 21. Jahrhunderts gewann die Idee, dass nicht mehr die Beherrschung von Wissen im Mittelpunkt der Prüfung von Ergebnissen des Studiums stehen sollte, sondern die durch das Studium erreichten *Kompetenzen,* breite Unterstützung.
- Schließlich tauchte das Schlagwort »Employability« immer mehr in den Diskussionen im Rahmen des Bologna-Prozesses auf.

Der Terminus »Employability« rückte so stark in den Vordergrund der Diskussionen über die Beziehungen von Hochschule und Arbeitswelt, dass einige Grundzüge dieser Diskussion im Folgenden benannt werden sollen.

10. »EMPLOYABILITY« – BEGRIFF UND KONZEPTIONEN

Der Begriff »Employability« ist in zweifacher Hinsicht äußerst unglücklich:

- »Employability« ist ein Fachbegriff aus der Arbeitsmarktpolitik und -forschung, der sich auf Probleme und Maßnahmen für »youth at risk« befasst, d.h. für Personen, die man kaum beschäftigen kann. Das ist nicht das Problem der Hochschulen.
- »Employment« spricht *allein die* »*Tausch-Dimension*« an: Überhaupt beschäftigt, Einkommen und Position; Vertragsdauer, Arbeitsumfang, Sozialleistungen u.ä.; bei den Studienreformen geht es jedoch primär um die »*Gebrauchs-Dimension*« des Studiums (Verwendung von Qualifikationen, Problemlösungsfähigkeit, selbständiges und verantwortliches Handeln u.ä.), ergänzt durch die Beschäftigungsdimension.

Das zweite Bedenken macht auch deutlich, dass die Eindeutschung »*Beschäftigungsfähigkeit*« die Missverständlichkeit kaum verringert. Vielmehr ist »*berufliche Relevanz*« in der deutschen Sprache der angemessene Ausdruck, aber es gibt in der englischen Sprache keine entsprechende brauchbare Lösung, denn der Begriff »*professional relevance*« erscheint angesichts der englischen Bedeutung von »Professions« – nur für hoch qualifizierte Berufe (im Gegensatz zu »Vocations«) und dabei für »geschlossene« Berufe verwendet – als zu engführend.

Dem Begriff »Employability« werden sehr unterschiedliche Bedeutungen unterlegt. Fünf unterschiedliche Akzente lassen sich benennen:

- alles in der Anlage des Studiums zu tun, was den Beschäftigungs- und Karriereerfolg der Studierenden erhöht;
- der Tauschwert des Studiums insgesamt, einschließlich der Wahl des richtigen Faches und der richtigen Universität (einschließlich »credentialism«);
- eine enge stoffliche Abstimmung von Studium und zu erwartender beruflicher Tätigkeit;
- Stärkung von Kompetenzen, die anders als durch die fachlichen Stoffe erworben werden;
- Berufseinstiegs- und Karrierehilfen: Berufsberatung und -vermittlung, Bewerbungstraining usw.

Offenkundig suggeriert der Terminus »Employability«, dass die Befürworter von Veränderungen im Verhältnis von Hochschule und Arbeitswelt, die diesen Begriff gebrauchen, eine enge Zuordnung des Studiums an den vermeintlichen Bedarf des Beschäftigungssystems wünschen. Ich habe argumentiert, dass mit dem Begriff ein »Jargon der Nützlichkeit« gewählt wird. Demgegenüber ist die Forderung, dass die professionelle Relevanz des Studiums von Zeit zu Zeit überdacht werden muss, um den veränderten Kontexten Rechnung zu tragen, eher konsensfähig.

Zweifellos liegt es nahe, die Studienangebote und -bedingungen in gewissen Abständen kritischen Fragen auszusetzen:

- Was waren – nach Aussagen von ehemaligen Studierenden in Absolventenstudien – die größten *Kompetenz-Defizite in der Vergangenheit?*
- Welche *neuen Herausforderungen* stellen sich durch kulturellen, gesellschaftlichen, wirtschaftlichen und technologischen Wandel (wie z.B. »knowledge society«, »mass higher education«, Internationalisierung und wachsende kulturelle Vielfalt, Umweltzerstörung, weltweit wachsende soziale Ungleichheit)?
- Welches Umdenken erfordern die *steigenden Studienanfänger- und Absolventenquoten*, etwa im Hinblick auf eine Differenzierung im Charakter der Studienangebote?
- Wieweit soll es beim *Bachelor- und Master-Studium* jeweils um spezifische Ebenen der Qualifizierung und um unterschiedliche Akzentuierungen im Berufsbezug gehen?
- Wie verändert sich der *Berufsbezug unterschiedlicher Arten von Hochschulen* (z.B. Universitäten und Fachhochschulen), wenn nicht mehr die Arten der Hochschulen das wichtigste Merkmal formaler Differenzierung sind, sondern die Ebenen von Studiengängen und -abschlüssen?

Und dabei kann auch bewusst werden, dass im Laufe der Jahre die Vorstellungen komplexer geworden sind, was der Charakter fachlicher Qualifikationen ist und welche Kompetenzen jenseits fachlicher Qualifikationen durch das Studium zu fördern sind. Ebenso sind die Konzepte über das mögliche Repertoire der curricularen Gestaltung von Studiengängen anspruchsvoller geworden. Schließlich gibt es eine weitaus größere Vielfalt von Formen des Lehrens und von lehrbegleitenden Aktivitäten, als den meisten Wissenschaftlerinnen und Wissenschaftlern bewusst ist.

11. ABSCHLIESSENDE ÜBERLEGUNGEN

Versuchen wir zu bilanzieren, was wir mit Sicherheit über die Beziehung von Hochschule und Arbeitswelt wissen, so fallen uns in erster Linie quantitativ gemessene objektive Daten ein: Länder mit hohen Absolventenquoten sind ökonomisch erfolgreicher als Länder mit niedrigen Absolventenquoten. Personen mit hohem Bildungsabschluss haben ein geringeres Arbeitslosigkeitsrisiko als Personen mit nicht mehr als einem Pflichtschulbesuch. Mehr als zwei Drittel der Personen mit Universitätsabschluss sind in Management- und Professionspositionen tätig.

Bei näherem Hinsehen wird deutlich, dass schöne Daten oft zu simpel interpretiert werden. Unterstellt wird, dass fast alle Absolventen mehr oder weniger gleich auf die höchsten Posten schielen, dass etwas schief gegangen ist, wenn ein Absolvent des Ingenieurstudiums nicht in der Berufskategorie »Ingenieur« tätig ist, dass Absolventen, die nicht in typischen Akademiker-Berufen tätig sind, in der Regel auch nur wenig von ihren im Studium erworbenen Kompetenzen wirklich im Beruf verwenden können.

Es gibt inzwischen Hochschulabsolventenstudien, die solche Strukturdaten mit vielfältigerer Information über Studium und Arbeitswelt verbinden. Diese erlauben uns, Antworten auf differenziertere Fragen zu geben: In welchen Aspekten sind temporär international mobile Studierende besser qualifiziert als nichtmobile und beruflich erfolgreicher? Lassen sich Wirkungen bestimmter Lehr- und Lernstile nachweisen? Ist die erste Berufstätigkeit sehr bedeutsam für die Karriere von Hochschulabsolventen, oder erfolgt oft eine Korrektur auf dem Berufsweg? Haben besondere Profile einzelner Hochschulen sichtbare Auswirkungen auf den Berufsweg und die berufliche Tätigkeit ihrer Absolventen?

Wir wissen aber auch, dass Befragungen von Akteuren auf ihre Grenzen stoßen: Studierende mögen in bestimmten Bereichen ihre Kompetenzen überschätzen. Alle Akteure haben jeweils nur Experten für einzelne Dimensionen in der Beziehung von Hochschule und Arbeitswelt. Und wir wissen, dass die Forschung in wenigen Fällen Gegenstandsbereiche so umfassend analysieren kann, dass sich Empfehlungen zur Verbesserung der Praxis wirklich »ableiten« lassen. Schließlich ist es uns bewusst, dass wir sowohl im Hochschulsystem als auch im Beschäftigungssystem eine große Pluralität von Werthaltungen antreffen, nach denen die vorhandenen Wissensbestände unterschiedlich eingeschätzt werden.

Bessere Problemlösungen in der Beziehung von Hochschule und Arbeitswelt sind auf einen offenen und gründlichen Diskurs von unterschiedlichen Akteuren angewiesen. Denn jede Art von Akteuren ist besonders kompetent in einigen Dimensionen und wenig kompetent in anderen Dimensionen, die in der Analyse der Beziehungen von Hochschule und Arbeitswelt von Bedeutung sind. Nur kreativer Dialog hilft weiter. Und ein solcher Diskurs hat größere Chancen zur Versachlichung gegenüber den weit verbreiteten kontroversen »Glaubensbekenntnissen«, wenn mehr systematisches Wissen generiert und bereitgestellt wird.

Jede gewonnene Einsicht wirft neue Fragen auf. Wir mögen zum Beispiel feststellen, dass der Anteil der Absolventen, die berichten, ihre im Studium erworbenen Kompetenzen später im Beruf gut verwenden zu können, sich im Zuge der Hochschulexpansion kaum verändert, obwohl die Zahl der Absolventen stärker gewachsen ist als die typischen Akademiker-Positionen. Dann können wir fragen: Sind die typischen Akademiker-Positionen doch mehr gewachsen, als mit Blick auf klassische Kategorien aus Statistiken zu erkennen ist? Passen sich die Erwartungen und Einschätzungen der Absolventen an die im Durchschnitt weniger privilegierten Berufspositionen an? Oder gelingt es vielen Absolventen, ihre eigene berufliche Situation pro-aktiv umzugestalten? Unser Wissen über die Beziehungen von Hochschule und der Welt der Arbeit steigt, aber mit jeder neuen Antwort steigt auch unsere Neigung zu weiteren, gründlicheren Fragen.

Studierende heute –
Bekanntes und Unbekanntes

Einstellungen, Motive und Studienstrategien

TINO BARGEL

Bekanntes und Unbekanntes über die Studierenden heute zu berichten, das ist zwar ein attraktives Vorhaben, aber wie wird man ihm gerecht? Was ist denn bekannt oder unbekannt und was ist zutreffend oder unberechtigt, wenn über die Studierenden geredet wird? Eine Lösung könnte sein, den Kenntnisstand über die Studierenden anhand einer Litanei an Fragen abzurufen, unter dem Motto: »Wussten Sie schon…?« Ein solches Sammelsurium erweist sich letztlich aber als wenig erhellend, eher als verwirrend. Ob die Puzzleteile ein Bild ergeben, das bleibt fraglich, wiewohl einzelne Daten überraschend und anregend sein können. Deshalb werden jene Einstellungen, Motive und Strategien der heutigen Studierenden vorgestellt, die zu ihrem Verstehen und für den Umgang mit ihnen beachtenswert erscheinen – und durchaus darauf hinweisen, wo Irrtümer und Fehleinschätzungen vorliegen, wo Legendenbildung und Mythen am Werke sind.

Die nachfolgenden Streifzüge durch die Bereiche der Studienphase, der Berufsvorbereitung und der politischen Beteiligung stützen sich vor allem auf die Befunde des Studierendensurveys (zu Konzept, Instrument und Ergebnissen vgl. Ramm/Multrus/Bargel 2011). Mit dem Studierendensurvey wird seit Anfang der 80er Jahre versucht, die kulturelle Dimension des Studierens bundesweit, möglichst repräsentativ, vor allem differenziert und zutreffend zu erfassen. Die Studierenden erhalten Gelegenheit, sich zu einem weiten Themenspektrum zu äußern: über ihre Erwartungen und Motive, über ihre Erfahrungen und Schwierigkeiten, über ihre Urteile und Einschätzungen bis hin zu ihren Wünschen und Forderungen.

Mittlerweile liegen elf Erhebungen bei nahezu 95.000 Studierenden an Universitäten und Fachhochschulen in Deutschland vor; die Daten werden in der Zeitreihe, unterteilt nach Hochschulart, Fachrichtung und Geschlecht, für jeden zugänglich dokumentiert (vgl. Simeaner/Ramm/Kolbert-Ramm 2010). Eine solche beachtliche Zeitreihe erlaubt Einblicke in Veränderungen und Trends, nicht zuletzt in den umstrittenen Wandel, der mit der Einführung der zweistufigen Studienstruktur mit Bachelor und Master die Studierenden erfasst hat (vgl. Bargel et al. 2009; Bargel 2011).

1. STUDIUM: LEISTUNG UND ERTRAG

1.1 Steigender Leistungs- und Erfolgsdruck im Studium

Oft wird zu wenig beachtet oder übersehen, dass die Bewährung im Studium für die Studierenden eine ganz zentrale, oft existenzielle Angelegenheit ist. Es handelt sich darum, dass sie ein möglichst gutes Examen erreichen wollen; so gut wie alle Studierenden (96 %) bestätigen diesen Ehrgeiz, zwei Drittel (65 %) sogar in starkem Maße.

Deshalb ist es ernst zu nehmen, dass unter den Stressfaktoren im Studium die Leistungsanforderungen und die Bewältigung der Prüfungen ganz im Vordergrund stehen. Dieser Befund ist zwar nicht neu, aber als bedenklich ist die Zunahme dieser Belastungen in den letzten Jahren einzustufen. Die Studierenden erfahren durch die veränderten Studienbedingungen deutlich mehr Druck, was oft den neuen Studienstrukturen angelastet wird (Multrus 2011). Aber zu beachten ist ebenfalls, dass die Studierenden sich selbst mehr unter Druck setzen und sie empfinden auch mehr Druck: eine schwierige Stress-Spirale.

Mehr Studierende stellen an sich höhere Ansprüche hinsichtlich der Effizienz ihres Studiums. Was meinen sie damit? Sie wollen eine kürzere Studiendauer erreichen, die vorgegebenen Zeiten einhalten. Sie nehmen sich eine höhere Arbeitsintensität vor, sie wollen fleißig sein. Und sie streben ein erfolgreiches Examen mit möglichst guten Noten an, weil dies ihnen für den Zugang zum Arbeitsmarkt, für den Erhalt einer Stelle sehr wichtig erscheint. Die Absicht, das Studium möglichst rasch abzuschließen, war in den 80er Jahren (damals unter den westdeutschen Studierenden erhoben) für nicht mehr als 24 % ganz wichtig, heute für 42 % insgesamt; für Bachelor-Studierende ist die eigene Studieneffizienz noch etwas wichtiger (46 %).

Die Steigerung von Ehrgeiz und Erfolgsorientierung ist recht eindeutig mit den Chancen für eine spätere Einstellung und der zugeschriebenen Wichtigkeit der Berufsbefähigung verknüpft. Je enger diese Verknüpfung zum Arbeitsmarkt gezurrt wird, desto höher werden Erfolgsdruck und Versagensängste unter den Studierenden – wie die schubartige Verbreitung von Hetze und Stress unter den Bachelor-Studierenden, zumindest von ihnen so gefühlt und empfunden, bestätigt (Bargel 2010).

Zwei Probleme treiben die Studierenden heute am meisten um. Zum einen die Studierbarkeit und der Studienerfolg, zum anderen die Berufsbefähigung und die Berufsaussichten.

1.2 »Studierbarkeit« ist oft in Frage gestellt

Nach den Befunden des Studierendensurveys äußern die Studierenden häufiger als früher die Sorge, das Studium nicht zu schaffen. Der Studienerfolg, möglichst mit gutem Ertrag, ist in der Tat zu oft für die Studierenden in Frage gestellt.

Viel wurde versprochen: Das Bachelor-Studium sollte überschaubarer, strukturierter, über die Module leichter studierbar, auch flexibler sein. So die verkündeten Versprechungen. Die Mehrheit der Studierenden erfährt aber mehr Regularien, mehr Intransparenz und weniger Planbarkeit. Die Kriterien der »Effizienz«, ihnen selbst ja wichtig, können sie nicht einhalten – die Studienzeit wird länger, ECTS-Punkte sind nicht gesammelt und die Überlegung zum Studienabbruch nimmt zu. Dieser Widerspruch belastet und bewegt die Studierenden, treibt manche von ihnen sogar zu Demos auf die Straße (Bargel et al. 2009).

Häufig wird die gestiegene zeitliche Einspannung ins Studium angeführt, um die »Bildungshetze« zu begründen. Die Anforderungen ließen keine Zeit für andere Aktivitäten, für Engagements kultureller, sozialer oder politischer Art. Diese Beschwerden über einen höheren Zeitaufwand für das Studium stellen sich aber als Fehleinschätzung heraus, mittlerweile fast eine *Legendenbildung* um den Bachelor, die einer genaueren Nachprüfung nicht standhält.

Es liegen dazu verschiedene empirische Befunde vor (Isserstedt et al. 2010; Metzger/Schulmeister 2011; Ramm/Multrus/Bargel 2011). Trotz unterschiedlicher Methodik und Deutungen, in einem sind sich aber alle Studien einig. Der Zeitaufwand für das Studium ist gegenüber früheren Jahren nicht gestiegen und die Unterschiede nach Fächern haben sich fast unverändert gehalten. Gering ist er in den Erziehungswissenschaften, sehr hoch in Chemie und Medizin. Das ist eindeutig: Der häufigere Eindruck von Einspannung und Hetze liegt nicht an einem gestiegenen zeitlichen Studieraufwand oder an mehr Erwerbsarbeit neben dem Studium.

Zwangsläufig folgt die Frage, weshalb denn die Studierenden die Studierbarkeit in Frage stellen und über Stress klagen? Die Befunde zu Schwierigkeiten
und Belastungen geben den studentischen Beschwerden durchaus recht. Studierende im Bachelor-Studium erfahren zu oft einen unübersichtlichen Studienaufbau mit wenig abgestimmten Modulen, ein hartes, intransparentes Prüfungssys-
tem, eine fortlaufende, strikte Leistungsüberprüfung mit hohem Sanktionsgrad
ohne Flexibilität und eigene Entscheidungen oder Wahlmöglichkeiten. Die Studierenden beschweren sich zu recht über die übertriebene, unzusammenhängen-
de Stoffmenge, die engen Regulierungen und die vielen Prüfungen pro Semes-
terende (Bargel et al. 2009, Bargel 2011).

1.3 Klarheit über Beschäftigungsbefähigung will sich nicht einstellen

Der andere Vorsatz hört sich ebenfalls gut an: Im Studium mehr für die Berufs-
befähigung zu tun, es stärker anwendungsbezogen anzulegen, kurzum für den
Bachelor »Employability«, d.h. Beschäftigungsbefähigung herzustellen. Diese
Beschäftigungsbefähigung richtet sich dann am Arbeitsmarkt aus, seine Signale
werden für Anlage und Ausrichtung der Qualifizierung maßgeblich. Eine solche
Ausrichtung erweist sich letztlich aber als eine Art Fallstrick, in dem sich die
Studierenden verfangen haben. Denn sie stehen vor einem unübersichtlichen,
wechselnden Anforderungskatalog und einem immensen Aufbau an Bedingun-
gen, denen sie nachlaufen.

Sie sehen sich einer Zusatzforderung nach der anderen gegenüber, um den
Ansprüchen des Arbeitsmarktes zu genügen: 1. Zusatz: Schlüsselqualifikationen
erwerben, 2. Zusatz: Anwendungsbezug herstellen, 3. Zusatz: Praktika absolvieren, 4. Zusatz: Auslandserfahrungen sammeln, 5. Zusatz: Marktgerechtigkeit im
Auge behalten. Weil ihnen das Genügen der Anforderungen so wichtig geworden ist, weil sie Arbeitserfahrungen so schätzen, nicht nur für die beruflichen
Chancen, sondern auch für ihre persönliche Entwicklung, lassen sich die Studierenden nach Möglichkeit auf alle diese Zusätze ein, vermehrt auch auf Praktika.

Etwas Bemerkenswertes geht außerdem mit der Herausstellung von Anwendung und Berufsbezug einher: Die Studierenden betonen ihre individuellen Vorteile, das eigene Fortkommen rückt in den Vordergrund und die Bewältigung der
gestellten oder als wichtig erachteten Anforderungen wird zur Leitlinie des Handelns. Das nimmt aber zu selten die Gestalt einer überlegten Strategie an, etwa
bei der Bewältigung des Studiums, sondern vermittelt eher den Eindruck des
sich »Durchwurstelns« – was die Studierenden selber verunsichert und ihnen den

Eindruck vermittelt, sie verlören die Kontrolle über ihren Studien- und Lebensweg.

Außerdem hat sich eine beachtenswerte Veränderung in den letzten Jahren verstärkt. Die Wichtigkeit von Gratifikationen als Maßstab für das eigene Handeln hat unter den Studierenden durchgehend zugenommen: als Fachwahlmotiv, als Erwartung an den Nutzen des Studiums wie bei den Werten für die Berufstätigkeit. Was schon Schiller 1790 beobachtet und in seiner Antrittsvorlesung vorgetragen hat: Es gibt die Studierenden, die nur »eines Amtes, des Geldes wegen« studieren – so neu ist diese Motivlage grundsätzlich nicht. Aber die Ausrichtung an Gratifikationen, also konkret: an einem höheren Einkommen, einem sicheren Arbeitsplatz oder an der Karriere, wird von mehr und mehr Studierenden geteilt, zunehmend auch von Studentinnen.

1.4 Oft übersehen, weil lange unbekannt: soziale Ungleichheit im Studium

Um die Behandlung der sozialen Ungleichheit im Studium komme ich nicht umhin. Sie wurde lange kaum thematisiert, vielmehr verschwiegen. Dieses Wegsehen leistete der falschen Vorstellung Vorschub, soziale Ungleichheiten kämen an den Universitäten nicht vor. Zwar ist es bekannt und unstrittig, wie sehr der Zugang zur Hochschule von der sozialen Herkunft abhängt, aber das Studium selbst, gerade wegen dieser hohen Selektivität vorab, galt weithin als davon unberührt, als hätten die Studierenden mit der Immatrikulation ihre Herkunft an der Garderobe abgegeben. Dem ist aber nicht so. Es ist ein Mythos, der Studienweg und der Studienerfolg an den Hochschulen seien rein leistungsbezogen bestimmt.

In einem Gutachten für die Böckler-Stiftung konnten wir zusammentragen und belegen, in welchem Ausmaß die soziale Herkunft das Studium steuert, oft mehr als die Leistung oder auch das Geschlecht. In vielfältiger Weise ist sie wirksam: bei der Sicherheit der Studienaufnahme und bei der Fachwahl, bei den Kontakten mit Lehrenden und den Diskussionsbeteiligungen in Lehrveranstaltungen, beim Umfang der Erwerbsarbeit neben dem Studium und den finanziellen Belastungen und Nöten, bei der Realisierung von Studienphasen oder Praktika im Ausland, bei der Aufnahme in ein Programm der Begabtenstipendien und bei der Einnahme von Hilfskraft- oder Tutorstellen, schließlich bei der Promotionsabsicht und auf dem weiteren Weg in den wissenschaftlichen Nachwuchs an den Hochschulen (Bargel/Bargel 2011).

Allenthalben zeigen »Bildungsaufsteiger« mehr Unsicherheit, mehr Zurückhaltung, mehr Vorsicht, allenthalben erfahren sie mehr Hemmnisse und Barrieren bis hin zu Benachteiligungen an den Hochschulen. Gewichtig für ihre Benachteiligung sind ihre finanzielle Lage (genauer: das zu geringe BAföG und die unzureichende Stipendienvergabe), der häufige Zwang zur umfänglichen Erwerbsarbeit im Semester, aber ebenso die nach wie vor vorhandene Fremdheit im akademischen Milieu, das Fehlen an Informationen und Ratschlägen, auch an kulturellen Selbstverständlichkeiten.

Erst allmählich wird diese Problematik der sozialen Ungleichheit im Studium anerkannt. Unter dem Konzept der »sozialen und demokratischen Hochschule« wird sie bewusst aufgenommen und mit Strategien des Diversity- und des Qualitätsmanagements von einzelnen Hochschulen angegangen (Hans-Böckler-Stiftung 2010).

2. BERUF UND BERUFSVORBEREITUNG

Das studentische Dasein, das betrifft alle, ist auf Zukunft angelegt. Daher ist es von großer Wichtigkeit, wie sich die Brücke in die Zukunft darstellt. Was erwarten die Studierenden als Ergebnis und Ertrag eines Studiums, was erhoffen sie sich an Qualifikation und an Bildung?

2.1 Employability (Berufsbefähigung) oder Professionalität

Die Studierenden erwarten vom Hochschulstudium, kurz und plakativ gefasst, eine gute fachliche, wissenschaftliche Ausbildung, die zu einer qualifizierten, interessanten, angesehenen und selbständigen Berufstätigkeit führt, aber auch Allgemeinbildung fördert. Sie lassen mit diesem Muster eine traditionelle »autonome Aufgabenorientierung« erkennen, entweder mehr professionell-beruflich oder mehr intellektuell-geistig ausgerichtet.

In dieser Haltung haben sie aber eine Abschwächung vorgenommen, indem sie verlangen, das Studium stärker anwendungsbezogen anzulegen, dafür auch Praktika vorzuschreiben. Das Studium soll mehr für die Beschäftigungsbefähigung der Studierenden leisten und die Arbeitsmarktrelevanz des Lehrstoffes wie der Qualifikation erhöhen – die Studierenden unterstützen diese Zielsetzungen mehrheitlich, oft sogar vehement.

Für die in Aussicht gestellte »Employability« (im Sinne der Beschäftigungsbefähigung) tun die Studierenden viel, um sie zu erwerben und nachzuweisen, anhand von Zertifikaten, Punkten, Anrechnungen. Sie laufen dem beständig hinterher. Dennoch erfahren sie, vor allem an den Universitäten, bislang keinen engeren Praxisbezug in der Lehre. Eine bessere Berufsvorbereitung oder ein Mehr an Beschäftigungsbefähigung haben sie bislang nicht registrieren können. Diese Zielsetzung erweist sich letztlich offensichtlich als eine Fata Morgana: als eine spezielle Art verführerischer Illusion, der die Studierenden hinterherlaufen, ohne sie je erreichen zu können. Warum ist das so? Das einseitige Hervorheben von angewandter Nützlichkeit und beruflichem Gewinn eines Studiums produziert mehr Unübersichtlichkeit und Unsicherheit, zumal wenn externe Instanzen (meist Wirtschaft und Berufsverbände) die Ausbildungsziele und Übernahmebedingungen setzen. Für sie sind eher Produktions- und Betriebsinteressen maßgeblich als die fachlich und praktisch begründete Qualifikation der Studierenden. Das hat ständige Anpassungsversuche und Eindrücke des Ungenügens bei den Studierenden zur Folge, was wiederum den Druck im Studium erhöht, und zwar auf Kosten von Nachdenken, Kreativität und Innovation. Man kann den Studierenden nur raten, den »Arbeitsmarkt« nicht zu intensiv als Ratgeber für die berufliche Qualifizierung heranzuziehen und nicht ständig auf den Arbeitsmarkt zu schielen.

2.2 Berufliche Erwartungen: kurzfristig optimistisch, langfristig besorgt

Den Warnungen davor, sich als Studierender allzu sehr am Arbeitsmarkt zu orientieren, wird gern entgegengehalten: Die Arbeitschancen sind doch so gut, Akademiker werden gesucht, es fehlt an wissenschaftlich qualifizierten Fachkräften. Ein kräftiger Optimismus der jungen Studentengeneration wäre daher zu erwarten und kein Nörgeln. So einfach ist es aber nicht. Die Situation ist für die Studierenden »durchwachsener«. Wollen wir die Sicht der Studierenden auf die Zukunft und ihre Rückwirkung im Studium angemessen verstehen, müssen wir drei Horizonte unterscheiden: 1. den Berufsübergang und die Stellenfindung unmittelbar nach dem Studium, 2. die langfristige Sicherheit und Stabilität von Stelle und Beruf sowie 3. die gesellschaftliche Entwicklung in der globalisierten Welt.

Der nächste, wichtige Schritt ist der Übergang in die Berufswelt. Die Befürchtung, keine Stelle zu finden oder eine inadäquate hinnehmen zu müssen, ist gegenwärtig wieder seltener. Folglich sind die studentischen Belastungen wegen unsicherer Berufsaussichten geringer geworden. In diesem wichtigen Feld herrscht gegenwärtig wieder deutlich mehr Zuversicht unter den Studierenden. Gut ein Drittel (32 %) kann als optimistisch bezeichnet werden. Das sind so viele wie zu keinem früheren Zeitpunkt unserer Erhebungsreihe seit 1993.

Aber, was zu wenig beachtet wird: Die Bereitschaft zur Aufgabe der beruflichen Identität ist so verbreitet wie noch nie. Studierende stellen sich häufiger da-

rauf ein, etwas ganz anderes, auch auf Dauer, beruflich zu machen, als sie ge-
lernt haben. Daher herrschen mehr Sorgen um den sicheren Arbeitsplatz auf
Dauer, begleitet von einem fast ständigen Blick auf die Konjunkturen der Be-
rufsaussichten. Es ist gelungen, die spätere Berufstätigkeit für einen Großteil der
Studierenden als Druckmittel aufzubauen und den nebulösen Arbeitsmarkt als
Drohkulisse herzurichten.

Wenig optimistisch fällt zudem der Blick auf die gesellschaftliche Zukunft
aus. Nehmen wir die Aufstiegschancen als Beispiel: Bei den Studierenden ist die
Sicht eher pessimistisch, denn über die Hälfte (56 %) erwartet eine Verschlech-
terung der Chancen aufzusteigen. Außerdem betrachten die Studierenden die
Verwirklichung des Leistungsprinzips wie das Vorhandensein fairer Aufstiegschancen überwiegend skeptisch. Vielen erscheint das Leistungsprinzip, das sie
durchaus befürworten, in der Gesellschaft zu wenig angewandt, zwar beschwo-
ren, aber ohne Geltung.

Eine spezifische Konstellation ist auffällig: Bei dieser Studentengeneration
scheint die Angst vor Misserfolg größer als früher; die Hoffnung auf Erfolg
bleibt wie gelähmt. Befürchtungen, trotz aller eigenen Anstrengung und bei allem kurzfristigen beruflichen Optimismus, letztlich zu den Verlierern zu gehören, haben sich in vielen studentischen Köpfen eingenistet – im Hinblick auf den
weltweiten Wettbewerb wie in der beruflichen Behauptung.

3. WERTE UND POLITIK

Der Blick in die Zukunft leitet über zu der Frage, was denn den Studierenden
wichtig ist. Worauf legen sie großen Wert und wofür setzen sie sich womöglich
ein? Die Werte der Studierenden sind von Interesse, weil sie lange Zeit weder
beachtet noch untersucht wurden. Deren Wertespektrum und Wertepräferenzen
sind deshalb ein gewisses Geheimnis geblieben, über das nur Vermutungen möglich waren. Erst neuerdings sind dazu wieder Daten erhoben worden, die einige
aufschlussreiche Befunde liefern (Bargel/Simeaner 2011).

3.1 Was ist den Studierenden wichtig und wertvoll?

Im Vordergrund steht für die Studierenden mehr und mehr die Familie, der
Freundeskreis und eine Partnerschaft. Vor allem die Herkunftsfamilie hat stark
an Wertschätzung gewonnen, eine beachtliche Wiederbelebung ihrer Bedeutung
erfahren. Vater, Mutter und Geschwister, die Freunde und Freundinnen bilden

den Mittelpunkt. Ein Gutteil Verlangen der Studierenden nach Sicherheit und Anerkennung mag damit verbunden sein, die sie im Studium nicht finden. Wie fällt die Hierarchie der allgemeinen Grundwerte bei den Studierenden aus? Was rücken sie in den Vordergrund, was ist nachrangig oder gänzlich unwichtig? Die meiste Wertschätzung erhalten zwei Grundwerte: die Freundschaft, also gute Freunde und Freundinnen zu haben, und der Friede (kein Krieg, keine Gewalt). Fast drei Viertel der Studierenden stufen sie als sehr wichtig ein. Ebenfalls hoch geschätzt folgt als Grundwert die Freiheit, was meint, unabhängig und entscheidungsfrei zu sein; nahezu zwei Drittel der Studierenden vertreten Freiheit ganz vehement.

Nicht mehr ganz so eindeutig werden zwei andere Grundwerte eingeschätzt: die soziale Gleichheit, genauer: gleiche Chancen für alle (50 %), und die Sicherheit, geruhsam und sorglos zu leben (47 %). Sie werden zwar von der Hälfte der Studierendenschaft sehr stark betont, aber ein merklicher Anteil (etwa ein Drittel) ist zurückhaltend, fast jeder Fünfte eher abweisend. Gleichheit und Sicherheit sind, politisch gewendet, am ehesten als sozialdemokratische Werte einzuordnen; sie gelten zwar recht allgemein, stoßen aber doch auf einige Vorbehalte.

Frühere Stützen gesellschaftlicher Bindung, das sind Tradition, Religion und Nation, sind dieser Studentengeneration fast völlig verloren gegangen. Da ist zuerst die Tradition zu nennen, das meint Geschichtsbewusstsein und ein Achten auf die herkömmlichen Sitten. Sie ist nur noch 8 % der deutschen Studierenden sehr wichtig. Die Religiosität, Glaube und Erlösung umfassend, ist noch für 17 % überhaupt wichtig, darunter nur für 7 % sehr wichtig. Religion und Glaube als Lebensbereich besitzen demnach für eine begrenzte Minderheit einen höheren Stellenwert. Und die Nationalität, gemeint als nationale Stärke und Behauptung, stellt für nur 3 % einen herausragenden Wert dar. Nicht mehr als 11 % lassen sie noch als wichtig gelten, aber 85 % der Studierenden will davon ernsthaft nichts mehr wissen. Für »nationalistische Parolen"« klassischer Art ist diese Studentengenration nicht zu haben.

Was bedeutet diese Abwendung von traditionellen Bindungs- und Ordnungsinstanzen wie Tradition, Religion, Nation? Es kennzeichnet die studentische Haltung, keine fertigen Muster zu übernehmen, sondern sich selektiv und nicht weiter verbindlich für Werte zu entscheiden – zudem diese nicht mehr als Ausweis einer festen Zugehörigkeit zu verstehen. Jedoch bedeutet die Abwendung von solchen Traditionen keineswegs mehr Aufgeschlossenheit für Neues oder für Alternativen. Studierende sehen das Studium kaum noch als Möglichkeit dafür an, alternative Lebensweisen zu erproben. Alternative Orientierungen, noch vor zwanzig Jahren für die Studierenden ein durchaus konsistentes Bündel von Infragestellen, Verzicht, Ausstieg, Verweigerung und der Betonung von Autonomie, Selbstverwirklichung und Engagement, haben viel an Attraktivität verloren. Alternativen werden entweder nicht gesehen oder ihnen wird ausgewichen (Bargel 2008).

Und wie steht es um die Wertschätzung von Studium und Wissenschaft? Trotz des vorhandenen, ja gestiegenen Ehrgeizes der Studierenden haben für viele Hochschule und Studium jedoch keinen großen Stellenwert, bilden zumindest nicht den Lebensmittelpunkt. Die Hochschule wird zur Betriebsstätte und das Studium wird gleichsam als Kunde absolviert. Immer mehr Studierende nehmen diese Haltung ein, die ihnen ja auch nahegelegt wird.

Außerdem besuchen Studierende die Hochschulen, die aufgrund ihrer Lebens- und Studienbedingungen gar kein Vollzeitstudium absolvieren können, für die gezwungenermaßen das Studium zur Nebensache wird. Über die Größenordnung dieser Gruppe bestehen nur Vermutungen, weil wenig über sie bekannt ist, außer dass sie »Teilzeitstudierende« sind, ihren Status öfters selber so einstufen. Als maßgebliche Gründe für den reduzierten Studienaufwand dieser »Teilzeitstudierenden« werden oftmals deren finanzielle Situation mit der Notwendigkeit zur Erwerbsarbeit, zu betreuende Kinder und andere Beeinträchtigungen oder phasenweise Krisen angeführt. Es ist bezeichnend für unsere Hochschulen, dass Vorhandensein und Realität der »Teilzeitstudierenden«, ihr Umfang wird auf 16 % geschätzt (vgl. Middendorff 2011), bislang einfach ignoriert wurden. Dadurch sind sie oftmals mit ihren Problemen allein gelassen worden, was dann unnötigerweise zu mehr Studienzeitverzögerungen und zu häufigerem Studienabbruch geführt hat (Heublein et al. 2010).

Zum Kern der Universitäten gehören die Befassung mit Forschung, das Entdecken von Neuem und die Auseinandersetzung darum. All dies hat aber für die Mehrheit der Studierenden keine hohe Relevanz, eine auf den ersten Blick überraschende Haltung. Wissenschaft ist für viele Studierende nicht per se wertvoll und nützlich, sondern nur in der handlichen Aufbereitung ihrer Ergebnisse, die für die spätere Berufsausübung als wichtig erscheinen. Ihre Haltung gegenüber Forschungsproblemen, auch einem forschenden Lernen, ist offenbar häufiger durch äußere Anforderungen des Studiums bestimmt, denn von innerer Überzeugung gestützt, geschweige denn von Begeisterung getragen – die beschränkt sich auf einen kleineren Kreis (vgl. Huber 1998). Diese Abneigung gegenüber eigenen forschenden Bemühungen, diese Zurückhaltung, sich auf Forschung einzulassen, wird auch dadurch gestützt, dass es vielen Lehrenden nicht gelingt, ihre Studierenden aktiv einzubeziehen, sie zu motivieren, ihre Neugier zu wecken. Allzu oft verläuft die Lehre uninspiriert, als bloße Vermittlung des Stoffes zum Erwerb von »Faktenwissen«, weniger als Erschließung eines Problems und kritischer Diskussion der Lösungen.

Selbstverständlich bestehen bei den Werten und Wichtigkeiten bedeutsame Unterschiede zwischen den Studierenden der verschiedenen Fachrichtungen, was die jeweiligen Fachkulturen ausmacht, die in der Regel sehr prägend sind. Dennoch will ich sie hier fast gänzlich zurückstellen, mich auf die Behandlung einzelner sozialer Milieus an den Hochschulen nicht einlassen, vielmehr allgemeine Gegebenheiten und Trends hauptsächlich behandeln.

3.2 Einige Grundzüge der Entwicklung

Die Beobachtungen und Überlegungen zu den studentischen Wichtigkeiten und Werten leiten zur Frage über: Was bewegt die Studierenden politisch oder sind sie gar »bewegungslos« geworden, ist »politische Apathie« für sie kennzeichnend? Die Grundzüge der Entwicklung lassen sich ziemlich genau nachzeichnen (vgl. Bargel 2008; Bargel 2010). Auf vier wichtige Aspekte sei verwiesen, in denen sich ein auffälliger Wandel in den studentischen Einstellungen, Überzeugungen und Verhaltensweisen vollzogen hat:

- Weniger politisches Interesse und geringere Beteiligung in Organisationen oder bei politischen Aktionen, auch im Hochschulbereich und bei der Fachschaftsarbeit;
- weniger Meinungs- und Konzeptbildung, Abneigung gegenüber »theoretischen Auseinandersetzungen«, viel mehr Gleichgültigkeit und Beliebigkeiten;
- verbreitete Labilität in den demokratischen Einstellungen, vor allem bei den kontroversen, pluralistischen Facetten; weniger Standfestigkeit;
- weniger Interesse an Innovationen, geringeres Erproben von Alternativen: Auf die angebliche »Alternativlosigkeit« haben sich die Studierenden schon seit längerem eingelassen.

Wenn die eigenen Belange beeinträchtig scheinen, dann kann studentischer Protest aufflammen, durchaus auch in härterer Gangart. Allerdings sind sie noch weit davon entfernt, Gegenkonzepte zu entwickeln oder gar die Macht- oder Systemfrage zu stellen, um darüber eine weit reichende »soziale Bewegung« aufzubauen.

3.3 Citizenship: öffentliche Verantwortung

Dem Bachelor-Studium wird oftmals angelastet, es habe wegen Enge und Einspannung dazu geführt, dass sich die Studierenden zu wenig sozial, kulturell oder politisch engagieren und aus der öffentlichen Mitwirkung zurückziehen. Dies erweist sich aber als eine fälschliche Zuschreibung, eine unzutreffende Unterstellung. Unsere Zeitreihe und die Vergleiche belegen vielmehr, dass es sich um einen allgemeinen Trend bei allen Studierenden handelt. Insofern trifft es zu: Es vollzieht sich eine nachweisbare Verarmung an sozialer, politischer und kultureller Betätigung und Verantwortlichkeit, weshalb Eigenwilligkeit und Engagement immer mehr verschwinden, seit der Jahrtausendwende sogar verstärkt.

Durch das Bachelor-Studium wird dieser allgemeine Trend bei den studentischen Haltungen nur dann zusätzlich verstärkt, wenn einseitig auf die Berufsbefähigung gesetzt wird und die Fachkultur der Wirtschaftswissenschaften, genauer der Betriebswirtschaftslehre, das dominierende Modell für alle Disziplinen und Studiengänge abgibt (vgl. Bargel et al. 2009; Bargel 2011).

Dies hat dazu geführt, dass die Studierenden immer häufiger akzeptieren, die Rolle des Kunden einzunehmen, die das Vorgesetzte in der Lehre zwar evaluieren und ihre Zufriedenheit oder Unzufriedenheit mit dem Lehrangebot oder den Studienbedingungen äußern dürfen, die aber nicht zu Mitgestaltung und Engagement aufgefordert werden. Diese mangelnde Verantwortlichkeit und die geringe Aktivität der Studierenden schwächt aber die Studienqualität wie den Studienertrag – was oft nicht bedacht wird.

Die Zuschreibung der Kundenrolle und die Betonung des persönlichen Nutzens eines Studiums, beides ist letztlich mit verantwortlich dafür, dass Allgemeinbildung und öffentliche Verantwortung als Studienziel in Vergessenheit geraten sind, auch von den Studierenden weniger eingefordert werden. Es ist daher an der Zeit, als Bildungsziel eines wissenschaftlichen Studiums an einer Hochschule nicht nur die »Employability« zu deklarieren, als Beschäftigungs- oder Berufsbefähigung übersetzt, sondern ebenso die »Citizenship«, das öffentliche Engagement und Partizipation, zu betonen und zu befördern. Solcher »Bürgersinn« oder »Orientierung am Allgemeinwohl« kommt ohne eine gehörige Portion Verantwortung nicht aus. Er verlangt ebenfalls einiges an Kompetenzen und Einstellungen, die im Studium gefördert werden sollten. Solche soziale und politische Bildungsarbeit ist an den Hochschulen in den letzten Jahren, sei es in der Lehre oder anlässlich besonderer Veranstaltungen und Projekte, unterblieben.

3.4 Meinungsbildung: Gleichgültigkeit, Beliebigkeit und Hinnahme

Zu beobachten ist bei den heutigen Studierenden, was vielleicht nicht so bekannt ist, dass sie bei Fragen zu Werten und Zielen viel häufiger in die Kategorie

»weiß nicht«, »kann ich nicht sagen« ausweichen oder sie wählen eine mittlere Position unter den Antwortmöglichkeiten. Das ist nicht nur als Zeichen für die Ablehnung von Extremen zu verstehen, sondern es zeigt viel eher, dass die Bereitschaft zur politischen Meinungsbildung unter den Studierenden in den letzten Jahren deutlich geringer geworden ist.

Für die studentische Enthaltsamkeit bei Fragen der Politik und des öffentlichen Engagements ist mit verantwortlich, dass sie sich weithin darüber im Unklaren sind, wie die gesellschaftliche Entwicklung weiter gehen soll und für was sie sich einsetzen könnten. Sie finden oder wollen keine »Gewissheiten«, seien sie traditioneller, religiöser oder nationaler Art, sie werden mit dem Verdikt der »Ideologie« oder des »Idealismus« belegt oder gelten als abgehoben, gar »kritische Theorie«.

Außerdem bremst ihre geringe Solidarität ein stärkeres Einlassen auf gesellschaftliche Probleme oder das Eintreten für andere. Solidarität ist bei vielen Fragen überraschend gering. Sie ist nicht erkennbar bei der Forderung nach mehr BAföG, denn sie wird von Studierenden kaum unterstützt, wenn sie selbst nicht betroffen sind. Außerdem hat ihr Einsatz für mehr Hilfe zugunsten der Entwicklungsländer abgenommen und sie treten für soziale Gerechtigkeit keineswegs stärker ein, obwohl mehr Ungerechtigkeiten wahrgenommen werden. Insofern finden sich die Studierenden damit ab, die als komplex und unübersichtlich bezeichneten Gegebenheiten hinzunehmen: an der Hochschule, in der Gesellschaft und in der Welt.

3.5 Ranking der studentischen Wunschliste

Dennoch haben die Studierenden viele Wünsche; als »wunschlos glücklich« können sie keineswegs bezeichnet werden. Was steht an erster, zweiter und dritter Stelle der Wunschliste, wenn eine Fee den Studierenden drei Wünsche freigeben würde?

Die Universitätsstudenten, um mit ihnen zu beginnen, wünschen sich drei Dinge als sehr dringlich: 1. einen stärkeren Praxisbezug des Studiums, 2. mehr Lehrveranstaltungen in kleinerem Kreis, 3. bessere Arbeitsmarktchancen (für 43 %, 42 % und 36 % gelten diese Wünsche als sehr dringlich). Und die Studierenden an Fachhochschulen wünschen sich in erster Linie: 1. bessere Arbeitsmarktchancen, dann 2. die Erhöhung der BAföG-Sätze sowie 3. Brückenkurse zur Aufarbeitung schulischer Wissenslücken (für 38 %, 36 % und 29 % sehr dringlich). Die Fee staunt und weiß nicht gleich, was sie zaubern soll, wenn sie alle Studierenden glücklich machen will.

Über einen Wunsch herrscht doch Einvernehmen zwischen den Studierenden beider Hochschularten. Es ist die Verbesserung der Arbeitsmarktchancen – und das erstaunt (zumindest mich), da es doch bei der Frage um die Verbesserung der Studiensituation geht. Die Verbesserung der Arbeitsmarktchancen für Absolventen des Faches halten nahezu alle Studierenden für wichtig (80 %), darunter ist sie für über ein Drittel (36 %) sogar sehr dringlich. Gedacht wird dabei von den Studierenden offenbar nicht allein an die Ankurbelung der Konjunktur mit mehr Stellenangeboten. Vielmehr ist für sie darunter auch die Vorbereitung durch das Studium mittels Anwendungsbezug und Praktika, auch die Unterstützung beim Übergang auf den Arbeitsmarkt (siehe Career Center) gemeint.

Beachtlich bleibt die Akzeptanz der Leistungsanforderungen im Studium seitens der Studierenden, trotz häufigen Drucks und mancher Belastungen: Die Studierenden reden einer Verringerung der Anforderungen oder einem Absenken des Prüfungsniveaus kaum das Wort, jedenfalls nicht grundlos oder aus Bequemlichkeit, wie ihnen gern unterstellt wird.

4. ÜBERLEGUNGEN UND EMPFEHLUNGEN

An den Abschluss seien einige Überlegungen gestellt, die ich für wichtig erachte, damit ein Studium möglich ist, das die Autonomie, die Professionalität, die Allgemeinwohlorientierung und die Wissenschaftlichkeit der Studierenden befördert.

Erste Aufgabe: Abbau von unnötigem Druck im Studium

Mehr Zeit und Anlässe zum Nachdenken und zur Diskussion ist den Studierenden zu ermöglichen, wobei Diskussion ja gemeinsames Nachdenken bedeutet. Nachdenken meint nicht nur das Verfolgen tiefschürfender Gedanken oder das kritische Hinterfragen, wie in den Geistes- und Sozialwissenschaften, sondern ebenso das Tüfteln über Neues und das experimentelle Ausprobieren, wie in den Natur- und Ingenieurwissenschaften. Außerdem wäre wieder mehr in die Hand der Studierenden zurück zu geben, in ihre Entscheidung und Verantwortung zu setzen.

Zweite Aufgabe: Gestaltung und Unterstützung im Studium

Die Zusammenstellung der Module und damit verbundener Prüfungen bedarf vielfach einer erheblichen Überarbeitung. Dabei wären aktive Lehr-und Lernformen vermehrt anzuwenden, etwa Projektstudien und Forschungsbezüge in Lehrveranstaltungen und Übungen. Darüber hinaus sollte die Vorgaben zur Dauer des Studiums aufgelockert und eine stärkere Flexibilisierung des Studienablaufs vorgenommen werden, verbunden mit mehr Beratung und individueller Unterstützung.

Dritte Aufgabe: Beteiligung und Engagement befördern

Jede Intensitätsstufe der politischen, sozialen oder kulturellen Beteiligung der Studierenden ist angesichts verbreiteter Apathie und Ratlosigkeit zu befördern. Alle Betätigungsfelder sind dafür einzubeziehen: angefangen von der Meinungsbildung in der Fachschaft über einzelne Aktivitäten in Theater und Orchester bis hin zum dauerhaften Engagement in einer poltischen Gruppe oder den Hochschulgemeinden. Dazu gehört das Erkennen und Vertreten von Interessen, die Auseinandersetzung um Problemlösungen etwa bei der Mittelvergabe, der Akkreditierung von Studiengängen oder der Herstellung von Fairness und Equity im Studium.

Abschluss: mehr Idealismus, Beteiligung und Verantwortung

Ideale, noch mehr Visionen sind den Studierenden heute eher fremd, abhanden gekommen, jedenfalls weit mehr als früheren Studentengenerationen. Sie richten sich in der Rolle des Kunden ein, reagieren zufrieden oder unzufrieden, evaluieren das Gebotene – ohne sich aktiv, kritisch und innovativ einzumischen, jedenfalls zu wenig.

Es kann daher nicht ohne Appell und Aufforderung an die Studierenden abgehen: Etwas mehr Engagement für die Allgemeinheit, etwas mehr Bemühungen um Konzepte für die Zukunft, etwas mehr Mut zu Positionen und ihre öffentliche Vertretung, das alles erscheint mir nicht zu viel von den Studierenden verlangt zu sein. Nur etwas mehr davon, das täte ihnen gut, das täte dem Studium und den Hochschulen gut. Ermutigen wir die Studierenden daher zur Mitgestaltung, verlangen wir deshalb Verantwortung von ihnen.

LITERATUR

Bargel, Tino (2008): Wandel politischer Orientierungen und gesellschaftlicher Werte der Studierenden. Studierendensurvey: Entwicklungen zwischen 1983 und 2007, Berlin: Bundesministerium für Bildung und Forschung (BMBF).

Bargel, Tino (2010): »Mehr Eigenverantwortung im Studium«, in: DSW Journal, Deutsches Studentenwerk, Heft 2, S. 16-19.

Bargel, Tino (2011): »Nach der Reform ist vor der Reform – Studienqualität vor und nach Bologna«, in: Sigrun Nickel (Hg.), Der Bologna-Prozess aus Sicht der Hochschulforschung, Arbeitspapier Nr. 148, Gütersloh: Centrum für Hochschulentwicklung (CHE), S. 218-225.

Bargel, Tino/Bargel, Holger (2011): »Ungleichheiten und Benachteiligungen im Hochschulstudium aufgrund der sozialen Herkunft der Studierenden«, in: Hans-Böckler-Stiftung (Hg.): Expertisen für die Hochschule der Zukunft, Bad Heilbrunn, S. 113-141.

Bargel, Tino/Simeaner, Hans (2011): Gesellschaftliche Werte und poltische Orientierungen der Studierenden. Online-Erhebung im Rahmen des Studierendensurveys 2010, Hefte zur Bildungs- und Hochschulforschung 63, AG Hochschulforschung, Universität Konstanz.

Bargel, Tino/Multrus, Frank/Ramm, Michael/Bargel, Holger (2009): Bachelor-Studierende – Erfahrungen in Studium und Lehre, Eine Zwischenbilanz, Bonn, Berlin: Bundesministerium für Bildung und Forschung (BMBF).

Hans-Böckler-Stiftung (2010): Das Leitbild Demokratische und Soziale Hochschule, Vorschlag für die Hochschule der Zukunft, Düsseldorf.

Heublein, Ulrich/Hutzsch, Christopher/Schreiber, Jochen/Sommer, Dieter/Besuch, Georg (2010): Ursachen des Studienabbruchs in Bachelor- und in herkömmlichen Studiengängen, Forum Hochschule 2/2010, Hannover: Hochschul-Informations-System GmbH (HIS).

Huber, Ludwig (1998): »Forschendes Lehren und Lernen – eine aktuelle Notwendigkeit«, in: Das Hochschulwesen, 46. Jg., Heft 1, S. 3-10.

Isserstedt, Wolfgang/Middendorff, Elke/Kandulla, Maren/Borchert, Lars/ Leszczensky, Michael (2010): Die wirtschaftliche und soziale Lage der Studierenden in der Bundesrepublik Deutschland 2009. 19. Sozialerhebung des Deutschen Studentenwerks, Bonn, Berlin: Bundesministerium für Bildung und Forschung (BMBF).

Metzger, Christiane/Schulmeister, Rolf (2011): »Die tatsächliche Workload im Bachelorstudium. Eine empirische Untersuchung durch Zeitbudget-Analysen«, in: Sigrun Nickel (Hg.): Der Bologna-Prozess aus Sicht der Hochschulforschung, Arbeitspapier Nr. 148, Gütersloh: Centrum für Hochschulentwicklung (CHE), S. 68-78.

Middendorff, Elke (2011): »Studienbelastung im Bachelor-Studium – alles nur gefühlt?«, in: Marcia Duriska et al. (Hg.): Rückenwind. Was Studis gegen Stress tun können, Karlsruhe: Karlsruher Institut für Technologie (KIT), S. 42-45.

Multrus, Frank (2011): »Belastungen im Studium bei Bachelor-Studierenden«, in: Marcia Duriska et al. (Hg.): Rückenwind. Was Studis gegen Stress tun können. Karlsruhe: Karlsruher Institut für Technologie (KIT), S. 50–53.

Ramm, Michael/Multrus, Frank/Bargel, Tino (2011): Studiensituation und studentische Orientierungen. 11. Studierendensurvey an Universitäten und Fachhochschulen. Langfassung, Bonn, Berlin: Bundesministerium für Bildung und Forschung (BMBF).

Simeaner, Hans/Ramm, Michael/Kolbert-Ramm, Christa (Hg.) (2010): Datenalmanach: Studierendensurvey 1993 – 2010. Hefte zur Bildungs- und Hochschulforschung 59, Universität Konstanz, Arbeitsgruppe Hochschulforschung.

Studienstrategien, Kompetenzkonzepte und Professionsverständnis

Studium und Beruf

Subjektive Theorien von Studierenden und Lehrenden

GUDRUN HESSLER, MECHTILD OECHSLE, JUSTUS HECK

1. EINLEITUNG

Der Bologna-Prozess und die Neustrukturierung der Studiengänge hat die Bedeutung von Berufs- und Praxisorientierung im Studium gestärkt und damit die
Erwartungen an das Studium sowohl für Studierende als auch für Lehrende
komplexer gemacht: Studierende sind nach wie vor mit wissenschaftsinternen
Leistungsanforderungen konfrontiert, zugleich aber auch mit externen Ansprüchen des Arbeitsmarktes; dies lässt sich auch als Entgrenzung der universitären
Ausbildung gegenüber der Berufspraxis interpretieren. Während früher wissen-
schaftsinterne Anforderungen einerseits und Ansprüche der Berufspraxis andererseits eher in Form eines Nacheinanders organisiert waren, sind die Studierenden jetzt stärker mit der Gleichzeitigkeit der Erwartungen des Wissenschaftssystems und der Berufspraxis konfrontiert. Fragen der Beziehungen von Hochschule und Beruf werden als zunehmend wichtig empfunden (vgl. Teichler 2007),
»weil die traditionell weit verbreitete berufliche Stabilität erodiert und niemand
weiß, ob die nachfolgende Situation als ›prekär‹ zu kritisieren oder als ›flexibel‹
zu preisen sei« (Teichler 2007: 11).

Allerdings wissen wir nur wenig darüber, wie Studierende und Lehrende das
Verhältnis zwischen Wissenschafts- und Beschäftigungssystem wahrnehmen
und welche Subjektiven Theorien sie in diesem Zusammenhang entwickeln. Nur
vereinzelt gibt es qualitative Studien, die Hinweise auf die subjektiven Konstruktionen von Studierenden zum Verhältnis von Studium und Beruf geben (z.B.
Dahlgren et al. 2005; zu qualitativen Studierendentypologien vgl. Berthold et al.
2012; Hu/Katherine/Kuh 2011; zu Forschung und Praxis im Studium Multrus
2012). Insbesondere bleibt unterbelichtet, wie Studierende das Verhältnis von

Studium und Beruf im Kontext der aktuellen universitären Reformprozesse wahrnehmen, auf welche Leitbilder universitärer Ausbildung sie sich beziehen, wie sie die Aufgabe der Universität definieren, welche diesbezüglichen Erwartungen sie an die Universitäten haben und welche Leitbilder vom Studium oder auch welche Konzepte von Praxisbezug sie entwickeln. Auch die Perspektive der ₊Lehrenden zu diesen Fragen fand bisher wenig Beachtung (dazu Berthold et al. 2011; Liebeskind 2011). Hier setzt das Forschungsprojekt STEP[1] an, das in einer qualitativen Studie die Subjektiven Theorien Studierender und Lehrender zum Verhältnis von Studium und Berufspraxis untersucht hat. Wie sehen Studierende und Lehrende unter diesen Bedingungen das Verhältnis von Studium und Beruf und welche Vorstellung zu Kompetenzen und Kompetenzerwerb im Studium entwickeln sie? Der folgende Beitrag behandelt diese Fragen am Beispiel der Fächer Soziologie und Sozialwissenschaft.

Charakteristisch für sozial- und geisteswissenschaftliche Fächer ist eine eher lose Kopplung zwischen Wissenschaft und Berufspraxis; es gibt, im Unterschied zu anderen Disziplinen, keinen klaren Berufsfeldbezug. Vorstellungen über berufliche Felder werden erst allmählich während des Studiums oder auch erst danach entwickelt (vgl. Solga et al. 2009; Späte 2007; Blättel-Mink/Katz 2004). Der Übergang vom Studium in den Beruf gestaltet sich in diesen Fächergruppen im Vergleich zu anderen Absolventengruppen deutlich schwieriger und ist durch eine längere Dauer sowie durch eine Häufung atypischer Beschäftigungsverhältnisse geprägt (vgl. Burkhardt/Schomburg/Teichler 2000; Koepernik/Wolter 2010; für Geisteswissenschaftler vgl. Haak/Rasner 2009). Man kann von einer geringen Berufsfeldprägnanz dieser Fächergruppen sprechen. Es hat zudem keine nennenswerte (sekundäre) Professionalisierung im Sinne der Entstehung eines Berufs aus der wissenschaftlichen Disziplin stattgefunden (Stichweh 1994). Gerade für die Sozialwissenschaften sind in der Vergangenheit zwar Professionalisierungsbemühungen unternommen worden, welche jedoch nur eine begrenzte Wirkung erzielen konnten (vgl. Lamnek 1993; Lamnek/Ottermann 2003; Zimenkova 2007). Vielmehr wird eine »Entsoziologisierung« der Absolventen nach Eintritt in das Berufsleben konstatiert (vgl. Kühl/Tacke 2004).

Zur Analyse der Perspektive der Studierenden und Lehrenden bezieht sich das Projekt auf das Konzept der Subjektiven Theorien (Groeben/Scheele 1977;

---

1   Das Forschungsprojekt »Studium und Beruf. Subjektive Theorien von Studierenden und Lehrenden zwischen Praxisbezug, Employability und Professionalisierung« (STEP) ist ein Verbundprojekt der Universitäten Bielefeld und Paderborn; es wurde innerhalb der Förderlinie »Zukunftswerkstatt Hochschullehre« im Rahmenprogramm »Empirische Bildungsforschung« des BMBF gefördert.

Groeben et al. 1988). Das Konzept der Subjektiven Theorien wird hier in seiner »weiten Begriffsvariante« verwendet (vgl. Dann 1994). Danach stellen Subjektive Theorien relativ stabile kognitive Strukturen dar, die zumindest durch eine implizite Argumentationsstruktur miteinander verbunden und gleichwohl durch Erfahrung veränderbar sind. In dieser weiten Definition ist das Forschungsprogramm Subjektive Theorien an soziologische Zugänge anschlussfähig, insbesondere an soziologische Konzepte wie das der kollektiven Deutungsmuster oder der Wissensbestände. Individuen greifen in ihren Subjektiven Theorien auch auf soziale Deutungsmuster zurück, die »eine kulturelle, kollektiv bzw. über-individuell (re-)produzierte Antwort auf objektive, Handlungsprobleme aufgebende gesellschaftliche Bedingungen« (Meuser/Sackmann 1992: 15) darstellen. Das Projekt geht von der These aus, dass Subjektive Theorien die Gestaltung und Nutzung von universitären Lehr- und Lernprozessen und die Kompetenzentwicklung von Studierenden beeinflussen (vgl. Scharlau/Wiescholek i.d. Band).

Mit Hilfe von problemzentrierten, leitfadengestützten Interviews (vgl. Helfferich 2005; Witzel 1982, 2000) wurden für den Teilbereich Soziologie und Sozialwissenschaft 32 Studierende aus unterschiedlichen BA- und MA-Studiengängen der Universität Bielefeld befragt. Das zweite Sample besteht aus 15 interviewten Lehrenden in Kerngebieten der Soziologie wie z.B. Arbeits-, Organisations- und Wirtschaftssoziologie oder Soziologische Theorie und Methoden, wobei versucht wurde, ein breites Spektrum abzubilden. Die Interviews wurden an verschiedenen Universitäten durchgeführt; vier Befragte gehören dem Mittelbau an, der andere Teil besteht aus Professoren und Professorinnen. Der Leitfaden und die Analysekategorien der Interviews umfassen die Themenbereiche »Studium und Beruf«, »Berufsbezug und Praxisrelevanz des Studiums«, »Vorstellungen zu Kompetenzen, Qualifikationen und Professionalität«, »Bewertung des Bologna-Prozesses«, die durch spezifische Kategorien in der jeweiligen Befragtengruppe ergänzt wurden (vgl. Oechsle/Hessler 2011; Oechsle et al. 2011). Die Interviews wurden transkribiert und auf der Grundlage eines deduktivinduktiv entwickelten Kategoriensystems mithilfe der Software MAXQDA codiert. Es wurden thematische Querschnittsauswertungen zu den relevanten Themenbereichen vorgenommen, welche der Identifizierung von Dimensionen für eine Typenbildung zu den Subjektiven Theorien zum Verhältnis von Studium und Beruf dienten (vgl. Kelle/Kluge 2010).

2. SUBJEKTIVE THEORIEN ZUM VERHÄLTNIS VON STUDIUM UND BERUF

Im Folgenden wird die Typologie der Subjektiven Theorien von Studierenden zum Verhältnis von Studium und Beruf überblicksartig dargestellt und um eine Typologie der Lehrenden ergänzt.[2]

2.1 Subjektive Theorien von Studierenden

Die Subjektiven Theorien der Studierenden beinhalten eine Beschreibung der Relation von Studium und Beruf und eine Gewichtung dieser Relation; vor diesem Hintergrund definieren sie die Aufgabe der Universität und ihre Funktionen gegenüber dem Beschäftigungssystem und implizieren Leitbilder universitärer Bildung. Fast alle interviewten Studierenden setzen sich mit der geringen Berufsfeldprägnanz ihres Faches auseinander. Dabei gibt es deutliche Unterschiede in der Bewertung: Ein Typus der Studierenden bewertet den geringen Berufsbezug als positiv und lehnt eine stärkere Orientierung des Studiums an der Berufspraxis ab. Eine zweite Gruppe artikuliert große Probleme mit der fehlenden Berufsfeldprägnanz des Studiums und fordert hier eine stärkere Positionierung der Universität in Richtung Berufsqualifizierung. Eine dritte Gruppe benennt sowohl Chancen als auch Risiken des fehlenden Berufsfeldbezuges und geht von einer doppelten Funktionsbestimmung der Universität aus.[3]

**Autonomie der Wissenschaft
und das Humboldt'sche Bildungsideal**
In diesem Typus orientieren sich die Studierenden am Leitbild der Autonomie von Wissenschaft und argumentieren, dass es nicht Aufgabe der Universität sei, die Studierenden auf einen späteren Beruf vorzubereiten. Das Universitätsstudium wird als ein Bildungsprozess beschrieben, der sich ausschließlich an den Spielregeln des Wissenschaftssystems orientiert; Praxisbezug gefährde die Autonomie der Wissenschaft:

---

2   Zur ausführlichen Darstellung der Subjektiven Theorien der Studierenden zum Verhältnis von Studium und Beruf siehe Oechsle/Hessler 2011. Zur quantitativen Betrachtung der Typologie der Studierenden mit Daten des HIS-Absolventenpanels siehe Schaeper (i.d. Band).

3   Die Interviewzitate sind im Sinne einer besseren Lesbarkeit sprachlich geglättet und einige Passagen anonymisiert; Kürzungen im Zitat sind durch [...] gekennzeichnet.

»… ich möchte doch keine Berufsausbildung an der Universität! Also ich möchte Zeit haben, ja mal, mal ja sich zu bilden. Und bilden ist nicht Berufsausbildung, ist ja Bildung, so drum herum zu schauen. Das ist ein Spielraum, den man sonst ganz, ganz selten irgendwo antrifft.« (Tanja)

Fast alle Studierenden, die sich diesem Typus zuordnen lassen, beziehen sich – implizit – auf das Humboldt'sche Bildungsideal und kritisieren Bestrebungen, den unmittelbaren Berufsbezug des Studiums zu stärken. Ihr Leitbild universitärer Bildung könnte man als »Bildung durch Wissenschaft als Berufsausbildung« (Zorn 2009) charakterisieren.

Doppelte Funktion der Universität

Anders der zweite Typus: Die Studierenden argumentieren mit einer doppelten Funktionsbestimmung der Universität – sie soll sowohl die Freiheit der Wissenschaft gewährleisten als auch die Verbindung zum Beschäftigungssystem herstellen:

»Also auf der einen Seite ist es natürlich sinnvoll, also, wir möchten ja alle später, also, wir Studenten möchten ja alle später auch wahrscheinlich 'n Beruf haben. [...] Und auf der anderen Seite seh' ich, seh' ich schon die Gefahr, dass die Qualität von Bildung und von Universitäten stark darunter leiden kann, wenn man die Ansprüche von dem Wirtschaftssystem z.B., wenn man die zu stark mit berücksichtigt bei dem was Wissenschaft ja eigentlich leisten soll.« (Bernd)

Das Verhältnis von Studium und Beruf wird als spannungsreich und konflikthaft beschrieben; beide Funktionen seien nicht klar zu trennen. Der Universität wird eine aktive Rolle zugesprochen, d.h. sie soll z.B. dafür sorgen, dass Studierende sich schon während des Studiums mit der späteren Berufseinmündung auseinandersetzen. Die Studierenden lehnen jedoch eine Umstellung des Studiums auf rein berufsrelevante Inhalte dezidiert ab und argumentieren häufig mit der Argumentationsfigur »einerseits – andererseits«.

Aufgabe der Universität –
Berufsqualifizierung und Angebote zur Berufsorientierung

Ein dritter Typus der Studierenden sieht die Aufgabe der Universität in der direkten Berufsqualifizierung und erwartet konkrete Angebote und eine unmittelbare Qualifizierung für den Beruf. Praktika oder Seminare zur Berufsfeldorientierung werden für wichtig gehalten und es werden weitergehende Angebote gefordert. Diese Studierenden haben häufig Probleme mit der geringen Berufsfeldprägnanz des Faches und machen sich Sorgen über ihre zukünftigen Berufsperspektiven. Forderungen nach einem direkteren Praxisbezug des Studiums und nach Unterstützung bei der Berufsorientierung durch die Universität sind charakteristisch für diese Gruppe.

»Is auf jeden Fall wichtig, dass es da 'n direkten Bezug eigentlich geben sollte. Ob der jetzt immer so vorhanden ist, ist halt fraglich. Ich persönlich hab's halt noch nicht so wirklich gemerkt, muss ich sagen. Aber es ist einfach denk ich einfach vor allen Dingen in der heutigen Zeit wichtig, weil soviel Konkurrenz auf'm Arbeitsmarkt herrscht und ich jetzt, wenn ich aus'm Studium rausgehe, noch nicht so die konkrete Perspektive, sag ich mal, habe wie es jetzt beruflich genau weitergehen soll.« (Nadine)

Dies schließt nicht aus, dass das Studium auch als »Horizonterweiterung« durch die wissenschaftliche Auseinandersetzung mit bestimmten Problemen wahrgenommen wird, aber die Ausrichtung des universitären Studiums an der Funktion der beruflichen Qualifizierung steht hier im Vordergrund.

2.2 Subjektive Theorien von Lehrenden

Analog zu den Studierenden wurden die Lehrenden in einer offenen Eingangsfrage nach ihrem Verständnis des Verhältnisses von Studium und Beruf für die Soziologie bzw. Sozialwissenschaft gefragt. Auch sie stellen die geringe Berufsfeldprägnanz als charakteristisch für das Verhältnis von Wissenschaft und Berufspraxis in der Soziologie dar. Es gibt jedoch Unterschiede in der Bewertung und den Schlussfolgerungen für die eigene Berufsrolle. Drei Typen von Subjektiven Theorien konnten in der Analyse der Lehrendeninterviews herausgearbeitet werden.

Autonomie der Wissenschaft

Ähnlich wie der entsprechende Typus von Studierenden, sind auch Lehrende dieser Gruppe dezidiert der Meinung, dass die Berufsorientierung im Studium nicht zu den Aufgaben der Lehrenden gehört und das Studium nicht praxisbezogen sein kann. Das Studium der Soziologie wird in erster Linie als ein theoretisches Studium verstanden, in dem Analyse- und Reflexionsfähigkeit, Methodenkompetenz sowie die Grundlagen des wissenschaftlichen Arbeitens vermittelt werden.

»Also das Studium als solches kann nich' praxisbezogen sein! Das Studium is' 'n theoretisches Studium! Das is' vollkommen klar! Mit was soll man denn sonst arbeiten außer mit Texten?« (Eilers)

Die Kenntnisse über mögliche Berufsfelder der Absolventen und über Prozesse der Einmündung in den Arbeitsmarkt sind relativ unspezifisch und allgemein. Wenn spezifischere Berufsfelder genannt werden, dann Bereiche wie Marktforschung und Statistik. Insgesamt überwiegt eine optimistische Sicht der Berufschancen; die Befragten gehen davon aus, dass auf der Grundlage wissenschaftlicher Kompetenzen in vielen Arbeitsbereichen eine Übernahme von (Leitungs-) Positionen möglich sei. Der Übergang vom Studium in den Beruf wird in der Eigenverantwortung der Studierenden gesehen, die Universität könne hier Freiräume für die Entwicklung beruflicher Perspektiven zur Verfügung stellen, sie wird aber nicht selbst in der Verantwortung gesehen.

Doppelte Funktion der Universität

Auch hier findet sich eine starke Orientierung an der wissenschaftlichen Disziplin als Referenzrahmen, die Berufsfeldunschärfe der Soziologie wird jedoch als Problem gesehen. Schon während des Studiums wird eine Berufsorientierung als »zweite Schiene« neben der wissenschaftlichen Ausrichtung favorisiert. Diese doppelte Ausrichtung wird jedoch nicht unbedingt als konkurrierend zueinander konzipiert, sondern die Einbeziehung beruflicher oder praktischer Aspekte im Studium (insb. in der Endphase) wird als Ergänzung wahrgenommen.

»Also in Bezug auf die Lehre is' es ganz klar, dass es einerseits ich es sehr wichtig finde, ein Eigeninteresse zu haben, also inhaltliches Interesse zu haben, was interessiert mich, was möchte ich machen. Und sich dann aber immer zugleich auch die Frage zu stellen, was kann ich damit hinterher machen, wo will ich hin. [...].« (Gundlach)

Die Befragten sehen sich hier als Hochschullehrer in einer gewissen Verantwortung den Studierenden gegenüber: Sie thematisieren den Übergang in den Beruf und versuchen die Studierenden in Form von individualisierter Betreuung und Beratung zu unterstützen.

Berufsbefähigung durch Spezialisierung und Anwendungsbezug

Im Unterschied zur zweiten Gruppe problematisiert die dritte Gruppe die geringe Berufsfeldprägnanz kaum. Im Gegenteil, es werden verschiedenste Berufsfelder genannt, in die Absolventen der Soziologie/Sozialwissenschaft ihrer Ansicht

nach gehen können, wie z.b. politische Organisationen, Stiftungen, Personalab-
teilungen, Versicherungen u.a.m. Wenn man nach Praxisbezug von Lehre fragt,
dann wird hier auf Lehrforschung und spezifische Lehrformate wie Praktika und
dazugehörende Begleitveranstaltungen verwiesen. Eine direkte, praxisorientierte
Lehre wird jedoch abgelehnt. Berufsbefähigung findet dieser Ansicht nach
»automatisch« durch eine thematische Spezialisierung im Studium statt.

»Ja Entwicklungssoziologie, klar, da sind das die wirklich politischen Institutionen, da
gibt es etliche. Und da sitzen ja viele Absolventen. Klar, Migrationspolitik auch. Also es
gibt da die Integrationsbeauftragten, es gibt Büros für interkulturelle Beziehungen in den
Städten – also is' relativ klar der Anwendungsbezug.« (Heinemann)

Dieser Typus ist im Wesentlichen dadurch gekennzeichnet, dass er ein definier-
tes Lehr- und Forschungsgebiet im Sinne einer Bindestrichsoziologie mit einer
engen thematischen Anbindung an ein gesellschaftliches Problemfeld vertritt.
Die Befragten sehen klare Anwendungsbezüge der Lehrinhalte im Hinblick auf
gesellschaftliche Problemfelder. Wie in der ersten Gruppe gibt es hier ein gerin-
ges Problembewusstsein hinsichtlich des Übergangs Studium – Beruf. Diese
Lehrenden gehen davon aus, dass sich der Übergang in den Arbeitsmarkt für ihre
Absolventen relativ problemlos gestaltet.

3. KOMPETENZKONZEPTE

Ein wesentlicher Aspekt zum Verhältnis von Studium und Beruf ist die Frage,
welche Kompetenzen die Studierenden während ihres Studiums erwerben (sollten) und in welcher Form diese auf eine spätere Berufstätigkeit vorbereiten.
Hierzu gibt es in der aktuellen hochschulpolitischen und wissenschaftlichen Debatte unterschiedliche Konzepte. Setzt der Employability-Ansatz eher auf allgemeine Schlüsselkompetenzen, betonen die auf berufliche Tätigkeitsfelder hin
orientierten oder professionsbezogenen Konzepte stärker die Fachkompetenzen
(vgl. Schaeper/Wolter 2008).
    Der Kompetenzbegriff ist höchst voraussetzungsreich, will man ihn z.B., wie
im »Deutschen Qualifikationsrahmen für lebenslanges Lernen« (DQR) definiert,
»als umfassende Handlungskompetenz« verstehen. Der hier verwendete Kompetenzbegriff schließt an die im DQR entwickelte Matrix der »Vier-Säulen-Struk-
tur« an. Diese unterscheidet zwischen den Kompetenzkategorien »Fachkompetenz«, unterteilt in »Wissen« und »Fertigkeiten«, und »Personale Kompetenz«,
unterteilt in »Sozialkompetenz« und »Selbständigkeit«.

In unserer Studie ging es nicht um den tatsächlichen Kompetenzerwerb im Studium oder um subjektive Einschätzungen des eigenen Kompetenzstandes; vielmehr haben wir untersucht, welche *Vorstellungen* Studierende und Lehrende über im Studium *zu erwerbende Kompetenzen* haben. In den Interviews wurden sie gefragt, welche Qualifikationen und Kompetenzen ein Soziologe/Sozialwissenschaftler heute ihrer Meinung nach in entsprechenden Berufsfeldern braucht und wir haben sie danach gefragt, was für sie den Kern soziologischer Kompetenz ausmacht. Diese Interviewfragen zielten auf Subjektive Theorien darüber, welche Kompetenzen Studierende durch das Studium erwerben (sollten), auf Vorstellungen zum Prozess des Kompetenzerwerbs und auf die Bewertung hinsichtlich ihrer späteren Verwendbarkeit im Beruf (vgl. Martens/Asbrand 2009). Damit kommt eine stärker soziologische Perspektive auf den Kompetenzbegriff in den Blick, die einen lebenswelt- und biographieorientierten Zugang einschließt (Kurtz/Pfadenhauer 2010). Dieser fragt auch, wie »spezifische Kompetenzvorstellungen als zugemutete Aufgabe in der individualisierten Bildungspraxis reflexiv-moderner und kosmopolitischer Gesellschaften erworben, angeeignet, zurückgewiesen, gelebt werden [...]« (Keller 2010: 32). Lernentscheidungen können so als potenziell »riskante Entscheidungen« betrachtet werden (Keller ebd.: 42; vgl. Helsper/Hörster/Kade 2003).

Zu diesem Themenbereich liegen die Aussagen der Studierenden eher als »lose Konglomerate von Konzepten« (Scharlau/Bunte/Wiescholek i.d. Band) vor und entsprechen nicht den Kriterien von Subjektiven Theorien im engeren Sinne. Deshalb verwenden wir in diesem Abschnitt den Begriff »Kompetenzkonzepte« und sprechen nicht von Subjektiven Theorien. Die im Folgenden dargestellten Kompetenzkonzepte können sich in den Vorstellungen und Argumentationen von Studierenden und Lehrenden durchaus überschneiden: Wir finden verschiedene, aber nicht beliebige Kombinationen dieser Konzepte, so dass hier durchaus von einer gewissen Typik ausgegangen werden kann.

3.1 Kompetenzkonzepte von Studierenden

Einfache Fachkompetenzen

Das erste Kompetenzkonzept ist im Vergleich zu den folgenden Konzepten relativ einfach gehalten und konzentriert sich auf die Nennung von sozialwissenschaftlichem Methodenwissen und der Fähigkeit, dieses anzuwenden, wobei der Schwerpunkt auf den quantitativen Methoden liegt. Diese Methodenkompetenz stellt den »kleinsten gemeinsamen Nenner« dar, den viele Studierende als explizit im Studium erworbene Fachkompetenz wahrnehmen.

»Was man unbedingt kann als Soziologe, ist glaube ich Forschungsfertigkeiten, also entweder qualitativ oder quantitativ, also zumindest eine Seite davon muss man unbedingt
können.« (Frauke)

»Ja, also die Methoden. So andere Sachen, also meiner Meinung nach nicht.« (Bettina)

In diesem Konzept werden zudem Kompetenzen genannt, welche man »allgemein« durch das Studium erwirbt, wie »Texte schreiben«, eine »gewisse Rede-
gewandtheit« und »organisatorisches Talent« – Kompetenzen, die gemäß des
DQR als Fertigkeiten im Rahmen vom Fachkompetenz und als Personale Kompetenz im Sinne von Sozialkompetenz und Selbständigkeit eingeordnet werden
können. Zum Teil kommt in den Interviews eine negative Einschätzung der
eigenen Kompetenzentwicklung zum Ausdruck, verbunden mit Unsicherheiten
in der Benennung von soziologischen Kompetenzen und Qualifikationen – und
die Studierenden fühlen sich mit diesen Fragen nicht selten allein gelassen.

»Mir hat auch noch nie jemand / ich hab noch nie gehört, ein Soziologe müsste die und die
Kompetenzen haben.« (Elisabeth)

Der Wissenschafts- und Forschungsbezug des Studiums wird kaum als relevanter Beitrag zur Bildung von Fachkompetenz bzw. zur Entwicklung des Kompe-
tenzniveaus Stufe 6 (Bachelor-Ebene)[4] wahrgenommen und nur wenig mit der
eigenen Kompetenzentwicklung in Verbindung gebracht (vgl. Hessler/Oechsle
2012).

Differenzierte (Fach-)Kompetenzen und Spezialisierung

Das zweite Kompetenzkonzept der Studierenden zeichnet sich durch eine differenzierte Nennung unterschiedlicher Kompetenzen aus.

»Grundsätzlich glaube ich so was Übliches, ein gutes Textverständnis, einen gewissen
Abstraktionsgrad, die Möglichkeit, dass man soziologische Theorien oder Theoriebaustei-
ne anwenden kann. Dass vielleicht [...] die Studenten schon selber entscheiden, ob sie
qualitativ arbeiten wollen oder quantitativ, also ich glaube es ist schwierig in allem gut zu
sein, alles gleichzeitig zu können [...] also sollte das Studium die Möglichkeit dazu geben

---

4   Laut des DQR sollten BA-Absolventen »über Kompetenzen zur Planung, Bearbeitung
    und Auswertung von umfassenden fachlichen Aufgaben- und Problemstellungen so-
    wie zur eigenverantwortlichen Steuerung von Prozessen in Teilbereichen eines wis-
    senschaftlichen Faches oder in einem beruflichen Tätigkeitsfeld verfügen« (DQR).

zusagen das auszubauen [...]Und schreiben, dass man schreiben kann. Ich habe bestimmt irgendwas Wichtiges vergessen und dass man vielleicht einen gewissen Pragmatismus lernt." (Kathrin)

»Theorien kennen und die Empirie und dann halt, keine Ahnung, irgend so 'ne Spezialisierung oder auch nicht. Und ich glaub dadurch, indem man die Theorie kann und einfach so Studien kennt, Empirie verbinden kann. Genau, das is so das Werkzeug.« (Marianne)

Die verschiedenen Kompetenzen, die hier genannt werden, machen die Bandbreite deutlich, innerhalb derer die Studierenden die (Fach-)Kompetenzen verorten und definieren. Manchmal werden die verschiedenen Aspekte auch als das »Handwerkszeug« wissenschaftlichen Arbeitens bezeichnet, das es zu erlernen und zu beherrschen gelte.

Innerhalb dieses Kompetenzkonzeptes setzten sich die Studierenden besonders auch mit Aspekten einer innerfachlichen Spezialisierung im Studium auseinander und fragen danach, inwiefern spezifische Fachkompetenzen in möglichen Berufsfeldern angewendet werden können. Von einigen wird die Notwendigkeit einer Spezialisierung hervorgehoben:

»Also der Kern, für mich stellt der Kern einfach, es kommt darauf an, worauf Sie sich persönlich spezialisieren. Also es kommt wirklich darauf an. Da ich mich in die Richtung der Migranten-Arbeit spezialisieren möchte [...].« (Maria)

Teilweise wird auch die soziologische Fachkompetenz im Vergleich zu Fachkompetenzen verwandter Fächer wie z.B. Wirtschaftswissenschaften oder Psychologie diskutiert und versucht, gegeneinander abzugrenzen. Die Studierenden ringen darum, soziologische bzw. sozialwissenschaftliche Fachkompetenzen zu spezifizieren; sie rekurrieren hierbei nicht nur auf fachwissenschaftliche Inhalte des Studienganges, sondern auch auf wissenschaftliche Fertigkeiten im Allgemeinen.

Personale Kompetenzen

Ein drittes Kompetenzkonzept der Studierenden fokussiert auf die Entwicklung von personalen Kompetenzen, d.h. insbesondere von Selbständigkeit und von Sozialkompetenz. Als Sozialkompetenz nennen die Studierenden z.B. die argumentative Vertretung von Standpunkten vor Gruppen und die Fähigkeit, an Diskussionen teilzunehmen. Zentral für die Studierenden ist der Aspekt der Selbstmotivation und der Selbstständigkeit im Sinne einer eigenständigen Planung von Lern- und Arbeitsprozessen.

»Wie ist denn das als Student, du setzt dich da irgendwie hin, also ich schreibe eine Hausarbeit und sitze an meinem Schreibtisch und muss irgendwie jetzt aushalten alleine zu sein. Und muss halt alleine irgendwas machen und mich selbst motivieren. Und das sind glaube ich alles so Dinge, die auch wichtig sind später für die Praxis, die aber, also die bekommt man schon mal mit angelernt, aber durch die Hintertür.« (Gerd)

Ein wichtiges Stichwort ist persönliche wie thematische Flexibilität hinsichtlich der inhaltlichen Breite des Studiengangs. Dies wird als Chance gesehen, sich später auch auf dem Arbeitsmarkt orientieren zu können:

»Und ich denke, dass man sich wirklich innerhalb des Angebots orientieren kann oder muss, zwangsläufig is dann vielleicht auch was, was dann sich auch positiv auswirken kann auf das spätere Berufsleben. Dass man sich dann vielleicht auch bei komplizierten Dingen oder 'ner Fülle von Angeboten dann orientieren kann.« (Gregor)

Interessant sind Antworten, die als personale Kompetenz einen Aspekt ausführen, den Pfadenhauer in professionssoziologischer Analyse als »Kompetenzdarstellungskompetenz« (Pfadenhauer 2003) bezeichnet hat – nämlich die Fähigkeit, die eigene Person als kompetent zu präsentieren.

»Soziologischer Blick«

Ein zentrales Konzept der Studierenden zu den im Studium der Soziologie/Sozialwissenschaft erlernten Kompetenzen ist der in den Interviews so bezeichnete »soziologische Blick« oder auch »kritische Blick«. Die Studierenden verstehen hier, ähnlich wie die Lehrenden, eine besondere Reflexionsfähigkeit und Distanz zum Gegenstand, die durch das Soziologiestudium in spezieller Weise erworben werden, d.h. verschiedene Perspektiven einnehmen zu können und den eigenen Standpunkt mit zu reflektieren:

»[...] was mir die Soziologie an die Hand gegeben hat, nämlich so 'ne Möglichkeit, in einer Situation - ja Selbstreflexion im Prinzip« (Tim).

Dazu zählt auch die Fähigkeit, komplexe Phänomene als Ergebnis sozialer Prozesse wahrzunehmen.

»Aber so als Beispiel [...] irgendwelche sozialen Institutionen sehe ich halt irgendwie so ein bisschen dann auch aus konstruktivistischer Sicht, dass ich sage, ach Mensch das sind ja irgendwie soziale Gebilde und die sind nicht Gott gegeben. So und vorher, wenn man halt so ganz naiv/laienhaft nicht soziologisch drüber nachdenkt, dann, ja, starrt in Institution, das ist halt einfach da – und da kriegt halt der Soziologe eine andere Perspektive.« (Bill)

Es werden analytische Kompetenzen, das Denken in und Erkennen von größeren Zusammenhängen, der Blick »auf's Ganze« und eine Haltung »wissenschaftlicher Objektivität« in der Beobachtung als spezifisch soziologische, im Studium erworbene Kompetenzen genannt.

Zwischenfazit: Kompetenzkonzepte von Studierenden

Die Analyse der Kompetenzkonzepte der Studierenden zeigt, dass viele von ihnen um ein kohärentes Verständnis soziologischer Kernkompetenzen ringen – dies gilt insbesondere für die Studierenden, die sich im Wesentlichen auf die Konzepte der *einfachen Fachkompetenzen* bzw. *differenzierten Fachkompetenzen* beziehen. Mit dem Kompetenzkonzept der *personalen Kompetenzen* haben sich die Studierenden von Fachkompetenzen im engeren Sinne verabschiedet und rekurrieren eher auf allgemeine Schlüsselkompetenzen, die nach Meinung der Studierenden insbesondere im Soziologiestudium erworben werden, gerade weil es einen eher schwachen Berufsfeldbezug aufweist und von den Studierenden ein Mehr an eigenständiger Orientierungsleistung verlangt. Das Konzept des *soziologischen Blicks* schließt direkt an eine weit verbreitete Selbstbeschreibung der soziologischen Disziplin an (z.B. Kieserling 2004) und findet sich dominant auch bei den Lehrenden.

Die Untersuchung zeigt, ähnlich wie bei den Subjektiven Theorien zum Verhältnis von Studium und Beruf, eine nicht unerhebliche Heterogenität in den Kompetenzkonzepten der Studierenden, sowohl was die Komplexität und Elaboriertheit der Konzepte betrifft als auch im Hinblick darauf, wie sie fachliche und überfachliche Kompetenzen gewichten. Die qualitativen Daten lassen vermuten, dass es Zusammenhänge zwischen den Deutungen des Verhältnisses von Studium und Beruf und den Kompetenzkonzepten gibt. So argumentieren Studierende, die die Autonomie des Wissenschaftssystems betonen und einen direkten Berufsfeldbezug des Studiums ablehnen, häufig mit dem »soziologischen Blick« als Kernkompetenz von Soziologie-Absolventen. Umgekehrt argumentieren Studierende, die einen stärkeren Berufsfeldbezug des Studiums fordern, eher mit konkreten fachlichen Kompetenzen und Spezialisierungen als mit der Metakompetenz des soziologischen Blicks. Diese Zusammenhänge sind allerdings weniger eindeutig als zunächst vermutet; hier bedarf es weitergehender Analysen.

3.2 Kompetenzkonzepte von Lehrenden

Kernkompetenzen der Soziologie und Sozialwissenschaft

Auch die Lehrenden wurden in den Interviews nach ihrem Verständnis des »Kerns sozialwissenschaftlicher Kompetenz und Qualifikationen« gefragt, wobei die Formulierung der Frage bewusst offen gehalten war, um eine möglichst breite Antwortvariation zu ermöglichen. Die Auswertung der Interviews zeigt – vielleicht nicht überraschend – eine relativ große Homogenität in den Antworten; eine Ausdifferenzierung in verschiedene Kompetenzkonzepte erschien uns deshalb nicht sinnvoll zu sein. Insgesamt ist das Kompetenzkonzept des »Soziologischen Blicks« stark vertreten. Spielformen davon finden sich als eine »kritische Haltung zur Welt« und Reflexions- wie Analysefähigkeit in Bezug auf soziale Zusammenhänge. Diese werden in den Antworten eng an »das Umgehen-Können mit methodischen Instrumentarien« gekoppelt, die eine kontrollierte Kritik von beobachteten Phänomenen ermöglichen. Die Verbindung einer inhaltlichen, methodischen sowie reflexiv-kritischen Ebene ist für das (wissenschaftliche) Selbstverständnis vieler Lehrender zentral und bestimmt ihre Vorstellungen über die im Studium zu vermittelnden soziologischen Kompetenzen:

»[...] sachliche Aussagen in ihrer methodischen Entstehung nachvollziehen können. Man lehrt ja immer zwei Dinge: das eine ist ein Sachinhalt, also heute hatten wir eine Veranstaltung zur demographischen Entwicklung der Bevölkerung [...]. Aber wichtiger ist eigentlich oder mindestens genauso wichtig ist die Erklärung eines Phänomens und damit immer die methodische Kontrolle, [...], damit man selber sozusagen einen kritischen Standpunkt zu der Interpretation von Statistiken oder von Datenpräsentationen einnehmen kann.« (Christiansen)

Neben sozialwissenschaftlichen Methoden und soziologischer Theorie, Fähigkeiten des wissenschaftlichen Arbeitens, der Analysefähigkeit und des Verstehens komplexer Phänomene werden von einigen Interviewpartnern auch themen- und feldspezifische Fachkenntnisse als Grundlage genannt.

Berufsrelevante Kompetenzen und Arbeitsmarktbezug des Studiums

Auf die Frage, welche der genannten Kompetenzen und Qualifikationen relevant seien, um in möglichen Berufsfeldern bestehen zu können, gehen die Befragten davon aus, dass die wissenschaftlichen Kompetenzen, welche im Studium erlernt werden, auch für den späteren Berufserfolg relevant sind. Es wird in erster Linie auf die Fähigkeit des analytischen Denkens verwiesen, welches nach Ansicht vieler Lehrender ein Alleinstellungsmerkmal der Soziologie darstellt:

»Ich nenne es mal vielleicht Universalkompetenzen, die die Soziologie erzeugt, das Wichtigste ist analytisches Denken und damit auch abstraktes Denken [...] Also in größeren Zusammenhängen zu denken, in verschiedenen Aggregatebenen zu denken, vom Subjekt über den Betrieb, bis gesellschaftlich – dabei politisch zu denken und dabei in verschiedenen Bezugsystemen zu denken.« (Ahrens)

Auch die Auseinandersetzung mit »in der Realität stattfindenden Phänomenen« wird als charakteristisch für die Sozialwissenschaften benannt und hier im Vergleich zu den Geisteswissenschaften ein stärkerer Anwendungsbezug des Faches gesehen. Dieser werde insbesondere über Lehrformate wie die Bielefelder Lehrforschung und durch den Kontakt zu Untersuchungsfeldern hergestellt. Zudem wird eine fachliche Spezialisierung und Profilbildung während des Studiums als wichtiger Schritt einer berufsrelevanten Kompetenzentwicklung hervorgehoben. Damit verbunden ist der Aspekt der individuellen Entwicklung einer besonderen Fachkompetenz und der Herausbildung von fachlicher Expertise. Hierbei gehe es darum, sich »kompetent bewegen zu können in der scientific community und außerhalb« (Gundlach). Zudem werden methodische Kenntnisse als berufsrelevant eingeschätzt, welche sich »gut vermarkten lassen«. Jedoch wird angemerkt, dass Methodenkenntnisse nicht unbedingt für Führungspositionen qualifizieren.

Neben diesen fachbezogenen Kompetenzen werden allgemeine Kompetenzen des wissenschaftlichen Arbeitens als berufsrelevant genannt, z.B. Lesen, Schreiben, Präsentieren. Des Weiteren werden Kompetenzen betont, die in die Kategorie der personalen Kompetenzen eingeordnet werden können: Die Notwendigkeit eines Engagements des einzelnen Studierenden, sich ein spezifisches Themenfeld zu erschließen: Angetrieben von einer Leidenschaft zum Thema, könnten sie ein individuelles Profil entwickeln.

»[...] meine Erfahrung ist, dass eigentlich Studierende, die in irgendeiner Form 'ne Leidenschaft für irgendein Thema entwickelt haben, dass die in der Regel keine Schwierigkeiten haben, später auch einen Beruf zu finden.« (Dietrich)

Auf die Frage nach den klassischen Schlüsselkompetenzen reagieren die Dozenten skeptisch, zumal wenn sie außercurricular und durch fachfremde Angebote, z.B. durch Rhetorikseminare oder ähnliches, vermittelt werden; statt dessen wird die Vermittlung dieser Kompetenzen im Rahmen des fachlichen Studiums präferiert.

4. STUDIERENDE UND LEHRENDE – DIFFERENZEN UND GEMEINSAMKEITEN

Hinsichtlich der Subjektiven Theorien zum Verhältnis von Studium und Beruf gibt es durchaus Parallelen zwischen den befragten Studierenden und Lehrenden: In beiden Befragtengruppen findet sich der Typus, den wir als *Autonomie der Wissenschaft und das Humboldt'sche Bildungsideal* bezeichnen; auch der Typus *Doppelte Funktion der Universität* kommt in beiden Gruppen vor. Der dritte Typus der Studierenden, der eine starke *Berufsqualifizierung* durch die Universität erwartet, findet sich bei den Lehrenden nicht. Jedoch gibt es Lehrende, die einen *Anwendungsbezug durch thematische Spezialisierung* in ihren jeweiligen Lehr- und Forschungsgebieten sehen.

Die Lehrenden sind insgesamt homogener in ihren Aussagen und beziehen sich sehr viel stärker auf das Wissenschaftssystem. Die geringe Berufsfeldprägnanz des Soziologiestudiums wird nur von einem Teil der befragten Lehrenden als Problem gesehen. Die Mehrzahl der befragten Lehrenden geht davon aus, dass das Soziologiestudium allgemein bzw. methodische Kenntnisse sowie eine innerfachliche Spezialisierung während des Studiums die Absolventen genügend für den Arbeitsmarkt qualifizieren. Nur Lehrende, die dem Typus *Doppelte Funktion der Universität* zugeordnet werden können, sehen einen ernsthaften Handlungsbedarf ihres Faches und der Universität insgesamt hinsichtlich des Berufsbezugs und sie sehen sich selbst in der Verantwortung, hier durch Lehrangebote und individuelle Beratung die Studierenden beim Übergang in den Beruf zu unterstützen. Die beiden anderen Typen sehen – mit je unterschiedlicher Argumentation – keinen ernsthaften Handlungsbedarf, weder für die Universität als ganzes noch für sich selbst als Lehrende (vgl. Hessler 2012).

Die Subjektiven Theorien der Studierenden zum Verhältnis Studium – Beruf sind deutlich heterogener und die Spannweite zwischen einer starken Wissenschaftsorientierung und einer Forderung nach direkter Berufs- und Praxisorientierung des Studiums ist groß. Viele Studierende wünschen sich eine bessere Orientierung hinsichtlich beruflicher Tätigkeitsfelder und ihrer eigenen Kompetenzentwicklung; jedoch gibt es in unserem Sample ebenso viele, welche mit einer stark akademischen Ausrichtung des Studiums zufrieden sind und einen stärkeren Berufsfeldbezug des Studiums ablehnen.

Auch hinsichtlich der Kompetenzkonzepte ist die Gruppe der Lehrenden weitaus homogener als die Gruppe der befragten Studierenden; diese ringen, als Newcomer im Fach, noch um ein Verständnis soziologischer Kernkompetenz und entwickeln verschiedene und durchaus divergente Kompetenzkonzepte, die vielfach wenig integriert sind. Hier machen die Interviews mit Studierenden einen nicht unerheblichen Orientierungsbedarf deutlich.

Wie passen die Vorstellungen von Studierenden und Lehrenden zum Verhältnis von Studium und Beruf und ihre Kompetenzkonzepte zusammen? Sind sie anschlussfähig füreinander oder reden beide Gruppen aneinander vorbei? Für einen Teil der Studierenden können wir eine große Schnittmenge der formulierten Konzepte und Subjektiven Theorien mit denen der Lehrenden feststellen. Beide Gruppen teilen die gleichen Überzeugungen, Konzepte und Wissensbestände, was den Berufsbezug des Studiums und die im Studium zu erwerbenden Kompetenzen betrifft. Allerdings gilt dies nur für einen Teil der Studierenden; für eine ebenso große Gruppe von Studierenden kann festgestellt werden, dass sie von anderen Konzepten ausgeht, die sich deutlich von denen der Lehrenden unterscheiden. Diese Differenz wird erst langsam und zögerlich zur Kenntnis genommen; bislang wissen wir wenig über die unterschiedlichen Perspektiven von Studierenden und Lehrenden auf das Studium. »Vorhandene Daten gehen kaum auf die Frage ein, wo Widersprüche zwischen den Annahmen der Hochschule und den Motiven, Wahrnehmungen und Bedingungen auf Seiten der Studierenden liegen.« (Berthold et al. 2011) Zwar wird von den Lehrenden durchaus eine Heterogenität der Studierenden wahrgenommen, diese Heterogenität wird aber auf der Folie eigener Annahmen und Überzeugungen gedeutet. Auch wenn den Lehrenden bewusst ist, dass nur die wenigsten Studierenden eine wissenschaftliche Laufbahn einschlagen werden, gibt es »natürlich diese ganz stille Hoffnung, dass die Studierenden, die bei uns in den Seminaren sitzen, alles kleine Professoren und Professorinnen sind.«

5. SCHLUSSFOLGERUNGEN

Die verschiedenen Kompetenzkonzepte von Studierenden und Lehrenden geben, mit je unterschiedlichen Schwerpunkten, im Wesentlichen wieder, was Koepernick/Wolter in Anlehnung an Teichler (2003; 2009) als die *vier Ziele* einer »lernenden Auseinandersetzung mit Wissenschaft im Rahmen des Studiums« (Rhein 2010, zitiert nach Koepernick/Wolter 2010: 60f.) identifiziert haben: *Erstens* der Erwerb von Fähigkeiten, die als »wissenschaftliches Denken« bezeichnet werden und »das Verständnis von wissenschaftlichen Methoden, Begriffen, Theorien, Informationen und Wissensbeständen und einen kritischen Umgang mit ihnen beinhalten«. *Zweitens* »die Vorbereitung auf die Wahrnehmung beruflicher Aufgaben, die auf fachwissenschaftlichem Wissen und im Fachkontext vermittelten Kompetenzen aufbaut«. *Drittens* der »Erwerb einer spezifisch wissenschaftlichen Haltung, die auf intellektueller Neugierde, analytischem Verstand und Kritikfähigkeit basiert«. *Viertens* die »Vermittlung von Schlüsselkompetenzen oder -qualifikationen, die nach unterschiedlichen Aspekten klassifiziert werden können, wobei meist bestimme soziale Kompetenzen im Mittelpunkt stehen«. Der erste und der dritte Punkt beziehen sich auf die Wissenschaftlichkeit des Studiums. Die Berufsrelevanz wird in erster Linie durch die Punkte zwei und vier angesprochen, d.h. durch fachwissenschaftliche Inhalte sowie Schlüsselkompetenzen. Das übergreifende Ziel eines Studiums ist, so die Autoren, die Ausbildung einer *wissenschaftsbasierten professionellen Handlungskompetenz*, welche die oben genannten vier Komponenten umfasst.

Die rekonstruierten Subjektiven Theorien zu Studium und Beruf sowie die Kompetenzkonzepte von Studierenden und Lehrenden der Soziologie weisen deutliche Bezüge zu den genannten vier Komponenten auf und lassen sich als Teilkomponenten des Konzepts der wissenschaftsbasierten professionellen Handlungskompetenz lesen. Diese als wichtiges Ziel des Universitätsstudiums mit einer starken Verankerung in wissenschaftlichen Bezügen festzuhalten, sehen wir daher als zentral für die universitäre Ausbildung an. Unsere Studie zeigt, dass viele der befragten Studierende ausgesprochen unsicher sind, *fachwissenschaftliche Kompetenzen im engeren Sinne,* die über das wissenschaftliche Denken, die wissenschaftliche Haltung sowie über allgemeine Schlüsselkompetenzen hinausgehen, zu definieren und auf berufsbezogene Tätigkeitsfelder zu beziehen. Dies stellt in den Sozial- und Geisteswissenschaften, im Vergleich zu professionsbezogenen oder technischen Studiengängen, ein besonderes Problem für einen Teil der Studierenden dar. Hier fehlt weitgehend ein Problembewusstsein auf Seiten der Lehrenden. Zwar gibt es verschiedene Versuche, diese Lücke durch die Arbeit z.B. von Career Centern und Praktikumsveranstaltungen zu schließen – jedoch sind viele dieser Maßnahmen noch nicht genügend in den Fakultäten und bei den Studierenden angekommen. Eine spätere Teilhabe der Absolventen an berufsbezogenen Kontexten schon während des Studiums vorzubereiten, scheint, wie Wick es formuliert, »eher eine Frage der Geisteshaltung und Angebotsorganisation in den anbietenden Institutionen als ein Problem akademischer Bildung an sich« (Wick 2011: 9) zu sein.

LITERATUR

Berthold, Ch./Leichsenring, H./Brandenburg, U./Güttner, A./Kreft, A.-K./Morzick, B./Noe, S./Reumschüssel, E./Schmalreck, U./Willert, M. (2012): CHE Diversity Report: Der Gesamtbericht (Druckfassung).

Berthold, Ch./Kessler, M./Kreft A.-K./Leichsenring, H. (2011): Schwarzer Peter mit Unbekannten. Ein empirischer Vergleich der unterschiedlichen Perspektiven von Studierenden und Lehrenden auf das Studium, Gütersloh: CHE Arbeitspapier 141.

Blättel-Mink, B./Katz, I. (Hg.) (2004): Soziologie als Beruf? Soziologische Beratung zwischen Wissenschaft und Praxis, Wiesbaden: VS Verlag.

Burkhardt, A./Schomburg, H./Teichler, U. (Hg.) (2000): Hochschulstudium und Beruf. Ergebnisse von Absolventenstudien, Bonn: Bundesministerium für Bildung und Forschung.

Dahlgren, L.O./Dahlgren, M.A./Hult, H./ Hard af Segerstad, H./Johansson, K./Handal, G./Karseth, B./Lycke, K.H./Solbrekke, T./Bayer, M./Lababidi, T./Krumpholz, P./Szkudlarek, T./Cackowska, M./Kopciewicz, L./Mendel, M./Meczkowska, A./Struzynska, A. (2005): Students as Journeymen Between Communities of Higher Education and Work. Final Report, EUR 23146, Europäische Kommission. Siehe http://cordis.europa.eu/documents/documentlibrary/82608291EN6.pdf [Zugriff: 20.05.2012].

Dann, H.-D. (1994): »Pädagogisches Verstehen. Subjektive Theorien und erfolgreiches Handeln von Lehrkräften«, in: K. Reusser/M. Reusser-Weyeneth (Hg.), Verstehen. Psychologischer Prozess und didaktische Aufgabe, Bern: Huber, S. 163-181.

Deutscher Qualifikationsrahmen für lebenslanges Lernen (DQR). Siehe http://www.deutscherqualifikationsrahmen.de/de/ [Zugriff: 20.05.2012].

Groeben, N./Scheele, B. (1977): Argumente für eine Psychologie des reflexiven Subjekts. Paradigmenwechsel vom behavioristischen zum epistemologischen Menschenbild, Darmstadt: Steinkopff.

Groeben, N./Wahl, D./Schlee, J./Scheele, B. (1988): Das Forschungsprogramm Subjektive Theorien. Eine Einführung in die Psychologie des reflexiven Subjekts, Tübingen: Francke.

Haak, C./Rasner, A. (2009): »Search (f)or Work. Der Übergang vom Studium in den Beruf. Geisteswissenschaftler im interdisziplinären Vergleich«, in: Kölner Zeitschrift für Soziologie und Sozialpsychologie 64 (2), S. 235-258.

Helfferich, C. (2005): Die Qualität qualitativer Daten. Manual für die Durchführung qualitativer Interviews, Wiesbaden: VS Verlag.

Helsper, W./Hörster, R./Kade, J. (Hg.) (2003): Ungewissheit. Pädagogische Felder im Modernisierungsprozess, Weilerswist: Velbrück Wissenschaft.

Hessler, G. /Oechsle, M./Scharlau, I. (Hg.) (2013): Studium und Beruf: Studienstrategien – Praxiskonzepte – Professionsverständnis. Perspektiven von Studierenden und Lehrenden nach der Bologna-Reform, Bielefeld: transcript Verlag.

Hessler, G./Oechsle, M. (2012): »Studium und Beruf – Praxiskonzepte von Studierenden der Soziologie und Sozialwissenschaften«, in: W. Schubarth et al. (Hg.), Studium nach Bologna. Praxisbezüge stärken?! Praktika als Brücke zwischen Hochschule und Arbeitsmarkt. Befunde und Perspektiven, Wiesbaden: VS-Verlag für Sozialwissenschaften, S. 113-125.

Hessler, G. (2012): Higher Education and Work. Academics' Perspectives on Responsibility in Teaching and Competence Development. Vortrag gehalten am 5.6.2012 auf der Tagung: Changing Conditions and Changing Approaches of Academic Work, Berlin. Siehe: http://www.uni-kassel.de/wz1/pdf/Day 2/02_21_G.Hessler.PPP.pdf

Hu, Sh./Katherine,L./Kuh, G.D. (2011): »Student typologies in higher education«, in: New Directions for Institutional Research (2011), S1, Special Issue: Using Typological Approaches to Understand College Student Experiences and Outcomes, S. 5-15.

Kelle, U./Kluge, S. (2010): Vom Einzelfall zum Typus. Fallvergleich und Fallkontrastierung in der qualitativen Sozialforschung, Wiesbaden: VS Verlag.

Keller, R. (2010): »Kompetenz-Bildung. Programm und Zumutung individualisierter Bildungspraxis. Über Möglichkeiten einer erweiterten Bildungssoziologie«, in: T. Kurtz/M. Pfadenhauer (Hg.), Soziologie der Kompetenz, Wiesbaden: VS-Verlag, S. 29-48.

Kieserling, A. (2004): Selbstbeschreibung und Fremdbeschreibung. Beiträge zur Soziologie soziologischen Wissens, Frankfurt a.m.: Suhrkamp.

Koepernik, C./Wolter, A. (2010): »Studium und Beruf«, in: Hans-Böckler-Stiftung (Hg.), Arbeitspapier Nr. 210, Düsseldorf. Siehe http://www.boeckler. de/5137.htm?produkt=HBS-004654&chunk=5&jahr= [Zugriff 20.5.2012].

Kühl, S./Tacke, V. (2004): »Organisationssoziologie für die Praxis? Zur Produktion und Lehre eines Wissens, das sich gegen seine Verwendung sträubt«, in: B. Blättel-Mink/I. Katz (Hg.), Soziologie als Beruf? Soziologische Beratung zwischen Wissenschaft und Praxis, Wiesbaden: VS Verlag, S. 67-82.

Kurtz, T./Pfadenhauer, M. (Hg.) (2010). Soziologie der Kompetenz, Wiesbaden: VS-Verlag.

Lamnek, S. (Hg.) (1993): Soziologie als Beruf in Europa. Ausbildung und Professionalisierung von Soziologinnen und Soziologen im europäischen Vergleich, Berlin: edition sigma.

Lamnek, S./Ottermann, R. (2003): »Professionalisierung, Berufsbild und Berufschancen von Soziologen«, in: B. Orth/T. Schwietring/J. Weiß (Hg.), Soziologische Forschung: Stand und Perspektiven. Ein Handbuch, Opladen, S. 27-47.

Liebeskind, U. (2011): Universitäre Lehre. Deutungsmuster von ProfessorInnen im deutsch-französischen Vergleich, Konstanz: UVK.

Martens, M./Asbrand, B. (2009): »Rekonstruktion von Handlungswissen und Handlungskompetenz. Auf dem Weg zu einer qualitativen Kompetenzforschung«, in: Zeitschrift für Qualitative Forschung 10, Heft 2/2009, S. 201-217.

Meuser, M./Sackmann, R. (1992): »Zur Einführung: Deutungsmusteransatz und empirische Wissenssoziologie«, in: M. Meuser/R. Sackmann (Hg.), Analyse sozialer Deutungsmuster, Pfaffenweiler: Centaurus, S. 9-38.

Multrus, F. (2012): Forschung und Praxis im Studium. Befunde aus Studierendensurvey und Studienqualitätsmonitor, Bonn, Berlin. Siehe: http://www.bmbf.de/pub/forschung_und_praxis_im_studium.pdf [Zugriff 20.5.2012].

Oechsle, M./Hessler, G. (2011): »Subjektive Theorien Studierender zum Verhältnis von Wissenschaft und Berufspraxis«, in: Zeitschrift für Hochschulentwicklung 6 (2), S. 214-229. Siehe: http://www.zfhe.at/index.php/zfhe/issue/view/29 [Zugriff 20.05.2012].

Oechsle, M./Scharlau, I./Hessler, G./Günnewig, K. (2011): »Wie sehen Studierende das Verhältnis von Studium und Beruf? Praxisbezug und Professionalität in den Subjektiven Theorien Studierender«, in: S. Nickel (Hg.), Der Bologna-Prozess aus Sicht der Hochschulforschung. Analysen und Impulse für die Praxis, CHE Arbeitspapier Nr. 148, Gütersloh, S. 178-190.

Pfadenhauer, M. (2003): Professionalität. Eine wissenssoziologische Rekonstruktion institutionalisierter Kompetenzdarstellungskompetenz, Opladen: Leske und Budrich.

Rhein, R. (2010): »Lehrkompetenz und wissenschaftsbezogene Reflexion«, in: Zeitschrift für Hochschulentwicklung 5 (3), S. 29-56.

Schaeper, H. (2013): Wörter und Zahlen. Quantitative Ergänzungen zu Befunden des STEP-Projekts, in: G. Hessler/M. Oechsle/I. Scharlau (Hg.), Studium und Beruf: Studienstrategien – Praxiskonzepte – Professionsverständnis.

Schaeper, H./Wolter, A. (2008). »Hochschule und Arbeitsmarkt im Bologna-Prozess. Der Stellenwert von ›Employability‹ und Schlüsselkompetenzen«, in: Zeitschrift für Erziehungswissenschaft, 2008 (11), S. 607-625.

Scharlau, I./Wiescholek, S. (2013): »Ringen um Sinn: Subjektive Theorien von Lehramtsstudierenden zum Praxisbezug des Studiums«, in: G. Hessler/M. Oechsle/I. Scharlau (Hg.), Studium und Beruf: Studienstrategien – Praxiskonzepte – Professionsverständnis.

Scharlau, I./Bunte, N./Wiescholek, S. (2013): »Self-Assessment-Instrumente: Eine Möglichkeit der Bildung, Reflexion und Ausdifferenzierung von Subjektiven Theorien«, in: G. Hessler/M. Oechsle/I. Scharlau (Hg.), Studium und Beruf: Studienstrategien – Praxiskonzepte – Professionsverständnis.

Solga, H. et al. (Hg.) (2009): GeisteswissenschafterInnen: kompetent, kreativ, motiviert – und doch chancenlos? Opladen: Budrich UniPress.

Späte, K. (Hg.) (2007): Beruf Soziologie?! Studieren für die Praxis, Konstanz: UVK Verlag.

Stichweh, R. (1994):»Professionen und Disziplinen. Formen der Differenzierung zweier Systeme beruflichen Handelns in modernen Gesellschaften«, in: ders., Wissenschaft, Universität, Professionen, Frankfurt a.m.: Suhrkamp, S. 278-336.

Teichler, U. (2003): Hochschule und Arbeitswelt. Konzeptionen, Diskussionen, Trends, Frankfurt a.m./New York: Campus.

Teichler, U. (2007): Studium und Berufschancen: Was macht den Unterschied aus? *Beiträge zur Hochschulforschung, 29* (4), S. 10-31.

Teichler, U. (2009): Wissenschaftlich kompetent für den Beruf qualifizieren. In Hochschulrektorenkonferenz (Hrsg.), *Neue Anforderungen an die Lehre in Bachelor- und Masterstudiengängen* (S. 30-52), Bonn.

Wick, A. (2011): Akademisch geprägte Kompetenzentwicklung. Kompetenzorientierung in Hochschulstudiengängen, Universität Heidelberg, Institut für Bildungswissenschaft. Siehe: http://www.ub.uni-heidelberg.de/archiv/12001 [Zugriff: 20.05.2012].

Witzel, A. (1982): Verfahren der qualitativen Sozialforschung. Überblick und Alternativen, Frankfurt a.m./New York: Campus.

Witzel, A. (2000):»Das problemzentrierte Interview«, in: Forum Qualitative Sozialforschung 1, Artikel 22. Siehe: http://www.qualitative-research.net [Zugriff: 20.05.2012].

Zimenkova, T. (2007): Die Praxis der Soziologie. Ausbildung, Wissenschaft, Beratung. Eine professionstheoretische Untersuchung, Bielefeld: transcript Verlag.

Zorn, C. (2009):»Von einem bemerkenswerten Sozialexperiment ›zwischen den Reformen‹. Zwei Jahrzehnte geisteswissenschaftliche Bildung als Ausbildung aus gesellschaftstheoretischer Sicht«, in: H. Solga et al. (Hg.), GeisteswissenschafterInnen: kompetent, kreativ, motiviert – und doch chancenlos? Opladen: Budrich UniPress, S. 13-42.

Wörter und Zahlen

Quantitative Ergänzungen zu Befunden
des STEP-Projekts

HILDEGARD SCHAEPER

> »[...] methodological triangulation involves a
> complex process of playing each method off
> against the other so as to maximize the validity
> of field efforts.«
> DENZIN 2009: 210

EINLEITUNG

Der an die Dissertation von Erzberger (1998) angelehnte Titel des Beitrags fasst
dessen zentrales Anliegen kurz und bündig zusammen: eine Auswahl der reich-
haltigen qualitativen Befunde, die das Projekt »Studium und Beruf. Subjektive
Theorien von Studierenden und Lehrenden zwischen Praxisbezug, Employability
und Professionalisierung (STEP)« hervorgebracht hat, in Beziehung zu mit
quantitativen Verfahren gewonnenen empirischen Resultaten zu setzen.

Wie das oben aufgeführte Zitat von Denzin andeutet, geht es bei dieser Methodentriangulation um eine wechselseitige Validierung von Forschungsergeb-
nissen. Wenn die Resultate konvergieren und diese Kongruenz als Indikator für
Validität interpretiert werden kann, sollen darüber hinaus die quantitativen Daten
genutzt werden, um die qualitativ beobachteten Phänomene hinsichtlich ihrer
Größenordnung und Zusammenhänge zu bestimmen, d.h. die gefunden Muster
und Strukturen in quantitativer Hinsicht zu generalisieren.

Nun ist die Überlegung Denzins, Methodentriangulation als Validierungs-
strategie zu nutzen, vielfach und in verschiedener Hinsicht kritisiert worden (vgl.

zusammenfassend Flick 2011: 17 ff.; Kelle 2008: 49 f.). Eine Kritik bezieht sich
darauf, dass unterschiedliche Methoden nicht grundsätzlich dasselbe Phänomen
erfassen, sondern jede Methode aufgrund der möglichen Reaktivität von Unter-
suchungsverfahren ihren Gegenstand im gewissen Umfang konstituiert (vgl. Kelle 2008: 50). Damit eigne sich Methodenkombination weniger als Validierungs-
strategie, sondern ziele eher auf die Ergänzung und Vervollständigung von Perspektiven (Komplementarität von Methoden und Resultaten). Eine weitere Kritik
problematisiert die Annahme, dass aus der Übereinstimmung von Forschungs-
ergebnissen auf Validität geschlossen werden kann: »Die Konvergenz zweier
Forschungsergebnisse kann zum Ausdruck bringen, dass beide Ergebnisse zutreffend sind, aber auch, dass sie jeweils den gleichen verzerrenden Einflüssen
und Fehlerquellen unterliegen.« (Ebd.: 49) Schließlich ist zu fragen, wie mit di-
vergierenden Ergebnissen umzugehen ist, welche Resultate in diesem Fall als die
valideren und welche als die weniger validen anzusehen sind.

Auch wenn hier zunächst davon ausgegangen wird, dass sich die im STEP-
Projekt gewählte Vorgehensweise und die noch vorzustellende standardisierte
Befragung auf denselben Gegenstandsbereich beziehen und deshalb konvergente
Ergebnisse erwartet werden, sind die genannten Einwände ernst zu nehmen und
die Verfahren und Ergebnisse im Lichte dieser Kritikpunkte zu diskutieren.

Vor dem Hintergrund verfügbarer Datenbestände konzentriert sich die
Gegenüberstellung der im nächsten Abschnitt kurz dargestellten Befunde des
STEP-Projekts mit quantitativen Resultaten aus der Hochschulforschung auf die
Subjektiven Theorien Studierender zum Verhältnis von Studium und Beruf und
fokussiert dabei auf zwei Fragen:

- Welche Typen der subjektiven Bedeutung des Studiums lassen sich in standardisierten Daten finden und inwieweit sind Ähnlichkeiten mit der qualitativen Typologie des STEP-Projekts festzustellen?
- Stehen diese subjektiven Deutungen mit Merkmalen des abgeschlossenen
  Studiums im Zusammenhang?

Die verwendeten quantitativen Daten stammen aus einer jüngeren Absolventen-
studie des HIS-Instituts für Hochschulforschung und werden zusammen mit den
eingesetzten Analyseverfahren im übernächsten Abschnitt beschrieben. Anschließend werden die Ergebnisse vorgestellt und mit den Befunden des STEP-
Projekts verglichen. Der Beitrag klingt mit einer Diskussion aus, die nicht die
methodologischen Implikationen in den Mittelpunkt stellt, sondern mögliche
Konsequenzen, die aus den empirischen Ergebnissen für die Gestaltung von Studium und Lehre gezogen werden können.

AUSGEWÄHLTE ERGEBNISSE DES STEP-PROJEKTS: SUBJEKTIVE THEORIEN STUDIERENDER ZUM VERHÄLTNIS VON STUDIUM UND BERUF

Ergebnisse zu den Subjektiven Theorien (zu diesem Konzept vgl. Oechsle/Hessler 2011 sowie Hessler/Oechsle/Heck i.d.b.) Studierender zum Verhältnis von Studium und Beruf liegen von 30 Bielefelder Bachelor- und Master-Studierenden der Soziologie und Sozialwissenschaften vor, die mittels des problemzentrierten Interviewverfahrens befragt wurden. Aufgrund der Ausführungen zu einer allgemein gehaltenen Einstiegsfrage zum Verhältnis von Studium und Beruf konnten drei Typen unterschieden werden (vgl. Oechsle/Hessler 2011: 218 ff.):

* *»Autonomie der Wissenschaft und das Humboldt'sche Bildungsideal«*: Für Studierende dieses Typus gehört Berufsvorbereitung nicht zu den Aufgaben der Universität; ein Studium bedeutet für sie weniger Berufsqualifizierung als vielmehr wissenschaftliche Kompetenzentwicklung, Selbstentfaltung und Persönlichkeitsentwicklung bzw. Erkenntnisgewinn.
* *»Doppelte Funktion der Universität«*: Studierende, die dieser Gruppe zuzuordnen sind, sehen die Aufgabe der Universität sowohl in der Gewährleistung der Autonomie der Wissenschaft als auch in der Herstellung der Verbindung zum Beschäftigungssystem. Sie erwarten vom Studium zum einen »Bildung durch Wissenschaft«, zum anderen aber auch die Vorbereitung auf Berufsfelder außerhalb der Wissenschaft.
* *»Berufsqualifizierung als primäre Aufgabe der Universität«*: Für Studierende dieses Typus besteht die Bildungsfunktion der Universität primär in der unmittelbaren Berufsqualifizierung. Diese Erwartung geht häufig mit einer höheren extrinsischen Studienmotivation einher.

Die Autorinnen fragen auch nach Zusammenhängen ihrer Typologie mit der sozialen Herkunft und stellen fest, dass »in den beiden Gruppen der Studierenden, die die Ausbildungsfunktion der Universität betonen bzw. der Universität eine doppelte Funktion zuschreiben, der jeweilige Anteil der Studierenden aus einem nichtakademischen Elternhaus etwas höher [ist]« und dass »sich in der Gruppe, die vor allem die Autonomie der Universität gegenüber der Berufspraxis betont, etwas mehr Studierende [finden], deren Eltern einen Hochschulabschluss haben« (ebd.: 226; s. auch Tabelle 1, in der die Verteilung der Gruppen getrennt nach Bildungsherkunft dargestellt ist).

Tabelle 1: Subjektive Theorien von Studierenden der Soziologie und Sozialwissenschaften zum Verhältnis von Studium und Beruf nach Bildungsherkunft (absolut und in Prozent)

| | Bildungsherkunft | | | | | |
| | akademisch | | nicht akademisch | | insgesamt | |
Typus	n	%	n	%	n	%
Autonomie der Wissenschaft	8	53	5	33	13	43
Doppelte Funktion der Universität	5	33	7	47	12	40
Berufsqualifizierung als Aufgabe der Universität	2	13	3	20	5	17
insgesamt	**15**	**100**	**15**	**100**	**30**	**100**

Quelle: eigene Berechnungen nach Oechsle/Hessler 2011: 226

DATENBASIS UND VERFAHREN FÜR DEN QUANTITATIVEN VERGLEICH

Für den Vergleich der dargestellten qualitativen Ergebnisse mit quantitativen Befunden wurde auf die HIS-Absolventenstudie 2009 zurückgegriffen. Im Rahmen dieser Untersuchung wurden u.a. 10173 Hochschulabsolventinnen und -absolventen des Prüfungsjahrgangs 2009 mit einem ersten Studienabschluss befragt (zur Anlage der Studie vgl. auch Rehn et al. 2011). Die Befragung wurde im Mittel zwölf Monate nach dem Studienabschluss durchgeführt und beruht auf einer Zufallsstichprobe, die alle Fachrichtungen, Hochschultypen und Abschlussarten umfasst. Für die hier vorgestellten Analysen wurden Absolventinnen und Absolventen von Master-Studiengängen allerdings nicht betrachtet. Wie Tabelle 2, in der die Zusammensetzung der Stichprobe nach verschiedenen Merkmalen dargestellt ist, zeigt, lassen die Fallzahlen vergleichenden Analysen für Fachrichtungen und Hochschularten sowie teilweise auch für traditionelle (Diplom-, Magister-, Staatsexamens-) und Bachelor-Studiengänge zu.

Für die empirische Rekonstruktion von Typen der subjektiven Bedeutung des Studiums wurden Items einer Frage verwendet, mit der rückblickend der »Wert« des absolvierten Studiums für die Befragten erhoben wurde. Zusammen mit dem

Fragetext »Worin sehen Sie rückblickend den Wert Ihres Studiums?« und einer fünfstufigen, von 1 (sehr großer Wert) bis 5 (sehr geringer Wert) reichenden Antwortskala wurden fünf Aussagen präsentiert:

- in der Möglichkeit, einen interessanten Beruf zu ergreifen;
- in der Chance, mich über eine längere Zeit zu bilden;
- in der Verwertbarkeit des Studiums für den beruflichen Aufstieg/die berufliche Karriere;
- in der Möglichkeit, mich persönlich weiterzuentwickeln;
- in der Vermittlung der Kenntnisse für den Beruf.

Das zweite und vierte Item thematisieren den Bildungs- und Entwicklungsaspekt, das erste, dritte und fünfte Item beziehen sich auf unterschiedliche Facetten der beruflichen Tätigkeit.

Auch unabhängig von der Frage der Standardisierung sind die Unterschiede in der Art und Weise, wie im STEP-Projekt und in der HIS-Absolventenstudie das Verhältnis von Studium und Beruf thematisiert wurde, nicht übersehbar. So stellt die HIS-Untersuchung auf die subjektive Bedeutung des Studiums ab, während in der STEP-Studie dieser Aspekt nur eine Dimension der Typologie darstellt (vgl. Oechsle/Hessler 2011: 218). In der quantitativen Studie wird retrospektiv gefragt, sodass die Erfahrungen im Beschäftigungssystem bzw. die Bildungsstrategien nach Abschluss des ersten Studiums die Antworten mit prägen können. Und die Absolventenbefragung geht nicht explizit auf die Frage des Forschungs- und Wissenschaftsbezugs eines Studiums ein.

Trotz dieser Differenzen scheint der Schluss unangebracht, die zwei Herangehensweisen bezögen sich auf völlig verschiedene Gegenstandsbereiche. So ist zwar davon auszugehen, dass die Ergebnisse der HIS-Studie von den Arbeitsmarkterfahrungen nach dem Studienabschluss beeinflusst sind; auf der anderen Seite dürften aber auch die im STEP-Projekt befragten Studierenden die Situation auf dem Arbeitsmarkt kennen und ihre zukünftigen Berufschancen antizipieren. Zwar fokussiert die quantitative Untersuchung auf die subjektive Bedeutung des Studiums; es ist jedoch zu vermuten, dass diese mit den anderen, die qualitative Typologie konstituierenden Dimensionen – z.B. die Aufgaben, die der Universität zugeschrieben werden, und die Leitbilder universitärer Bildung – stark zusammenhängt. Und die HIS-Absolventenbefragung fragt zwar nicht ausdrücklich nach der Bedeutung des Studiums als forschungs- und wissenschaftsbezogene Sozialisierung, sie nimmt aber zwei wesentliche, in den qualitativen Interviews herausgearbeitete Aspekte auf, nämlich den Stellenwert hochschulischer Bildung für die Berufsvorbereitung und die persönliche Entwicklung bzw. Bildung. Zusammenfassend kann also festgehalten werden, dass die untersuchten Phänomene nicht identisch sind, aber eine große Überlappung aufweisen.

Tabelle 2: Anzahl der befragten Hochschulabsolvent(inn)en nach Fachrichtung, Art der Hochschule und Abschlussart

	Hochschulart/Abschlussart[1]					
	Universitäten			Fachhochschulen		
Fachrichtung	trad.	BA	insg.	trad.	BA	insg.
Ingenieurwissenschaften[2]	229	119	348	361	549	910
baubezogene Studiengänge	89	49	138	101	224	325
Informatik	56	130	186	85	193	278
Agrar-, Ernährungswiss.	80	121	201	151	70	221
Mathematik, Naturwiss.	472	410	882	—	—	—
Human-, Zahnmedizin	355	—	355	—	—	—
Rechtswissenschaft	221	—	221	—	—	—
Lehramtsstudiengänge	937	—	937	—	—	—
Wirtschaftswissenschaften	513	469	982	304	426	730
Pädagogik bzw. Sozialwesen	206	263	469	215	356	571
Psychologie	159	77	236	—	—	—
Sozial-, Politikwiss.	197	287	484	—	—	—
Geisteswiss., Kunst	493	557	1050	—	—	—
Sonstiges	258	115	373	134	142	276
insgesamt	**4265**	**2597**	**6862**	**1351**	**1960**	**3311**

[1] traditionell: Diplom, Magister, Staatsexamen; BA: Bachelor
[2] ohne baubezogene Studiengänge
Quelle: HIS-Absolventenpanel 2009, 1. Welle

Für die mit den standardisierten Daten vorgenommene empirische Typenbildung wurden clusteranalytische Verfahren eingesetzt und dabei – um eine bestmögliche Lösung zu finden – eine zweistufige Vorgehensweise gewählt. Da das hierarchisch-agglomerative Ward-Verfahren in der Regel bessere Eigenschaften als andere Clustermethoden besitzt und zu guten Clusterlösungen führt (vgl. Backhaus et al. 2008: 424 f.; Bortz/Schuster 2010: 467) sowie Kriterien zur Bestimmung der optimalen Clusterzahl liefert, aber bei großen Stichproben sehr rechenintensiv ist, wurde in einem ersten Schritt das Ward-Verfahren auf eine zufällig gezogene Substichprobe von 3000 Fällen angewendet. Um Vergleichbarkeit der fünf einbezogenen Variablen zu gewährleisten, wurden sie zuvor z-standardisiert.[1] Das Dendrogramm legte eine Drei- oder Vier-Cluster-Lösung nahe.[2] Um die noch nicht klassifizierten Fälle zuzuordnen und die mit dem Ward-Verfahren gefundene Lösung zu optimieren, wurden im zweiten Schritt unter Verwendung der mit dem Ward-Verfahren ermittelten Startpartitionen K-Means-Clusteranalysen für drei und vier Cluster gerechnet. Ein Vergleich der Drei- und Vier-Cluster-Lösung aufgrund statistischer und inhaltlicher Kriterien legte eine Entscheidung für drei Cluster aus folgenden Gründen nahe: Im Vergleich der Drei-Cluster-Lösung mit der Zwei-Cluster-Struktur fällt die relative Verbesserung mit $PRE_K = 0,17$ relativ groß und beim Übergang zur Vier-Cluster-Lösung mit $PRE_K = 0,10$ deutlich geringer aus. Auch weist die Maßzahl $F\text{-}MAX_K$ bei drei Clustern einen höheren Wert auf als bei Lösungen mit einer größeren Zahl von Gruppen.[3] Inhaltlich sprachen für die Drei-Cluster-Lösung die bessere Interpretierbarkeit und deutlichere Struktur.

Da in den Clusteranalysen nur Befragte berücksichtigt wurden, die bei allen fünf Items gültige Werte aufweisen, reduziert sich das Analysesample auf 9924 Fälle.

---

1   Da Clusterlösungen auch davon beeinflusst werden können, dass latente Dimensionen durch eine unterschiedliche Anzahl von Variablen repräsentiert sind (vgl. Bacher/Pöge/Wenzig 2010; Bortz/Schuster 2010), wurde zur Kontrolle eine Faktorenanalyse durchgeführt, die eine eindeutige Zwei-Faktor-Struktur mit den Dimensionen »Berufsqualifizierung« und »Bildung« ergab, und die Clusteranalysen mit den Faktorwerten durchgeführt. Die Ergebnisse unterscheiden sich nur minimal von den Analysen mit den Einzelvariablen.

2   Die Analyse mit den Faktorwerten ergab dagegen eine deutliche Drei-Cluster-Struktur.

3   Zu den genannten Maßzahlen vgl. die Ausführungen in Bacher/Pöge/Wenzig (2010: 306 ff.).

QUANTITATIVE ERGEBNISSE
ZUR SUBJEKTIVEN BEDEUTUNG DES STUDIUMS

Deutungstypen

Tabelle 3 gibt darüber Aufschluss, wie die drei mit standardisierten Daten konstruierten Typen der subjektiven Bedeutung des Studiums zu charakterisieren sind. Aufgeführt ist zum einen das arithmetische Mittel der z-standardisierten Items, die in die Clusteranalysen eingingen. Da die Variablen rekodiert wurden, zeigen negative Werte eine unterdurchschnittliche und positive Werte eine überdurchschnittliche Ausprägung des Items in einer Gruppe an. Zum anderen werden die Anteile derjenigen Befragten berichtet, die den aufgeführten Aspekten eine hohe oder sehr hohe Bedeutung (Werte 1 und 2 der ursprünglichen Antwortskala) beimessen.

Cluster 1 »Wert des Studiums: Bildung (BIL)«: In Cluster 1 ist eine Gruppe zu erkennen, die sich durch eine leicht überdurchschnittliche Betonung des Bildungs- und Entwicklungsaspekts und eine stark unterdurchschnittliche Bewertung der Berufsvorbereitung auszeichnet. Dieser Typus weist Ähnlichkeiten mit der Gruppe »Autonomie der Wissenschaft und das Humboldt'sche Bildungsideal« der qualitativen Studie auf. Besonders groß ist die Gemeinsamkeit hinsichtlich der deutlichen Ablehnung der berufsqualifizierenden Funktion des Studiums. Weniger ausgeprägt ist sie hinsichtlich des Bildungs- und Entwicklungsaspekts bzw. der Forschungs- und Wissenschaftsdimension, die – wie erwähnt – in der Absolventenbefragung nicht thematisiert wurde. Da in dieser Gruppe der Bildung und persönlichen Entwicklung ein deutlich höherer Stellenwert zukommt als der Berufsvorbereitung (fast alle messen diesen Faktoren einen hohen oder sehr hohen Wert bei), wird dieser Typus im Folgenden auch als »Bildungscluster« bezeichnet. Ihm gehört ein Viertel der Befragten an.

Cluster 2 »Wert des Studiums: Berufsqualifizierung und Bildung (BERBIL)«: In diesem Cluster sind die Anspruchsvollen versammelt, die sowohl Persönlichkeitsentwicklung und Bildung von ihrem Studium erwarten als auch eine solide Qualifizierung für berufliche Tätigkeiten. Alle bzw. fast alle Befragten dieses Typus geben an, dass für sie der Bildungs- und Entwicklungsaspekt sowie die Berufsvorbereitungsfunktion eine große Rolle spielen. In dieser doppelten Orientierung ist die Gruppe mit dem Typus »Doppelte Funktion der Universität« der STEP-Studie vergleichbar; auf sie wird deshalb im Folgenden auch unter der Bezeichnung »Doppelfunktionscluster« Bezug genommen. Mit einem Anteilswert von 50 Prozent ist diese Gruppe unter den ermittelten Clustern die größte.

Cluster 3 »Wert des Studiums: Berufsqualifizierung (BER)«: Charakteristisch für diese Gruppe, der ebenfalls ein Viertel der Befragten zugeordnet wurde, ist die überdurchschnittliche Betonung der berufsvorbereitenden Funktion eines Studiums und die deutlich unterdurchschnittliche Bewertung der Bildungs- und Entwicklungsaspekte. Das bedeutet aber nicht, dass die letztgenannten Gesichtspunkte für die Absolventinnen und Absolventen dieses Clusters keine Rolle spielen: Immerhin gibt die weit überwiegende Mehrheit an, dass ihr Studium auch in dieser Hinsicht einen hohen Wert gehabt habe. Wie im Typus »Berufsqualifizierung als primäre Aufgabe der Universität« des STEP-Projekts hat allerdings die Vorbereitung auf den Beruf Priorität. Aus diesem Grund ist es gerechtfertigt, diese Gruppe als »Berufsqualifizierungscluster« zu bezeichnen.

Tabelle 3: Typen der subjektiven Bedeutung des Studiums

Item	Cluster 1		Cluster 2		Cluster 3	
	$\bar{x}^{1)}$	$\%^{2)}$	$\bar{x}^{1)}$	$\%^{2)}$	$\bar{x}^{1)}$	$\%^{2)}$
Chance, sich über eine längere Zeit zu bilden	0,2	95	0,5	100	−1,1	65
Möglichkeit, sich beruflich weiterzuentwickeln	0,1	98	0,5	100	−1,0	86
Möglichkeit, einen interessanten Beruf zu ergreifen	−1,0	77	0,4	100	0,1	98
Verwertbarkeit des Studiums für die berufliche Karriere	−1,0	52	0,5	98	0,1	90
Vermittlung der Kenntnisse für den Beruf	−0,9	48	0,5	96	0,0	84
absolut	**2485**		**4956**		**2483**	
Prozent (horizontal)	**25**		**50**		**25**	

[1] arithmetisches Mittel der z-standardisierten, rekodierten Skala
[2] Werte 1 und 2 der ursprünglichen Antwortskala (= [sehr] hoher Wert)
Quelle: HIS-Absolventenpanel 2009, 1. Welle

Deutungstypen und Merkmale des Studiums

Für die Analyse des Zusammenhangs zwischen ausgewählten Merkmalen und der subjektiven Bedeutung des abgeschlossenen Studiums wurde das Verfahren der multinomialen logistischen Regression verwendet. Basiskategorie der abhängigen

Variablen – der drei Gruppen von Deutungsmustern des Studiums – ist das Berufsqualifizierungscluster, d.h., dass die Zugehörigkeit zu den beiden anderen Gruppen jeweils in Beziehung zur Zugehörigkeit zum Berufsqualifizierungscluster gesetzt wird. Als unabhängige Variablen werden die Art des Studienabschlusses – Bachelor vs. traditionell (Referenzkategorie) – und die Fachrichtung des abgeschlossenen Studiums – repräsentiert über Dummyvariablen (Referenzkategorie: Ingenieurwissenschaften [ohne baubezogene Studiengänge]) – betrachtet. Aufgrund des unterschiedlichen Fächerspektrums an Fachhochschulen und Universitäten wurden die Analysen getrennt für beide Hochschularten durchgeführt. Berichtet werden die Logit-Koeffizienten $\widetilde{\beta}$, die den Effekt der unabhängigen Variablen auf die Logits angeben.[4] Wesentlich für die Interpretation der Ergebnisse ist, dass die Koeffizienten Werte im Intervall $(-\infty; +\infty)$ annehmen können, wobei positive Vorzeichen bedeuten, dass die Wahrscheinlichkeit, dem Bildungs- bzw. Doppelfunktionscluster anzugehören, gegenüber der Wahrscheinlichkeit der Zugehörigkeit zum Berufsqualifizierungscluster jeweils größer wird, wenn eine metrische unabhängige Variable steigt bzw. wenn – bei nominalskalierten Kovariaten – eine Kategorie mit der Referenzkategorie verglichen wird. Bei negativem Vorzeichen verhält es sich genau umgekehrt.

Wie die in Tabelle 4 zur Art des Studienabschlusses ausgewiesenen Regressionsgewichte zeigen, unterscheiden sich hinsichtlich der subjektiven Bedeutung des Studiums Absolventinnen und Absolventen mit einem Bachelor-Abschluss deutlich von solchen, die ein traditionelles Studium durchlaufen haben. Bei einem Bachelor-Abschluss ist die Wahrscheinlichkeit, sich im Bildungscluster und nicht im Berufsqualifizierungscluster wiederzufinden, deutlich geringer als bei Absolventinnen und Absolventen traditioneller Studiengänge. Der die Einführung der zweistufigen Studienstruktur begleitende Diskurs um Beschäftigungsfähigkeit und Stärkung der berufsvorbereitenden Funktion der Hochschulen scheint also seine Wirkung nicht verfehlt zu haben.

Bei der Betrachtung der zu der Fachrichtung berichteten Logit-Koeffizienten erkennt man als grobes Muster, dass die Typen der subjektiven Bedeutung des Studiums zum großen Teil mit den unterschiedlichen Konfigurationen des Verhältnisses von Studium und Beruf koinzidieren. In Studiengängen mit einem klaren Berufsfeldbezug wie den Ingenieurwissenschaften, der Medizin und der Rechtswissenschaft betonen Studierende häufiger die berufsqualifizierende

---

4   Als Logits werden die logarithmierten Odds $\ln\left(\frac{\pi_i}{\pi_k}\right)$ bezeichnet, also die logarithmierten Wahrscheinlichkeitsverhältnisse, dem Bildungscluster bzw. dem Doppelfunktionscluster anzugehören, gegenüber der Wahrscheinlichkeit der Zugehörigkeit zum Berufsqualifizierungscluster (vgl. dazu z.B. Andreß/Hagenaars/Kühnel 1997).

Funktion eines Studiums und legen weniger Wert auf die Bildungsfunktion. In Studiengängen mit einer geringen Berufsfeldprägnanz, z.b. in der Pädagogik, den Sozial- und Politikwissenschaften sowie Geisteswissenschaften, ist die Vorstellung, dass das Studium auf den Beruf vorzubereiten habe, deutlich geringer ausgeprägt und der Anspruch an das Studium, individuelle Entwicklungs- und Bildungsprozesse zu fördern, sehr viel stärker.

Tabelle 4: Multinomiale logistische Regressionen von Studienmerkmalen auf Typen der subjektiven Bedeutung des Studiums ($\hat{\beta}$; Basiskategorie: Cluster »Berufsqualifizierung«)

	Universität		Fachhochschule	
Kovariate	**BIL**	**BERBIL**	**BIL**	**BERBIL**
Art des Abschlusses				
Bachelor (vs. traditionell)	$-0,22^{**}$	$-0,24^{**}$	$-0,30^{**}$	$-0,08$
Fachrichtung				
Ingenieurwiss. (Ref.kat.)	—	—	—	—
Mathematik, Naturwiss.	$1,39^{***}$	$-0,32^{*}$	—	—
Human-, Zahnmedizin	$0,32$	$0,41^{*}$	—	—
Rechtswissenschaft	$0,34$	$-0,16$	—	—
Wirtschaftswissenschaften	$1,22^{***}$	$0,09$	$0,52^{**}$	$0,04$
Lehramtsstudiengänge	$1,38^{***}$	$-0,33^{*}$	—	—
Pädagogik bzw. Sozialwesen	$2,14^{***}$	$0,37^{*}$	$1,25^{***}$	$0,43^{**}$
Psychologie	$1,73^{***}$	$0,57^{**}$	—	—
Sozial-, Politikwiss.	$3,14^{***}$	$0,69^{**}$	—	—
Geisteswiss., Kunst	$3,25^{***}$	$0,74^{***}$	—	—
Sonstiges	$1,10^{***}$	$0,18$	$0,64^{***}$	$-0,15$
Konstante	$-1,40^{***}$	$0,55^{***}$	$-1,02^{***}$	$0,77^{***}$
Pseudo-R^2 (McFadden)	0,06		0,01	
Log-Likelihood	$-6637,62$ (df = 22)		$-3045,73$ (df = 8)	
N	6693		3231	

*** p < 0,001; ** p < 0,01; * p < 0,05

Quelle: HIS-Absolventenpanel 2009, 1. Welle

Der Zusammenhang zwischen Berufsfeldbezug eines Studiengangs und den dort vorherrschenden Deutungen der Studierenden ist aber nicht eindeutig. Sozialpädagogische Fachhochschulstudiengänge haben einen deutlichen Berufsbezug; ihr Abschluss ist Voraussetzung für den Zugang zu Berufen in der sozialen Arbeit, die sich selbst als Profession versteht. Dennoch erfährt hier die Bildungsfunktion des Studiums eine hohe Wertschätzung; dem Studium wird deutlich seltener als in anderen Fachhochschulstudiengängen die Aufgabe zugeschrieben, primär auf den Beruf vorzubereiten. Möglicherweise spielen hier Fachkulturen oder geschlechtsspezifische Deutungsmuster eine Rolle.

Oben wurde das Ergebnis des STEP-Projekts zur Verteilung der dort für Soziologiestudierende konstruierten Typen der Subjektiven Theorien zum Verhältnis von Studium und Beruf dargestellt. Diese Verteilung – 43 % »Autonomie der Wissenschaft«, 40 % »Doppelte Funktion der Universität« und 17 % »Berufsqualifizierung als Aufgabe der Universität« – kann mit den standardisierten Daten und der auf dieser Basis gebildeten Typologie nicht bestätigt werden, zumindest nicht bei Betrachtung der gesamten Stichprobe (s. oben Tabelle 3). Ermittelt man aber die Verteilung der quantitativen Typen nur für Absolventinnen und Absolventen der sozial- und politikwissenschaftlichen Bachelor-Studiengänge an Universitäten, ergibt sich mit 51 % Bildungscluster, 38 % Doppelfunktionscluster und 11 % Berufsqualifizierungscluster eine auffällige Übereinstimmung: In beiden Studien ist die Gruppe der den Bildungs- und Wissenschaftsaspekt betonenden Befragten am größten und die Gruppe derjenigen, die vom Studium primär eine Vorbereitung auf den Beruf erwarten, am kleinsten.

Fachhochschulen akzentuieren in ihrem Bildungsauftrag stärker als Universitäten die Anwendungsorientierung und weniger stark den Forschungsbezug. Deshalb ist zu erwarten, dass für Studierende sowie Absolventinnen und Absolventen die Bedeutung eines Studiums in Abhängigkeit von dem besuchten Hochschultyp unterschiedlich ist. Aufgrund der bisher dargestellten Analysen, die getrennt für Fachhochschulen und Universitäten erfolgten, kann diese Vermutung nicht überprüft werden. Weitere Auswertungen stützen aber die Hypothese. So ist an Universitäten auch unabhängig vom studierten Fach der Anteil der Befragten, die dem Bildungscluster zuzuordnen sind, höher und der Umfang des Berufsqualifizierungsclusters etwas kleiner als an Fachhochschulen. An Fachhochschulen finden sich dagegen deutlich mehr Absolventinnen und Absolventen, die eine Doppelorientierung gegenüber ihrem Studium aufweisen.

Wie oben dargestellt ergaben sich im STEP-Projekt Zusammenhänge zwischen den Subjektiven Theorien Studierender zum Verhältnis von Studium und Beruf sowie der Bildungsherkunft. Mit der quantitativen Studie konnten derartige Korrelationen weder in bivariaten noch in multivariaten Analysen gefunden werden. Dagegen wurde bei bivariater Betrachtung ein deutlicher Zusammenhang zwischen dem Geschlecht der Befragten und dem Wert, den sie ihrem Studium beimessen, festgestellt. Dieser Zusammenhang schwindet aber bei Kontrolle des Studienfachs: Bei identischer Fachrichtung sehen Männer und Frauen die Funktion des Studiums nicht unterschiedlich.

SCHLUSSFOLGERUNGEN FÜR DIE GESTALTUNG VON LEHRE UND STUDIUM

Die qualitativen und quantitativen Analysen haben eine bemerkenswerte Heterogenität der Studierenden hinsichtlich der subjektiven Deutungen des Verhältnisses von Studium und Beruf ergeben, auch innerhalb der verschiedenen Fachrichtungen. Wie sollten die Hochschulen damit umgehen?

Die Antwort von Oechsle et al. (2011: 187) lautet:»Dieser Heterogenität muss die Universität Rechnung tragen und differenzierte Angebote für die verschiedenen Gruppen von Studierenden anbieten.« Diese Forderung kann sicherlich unterschiedlich ausgelegt werden und z.B. auf differenzierte Beratungs- und Diskussionsangebote abstellen. In diese Richtung geht auch die zweite Schlussfolgerung von Oechsle et al. (ebd.: 187 f.), dass nämlich »im Studium neben der Vermittlung von Fachwissen und Kompetenzen primärer und sekundärer Art auch die Subjektiven Theorien oder Deutungsmuster der Studierenden zu thematisieren und zu verändern« sind.

Skepsis ist aber angebracht, wenn die Forderung nach differenzierten Angeboten so interpretiert wird, dass zielgruppenspezifische Studienangebote ausgeweitet werden, die einmal die Vorbereitung auf berufliche Tätigkeitsfelder außerhalb von Forschung und Wissenschaft akzentuieren und zum anderen den Forschungs- und Wissenschaftsbezug betonen. Die Skepsis liegt zum einen darin begründet, dass im deutschen Hochschulsystem die Differenzierung des Studienangebots nach Anwendungsbezug in verschiedenen Hochschultypen (noch) institutionalisiert ist. Zum anderen sind das Selbstverständnis und die Funktionen der Universität zu beachten. Diese kann als Organisation betrachtet werden, die Bezüge zu verschiedenen Funktionssystemen – vor allem Erziehung und Wissenschaft, aber auch Wirtschaft und Kultur (vgl. Stichweh 2010) – unterhält. Dementsprechend ist auch ihre Bildungsfunktion mehrdimensional.

Teichler (1992) sowie Teichler und Kehm (1995) führen zum einen die allgemeine Bildungsfunktion auf, die unter anderem die Ausbildung von Reflexionsfähigkeit und einer spezifischen wissenschaftlichen Haltung umfasst, die auf intellektueller Neugierde, analytischem Verstand und Kritikfähigkeit basiert.

Als zweite Bildungsaufgabe der Universitäten identifizieren sie die Qualifizierung von Wissenschaftlerinnen und Wissenschaftlern auch für die kognitive und soziale Reproduktion der Hochschulen selbst. Diese wissenschaftliche Bildungsfunktion bezieht sich u.a. auf die Kenntnis und das Verständnis von wissenschaftlichen Methoden, Begriffen, Theorien, Informationen und Wissensbeständen sowie den kritischen Umgang damit. Schließlich haben Hochschulen die Aufgabe, auf die Wahrnehmung komplexer und anspruchsvoller beruflicher Rollen vorzubereiten – sowohl innerhalb wie außerhalb der Wissenschaft.

Diese Trias stellt die Hochschulen zweifellos vor eine schwierige Aufgabe, und es ist denkbar, dass sie sich angesichts der oftmals konfligierenden Anforderungen organisatorisch ausdifferenzieren, um die verschiedenen Bildungsfunktionen besser erfüllen zu können. Es spricht aber auch einiges dafür, an dieser Trias festzuhalten, da sie – wenn sie in funktionierende und studierbare Konzepte umgesetzt wird – die Leistungsfähigkeit der Hochschulen insgesamt erhöht.

Koepernik und Wolter (2010) haben für dieses übergreifende und umfassende Ziel der Hochschulbildung den Begriff der »wissenschaftsbasierten professionellen Handlungskompetenz« geprägt. Sie argumentieren, dass Wissenschaftlichkeit und Berufs- oder Praxisbezug keine konfligierenden Ziele eines Hochschulstudiums darstellen, sondern sich so integrieren und ergänzen lassen, dass sie zu einem den komplexen beruflichen Anforderungen gerecht werdenden Kompetenzprofil der Hochschulabsolventinnen und -absolventen führen und somit die Qualität der Hochschulbildung erhöhen. »Der ›Sinn‹ der Wissenschaftlichkeit der Berufsausbildung läge gerade in der reflexiven, kritischen Distanzierung von Praxisbezügen, basierend auf analytischen und evaluativen Kompetenzen; erst dadurch wird Innovation möglich.« (Ebd.: 61) Hier scheint ein Verständnis von Berufspraxisbezug durch, das sich von einer ohnehin dysfunktionalen Orientierung an unmittelbaren beruflichen Anwendungserfordernissen abgrenzt[5] und stattdessen einen analytischen und hinterfragenden Blick auf die wissenschaftliche wie außerwissenschaftliche Praxis in den Mittelpunkt stellt.

---

5 Zur Dysfunktionalität eines verengten Praxisbegriffs vgl. z.B. Schaeper/Wolter 2008 und Wildt 2007.

Literatur

Andreß, Hans-Jürgen/Hagenaars, Jacques A./Kühnel, Steffen (1997): Analyse von Tabellen und kategorialen Daten, Berlin/Heidelberg: Springer.

Bacher, Johann/Pöge, Andreas/Wenzig, Knut (2010): Clusteranalyse. Anwendungsorientierte Einführung in Klassifikationsverfahren, 3. Auflage, München: Oldenburg.

Backhaus, Klaus/Erichson, Bernd/Plinke, Wulff/Weiber, Rolf (2008): Multivariate Analysemethoden. Eine anwendungsorientierte Einführung, 12. Auflage, Berlin/Heidelberg/New York: Springer.

Bortz, Jürgen/Schuster, Christof (2010). Statistik für Human- und Sozialwissenschaftler, 7. Auflage, Berlin/Heidelberg: Springer.

Denzin, Norman K. (2009): The Research Act. A Theoretical Introduction to Sociological Methods, Brunswick, NJ, u.a.: Aldine Transaction.

Erzberger, Christian (1998): Zahlen und Wörter. Die Verbindung quantitativer und qualitativer Daten und Methoden im Forschungsprozess, Weinheim: Deutscher Studien Verlag.

Flick, Uwe (2011): Triangulation. Eine Einführung, 3. Auflage, Wiesbaden: VS Verlag für Sozialwissenschaften.

Kelle, Udo (2008): Die Integration qualitativer und quantitativer Methoden in der empirischen Sozialforschung. Theoretische Grundlagen und methodologische Konzepte, 2. Auflage, Wiesbaden: VS Verlag für Sozialwissenschaften.

Koepernik, Claudia/Wolter, Andrä (2010): Studium und Beruf, Düsseldorf: Hans-Böckler-Stiftung.

Oechsle, Mechtild/Hessler, Gudrun (2011): »Subjektive Theorien Studierender zum Verhältnis von Wissenschaft und Berufspraxis«, in: Zeitschrift für Hochschulentwicklung 6, S. 214-229.

Oechsle, Mechtild/Scharlau, Ingrid/Hessler, Gudrun/Günnewig, Kathrin (2011): »Wie sehen Studierende das Verhältnis von Studium und Beruf? Praxisbezug und Professionalität in den Subjektiven Theorien Studierender«, in: Sigrun Nickel (Hg): Der Bologna-Prozess aus Sicht der Hochschulforschung. Analysen und Impulse für die Praxis, CHE Arbeitspapier Nr. 148, Gütersloh: Centrum für Hochschulentwicklung, S. 178-191.

Rehn, Torsten/Brandt, Gesche/Fabian, Gregor/Briedis, Kolja (2011): Hochschulabschlüsse im Umbruch. Studium und Übergang von Absolventinnen und Absolventen reformierter und traditioneller Studiengänge des Jahrgangs 2009, Hannover: HIS Hochschul-Informations-System.

Schaeper, Hildegard/Wolter, Andrä (2008): »Hochschule und Arbeitsmarkt im Bologna-Prozess. Der Stellenwert von ›Employability‹ und Schlüsselkompetenzen«, in: Zeitschrift für Erziehungswissenschaft 11, S. 607-625.

Stichweh, Rudolf (2010): »Universität in der Weltgesellschaft«, in: Luzerner Universitätsreden Nr. 19, Luzern: Universität, S. 13-29.

Teichler, Ulrich (1992): »Occupational Structures and Higher Education«, in: Burton R. Clark (Hg.): The Encyclopedia of Higher Education, Vol. 2, Analytical Perspectives, Oxford u.a.: Pergamon Press, S. 975-992.

Teichler, Ulrich/Kehm, Barbara M. (1995): »Towards a New Understanding of the Relationships between Higher Education and Employment«, in: European Journal of Education 30, S. 115-132.

Wildt, Johannes (2007): »Praxisbezug in Lehre und Studium. Anmerkungen aus Sicht der Hochschuldidaktik«, in: Bund demokratischer Wissenschaftlerinnen und Wissenschaftler/Freier Zusammenschluss von Studentinnenschaften/Erziehung und Wissenschaft (Hg.): Bildung – Beruf – Praxis. Bildungsreform zwischen Elfenbeinturm und Verwertungslogik, Marburg: BDWI, S. 32-35.

Was fördert den Studienerfolg?

Ergebnisse des BMBF-Projektes USuS

HILKE REBENSTORF, MARGRET BÜLOW-SCHRAMM[1]

1. DAS FORSCHUNGSPROJEKT USUS

1.1 Fragestellung und Ziele

Das Forschungsprojekt USuS – Untersuchung zu Studienverläufen und Studienerfolg knüpft an bildungspolitische Debatten an, in denen die im internationalen Vergleich niedrigen Studierendenquoten und hohen Studienabbruchquoten thematisiert werden. Meist werden sie im Hinblick auf Konsequenzen für die wirtschaftliche Entwicklung angesichts von Strukturwandel und damit verbundenem Bedarf an hochqualifizierten Arbeitskräften als problematisch angesehen (vgl. OECD 2008). In Deutschland erwirbt darüber hinaus nur etwa die Hälfte der Studienberechtigten auch einen Hochschulabschluss (vgl. Autorengruppe Bildungsberichterstattung 2010: 38), wobei die Studierendenquoten unter den Studienberechtigten nach sozialer Herkunft stark differieren (Lörz/Schindler 2011). Es stellt sich somit die bildungspolitisch drängende Frage nach den Möglichkeiten, die Bildungspartizipation auch im tertiären Bereich zu verbreitern.

---

1 Ein Forschungsprojekt dieses Umfangs ist auf den Einsatz aller Mitarbeiter und Mitarbeiterinnen angewiesen, um Ergebnisse hervorzubringen. Deshalb seien hier ausdrücklich erwähnt die Co-Projektleiterin Marianne Merkt, Stefanie Schröder, in deren Arbeitsbereich Erhebung und Auswertung der qualitativen Interviews fällt, und Konstantin Schultes, der maßgeblich zum Gelingen der Online-Befragung und Auswertung beigetragen hat. Für Partner/innen im BMBF-Verbund siehe http://www.zhw. uni-hamburg.de/usus/index.php. Vgl. auch Bülow-Schramm (Hg.) (i.E.).

Das Forschungsprojekt USuS verfolgt in diesem Rahmen eine doppelte Zielsetzung: Zum einen geht es darum, diejenigen Faktoren zu identifizieren, die den
Studienerfolg begünstigen. Zum anderen sollen auf Basis dieser Erkenntnisse
studiengangsspezifische hochschuldidaktische Interventionen entwickelt werden,
die zur Stärkung dieser Erfolgsfaktoren beitragen, sodass den Studienerfolg
hemmende Einflüsse abgebaut werden können. Das längerfristige Ziel besteht
darin, Studienberechtigte mit nicht-akademischem Hintergrund besser für ein
Studium motivieren zu können (vgl. Bülow-Schramm/Rebenstorf 2011; Merkt
i.V.).

1.2 Analysemodell und Daten

Basierend auf den Erkenntnissen Pierre Bourdieus und seiner Mitarbeiter zur
Reproduktion sozialer Ungleichheit durch das Bildungssystem (z.b. Bourdieu
1992, 2001; Bourdieu/Passeron 1971; Bourdieu et al. 1981; Baumgarten 2007;
Hepp 2007; Schmitt 2006), den Arbeiten Basil Bernsteins zur herkunftsspezifi-
schen Pass(un)genauigkeit von Schülern und Schülerinnen und den schulischen
Regelsystemen (Bernstein 1977; Schaeper 1997, 2008), den hochschuldidaktischen Abhandlungen im Rahmen des Paradigmas »From Teaching to Learning«
(z.b. Berendt 2005; Ladwig/Selent 2008; Wildt 2001; Wildt 2004) sowie empirischen Studien zur Wirklichkeit des Studierens unter Bologna-Bedingungen (z.b.
Bargel/Schmidt/Bargel 2010; Bloch 2004; Huber 2008) werden im Forschungsprojekt USuS die entscheidenden Faktoren für Studienverlauf und Studienerfolg
in vier Bereichen vermutet, die einer näheren Analyse unterzogen werden. Diese
Bereiche sind:

- Soziale Herkunft und Ressourcen, wozu u.a. die eigene Hochschulzugangs-
berechtigung, Bildungs- und Berufsabschlüsse von Vater und Mutter zählen,
aber auch sogenannte weiche Faktoren wie gemeinsam verbrachte Zeit in der
Familie;
- Kommunikations- und Beratungsstruktur in den Studiengängen, worunter
z.B. die Bewertung der Beziehung zwischen Lehrenden und Studierenden
fällt;
- Struktur der Institution und des Regelsystems, das z.B. Bewertungen des
Studiengangs im Hinblick auf Transparenz von Prüfungs- und Leistungskri-
terien umfasst, Veranstaltungen zur Studieneinführung, aber auch eher inhaltliche Aspekte wie den Praxisbezug und die Abstimmung zwischen den
Fächern;

• Hochschuldidaktische Gestaltung der Studiengänge, die sich auf den Einsatz konkreter Lehr-/Lernformen bezieht und die Beurteilung der Situation in der Lehre, dem Verhalten der Lehrpersonen.

Diese Fragestellungen und Untersuchungsfelder und die damit verbundenen Hypothesen lassen sich in folgendes Analysemodell übertragen.

Abbildung 1: Das Analysemodell in USuS

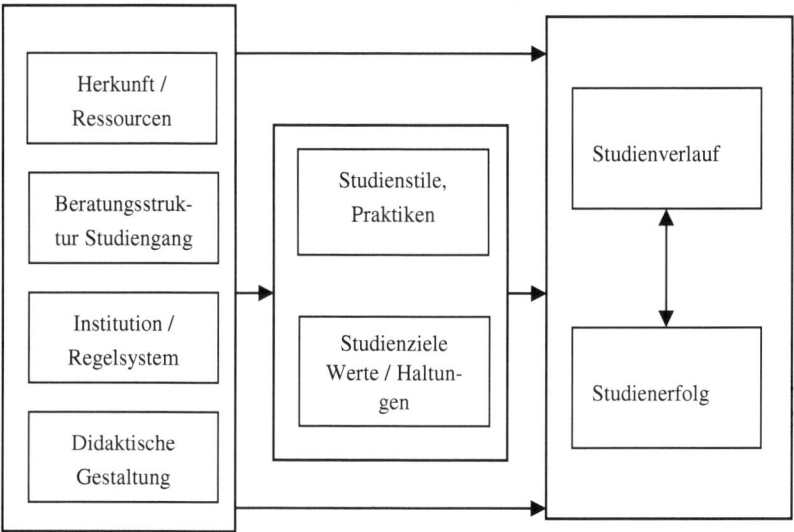

Auf der linken Seite der Abbildung sind die unabhängigen Variablen eingetragen. Wir sehen diese Einflussfaktoren als »fixe« Größen, als Momente, die zumindest zur Zeit der Studienaufnahme nicht durch die individuellen Studierenden beeinflussbar sind. Auf der rechten Seite der Abbildung sind die abhängigen Variablen, die zu erklärenden Phänomene, eingezeichnet. Die intervenierenden Variablen, die zwischen den abhängigen und unabhängigen Variablen vermitteln, sind Studierpraktiken und Studienstile sowie Einstellungen, die sich aus dem Wechselverhältnis von individuellen Ressourcen und Parametern des Studiensystems entwickeln.

Das Interventionsmodell in USuS verlangt danach, komplette Studiengänge einzubeziehen statt einer repräsentativen Studierendenstichprobe, wie sie in den Untersuchungen des Hochschul-Informations-Systems (HIS) Hannover und von der Arbeitsgruppe Hochschulforschung der Universität Konstanz vorliegen. Die beteiligten Studiengänge wurden so ausgewählt, dass sowohl unterschiedliche

Hochschultypen als auch Fachrichtungen vertreten sind. Es handelt sich dabei um einen Studiengang der angewandten Technikwissenschaft an einer Fachhochschule in Nord, um einen technikwissenschaftlichen Studiengang an einer Universität in West, um angewandte Sozialwissenschaft an einer Fachhochschule in Süd (Online- und Präsenzstudiengang) sowie um einen Lehramtstudiengang an einer Universität in Ost. Durch diese gezielte Auswahl werden verschiedene Fachkulturen einbezogen, mit denen auch unterschiedliche Lehr-/Lernkulturen einher gehen (vgl. Schaeper 2008).

Um das Analysemodell möglichst breit abbilden zu können und die empirischen Ergebnisse adäquat interpretieren zu können, wurden Daten verschiedener Quellen und Qualität erhoben (vgl. Bülow-Schramm/Merkt/Rebenstorf 2011). Diese umfassten im Einzelnen eine Dokumentenanalyse der Studiengänge, leitfadengestützte Interviews mit ausgewählten Studiengangsakteuren, eine Online-Befragung der Studierenden der ausgewählten Studiengänge (Totalerhebung) sowie qualitative Interviews mit einer gezielten Auswahl Studierender.

Im Folgenden werden einige Ergebnisse der Studierendenbefragung unter der Perspektive des Theorie-Praxis-Bezugs vorgestellt. Wir gehen den Fragen nach, erstens wie der Theorie-Praxis-Bezug von den Studierenden in ihren Studiengängen wahrgenommen wird, zweitens welche Beziehung zwischen dieser Wahrnehmung und der Studierpraxis besteht und schließlich welchen Einfluss die Wahrnehmung auf den Studienerfolg, hier operationalisiert als subjektiv wahrgenommener Kompetenzerwerb, hat. Wie die Herausgeberinnen dieses Bandes in ihrem Forschungsprojekt zeigten, vertreten Studierende recht unterschiedliche subjektive Theorien zu Praxisbezug und Professionalität (vgl. Kram/Eickmann 2012; Oechsle et al. 2011; Oechsle/Hessler 2011; Schüssler et al. 2012). Welche Bedeutung diesen Theorien für das Studieren unter Bachelor-Bedingungen zukommt, ist noch weitgehend unerforscht, aber angesichts »der Gleichzeitigkeit der Erwartungen des Wissenschaftssystems und der Berufspraxis« an die Studierenden (Oechsle/Hessler 2011: 215) von zunehmender Bedeutung.

2. DIE ONLINE-BEFRAGUNG IN USUS – DAS VERHÄLTNIS VON THEORIE UND PRAXIS

In der Online-Befragung der Studierenden, die als Totalerhebung unter den Erst-, Dritt- und Fünftsemestern der beteiligten Studiengänge durchgeführt wurde, erhielten wir Informationen von den Studierenden über:

- Berufserfahrungen, die die Studierenden vor Aufnahme des aktuellen Studiums erwarben. Diese können einen inhaltlichen Bezug zum Studiengang aufweisen, was z.t. eine Zugangsvoraussetzung darstellt;
- Bewertungen des Praxisbezugs im Studiengang durch die Studierenden;
- Informationen über den Wunsch der Studierenden nach stärkerer Verknüpfung von Theorie und Praxis im Studiengang.

Der Theorie-Praxis-Bezug im Studiengang stellt im Analysemodell einen Einflussfaktor im Bereich des Regelsystems dar, die vorgängige Berufserfahrung der Studierenden ist eine individuelle Ressource im Sinne des Besitzes von kulturellem Kapital.

Das Maß an Berufserfahrung vor Aufnahme des Studiengangs differiert erwartungsgemäß zwischen den Studiengängen, aber auch zwischen den Hochschultypen. Am höchsten ist sie erwartungsgemäß dort, wo sie Zugangsvoraussetzung ist, nämlich im Lehramtsstudiengang und im Online-Studiengang angewandte Soziawissenschaften, am niedrigsten ist der Anteil berufserfahrener Studierender im »grundständigen« Universitätsstudiengang (vgl. Tabelle 1).

Tabelle 1: Berufserfahrung vor Studienaufnahme[2]

Berufserfahrung	… allgemein	… mit Bezug zum Studienfach	Basis N
Angew. Technikwiss. (FH)	44 %	31 %	81
Technikwiss. (Uni)	16 %	7 %	196
Angew. Sozialwiss. Präsenz (FH)	49 %	23 %	253
Angew. Sozialwiss. Online (FH)	98 %	86 %	51
Lehrerbildung (Uni)	93 %	86 %	259

Fachkulturelle und hochschultypische Unterschiede finden wir auch im Hinblick auf die Bewertung des in den Studiengängen vorhandenen Praxisbezugs: Sie ist an in den Universitätsstudiengängen deutlich negativer als in den Studiengängen an Hochschulen für angewandte Wissenschaften (vgl. Tabelle 2).

---

2   Die Frageformulierungen lauten: »Haben Sie vor Aufnahme Ihres jetzigen Studiums schon einmal gearbeitet?« und »Hatte die Arbeit einen fachlichen Bezug zu Ihrem jetzigen Studium?«

Defizite im Verhältnis von Theorie und Praxis werden an den Universitäten stärker empfunden.

Tabelle 2: Bewertung des Praxisbezugs im Studiengang (Mittelwerte)

	Wunsch nach Verknüpfung von Theorie und Praxis[3]	Bewertung des Theorie-Praxisbezugs[4]	Basis N
Angew. Technikwiss. (FH)	2,0*	2,7**	81
Technikwiss. (Uni)	1,7	3,3	196
Angew. Sozialwiss. Präsenz (FH)	2,2	2,5	253
Angew. Sozialwiss. Online (FH)	2,5	2,1	51
Lehrerbildung (Uni)	1,6	3,3	259

* Skala reicht von 1 bis 5: je niedriger der Wert, umso stärker der Wunsch
** Skala reicht von 1 bis 5: je höher der Wert, umso negativer die Bewertung

Entsprechend unserer Annahme, dass sich Studierpraktiken, Studienstile und Werte bzw. Haltungen gegenüber dem Studium durch die Auseinandersetzung der Studierenden mit den im Studiengang vorzufindenden Realitäten herausbilden, was auf Basis der Ressourcen geschieht, die Studierende in das Studium mitbringen, sollte die Berufserfahrung als individuelle Ressource Zusammenhänge mit eben diesen Einstellungen und Verhaltensweisen aufzeigen. Und dies ist auch der Fall.

---

3 »Welche Veränderungen würden Sie sich zur Verbesserung Ihrer Studiensituation wünschen?« – hier das Item »Verknüpfung von Theorie und Praxis im Studiengang«.

4 »Wie bewerten Sie Ihren Studiengang hinsichtlich der folgenden Aspekte?« – hier das Item »Praxisbezug des Studiengangs«.

2.2 Das Theorie-Praxis-Verhältnis und Studierverhalten

Vorgängige Berufserfahrung weist, unabhängig davon, ob sie einen inhaltlichen Bezug zum aktuellen Studium hatte oder nicht, zahlreiche Zusammenhänge mit studienrelevanten Einstellungen und Verhaltensweisen auf:

• Studierende mit vorgängiger Berufserfahrung weisen ein signifikant höheres Maß an deep-level-learning auf, d.h. beim Lernen versuchen sie in stärkerem Maße die theoretischen Zusammenhänge zu verstehen, den gelernten Stoff kritisch zu hinterfragen und ihn mit einer praktischen Anwendung in Verbindung zu bringen als dies Studierende ohne Berufserfahrung tun;
• ihre Erwerbstätigkeit neben dem Studium erfolgt häufiger aus berufsstrategischen Gründen, womit gemeint ist, dass sie häufiger als Studierende ohne Berufserfahrung angeben, neben dem Studium arbeiten zu gehen, um praktische Erfahrungen für den späteren Beruf zu sammeln, um Kontakte für eine spätere Beschäftigung zu knüpfen und/oder um unabhängig vom Studienabschluss eine Beschäftigung zu haben;
• sie zeigen in höherem Maße eine tief sitzende Neigung zum Studienfach und seiner Anwendung, was bedeutet, dass für ihre Studienentscheidung Aspekte wie spezielles Fachinteresse, fester Berufswunsch, eigene Begabung und Fähigkeit eine größere Rolle spielten als für Studierende ohne Berufserfahrung und sie geben in stärkerem Maße an, sich bereits vor dem Studium mit einigen Inhalten des Faches auseinandergesetzt zu haben;
• ihre Studienmotivation ist weniger außengeleitet, d.h. Erwartungen der Eltern oder Familientradition hatten auf die Studienentscheidung geringeren Einfluss als bei den Studierenden ohne Berufserfahrung.[5]

Wie die Ressourcen stellt auch das Regelsystem eine unabhängige Einflussgröße für die Entwicklung von Studienstilen und Einstellungen zum Studium dar (vgl. Abbildung 1). Zu erwarten ist daher auch ein Zusammenhang zwischen der Bewertung des Regelsystems, mit dem sich die Studierenden während des Studiums auseinandersetzen müssen, und den intervenierenden Variablen Praktiken, Studienstile und Werte/Haltungen. Auch diesen finden wir: Je positiver die Bewertung des Praxisbezugs ...

---

5 Die außengeleitete Studienmotivation ist insgesamt sehr gering, die Studierenden sind bei ihrer Studienentscheidung offenbar wenig durch die Familie beeinflusst.

- … umso stärker ausgeprägt ist das deep-level-learning;
- … umso geringer ist die Karriereorientierung, d.h. umso weniger Einfluss hatten Ziele wie gute Aussichten auf eine spätere Führungsposition im Beruf, auf einen sicheren Arbeitsplatz oder die Einkommenschancen im späteren Beruf auf die Studienentscheidung. Bei einem stärkeren Wunsch nach Verknüpfung von Theorie und Praxis im Studiengang ist die Karriereorientierung stärker ausgeprägt;
- … umso stärker ausgeprägt ist der Studienstil »mit Zuversicht zu studieren aufgrund der eigenen Lern- und Organisationsfähigkeit«. Hierunter wird verstanden, dass es den Studierenden laut eigenen Angaben leicht fällt, fachbezogene Inhalte zu lernen und zu behalten, einen roten Faden ins Studium zu bringen, den Lernstoff gut zu organisieren sowie über längere Zeit konzentriert arbeiten und ihre Leistungsfähigkeit einschätzen zu können. Darüber hinaus machen sie sich keine Sorgen, ihr Studium zu schaffen. Dieser Studienstil ist hingegen geringer ausgeprägt, je stärker der Wunsch nach Verknüpfung von Theorie und Praxis im Studiengang ist;
- … umso stärker ausgeprägt ist auch der Studienstil »mit Spaß inhaltsorientiert studieren«, d.h. die Studierenden haben mehr Spaß am Studium, die Beschäftigung mit bestimmten Studieninhalten wirkt sich positiv auf ihre Stimmung aus und ihnen hat sich der Sinn des Studiums erschlossen. Geringer ausgeprägt ist dieser Studienstil, wenn der Wunsch nach Verknüpfung von Theorie und Praxis im Studiengang stärker vorhanden ist.

Wir können bis hierher also feststellen, dass die intervenierenden Variablen des Analysemodells – Studienstile und -praktiken sowie Werte und Haltungen gegenüber dem Studium – mit der Einschätzung des Theorie-Praxis-Bezugs im Studiengang (Struktur der Organisation/Regelsystem) wie auch mit vorgängiger Berufserfahrung (Ressource) variieren, was unseren Annahmen entspricht. Doch was heißt das nun für den Studienerfolg, unsere unabhängige, zu erklärende Größe?

2.3 Das Theorie-Praxis-Verhältnis und der Studienerfolg

Eine Komponente des Studienerfolgs stellt im Projekt USuS der subjektiv wahrgenommene Kompetenzerwerb dar. Die Studierenden wurden in der Online-Befragung gefragt, wie stark sie ihrer Einschätzung nach bestimmte Kompetenzen und Verhaltensweisen bisher in ihrem Studium erworben hätten. Auf Basis einer Faktoranalyse konnten die insgesamt 23 Aussagen auf fünf Kompetenzdimensionen reduziert werden (vgl. Bülow-Schramm/Rebenstorf 2012). Diese sind:

- Dimension 1: Wissenschaft als Verantwortungs- und partizipative Kompetenz, umfasst insgesamt neun Aussagen, darunter: abwägendes und schlüssiges Argumentieren, konstruktives Austragen von Konflikten, Wahrnehmung von Mitsprache- und Mitgestaltungsrechten.
- Dimension 2: Wissenschaft als forschungsmethodische und theoriebezogene Kompetenz, umfasst ebenfalls neun Aussagen, darunter: Auseinandersetzung mit theoretischen Fragen und Systemen, intellektuelle Fähigkeiten (logisches, methodisches Denken), Finden eigener Lösungswege.
- Dimension 3: Vermittlungsorientierte Kompetenzen, umfasst drei Aussagen: verständliche Darstellung komplexer Sachverhalte, breites, fächerübergreifendes Allgemeinwissen, Entwickeln eigener Interessenschwerpunkte.
- Dimension 4: Erwerb von Faktenwissen (Einzelitem).
- Dimension 5: Anwendungskompetenz = Umsetzung des Gelernten auf praktische Fragen und Anwendungen (Einzelitem).

Die bivariate Analyse, bei der lediglich einfache Zusammenhänge ermittelt werden, zeigt, dass das Theorie-Praxis-Verhältnis in Beziehung steht mit dem Kompetenzerwerb. Es gibt jedoch Unterschiede je nach dem, welchen Indikator für das Verhältnis von Theorie und Praxis man betrachtet und um welche Kompetenzdimension es sich handelt.

Berufserfahrung vor dem Studium, unabhängig davon, ob sie einen inhaltlichen Bezug zum Studiengang aufweist oder nicht, weist einen positiven Zusammenhang auf, sowohl mit der Kompetenzdimension 1 (Wissenschaft als Verantwortungs- und partizipative Kompetenz) als auch mit Kompetenzdimension 2 (Wissenschaft als forschungsmethodische und theoriebezogene Kompetenz).

Der von den Studierenden geäußerte Wunsch nach stärkerer Verknüpfung von Theorie und Praxis weist negative Korrelationen mit Kompetenzdimension 2 auf wie auch mit Dimension 3 (vermittlungsorientierte Kompetenz) als auch mit Dimension 4 (Erwerb von Faktenwissen). Je stärker sich die Studierenden die Verknüpfung von Theorie und Praxis im Studiengang für die Zukunft wünschen, diese Verknüpfung in der Gegenwart also als defizitär empfunden wird, umso geringer ist ihr subjektiv wahrgenommener Kompetenzerwerb in diesen drei Kompetenzdimensionen.

Zusammenhänge mit allen fünf Kompetenzdimensionen weist die Bewertung des Praxisbezugs im Studiengang auf: Je positiver dieser bewertet wird, umso höher ist der subjektiv wahrgenommene Kompetenzerwerb. Die Beurteilung des faktischen Theorie-Praxis-Bezugs im Studiengang ist also diejenige Komponente des Verhältnisses von Theorie und Praxis im Studiengang, die durchgehend auf den subjektiv wahrgenommenen Kompetenzerwerb durchschlägt.

Doch die bivariate Analyse des einfachen Zusammenhangs zwischen unabhängigen und abhängigen Variablen sagt nur wenig aus über das relative Gewicht, das einem Merkmal zukommt, will man das abhängige Phänomen erklären. Unser Analysemodell zur Erklärung des Studienerfolgs ist sehr viel komplexer und unterstellt den gleichzeitigen Einfluss mehrerer verschiedenartiger Merkmale auf das Explanandum. Im Folgenden soll der Frage nachgegangen werden, welche Rolle Berufserfahrung und der Theorie-Praxis-Bezug nun im Verhältnis zu den anderen Einflussfaktoren des Analysemodells spielen, wenn wir den Studienerfolg, hier operationalisiert als subjektiv wahrgenommener Kompetenzerwerb, erklären wollen.

2.4 Determinanten des Kompetenzerwerbs

Um den relativen Einfluss verschiedener Faktoren messen zu können, wurde das Verfahren der schrittweisen multiplen Regression[6] gewählt. In das Modell wurden Variablen aus allen vier Bereichen aufgenommen, von denen wir in USuS eine Beeinflussung des Studienerfolgs erwarten. In Tabelle 3 ist das Ergebnis für drei der oben näher geschilderten fünf Dimensionen des subjektiv wahrgenommenen Kompetenzerwerbs dargestellt. In dieser Tabelle sind nur die Variablen aufgeführt, die in mindestens eine der Regressionen als Einflussfaktor aufgenommen wurde.[7]

Die drei Variablen, die Aussagen über das Verhältnis von Theorie und Praxis in den Studiengängen zulassen – vorgängige Berufserfahrung, Bewertung des Theorie-Praxis-Bezugs im Studiengang, Wunsch nach stärkerer Verknüpfung von Theorie und Praxis im Studium – erweisen sich auch in den Regressionen als Prädiktoren für den Studienerfolg. In Tabelle 3 können wir sehen, wie sich ihr Einfluss im Verhältnis zu anderen Faktoren verhält.

---

6   Als Statistikprogramm kam SPSS 16 zur Anwendung.

7   In die Regressionsanalyse eingegeben wurden alle Variablen der im Analysemodell bezeichneten unabhängigen und intervenierenden Größen, die im Datensatz operationalisiert werden konnten und eine Korrelation mit der unabhängigen Variablen aufwiesen. Die Aufnahme in die Regression erfolgt dann nach statistischen Kenngrößen. Vgl. zum Verfahren Backhaus et al. 2000.

Tabelle 3: Schrittweise multiple Regressionen auf drei Dimensionen des subjektiv wahrgenommenen Kompetenzerwerbs (Beta-Koeffizienten)

Determinante	Dimension 1	Dimension 2	Dimension 5
Berufserfahrung	*.111*		
Geschlecht (Frau)	.128		
Fachsemester		.114	
Lehrverhalten	.215	.124	
Universität (versus FH)	-.159		
Bewertung des Praxisbezugs im Studiengang		*.116*	*.137*
Veranstaltung zur Studien- einführung	.128		
Ziel: Persönlichkeits- entwicklung		.145	
Ziel: verbesserte Berufs- chancen	-.101		
Ziel: Gesellschaftsbezug	.181		
Deep-level-learning	.214	.220	.232
Mit Zuversicht studieren	.114	.218	
Mit Spaß inhaltsorientiert studieren			.238
Tiefe Neigung zum Fach		.131	
Wertschätzung HoPo. Engagement	.160		
Korrigiertes R²	**.488**	**.393**	**.196**

Das Ergebnis weist für die Dimension 1 (Wissenschaft als Verantwortungs- und partizipative Kompetenz) als einflussreiche Effekte auf: die Berufserfahrung

(Ressource), das durch die Studierenden wahrgenommene Lehrverhalten[8], die Bewertung der Veranstaltung zur Studieneinführung (didaktische Gestaltung), den Hochschultyp (Struktur der Institution/Regelsystem), die Studienziele[9] der verbesserten Berufschancen und der sozialen Positionierung mit gesellschaftlichem Bezug (Werte/Haltungen) sowie die Praktik des deep-level-learning und den Studienstil »Mit Zuversicht studieren durch eigene Lern- und Organisationsfähigkeit«.

In Dimension 2 (Wissenschaft als forschungsmethodische und theoriebezogene Kompetenz) spielt die Berufserfahrung keine Rolle. Dort sind es das Fachsemester (Ressource), wiederum das durch die Studierenden wahrgenommene Lehrverhalten (didaktische Gestaltung), die Bewertung des Praxisbezugs im Studiengang (Struktur der Institution/Regelsystem), das Studienziel der Persönlichkeitsentwicklung und die tief sitzende Neigung zum Fach und seiner Anwendung (Werte/Haltungen) sowie wiederum die Praktik des deep-level-learning und der Studienstil »Mit Zuversicht studieren durch eigene Lern- und Organisationsfähigkeit«.

Auch bei der Anwendungskompetenz (Dimension 5) spielt Berufserfahrung keine Rolle, dafür aber wiederum die Bewertung des Praxisbezugs im Studiengang und das deep-level-learning. Außerdem ist der Studienstil »Mit Spaß inhaltsorientiert studieren« bedeutsam für den subjektiv wahrgenommenen Erwerb von Anwendungskompetenz.

Fassen wir die quantitative Analyse der Daten der Online-Befragung der Studierenden bis hierher zusammen, können wir festhalten:

- Vorgängige Berufserfahrung hat einen positiven Effekt auf den subjektiv wahrgenommenen Erwerb von »Wissenschaft als Verantwortungs- und partizipative Kompetenz« (Dimension 1).
- Die Wahrnehmung eines Praxisbezugs im Studiengang durch die Studierenden zeigt positive Effekte bei den beiden Kompetenzdimensionen »Wissenschaft als forschungsmethodische und theoriebezogene Kompetenz« (Dimension 2) und Anwendungskompetenz (Dimension 5).
- Der Studienstil »Mit Zuversicht studieren durch eigene Lern- und Organisationsfähigkeit« hat einen positiven Effekt auf die Kompetenzdimensionen 1

---

8   Die Wahrnehmung des Lehrverhaltens wurde über eine Frage mit zwölf Items erhoben, die in der Faktoranalyse die beiden Dimensionen studierendenzentriertes und wissenschafts-/forschungsorientiertes Lehrverhalten aufwiesen. Da beide Dimensionen des Lehrverhaltens hoch miteinander korrelierten, wurden sie für die Regressionsanalyse zusammengefasst.

9   Die Studienziele sind ebenfalls komplexere Indices, die über Faktoranalysen empirisch ermittelt wurden.

und 2, der Studienstil »Mit Spaß inhaltsorientiert studieren« zeigt einen positiven Effekt auf Kompetenzdimension 5.

• Durchgehend positiv wirken die Wahrnehmung eines studierendenzentrierten und eines forschungs-/wissenschaftsorientierten Lehrverhaltens sowie das deep-level-learning der Studierenden.

Aus diesen Ergebnissen lassen sich erste vorsichtige Schlussfolgerungen für die Gestaltung von Studiengängen ziehen. Für den Studienerfolg im Sinne von subjektiv wahrgenommenem Kompetenzerwerb sollte …

• … vorgängige Berufserfahrung systematisch unterstützt und berücksichtigt werden,
• … der Praxisbezug des Studiengangs ausgebaut und reflektiert werden,
• … das Lehrverhalten deutlich akzentuiert sein, sodass es als studierendenzentriert oder/und wissenschaftsorientiert wahrgenommen werden kann,
• … die Studierenden Gelegenheit zum deep-level-learning haben.

Doch wie sieht die Studienrealität aus? Was sagen die Studierenden in den qualitativen Interviews zu diesen Aspekten in ihren Studiengängen?

3. STUDIENREALITÄT AUS SICHT DER STUDIERENDEN

Die Analyse der quantitativen Daten der Online-Befragung hat gezeigt, welche Faktoren für den Studienerfolg, hier operationalisiert als subjektiv wahrgenommener Kompetenzerwerb, von Bedeutung sind. Alle Angaben, auf denen die Ergebnisse basieren, sind aus Sicht der Studierenden erhoben worden. Die Auswertung der offenen Interviews, die mit einer gezielten Auswahl Studierender geführt wurden, soll nun zeigen, wie sie die Studienrealität im Hinblick auf diese erfolgsfördernden Faktoren wahrnehmen.

Der Theorie-Praxis-Bezug wird negativ beurteilt im Lehramtsstudiengang: Die Studierenden fühlen sich nicht gut auf den Schulalltag vorbereitet. Stärker gewünscht wird er in den beiden technikwissenschaftlichen Studiengängen. Die Studierenden schildern die Erfahrung, dass Projektlernen das Verständnis fördert. In der angewandten Sozialwissenschaft wird der Theorie-Praxis-Bezug im Studiengang relativ gut beurteilt; positiv erwähnt wird, dass Lehrbeauftragte meist aus der Praxis kommen. In allen Studiengängen gibt es Klage darüber, dass der Bezug zwischen den Lerninhalten und der späteren Berufspraxis nicht zu erkennen ist. Typisch hierfür ist die Unklarheit über den Sinn des als allzu groß empfundenen (theoretischen) Mathematikanteils in den technikwissenschaftlichen Studiengängen.

Eine dem Studium formal zeitlich vorgelagerte Berufserfahrung ist zwar im Lehramtsstudiengang gefordert, wird aber nach Ansicht der Studierenden nicht in ausreichendem Maße anerkannt. In der angewandten Technikwissenschaft ist Berufserfahrung keine formale Anforderung zur Immatrikulation, sie ist aber dennoch vielfach vorhanden. Denn teilweise ist sie implizit gefordert, wenn z.b. Kenntnisse, die nicht im Studium vermittelt wurden, für die Bewältigung von Studienleistungen gebraucht werden, wie im Bereich des Programmierens. Diese impliziten Anforderungen erschweren die Studienperformanz. Im universitären technikwissenschaftlichen Studiengang ist vorgängige Berufserfahrung kaum vorhanden. Gefordert ist hier aber ein mehrmonatiges Praktikum. Die Studierenden der angewandten Sozialwissenschaft müssen ebenfalls vor Studienaufnahme ein mehrmonatiges einschlägiges Praktikum absolvieren. Sie verfügen häufig auch über weitergehende Berufserfahrung, was jedoch ihrer Ansicht nach nicht ausreichend anerkannt wird. In allen Studiengängen gilt, dass Studierende mit Berufserfahrung sich mit dieser Eigenschaft nicht ernst genommen fühlen – häufig wird zum Ausdruck gebracht, man fühle sich behandelt, als sei man unmündig.

Die Einschätzung des Lehrverhaltens, ein Faktor, an dem hochschuldidaktische Intervention am schnellsten und einfachsten ansetzen kann, differiert ebenfalls zwischen den Studiengängen. Im Lehramtsstudiengang gibt es deutliche Kritik an schlechter Didaktik und mangelnder Unterstützung: Betont wird die große Differenz zwischen Vorlesungen und Seminaren einerseits und den Tutorien andererseits. Unter den Studierenden der angewandten Sozialwissenschaft überwiegen hingegen positive Äußerungen über die didaktischen Fähigkeiten der Lehrenden. Abgesehen von den großen Vorlesungen wird die Lehre insgesamt als anregend und unterstützend wahrgenommen. Im Studiengang angewandte Technikwissenschaft urteilen die Studierenden sehr unterschiedlich über einzelne Lehrende. Die Wahrnehmungen reichen von heller Begeisterung über mitreißende, sich verständlich äußernde und stets für Rückfragen offene Lehrende bis zu vernichtender Kritik. Wie im Lehramtsstudiengang wird auch hier der Unterschied zwischen Vorlesungen, Seminaren einerseits und Tutorien andererseits hervorgehoben. Im universitären technikwissenschaftlichen Studiengang wird einhellig die Überzeugung vertreten, dass Vorlesungen aufgrund des von den Lehrenden gepflegten Stils ohne intensive Vor- und Nachbereitung nicht verstanden werden können. Auffallend ist im Hinblick auf die studentischen Einschätzungen zum Lehrverhalten die in mehreren Studiengängen formulierte Beobachtung, dass in Vorlesungen offenbar alles »künstlich verkompliziert« werde. Wie könne es sonst sein, dass in den Tutorien der Stoff plötzlich und oftmals relativ leicht verständlich sei?

4. SCHLUSSFOLGERUNGEN UND OFFENE FRAGEN

Die Analyse der Daten des BMBF-Verbundesprojektes USuS – Untersuchung zu Studienverläufen und Studienerfolg unter dem Gesichtspunkt des Verhältnisses von Theorie und Praxis in den untersuchten Bachelor-Studiengängen hat gezeigt, dass neben den Praktiken und Studienstilen der Studierenden, Berufserfahrung und eine positive Beurteilung des im Studiengang vorhandenen Theorie-Praxis-Bezugs den Studienerfolg, hier gemessen als subjektiv wahrgenommener Kompetenzerwerb, fördern sowie ein studierendenzentriertes und forschungs- bzw. wissenschaftsorientiertes Lehrverhalten der Dozenten und Dozentinnen. Darauf, dass gerade im Hinblick auf die letzteren Faktoren Defizite beklagt werden, weisen die offenen Interviews mit Studierenden hin. Angesichts der bereits seit längerem politisch gewollten Stärkung der Lehre sowie der dezidierten Praxisorientierung im Bologna-Prozess erstaunen diese Beurteilungen, selbst wenn man unterstellt, dass Studierende in Lehramtsstudiengängen kaum jemals zufrieden gestellt werden können im Hinblick auf ihren Wunsch nach Praxisnähe im Studium (vgl. Schüssler et al. 2012: 1). Zum Schluss sollen deshalb noch einige Gedanken zu diesem Widerspruch formuliert werden.

In einer Expertise für die Hans-Böckler-Stiftung zur Anerkennung dem Studium vorgängig erworbener Kompetenzen (»Recognition of Prior Learning« im Rahmen des EQR) hat Walburga Freitag auf eine zentrale Problematik hingewiesen, die das Verhältnis von Theorie und Praxis in der universitären Lehre maßgeblich bestimmt. Sie besteht in der Vorstellung einer grundsätzlichen Differenz von Theorie und Praxis (Freitag 2010: 25, Fn. 102). Diese stellt eine komplementäre Differenz zu der durch Nowotny et al. erstmals formulierten Unterscheidung zweier Modi der Wissensproduktion dar (Nowotny/Scott/Gibbons 2004). Modus 1 ist das Modell »wissenschaftlicher Wissensproduktion [...] [Die] wird als akademisch, disziplinär, homogen, hierarchisch und konservativ charakterisiert und entspricht dem, was im Allgemeinen unter Wissenschaft („Science") verstanden wird. Mode 2 hingegen wird als anwendungsorientiert, transdisziplinär, heterogen und antihierarchisch charakterisiert.« (Freitag 2010: 35) Wenn man nun berücksichtigt, dass das Feld der Wissenschaft selbst hierarchisch organisiert ist und hierin der in den Disziplinen unterstellten Art der Wissensproduktion entspricht (vgl. z.B. Bourdieu 1988), dann ist die Anerkennung von Berufserfahrung als kulturelles Kapital und eine Förderung des Theorie-Praxis-Bezugs im Rahmen der Wissenschaft institutionell grundsätzlich problematisch.

Die Hochschulen stehen damit vor einem kaum lösbaren Dilemma. Sie erwarten in Folge des Bologna-Prozesses und der damit verbundenen Umsetzung des Paradigmas vom lebenslangen Lernen eine erhöhte Diversität unter den Studierenden. Zugleich haben sie jedoch aufgrund des vorherrschenden Modells der »wissenschaftlichen Wissensproduktion« einen für alle Studierenden einheitlichen Lehrplan mit entsprechender Didaktik. Selbst dort, wo Berufserfahrung – Wissen wird generiert und erworben entsprechend des anwendungsorientierten Modus der Wissensproduktion – gefordert ist, kann dieses Wissen aufgrund der kulturellen Hierarchisierung kaum anerkannt werden und wird ausgegrenzt. Wie könne es sonst sein, dass eine Hochschule, die angehende Lehrer und Lehrerinnen für »inclusive education« ausbildet, selbst nicht dazu in der Lage ist, einer (zunehmend) heterogenen Studierendenschaft gerecht zu werden? Hier sind neue hochschuldidaktische Konzepte dringend gefordert. Daran arbeiten wir in USuS.

LITERATUR

Autorengruppe Bildungsberichterstattung (2010): Bildung in Deutschland 2010, Bielefeld: W. Bertelsmann.

Backhaus, Klaus/Erichson, Bernd/Plinke, Wulff/Weiber, Rolf (2000): Multivariate Analysemethoden, Berlin u.a.: Springer.

Bargel, Tino/Schmidt, Monika/Bargel, Holger (Hg.) (2010): The Bachelor – Changes in Performance and Quality of Studying? (Arbeitsgruppe Hochschulforschung Hefte zur Bildungs- und Hochschulforschung 58), Konstanz: Universität Konstanz.

Baumgart, Franzjörg (2007): »Soziale Selektion in der Hochschule – Stufung, Modularisierung und Kreditierung auf dem Prüfstand«, in: Barbara Friebertshäuser (Hg.), Reflexive Erziehungswissenschaften, Wiesbaden: VS, S. 310-322.

Berendt, Brigitte (2005): »The Shift from Teaching to Learning«, in: Ulrich Welbers/Olaf Gaus (Hg.), The Shift from Teaching to Learning, Bielefeld: W. Bertelsmann Verlag, S. 35-41.

Bernstein, Basil (1977): Beiträge zu einer Theorie des pädagogischen Prozesses, Frankfurt am Main: edition suhrkamp.

Bloch, Roland (2004): »Flexible Studierende«, in: die hochschule, Heft 2/2004, S. 50-63.

Bourdieu, Pierre (1988): Homo Academicus. Frankfurt am Main: Suhrkamp.

Bourdieu, Pierre (1992): Die verborgenen Mechanismen der Macht. Hamburg: VSA.

Bourdieu, Pierre (2001): Wie die Kultur zum Bauern kommt. Hamburg: VSA.

Bourdieu, Pierre/Boltanski, Luc/Saint-Martin, Monique de/Maldidier, Pascale (1981): Titel und Stelle. Über die Reproduktion sozialer Macht. Frankfurt am Main: EVA.

Bourdieu, Pierre/Passeron, Jean-Claude (1971): Die Illusion der Chancengleichheit. Stuttgart: Klett.

Bülow-Schramm, Margret/Merkt, Marianne/Rebenstorf, Hilke (2011): »Studienerfolg aus Studierendensicht – Ergebnisse der ersten Erhebungswelle des Projekts USuS«, in: Sigrun Nickel (Hg.), Der Bologna-Prozess aus Sicht der Hochschulforschung (CHE Arbeitspapier 148).

Bülow-Schramm, Margret/Rebenstorf, Hilke (2011): »Neue Wege in die Hochschule als Herausforderung für die Studiengestaltung«, in: Öffnung der Hochschulen. Dossier. Berlin: Heinrich-Böll-Stiftung. http://www.migrationboell.de/web/integration/47_2767.asp

Bülow-Schramm, Margret/Rebenstorf, Hilke (2012): »So gelingt Studieren in Bachelor-Studiengängen: mit validen Befragungsdaten zu einer erfolgsversprechenden Studiengangsgestaltung«, in: Das Hochschulwesen (HSW), 60. Jahrgang, Heft 1, S. 28-33.

Bülow-Schramm, Margret (Hg.) (i.E.): Was kann gelingendes Lernen unter Bologna-Bedingungen heißen? Von der empirischen Analyse zur hochschuldidaktischen Gestaltung. Ein wissenschaftliches Interventionsprojekt, Bielefeld: wbv.

Freitag, Walburga K. (2010): »Recognition of Prior Learning« – Anrechnung vorgängig erworbener Kompetenzen: EU-Bildungspolitik, Umsetzung in Deutschland und Bedeutung für die soziale und strukturelle Durchlässigkeit zur Hochschule, Hans-Böckler-Stiftung: Arbeitspapier 208.

Hepp, Rolf-Dieter (2007): »Das Feld der Bildung in der Soziologie Pierre Bourdieus: Systematische Vorüberlegungen«, in: Barbara Friebertshäuser (Hg.), Reflexive Erziehungswissenschaften, Wiesbaden: VS, S. 21-39.

Huber, Ludwig (2008): »Wie studiert man in Bologna? Vorüberlegungen für eine notwendige Untersuchung«, in: Barbara M. Kehm (Hg.), Hochschule im Wandel. Frankfurt am Main/New York: Campus, S. 295-308.

Kram, Melanie/Eickmann, Rainer (2012): »Praktisch nur Theorie? Praxiskonzepte aus Sicht der im STEP-Projekt interviewten Universitätslehrenden«, in: Schulpädagogik heute, 3. Jg., Heft 5.

Ladwig, Annette/Selent, Petra (2008): »Shift from teaching to learning and jobbing. Ein Modell zur Integration der studentischen Jobkompetenzen in das ingenieurwissenschaftliche Studium«, in: Brigitte Berendt/Hans-Peter Voss/Johannes Wildt (Hg.), Neues Handbuch Hochschullehre, Griffmarke G 5.8.

Lörz, Markus/Schindler, Steffen (2011): »Bildungsexpansion und soziale Ungleichheit: Zunahme, Abnahme oder Persistenz ungleicher Chancenverhältnisse – eine Frage der Perspektive?«, in: ZfS, 40. Jg., Heft 6, S. 458-477.

Merkt, Marianne (in Vorbereitung): »Wer bestimmt den Studienerfolg? - Die Perspektive der Studierenden als Kriterium für Studienqualität und Lehrinnovation«, in: Tagungsband der BMBF-Tagung »Bildungsforschung 2020 – Herausforderungen und Perspektiven«, Berlin 2012.

Nowotny, Helga/Scott, Peter/Gibbons, Michael (2004): Wissenschaft neu denken. Wissen und Öffentlichkeit in einem Zeitalter der Ungewissheit. Weilerswist: Velbrück Wiss.

OECD (Organisation für wirtschaftliche Zusammenarbeit und Entwicklung) (2008): Bildung auf einen Blick 2008, Bielefeld: W. Bertelsmann.

Oechsle, Mechthild/Hessler, Gudrun (2011): »Subjektive Theorien Studierender zum Verhältnis von Wissenschaft und Berufspraxis«, in ZfHE Jg. 6, Nr. 2, S. 214-229.

Oechsle, Mechthild/Scharlau, Ingrid/Hessler, Gudrun/Günnewig, Kathrin (2011): »Wie sehen Studierende das Verhältnis von Studium und Beruf? Praxisbezug und Professionalität in den Subjektiven Theorien Studierender«, in: Sigrun Nickel (Hg.): Der Bologna-Prozess aus Sicht der Hochschulforschung, CHE Arbeitspapier 148, S. 178-190.

Schaeper, Hildegard (1997): Lehrkulturen, Lehrhabitus und die Struktur der Universität. Weinheim: Dt. Studienverlag.

Schaeper, Hildegard (2008): »Lehr-/Lernkulturen und Kompetenzentwicklung: Was Studierende lernen, wie Lehrende lehren und wie beides miteinander zusammenhängt«, in: Katrin Zimmermann/Marion Kamphans/Sigrid Metz-Göckel (Hg.), Perspektiven der Hochschulforschung, Wiesbaden: VS, S. 197-213.

Schmitt, Lars (2006): Symbolische Gewalt und Habitus-Struktur-Konflikte, CCS Working Papers No. 2, Marburg: Zentrum für Konfliktforschung der Philipps-Universität Marburg.

Schüssler, Renate/Keuffer, Josef/Günnewig, Kathrin/Scharlau, Ingrid (2012), »Praxis nach Rezept? – Subjektive Theorien von Lehramtsstudierenden zu Praxisbezug und Professionalität«, in: Schulpädagogik heute, 3. Jg., Heft 5.

Wildt, Johannes (2001): »Ein hochschuldidaktischer Blick auf Lehren und Lernen in gestuften Studiengängen«, in: Ulrich Welbers (Hg.), Studienreform mit Bachelor und Master, Neuwied: Luchterhand, S. 25-42.

Wildt, Johannes (2004): »The Shift from Teaching to Learning – Thesen zum Wandel der Lernkultur in modularisierten Studiengängen«, in: Holger Ehlert/Ulrich Welbers (Hg.), Qualitätssicherung und Studienreform, Düsseldorf: Grupello, S. 168-178.

Vom Hochschulabschluss zum Berufseinstieg

Lernverläufe in Politikwissenschaft, Psychologie und Maschinenbau[1]

MADELEINE ABRANDT DAHLGREN, HÅKAN HULT,

LARS OWE DAHLGREN, HELENE HÅRD AF SEGERSTAD,

KRISTINA JOHANSSON

EINLEITUNG

In den letzten Jahrzehnten ist die Rolle der Universitäten als Bildungsinstitutionen intensiv in Hinblick auf gesellschaftlichen Wandel und sich verändernde Bedingungen der Arbeitswelt diskutiert worden (Barnett 1994). Zudem stieg die Zahl der Studierenden an Hochschulen in diesem Zeitraum um ein Vielfaches an. Die Arbeitsstrukturen in den Universitäten sind ebenso diskutiert und verschiedentlich kritisiert worden. Das wachsende Interesse an studierendenorientierten Lehrmethoden der letzten drei Jahrzehnte kann als Ausdruck betrachtet werden, wie die Universitäten auf diese Anforderungen reagieren.

Forschung in diesem Feld hat gezeigt, dass nicht nur der Inhalt von Studiengängen oder Arbeitsformen zum studentischen Lernen beitragen. Auch der soziokulturelle Kontext der akademischen Disziplinen und ihre verschiedenen ontologischen und epistemologischen Standpunkte wirken sich auf die Gestaltung

---

1 Der Beitrag ist eine Übersetzung und leicht gekürzte Fassung des Originals: From senior student to novice worker: Learning trajectories in political science, psychology and mechanical engineering. *Studies in Higher Education* 31 (5), 2006, S. 569-586.

der Lehre aus, welche wiederum die Lernprozesse der Studierenden beeinflusst (Snow 1964[1959]; Becher 1989, 1994; Abrandt Dahlgren 2000, 2003; Abrandt Dahlgren/Dahlgren 2002; Neumann 2001; Neumann/Parry/Becher 2002). Becher (1989) unterscheidet zwischen *hard pure, soft pure, hard applied* und *soft applied* Studiengängen. Neumann, Parry und Becher (2002) beziehen sich auf dieses Konzept in ihrer Literaturübersicht über Lehre und Lernen im Kontext der Disziplinen. Sie zeigen, dass es sowohl erhebliche Unterschiede in Curriculum, Beurteilung und kognitiver Zielsetzung gibt, als auch bei den Eigenschaften von Lehrenden, der Art der Lehrmethodiken und den Anforderungen an das studentische Lernen. Das Ergebnis von Studiengängen in Hinblick darauf, wie Hochschulabsolventinnen und -absolventen sich selbst als Berufstätige verstehen oder wie sie den Übergang in den soziokulturellen Kontext des Arbeitslebens erfahren, ist eine Frage, die in der bisherigen Forschung wenig Beachtung fand.

Das Ziel dieses Beitrags ist, den Übergang von der Hochschule in das Arbeitsleben in drei verschiedenen Studiengängen der Universität Linköping eingehender zu untersuchen: Politikwissenschaft, Psychologie und Maschinenbau. Die spezifischen Ziele sind, (i) Merkmale von Wissens- und Kompetenzdiskursen zu identifizieren, die sowohl in den Studiengängen als auch im Arbeitsleben zum Tragen kommen; Aspekte der Identitäts- und Wissensbildung von Hochschulabsolventen und späteren Berufstätigen mit 18 Monaten Berufserfahrung auf der Basis von qualitativen Interviews zu identifizieren und (ii) diese Ergebnisse mit den Unterschieden in der Gestaltung der Studiengänge zu verknüpfen. Die hier vorgestellten Ergebnisse sind Teil eines umfassenden Verbundprojektes von vier Forschungsteams aus Schweden, Norwegen, Deutschland und Polen. Das Projekt konzentriert sich auf den Übergang von der Hochschule in das Berufsleben (Projekt: *Students as Journeymen between Communities of Higher Education and Work* within the EU 5th Framework Programme, contract no. HPSE CT-2000-00068).

Forschung am Übergang von der Hochschule in das Berufsleben

Die Beziehung zwischen Universität und Berufsleben ist ein Forschungsgebiet, das in den letzten Jahren verstärktes Interesse bei den Forschenden gefunden hat (vgl. Brennan/Kogan/Teichler 1996). Brennan, Kogan und Teichler (1996) fanden in ihrer Forschungsübersicht über den Übergang von der Hochschule ins Arbeitsleben, dass die Forschung am häufigsten mit der Systemebene beschäftigt war und hier auf das »Matching« zwischen dem Output der Hochschule und dem gesellschaftlichen Bedarf an akademisch ausgebildeten Arbeitskräften fokussierte, oder es handelte sich um Studien, die den Ertrag von Hochschulbildung rückwirkend aus Sicht von Berufsanfängern bewerteten. Sie argumentieren, dass der Übergang häufig in eher allgemeinen Begriffen beschrieben wird und wenig Interesse an der tatsächlich erfahrenen Auswirkung von Hochschulbildung oder den spezifischen Anforderungen von Arbeitsaufgaben besteht.

Ein jüngerer Forschungsüberblick von Johnston (2003) zeigt, dass immer noch wenig Literatur über die Berufstätigkeit von Hochschulabsolventen, aus ihrer eigenen Perspektive gesehen, zu finden ist. Es gebe einen Bedarf an Forschung, die sich auf die ersten Berufsjahre von Hochschulabsolventinnen konzentriert, besonders was die Arbeitsbedingungen und die Arbeitskultur betrifft. Weitere Forschungsbereiche sind die Beziehungen zwischen Hochschulbildung und Arbeitswelt, Themen der Selbst-Verwirklichung im Beruf, wie die Art und der Umfang von Erwartungen der Absolventin und des Absolventen an die Berufstätigkeit, Zufriedenheit und Einsatzbereitschaft, und der Vergleich zwischen den expliziten Erwartungen der Arbeitgeber und den erlebten Erwartungen der Absolventen und Absolventinnen.

Ein komplizierender Faktor in der Beurteilung der Realisierung von Studiengängen in Bezug auf die Erfordernisse der Arbeitswelt ist der Mangel an sicheren Prognosen über die Art von zukünftigen Aufgaben in der Arbeitswelt und den nötigen Qualifikationen (Barnett 1994, 2000a). In einer kürzlich erfolgten Erhebung des schwedischen Staates über neue Lernbedingungen an Universitäten (SOU 2001: 13) wurde festgestellt, dass Arbeit in qualifizierten Positionen im modernen Arbeitsleben einen Kompetenzansatz erfordert, der zusätzlich zu spezifischem Wissen und Fähigkeiten auch die Befähigung des selbständigen Lernens beinhaltet. Weiterhin wurde die Fähigkeit betont, Probleme zu formulieren, sie zu analysieren und zu lösen. Dies legt auch einen Schwerpunkt auf Zugänglichkeit, Soft Skills, Kompetenzentwicklung, Modularisierung, die Profilbildung von Studierenden und die Entwicklung von reflektierenden Praktikern (Symes/McIntyre 2000). Um zu einem »professional« zu werden, ist ein Engagement in einem weiten Feld von Diskursen notwendig, das über die engen Begrenzungen einer lokalen Beziehung zwischen Professionellen und Klienten bzw. Auftraggeber hinausgeht (Barnett 1997).

Ein Beispiel aus der Forschung, in der die Erfahrungen von Hochschulabsolventen beim Übergang in das Arbeitsleben besonders berücksichtigt wurden, ist eine neuere Studie von Kaufman und Feldman (2004), die eine symbolisch-interaktionistische Perspektive verwendet, um die Erfahrungen von Studierenden und ihre Identitätsformation während der Studienzeit zu untersuchen. Die Ergebnisse zeigen, dass die Erfahrungen an der Universität eine wichtige konstituierende Rolle bei der Formung der selbstwahrgenommenen Identität von Studierenden spielt. Dies ist besonders deutlich in den drei Feldern: »Intelligenz und

Informiertheit«, »Berufstätigkeit« und »Kosmopolitismus«. In Bezug auf die Berufstätigkeit ist die Interaktion mit den Peers ein wichtiger Faktor bei der Herausbildung der selbst wahrgenommenen beruflichen Identitäten. Kaufman und Feldman stellen fest, dass die Universität die Studierenden mit einem »situationellen Kontext versieht, in dem eine Vielzahl von Identitäten verhandelt, erfahren und letztendlich konstruiert werden können« (ebd.: 481). Ein interessantes Ergebnis ist auch, dass die universitäre Erfahrung für einige Studierende einen symbolischen Anspruch auf bestimmte Berufe und Karrieren konstituiert.

Die Studie von Kaufman und Feldman untersucht allerdings nicht die besonderen Umstände innerhalb bestimmter Disziplinen oder Berufsfelder mit unterschiedlichen Wissenstraditionen und Lernkulturen. Die vorliegende Studie versucht dagegen detailliert den Übergang ins Arbeitsleben aus drei verschiedenen akademischen Kontexten zu schildern: Politikwissenschaft, Psychologie und Maschinenbau, wobei die jeweiligen Aspekte aus einer soziokulturellen Perspektive betrachtet werden. Diese drei Studiengänge können als Repräsentanten eines weiten Feldes von Wissenstraditionen und Wissenskulturen angesehen werden: von dem klassischen »Liberal Arts« Studium mit einer lockeren Struktur bis hin zu Studiengängen, die auf mehr oder weniger klar definierte Berufe oder Professionen hinführen.

Theoretischer und methodischer Bezugsrahmen

Communities of practice

In dieser Studie wird der Übergang von der Universität in das Berufsleben als ein Verlauf (trajectory) von einer akademischen Gemeinschaft, die eine bestimmte Reihe von Grenzen und Traditionen hat, hin zu einer anderen community of practice innerhalb des Berufslebens mit anderen Positionen und anderen Grenzen, Aktivitäten und Traditionen, angesehen (Wenger 1998). Diese Verläufe werden als Bewegungen über eine gewisse Zeit betrachtet, die nicht zwangsläufig einem vorbestimmten Kurs folgen, sondern offen sind für Interaktionen mit und Einflüsse von vielfältigen Quellen. Eine zentrale Quelle der Identitätsbildung in der community of practice ist die Partizipation; Identität wird durch die Anerkennung von Gegenseitigkeit und durch Teilhabe konstituiert. Hinzukommende Personen werden Teil der community of practice durch den Prozess der legitimen peripheren Partizipation (Lave/Wenger 1991), in welcher ein Zugehörigkeitsgefühl durch die aufgebauten Beziehungen zwischen den Neuen und den Alteingesessenen entwickelt wird. Eine andere Quelle der Identitätsbildung, ergänzend zur Teilhabe, ist der Prozess der Reifikation. Reifikation bezieht sich auf die von einer community of practice hervorgebrachten Abstraktionen wie

Methoden, Symbole, Begriffe und Konzepte, durch die bestimmte Praktiken vergegenständlicht werden.

Identitätsbildung

Bauman (1991) argumentiert, dass im Wandel zur modernen funktional differenzierten Gesellschaft individuelle Personen nicht mehr länger an einem einzigen Ort oder einem Subsystem der Gesellschaft fest verwurzelt sind, sondern eher als sozial entwurzelt angesehen werden müssen. Das Individuum muss eine stabile und legitimierte Identität erschaffen, um zwischen sich selbst und der Außenwelt differenzieren zu können, doch gleichzeitig braucht es auch die Bestätigung sozialer Anerkennung. Wenger (1998) beschreibt die Identitätsformation in einer community of practice als einen Nexus von Multi-Zugehörigkeit. Als solch ein Nexus ist Identität keine kohärente Einheit, noch ist sie einfach fragmentiert. Wenger postuliert, dass Identitäten gleichzeitig eine und viele sind. Wir argumentieren auf der gleichen Linie wie Wenger und sind uns bewusst, dass die Identitäten, die in dieser Studie beschrieben werden, nur partiell sind und kontextuell in den Arealen von Studium und Arbeit situiert sind.

Diskurse

Das Konzept des Diskurses kann als die Benutzung von Sprache als einer sozialen Praktik oder Handlung definiert werden, die sowohl konstituiert als auch konstituierend ist (Winther Jørgensen/Phillips 2000). Der konstituierte Aspekt des Diskurses sind die verschiedenen Diskurspraktiken in der Universität und dem Berufsleben, welche gesellschaftlich und historisch verortet sind und in welche die Partizipationen und Reifikationen der befragten Interviewpartner eingebettet sind und so die Art und Weise beeinflussen, wie die Befragten über ihre Erfahrungen sprechen. Der konstituierende Aspekt des Diskurses ist der Gebrauch der Sprache als Handlung, die diese Gemeinschaften beeinflussen kann.

In dieser Studie haben wir drei verschiedene Studiengänge gewählt in der Annahme, dass ihre Charakteristika als communities of practice in der Universität voneinander abweichen. Genauer gesagt gehen wir davon aus, dass die Gestaltung der Fächer, die Erwartungen an Wissensgenerierung und die Identitätsbildung der Studierenden in den Studiengängen variieren wird. Ebenso ist unsere Vermutung, dass die Absolventinnen und Absolventen in verschiedene Sektoren des Arbeitslebens, mit je unterschiedlichen Anforderungen an sie als Berufsanfänger eintreten werden, welche nicht notwendigerweise mit dem angenommenen Ertrag des Studienganges übereinstimmen.

METHODEN

Design und Datenerhebung

Zwölf Studierende von jedem Studiengang wurden zweimal interviewt, das erste Mal im letzten Jahr des Studiums (Anfang 2002) und das zweite Mal nach etwa 15 bis 18 Monaten in ihrem Beruf (Mitte 2003). Die Stichprobe ist annähernd repräsentativ in Bezug auf die Geschlechterversteilung innerhalb der einzelnen Studiengänge. Das Alter der Befragten aus der Politikwissenschaft liegt zwischen 24 und 37 Jahren. Die Mehrheit der Befragten befindet sich in der Altersspanne von 24 bis 26 Jahren. Das Alter der Befragten aus der Psychologie liegt zwischen 24 und 46 Jahren; mehr als die Hälfte von ihnen sind zwischen 24 und 26 Jahren alt. Das Alter der Befragte aus dem Maschinenbaustudium liegt zwischen 24 und 31 Jahren mit einem Durchschnittsalter von 27. Die Interviews wurden aufgezeichnet und anschließend wortwörtlich transkribiert. Die Dauer der Interviews beträgt zwischen 45 und 90 Minuten.

Datenanalyse

Die Methodologie und das in diesem Projekt angewendete analytische Verfahren sind mehrschichtig. Wir sind nicht nur an den individuellen Konstruktionen der vielen Aspekte von Bildung interessiert, wie sie von den Studierenden geäußert wurden, sondern ebenso an den zentralen Konstruktionsmerkmalen der Diskurse in jeder untersuchten Gruppe – an den Diskursmerkmalen, die sowohl für die Studiengänge als auch für das Berufsleben der Studierenden konstitutiv sind.

Die hauptsächliche Analyse der Interviewdaten ist inspiriert von dem strengen Verfahren der Phänomenographie als ein erster Schritt auf dem Weg, die gesellschaftlichen (institutionellen) und kulturell situierten und konstruierten Bedeutungen zu verstehen. Die Anfangsphase kann als Phase des *Vertrautmachens* beschrieben werden und meint, dass die Transkripte sorgfältig gelesen werden mit dem Ziel, sich mit dem Text im Detail vertraut zu machen. Dies ist auch deshalb notwendig, um etwaige Korrekturen und Bearbeitungen zu machen. Die Analyse fährt fort mit einer Phase der *Verdichtung*, in welcher die signifikantesten Aussagen ausgewählt werden, um eine verkürzte Version des kompletten Interviews hinsichtlich des untersuchten Phänomens zu erhalten. Die ausgewählten signifikanten Interviewauszüge werden miteinander verglichen, um Unterschiede oder Gemeinsamkeiten festzustellen. Unter Berücksichtigung des Ergebnisses vom vorherigen Schritt werden nun die Antworten, die Ähnlichkeiten aufweisen, *gruppiert*. Basierend auf dieser Gruppierung werden die resultierenden Kategorien nun zum nächsten Schritt hin entwickelt: *Artikulation*. Zum Schluss werden die erhaltenen Kategorien in Bezug auf Ähnlichkeiten und

Unterschiede auf der Metaebene verglichen. Das Ziel der phänomenographischen Analyse ist es, einen Satz von beschreibenden Kategorien zu erreichen, die Ähnlichkeiten und Unterschiede schildern hinsichtlich dessen, wie ein bestimmtes Phänomen von Leuten verstanden wird (Marton 1981; Dahlgren/Fallsberg 1991). In unserer Studie übergreifen wir den Beobachtungsbereich der Phänomenographie dadurch, dass wir die aus der Analyse gewonnenen Kategorien als provisorisch und nur als die erste Stufe des Prozesses der Analyse und Interpretation ansehen.

Im zweiten Schritt der Analyse haben wir die individuelle und gesellschaftliche Konstruktion in der Datenauswertung durch ein Verfahren verknüpft, das auf der Basis der Methoden der Diskursanalyse konzipiert wurde (vgl. Gee 1999; Talja 1999). Das bedeutet, dass wir nach Uneinheitlichkeiten und Widersprüchen in bestimmten Interviews gesucht haben, die Subjektpositionen in Bezug auf Machtstrukturen und operierenden Diskursen reflektieren könnten. Zweitens haben wir die Transkripte mit einem speziellen Fokus auf wiederkehrende Topoi gelesen, wie z.B. Beschreibungen, Erklärungen, Argumente etc., die die Befragten benutzen und so versucht, die Annahmen zu artikulieren, auf denen diese Topoi basieren. Ein dritter Weg um Diskurse zu identifizieren war, nach Äußerungen zu schauen, die bestimmte Ideen anderen Bereichen zuschreiben als dem persönlichen, z.B. wenn eine Interviewte sich ausdrücklich auf Ideen bezieht, die von ihren Peers, der Familie oder einer bestimmten formalen Regel etc. herzurühren scheinen.

Der Kontext der Studie

Die Universität Linköping hat vier Fakultäten: Die Fakultät für Ingenieurwissenschaft, die Fakultät für Geistes- und Naturwissenschaften (Arts and Sciences), die Fakultät für Erziehungswissenschaft und die Fakultät für Gesundheitswissenschaft. Ungefähr zwanzig Prozent der Studierenden an der Universität von Linköping sind eingeschrieben in PBL (Problembasiertes Lernen)-Studiengängen. Die gewählten Studiengänge für diese Studie sind Master-Studiengänge in Psychologie, Politikwissenschaft und Maschinenbau. Erste Studienabschlüsse in Schweden sind »Kandidatexamen«, übersetzt als Bachelor-Abschluss, und umfassen drei Jahre Studium und »Magisterexamen«, die vier bis fünf Jahre Studium einschließen. Die offizielle englische Übersetzung für »Magisterexamen« ist »Master's degree«, zu dt. Master-Abschluss, wie es in dieser Studie benutzt wird. Die Befragten in dieser Studie sind Studierende im Abschlussjahr und später Berufstätige am Beginn ihrer Karriere.

Politikwissenschaft

Politikwissenschaft gehört zur Fakultät der Geistes- und Naturwissenschaften. Das Studienprogramm Politikwissenschaft und Wirtschaftswissenschaften beansprucht für sich, die Studierenden mit einem breiten Wissen aus den Sozialwissenschaften zu versorgen. Studierende können wählen, ob sie Politikwissenschaft als separates Fach für zwei Jahre studieren oder als Master-Studiengang mit vier Jahren. Die Entwicklung eines kritischen Denkansatzes in Bezug auf vielfältige politische und wirtschaftliche Theorien wird als ein wichtiges Ergebnis des Studiums betont. Die häufigste Arbeitsform innerhalb der ersten Jahre des Studiums sind Vorlesungen, Übungen und Seminare, die eine Auswahl von verschiedenen Bereichen aus Politikwissenschaft und Wirtschaftswissenschaft abdecken. In den späteren Jahren des Studiums spezialisieren sich die Studierenden entweder in Politikwissenschaft oder Wirtschaftswissenschaft als Hauptfach ihres Studiums.

Psychologie

Das Lehrprogramm für Psychologie-Studierende gehört zur Fakultät der Geistes- und Naturwissenschaften und ist ein problembasiertes Fünfjahresprogramm. Generell hat der Aufbau zum Ziel, die kritische Reflexion zu stimulieren, indem der Lernfokus auf dem Lösen von Problemen und auf praktischem und eigenverantwortlichem Lernen liegt. Theorien, Methoden und Probleme werden in der Psychologie aus einer Forschungsperspektive behandelt. Es wird ebenfalls betont, dass es, da die wissenschaftliche Basis des Berufsfeldes sich rapide entwickelt und ändert, wichtig ist, innerhalb des Studiums die Fähigkeit zu lebenslangem und unabhängigem Lernen zu entwickeln. Solch eine Kompetenz wird definiert als die Fähigkeit der Studierenden, ihre eigenen Lernbedarfe zu ermitteln. Weiterhin enthält dieses Konzept ihre Fähigkeit, aus verschiedenen Wissensquellen zu wählen, diese zu nutzen, kritisch zu bewerten und letztendlich Lernprozesse und deren Ergebnisse zu evaluieren. Die Studierenden sind auch gefordert, aktiv nach Wissen zu suchen mit dem Ziel, sich zu Personen zu entwickeln, die unabhängig Probleme lösen können und die Fähigkeit besitzen, Untersuchungen und Interventionen durchzuführen. Der Studiengang ist in größere Lernmodule unterteilt, die verschiedene Perspektiven der Psychologie zum Thema haben. Die dominante Form des Lernens besteht aus kleinen Übungsgruppen, wo die kommunikativen und evaluierenden Fähigkeiten betont werden. Jedes Modul enthält außerdem Zeiten, in denen die Studierende Praktika in klinischer Umgebung machen.

Maschinenbau

Der Studiengang Maschinenbau gehört zum Institut für Technologie und dauert viereinhalb Jahre. »Schnelle Veränderungen in der Technologie erfordern Ingenieurinnen und Ingenieure, die kompetent sind in den Feldern Computer, Design, Produktion, Wirtschaft und Management«. Die ersten zweieinhalb Jahre des Studienganges Maschinenbau sind als Grundstudium und Basis für den weiteren Verlauf konzipiert. Nach Abschluss ihres Grundstudiums können die Maschinenbaustudierenden eine aus sechs Vertiefungsrichtungen wählen. Daher ist der Inhalt des Grundstudiums in hohem Grad als sowohl aufeinander folgende als auch parallel laufende Kurse organisiert. Die Arbeitsform besteht üblicherweise aus Vorlesungen, Übungen und Laborarbeit.

Innerhalb der letzten zwei Jahre können die Studierenden aus zehn verschiedenen Ingenieursprofilen wählen. Das Studium wird in Projektform durchgeführt, wobei theoretisches Lernen integriert wird mit Laborarbeit, Computerpraxis und Exkursionen zu Industrieanlagen. Ein Profil besteht aus 20 Studienwochen im vierten Jahr und beinhaltet einen acht- bis zehnwöchigen Projektkursus. Die abschließende Master-Arbeit wird in dem gewählten Feld der Vertiefung geschrieben. Die Projektarbeit wird hauptsächlich in Industrieunternehmen durchgeführt.

ERGEBNISSE

Das Prinzip, wie die Ergebnisse hier präsentiert werden, beruht auf der Annahme, dass die individuellen Konstruktionen der Befragten sowie die Reifikationen durch die Lehrgestaltung die übergeordneten Merkmale der Wissens- und Kompetenzdiskurse, die den drei Studiengängen jeweils inhärent sind, widerspiegeln. Durch die individuelle Perspektive der Befragten als Studierende und später als Berufsanfänger werden wir die Beziehungen der Studiengänge zu den umfassenden Konstellationen von Praktiken des Arbeitslebens aufdecken. Wir werden ebenso versuchen, die typischen Charakteristika der Übergänge (trajectories) von den verschiedenen universitären Disziplinen hin zur Arbeitswelt zu beschreiben.

Zuerst betrachten wir die verschiedenen Berufsfelder der Hochschulabsolventen aus den drei Fachrichtungen. Dem folgt eine Analyse und Interpretation des Übergangs von der Hochschule in den Beruf auf zwei Ebenen: der Identitätsbildung und der Wissensformierung. Die drei Studiengänge werden dann unter Berücksichtigung von Merkmalen ihrer Lehrgestaltung und auf einem Metalevel mit Blick auf die entsprechenden Beziehungen zwischen Ausbildung und Beruf miteinander verglichen.

Politikwissenschaft

Beschäftigungsfelder

Acht der Berufsanfängerinnen und -anfänger arbeiteten in verschiedenen Bereichen des öffentlichen Dienstes. Kommunale Verwaltung, Verwaltung in der Wohlfahrtspflege und die Einwanderungsbehörde sind Beispiele solcher Tätigkeitsbereiche. Zwei Berufstätige arbeiten für private Unternehmen, eine Person studiert noch und eine andere ist arbeitslos.

Der Verlauf der Identitätsbildung

Der Studiengang Politikwissenschaft könnte für sich beanspruchen, dass er nicht für eine spezielle berufliche Tätigkeit ausbildet, sondern für ein akademisches Leben im Allgemeinen, sozusagen zum homo academicus. Einige der Politikwissenschaftler/-innen sind in einer Stellung, wo sie mit der verantwortungsvollen Interpretation von Gesetzestexten beschäftigt sind. Diese Verantwortung beinhaltet auch gewisse moralische Dilemmata, die die folgende Äußerung eines Berufsanfängers[2] beschreibt:

Wie viel Einfluss solltest Du haben als Beamtin? Welches Recht habe ich, um was zu tun und wie viel soll ich tun? Je höher in der Hierarchie man ist oder auf verschiedenen Ebenen, ich denke, da gibt es sogar noch mehr von diesen moralischen Dilemmata. Zu welchem Grad sollen ignorante Politiker entscheiden und zu welchem Grad sollen sachkundige Beamte entscheiden? Ich schätze, das ist ein moralisches Dilemma in den Politikwissenschaften. (POL 13, Berufsanfänger)

Dies ist ein typisches Merkmal von Politikwissenschaftlern in kommunalen, regionalen und Staatsbehörden. Die situationsbezogene Identität als *Mediator* kann auch so interpretiert werden, dass Politikwissenschaftler sich im Arbeitsleben zwischen widerstreitenden Interessen wieder finden. Das folgende Zitat zeigt, wie solche Interessenkollisionen funktionieren:

Das geht so, dass wir eine Beschlussvorlage erarbeiten (für den Antrag zur Erlaubnis Alkohol auszuschenken) und dann kommt die Person, die das beantragt hat, hierher. Wenn es ein negativer Bescheid ist, kommt die Person zu uns mit einem Rechtsbeistand und spricht mit den Politikerinnen und Politikern /.../ So habe ich schnell bemerkt, dass wenn ich mich nicht klarer ausdrücken kann als der Rechtsbeistand, wird die Entscheidung, die

---

2 Im Folgenden wird in Anlehnung an das englische Original i.d.R. das generische Maskulinum verwendet, um die Interviewpartner und ihre Berufe zu bezeichnen.

ich vorgeschlagen habe, vom Sozialamt nicht genehmigt. Das ist ein Ding, das ich sehr schnell gelernt habe, am Anfang überrollen dich die Politikerinnen und Politiker. (POL 1, Berufsanfänger)

Nur wenige der Berufsanfänger sehen sich selbst in einer Machtposition in Bezug auf die Arena, wo die politischen Entscheidungen gefällt werden. Dies könnte entweder eine Unkenntnis über die politische Dimension der Rolle einer Politikwissenschaftlerin und -wissenschaftlers ausdrücken oder es deutet auf Unterschiede hin, wie in verschiedenen Organisationen Macht ausgeübt wird.

Als Ergebnis der Arbeitserfahrung kristallisiert sich eine neue Rolle und situationsbezogene Identität der Politikwissenschaftler als *Vermittler* und *Mediator* heraus, wenn sie sich mehr und mehr über ihre Verantwortung bewusst werden, die in ihrer Rolle als Vertreter der einzelnen Bürgers enthalten ist. Wenn diese neue Rolle und Identität beschrieben wird, verweisen die Antworten der Berufsanfänger zumeist auf allgemeine Fähigkeiten, sowohl wenn sie gefragt werden, welche Art von Wissen sie durch das Studium gelernt haben, als auch was in ihrer jetzigen Arbeit gefordert wird. Dies begründet auch die Antwort auf die Frage, welches Wissen erforderlich ist, um als guter Politikwissenschaftler anerkannt zu werden.

Wir hatten eine Menge von freiwilligen Kursen in der Politikwissenschaft, so (das Wichtigste) ist wahrscheinlich unabhängig zu werden, zu Hause zu sitzen und zu lesen... (POL 18, Berufsanfänger)

Der Verlauf der Wissensformierung

Der Übergang kann als ein *Prozess der Detaillierung* angesehen werden, bei der allgemeine akademische Fähigkeiten wie z.B. die Fähigkeit, akademische Texte zu lesen und schreiben, in Fähigkeiten transformiert werden wie Probleme zu analysieren und zu beschreiben – dies in Kombination mit Fachwissen (substantive skills), z.B. Wissen über politische Systeme und Institutionen.

Ich denke, das Studium gibt einem eine gute Basis, aber du musst dir bewusst sein, dass es nur ein Start ist. Aus meiner Sicht ist es ein lebenslanger Lernprozess und du kannst nicht sagen: Jetzt bin ich eine Politikwissenschaftlerin oder ein Politikwissenschaftler, wenn du dein Examen hast, denn du musst immer wieder neue Dinge lernen. (POL 15, Studierender im Abschlussjahr)

Diese besondere Kombination von Fähigkeiten führt zur Erfahrung eines unklaren Abschlusses des Studiums, obwohl es Hinweise gibt, die auf die Entwicklung von Identitätsfragmenten als *unabhängige Forscherin* oder *als Beamter* hindeuten. Ein umfassendes Verständnis von der Struktur und den Funktionen der schwedischen Gesellschaft wird außerdem als ein signifikantes Element der professionellen Kompetenz verstanden. Eine kritische Grundhaltung wird als wünschenswert erwähnt, nicht nur, wenn Daten bewertet werden, die für investigative oder evaluierende Zwecke gesammelt wurden. Es ist wichtig, *unabhängig zu arbeiten und Informationen zu suchen*, wie ein Berufsanfänger es ausdrückt (POL 20).

Psychologie

Beschäftigungsfelder

Alle Psychologinnen und Psychologen arbeiten als klinische Beraterinnen und Berater. Arbeitsfelder sind Krankenhäuser, besonders die psychiatrischen Bereiche, die sowohl Kinder, Teenager, Erwachsene und Schulen einschließen.

Der Verlauf der Identitätsbildung

Das Psychologiestudium bereitet in erster Linie auf die Anforderungen klinischer Arbeit vor. Im Studium entsteht zwischen den Psychologiestudierenden der Charakter eines *professionellen Miteinander*, das sowohl Elemente ihrer privaten Persönlichkeit als auch Elemente ihrer professionellen Rolle enthält. Das Konzept beinhaltet die Merkmale des Helfenden und die Rolle des sozialen Technikers mit der Fähigkeit, das Verhalten von Leuten zu beeinflussen. Das klinische Praktikum machte es notwendig, die private und die professionelle Sphäre zu separieren. Ein Zitat eines Befragten macht dies deutlich:

Es ist wichtig involviert und empathisch zu sein, ohne die kritische Einstellung zu verlieren, eine gewisse Distanz beizubehalten, auch wenn du sehr nah bist /.../ Das ist sozusagen die Grundbedingung, um diesen Job machen zu können, zu fühlen und zu analysieren, aber auch nach Hause zu kommen und keine Psychologin mehr zu sein (PSY8, Studierende im Abschlussjahr)

Das typische Merkmal des Diskurses im Arbeitsleben über die professionelle Rolle eines Psychologen ist die *Fähigkeit der Reflexion*, sowohl auf der individuellen als auch auf der kollektiven Ebene. Auf der individuellen Ebene bewirkt die Reflexion sowohl ein Synthetisieren und Verstehen der Probleme der Klienten als auch, die eigenen Gedanken und Gefühle zu überprüfen.

Es ist wichtig, dass ich es wage, bei der Begegnung mit anderen Leuten ein menschliches Wesen zu sein, es geht nicht nur um Techniken, technisches Wissen, Fakten und Methoden, sondern darum, dass ich mir als Mensch erlaube, berührt zu sein bei den Treffen mit Klienten, aber auch meine Menschlichkeit nutze, um zu fühlen und zu reflektieren und aus der Sitzung Schlüsse zu ziehen. Um meine professionelle Rolle zu entwickeln, muss ich gleichzeitig meine persönliche Identität entwickeln. (PSY10, Berufsanfänger)

Reflexion wird auch als eine herausstehende Eigenschaft eines guten Psychologen auf kollektiver Ebene genannt. Einige Aussagen in den Interviews weisen darauf hin, dass die Fähigkeit, im Team oder unter Kollegen wertvolle Überlegungen in der Diskussion beizutragen, ein Gefühl der Professionalität erzeugt.

Ich fühle mich manchmal als eine gute Psychologin, wenn ich Klientinnen treffe, denen ich auf irgendeine Art helfen kann…oder wenn ich auf Konferenzen gute Überlegungen zu Behandlungen beitragen kann, wo wir verschiedene Fälle diskutieren. Manchmal fühle ich, dass ich etwas zu einem Fall von jemand anderem beitragen kann. (PSY3, Berufsanfängerin)

Der Verlauf der Wissensformierung

Die phänographische Analyse lässt zwei Wege erkennen, sich auf den theoretischen Wissensbestand zu beziehen. Das *eklektische Verfahren* bedeutet, dass Wissensfragmente von verschiedenen theoretischen Richtungen ad hoc zusammen geführt und auf einen spezifischen Fall angewendet werden. Das *pluralistische Verfahren* bedeutet, dass die Fachkraft aus einem Repertoire von Perspektiven eine spezifische theoretische Ausrichtung für einen spezifischen Fall auswählt. Das Bewusstsein von Pluralismus, z.B. die Existenz von konkurrierenden theoretischen Richtungen in der Psychologie und deren Anwendung in der klinischen Praxis, wird bei den Antworten der Berufsanfängerinnen und Berufsanfänger als das wichtigste Merkmal genannt, wenn sie auf die Frage antworten, welche Art von Wissen im Studium erworben wurde. Der Übergang vom Studium ins Arbeitsleben ist charakterisiert von der *Kontinuität und der Bestätigung* des Wissensbestandes, der im Studium aufgebaut wurde. Einige der Interviews vermitteln, dass die Studierenden sich bereit fühlen, ihr im Studium aufgebautes theoretisches Wissen nun in die Praxis umzusetzen.

Ich war überrascht darüber, teilweise wie leicht ich die professionelle Rolle angenommen habe und mich sicher gefühlt habe und teilweise darüber, dass ich mein Wissen weitergeben konnte an die Leute, die ich traf. Ich war eine Schulpsychologin und daran gab es keinen Zweifel. (PSY 6, Berufsanfängerin)

Das Gefühl, sich austesten zu können anstatt in die professionelle Arbeit erst langsam hinein sozialisiert werden zu müssen, führt zu einer legitimen Teilhabe an der professionellen Gemeinschaft schon kurz nach dem Eintritt in das Arbeitsleben. Dies weist auf eine enge Verknüpfung von Macht und Wissen hin.

Maschinenbau

Beschäftigungsfelder

Zehn der Ingenieurinnen und Ingenieure arbeiteten zur Zeit des Interviews in mittelständischen und großen privaten Unternehmen. Zwei sind in einem Trainee-Programm. Die jungen Ingenieure beschreiben ihre Arbeit mit den Worten *berechnen und konstruieren*. Die Anwendungsgebiete sind beispielsweise Produktentwicklung und/oder die Entwicklung von Computerprogrammen, sowie das Zertifizieren und Evaluieren von Prozessen und Produkten. Eine Person promoviert und eine andere arbeitet in einer Fabrik.

Der Verlauf der Identitätsbildung

Die relevanten Diskurse im Studium über das, was eine Maschinenbauingenieurin oder einen Maschinenbauingenieur ausmacht, drehen sich meist darum, dass sie Repräsentanten einer *intellektuellen Elite* sind, die komplexe theoretische Probleme meistern mit der Aufgabe, die Gesellschaft technisch aufzubauen und am Laufen zu halten. Dies wird durch die folgenden Zitate deutlich:

Manchmal bekommt man das Gefühl, dass sie viele Top-Studierende haben möchten, damit sie gegenüber anderen technischen Schulen in Schweden und dem Rest der Welt prahlen können. Das ist nicht meine Ansicht, aber es scheint wichtig zu sein für sie, irgendeine Elite zu bekommen auf eine Art. [...] Es ist wichtig mit diesem Karriereding, es wird schon in ihren Informationsbroschüren erwähnt, es konzentriert sich sehr auf die Leute, die Karriere machen wollen und diese Art von Person. (ENG 21, Studierender im Abschlussjahr)

Berufsanfänger werden in erster Linie als Trainees betrachtet, die *allgemeine Problemlösungsfähigkeiten* aufweisen sollen – so wie Ingenieure üblicherweise flexibel und austauschbar sind. Diese Flexibilität bezieht sich auf die Möglichkeit, in einer Vielzahl von verschiedenen Projekten zu arbeiten, und die Austauschbarkeit bezieht sich auf den Umstand, dass professionelle Verantwortung immer nur einen begrenzten Teil eines betreffenden Projektes betrifft. Die Fähigkeit flexibel zu sein, wird als wichtig angesehen und ergibt ein Dilemma in der Wahl des Neueinsteigers zwischen einer fachlichen Spezialisierung, welche den Aufbau von Expertise in einem bestimmten Feld voraussetzt, aber gleichzeitig der generellen Flexibilität entgegensteht.

Die Besonderheit in den relevanten Diskursen im Arbeitsleben über die professionellen Rolleneigenschaften ist die des *exklusiven Denkers*. Die Befragten behaupten, es gäbe ein typisches »ingenieurswissenschaftliches Denken«, das immer die optimale und praktischste Lösung zu jedem Problem sucht. Einer der Befragten stellt dar, was dieses bedeuten kann:

Aber worin du wirklich gut bist, ist wie eine Maschinenbauingenieurin oder ein Maschinenbauingenieur zu denken. Denk an etwas, du siehst etwas und du schaust nicht nur das Äußerliche an, du denkst darüber nach, in einer ingenieurwissenschaftlichen Art, wie dies geändert werden kann. Das Wichtigste ist, eine bestimmte Art zu lernen über Dinge zu denken. (ENG 28, Berufsanfänger)

Dennoch bestehen die typischen Arbeitsaufgaben für die meisten Berufsanfänger aus klar definierten und begrenzten Aufgaben, die Teile größerer Projekte sind, welche sie noch nicht in vollem Umfang verstehen oder die Verantwortung dafür tragen können. Nur schrittweise bekommen sie komplexere Arbeitsaufgaben zugewiesen.

Der Verlauf der Wissensformierung

Der Übergang vom Studium zum Arbeitsleben erscheint den Maschinenbauingenieurinnen und -ingenieuren als eine *Diskontinuität in Reichweite und Verantwortung* der professionellen Rolle. Dies könnte so interpretiert werden, dass das Studium zu einer formalen Legitimität führt, die in sich selbst ein Verdienst ist und so zu einer peripheren legitimen Teilhabe an der professionellen Gemeinschaft der Ingenieurwissenschaften berechtigt. Es bedeutet auch, dass Teile des Verlaufs der Wissensformation ritueller Natur sind. Das rituelle Merkmal des Studiums ist am stärksten am Anfang, wo die Studierenden auf die härteste Probe gestellt werden, weil sie die schweren Anfangskurse bestehen müssen.

Ingenieurinnen und Ingenieure haben alle ein ähnliches Training, du bist durch Kurse gegangen, die einen ähnlichen Schwierigkeitsgrad hatten. Ich denke, das ist der Grund, warum ich mich als Ingenieurin oder als Ingenieur fühle, du hast es erreicht. Es gibt mehrere, die glauben, sie werden es nicht durchhalten am Anfang des Studiums, weil es richtig harte Arbeit ist. Nur wenige kommen durch und das ist es vielleicht, dass du dich fühlst wie von derselben Art. (ENG29, Berufsanfänger)

Die Erfahrung von Intensität verliert sich im späteren Teil des Studiums, wenn die Studierenden lernen, wie sie mit den Anforderungen umgehen müssen und die rituellen Kurse weniger vorherrschend sind.

Gestaltung der Lehre und Lernprozess

Im Folgenden werden wir die Ergebnisse aus den Interviews, die den Übergang aus der Sicht der Studierenden zeigen, mit den strukturellen und funktionalen Eigenschaften der drei Studiengänge verbinden, wie sie sich in Kursbeschreibungen und Interviews präsentieren.

Politikwissenschaft

Es scheint, als wenn der Diskurs über die Gestaltung der Lehre im ersten Teil des Studienganges Politikwissenschaft damit beschäftigt ist, grundlegendes und beschreibendes Wissen über politische Systeme und Theorien zu vermitteln. Die Studierenden beschreiben einen Zyklus, der aus Vorlesungen, unabhängigen Studien und Seminaren besteht. Im Laufe des Studiums verändert es sich dahingehend, dass das wichtige Ziel nunmehr ist, die Fähigkeiten der Studierenden zu entwickeln, verschiedene politische Systeme zu *untersuchen, zu analysieren und zu vergleichen*. Dies spiegelt sich in den Lehrformen des Studiengangs wider; Vorlesungen und Seminare dominieren die frühen Phasen des Studiums. Die Seminare folgen einer bestimmten Struktur, bei der die Lehrenden eine direktive Rolle spielen und *die Interaktionen zwischen den Studierenden reguliert sind*. Die späteren Phasen des Studiums werden von der selbständigen Arbeit an der Abschlussarbeit dominiert. In der ersten Phase des Studiums ist der Kontakt mit den Lehrenden weniger ausgedehnt und die Studierenden fühlen sich als Anfängerin oder Anfänger anonymer als später, wenn sie schon länger dabei sind. Weiterhin scheint durchgängig ein Mangel an Kontextualisierung und Reflexion auf der Metaebene zu bestehen, weil das Studium sich stärker mit der Analyse *von* Politik beschäftigt als *in* der Politik involviert zu sein; damit werden die akademischen Merkmale von Politik betont anstatt die Studierenden zu ermuntern, einen bestimmten politischen Standpunkt einzunehmen. In der Terminologie, die von Neumann et al. (2002) benutzt wird, wird Politikwissenschaft als ein Feld von sozialwissenschaftlichen, theoretischem Wissen (soft pure knowledge) angesehen, das iterativ, holistisch, mit Einzelheiten beschäftigt ist und eine qualitative Tendenz aufweist.

Psychologie

Die relevanten Diskurse in der Gestaltung der Lehre des Psychologiestudiums haben von Beginn des Studiums an einen *professionellen und klinischen*

Schwerpunkt. Der Gebrauch von realitätsnahen Szenarien als Ausgangspunkt des Lernens trägt zu diesem Schwerpunkt bei. Es gibt außerdem einen Fokus auf das Individuum; die Studierenden werden durch Einzelinterviews ausgesucht. *Die Interaktion zwischen den Studierenden*, welche durch die Arbeit in kleinen Gruppen von Anfang an unterstützt wird, scheint einen Einfluss auf die Fähigkeit zu haben, zu priorisieren, Kausalbeziehungen zu sehen und Beziehungen zwischen Teilen und ihrem Ganzen herzustellen. Feedback zwischen den Studierenden wird als wichtig erachtet und die Studierenden betonen die Wichtigkeit, gut vorbereitet zu sein und zu Diskussionen beizutragen. Es ist auffallend, dass der Diskurs in diesem Studium eine starke Präsenz von engagierten, gesprächigen und fähigen Studierenden zeigt. Es gibt zwei Diskurse über das Lernen von Psychologie in diesem Studium: Das Lernen und Erkennen von Unterschieden zwischen den relevanten Theorien und diese in sich selbst (den Studierenden) zu integrieren. Klinische Praktika scheinen eine Rolle darin gespielt zu haben, den gelernten Inhalt zu integrieren und gleichzeitig etwas über die eigene Person zu lernen. Wenn das Schema von Neumann et al. (ebd.) angewendet wird, kann das Psychologiestudium als ein Mix von angewandtem Wissen aus Naturwissenschaft und Sozialwissenschaft angesehen werden, einerseits beschäftigt mit der Verbesserung der eigenen professionellen Praxis und andererseits nach außen gerichtet mit multiplen Einflüssen auf Forschung und Lehre befasst.

Maschinenbau

Nach der Terminologie von Neumann et al. (ebd.) kann das Maschinenbaustudium als ein Feld von angewandtem naturwissenschaftlichen Wissen kategorisiert werden, wobei die Autoren das Ingenieurwesen als typisches Beispiel für dieses Feld benutzen, das sich mit der Meisterung der physischen Umgebung beschäftigt und auf Produkte und Techniken gerichtet ist. Dennoch ist der operierende Diskurs in der Lehrgestaltung des Maschinenbaustudiums vergleichbar mit dem in der Politikwissenschaft, weil es um die Vorstellung geht, dass die Studie2renden von Anfang an mit dem Grundwissen versorgt werden. Die große Anzahl von spezifischen und parallelen Kursen, die großen Klassen- und Vorlesungsformate tragen zu einem kompetitiven Lernklima bei. Die Studierenden müssen Schwerpunkte setzen und zwischen ihrem individuellen Fokus und dem Verständnis des gesamten Ingenieurbereichs während des Verlaufs des Studiums unterscheiden lernen. Der Diskurs über die Wissensbasis im Ingenieurwesen erscheint ihnen daher fragmentiert und mannigfaltig.

DISKUSSION

Identitätsbildung und Wissensformation als ein Prozess von Kontinuität, Diskontinuität oder Transformation

Das Psychologiestudium hat den offensichtlichsten professionellen Fokus. Es gibt einen hohen Grad von *Kontinuität* zwischen dem Status des Studierenden und dem Berufsanfänger. Die Sozialisation und der Übergang ins Arbeitsleben erfolgen unmittelbar und wenn Berufsanfänger ihre professionellen Fähigkeiten unter Beweis stellen, führt dies zu einer voll legitimierten Teilhabe in der professionellen Gemeinschaft (Wenger 1998). Die Betonung von Kontextualisierung in den diversen Feldern der Psychologie während des gesamten Studiums mag ein Merkmal des Studiums sein, das zu dem Gefühl der guten Vorbereitung auf das Berufleben beiträgt, da es ein gewichtiges Merkmal des Problembasierten Lernens (problem-based learning, PBL) ist. Der positive Effekt von PBL-Programmen auf die Kommunikationsfähigkeiten von Absolventen und generell auf das Gefühl des Bereitseins für professionelle Arbeit ist im Feld der Medizin bereits bestätigt worden (Antepohl et al. 2003; Jones/McArdle/O'Neill 2002; Willis/Jones/O'Neill 2003).

Die beiden anderen Gruppen haben den Übergang vom Studium in das Arbeitsleben als einen Prozess erlebt, der eine Art von *Diskontinuität* oder *Transformation* beinhaltet. Im Fall der Politikwissenschaft bedeutet die Transformation eine Rekontextualisierung des allgemeinen Wissens und der grundlegenden Fähigkeiten in bestimmten Arbeitsfeldern. Berufsanfängerinnen und Berufsanfänger in den Ingenieurwissenschaften erreichen eine formale Legitimität durch den Abschluss des Studiums, welcher impliziert, dass die Person fähig ist, schnell zu lernen, hart zu arbeiten und der daher als Türöffner in den Arbeitsmarkt fungiert. Die Arbeitsaufgaben sind begrenzte Teilbereiche von größeren Projekten und sichern den Anfängern in Wengers (1998) Terminologie eine periphere legitimierte Teilhabe an der professionellen Gemeinschaft.

Sequenzielle, parallele oder thematische Organisation von Inhalten

Die Organisation von Inhalten in den drei Studiengängen kann als *sequenziell, parallel oder thematisch* beschrieben werden. Das Studium der Politikwissenschaft hat einen typisch akademischen Fokus; die sequenzielle Organisation ist gesteuert von der internen Logik der Disziplin, welche die Idee eines Grundstudiums beibehält, auf das die Analyse, der Vergleich und die Anwendung folgen. Dies beinhaltet auch die Idee einer schrittweisen Vorgehensweise in kleinen Stücken, die letztendlich zum graduellen Verständnis des Wissensfeldes und der

Entwicklung von generischen akademischen Fähigkeiten führt. Das Maschinenbaustudium ähnelt dem der Politikwissenschaft hinsichtlich des akademischen
Fokus. Dieser Fokus ist jedoch verwischt durch die parallele Anordnung der
Kurse. Für beide Gruppen geschieht die Kontextualisierung von universitärem
Wissen in Bezug auf das Arbeitsleben, wenn überhaupt, dann spät im Studium,
oder es wird dem Einzelnen überlassen, es individuell zu handhaben. Die thematische Organisation des Psychologiestudiums hingegen integriert beides: den
akademischen und den professionellen Schwerpunkt. Das Potential für eine Kontextualisierung des Wissens scheint durch den Gebrauch von realitätsnahen Szenarien als Ausgangspunkt des Lernens verbessert zu werden.

Rationale oder rituelle Beziehungen zwischen Hochschule und Arbeitswelt

Die Beziehung zwischen Bildung und Arbeit kann auch in einer abstrakteren
Weise beschrieben werden. Man kann annehmen, dass alle Lehrprogramme Wissen und Fähigkeiten beinhalten, die eine *rationale* Relation zum Arbeitsleben
haben, indem sie auf ein spezielles Wissensgebiet oder ein professionelles
Arbeitsgebiet vorbereiten und so den Gebrauchswert von Wissen betonen. Es ist
weiterhin anzunehmen, dass die Studiengänge Wissen und Fähigkeiten beinhalten, die in ihrem Charakter mehr *rituell* sind, wo die Verbindung zu einem spezifischen Kontext der Anwendung fehlt und das wichtigste Merkmal stattdessen
der Tauschwert von Wissen ist. Das Ergebnis von Hochschulbildung könnte
substantielle Fähigkeiten umfassen, die inhaltsspezifisch und kontextuell situiert
sind. Auf der anderen Seite könnte das Resultat von Hochschulbildung auch *generische Fähigkeiten* beinhalten, die zwischen verschiedenen Kontexten über-
tragbar sind. Solche Fähigkeiten könnten ebenfalls in verschiedenen Kontexten
erworben und durch verschiedene Inhalte entwickelt werden.

Für die Politikwissenschaft kann die Beziehung zwischen Hochschulbildung
und Arbeitsleben als rational angesehen werden, bei der generische Fähigkeiten
hervorgehoben werden. Der Studieninhalt scheint für den voraussichtlichen Bereich der professionellen Arbeit der Absolventen relevant zu sein. Normalerwei-
se muss das generische Wissen transformiert und kontextualisiert werden, damit
es im Einzelfall anwendbar ist. Wissen und Fähigkeiten, die einen rituellen Charakter haben, scheinen eine geringe Rolle in diesem Lehrprogramm zu spielen.

Im Fall des Psychologiestudiums kann die Beziehung zwischen Hochschulbildung und Arbeitsleben anders beschrieben werden. Eine Ähnlichkeit besteht
darin, dass der Inhalt des Studiums hauptsächlich rational ist, aber der Schwerpunkt ist sowohl auf die generischen Fähigkeiten bezogen, wie die Fähigkeit mit
Klienten zu kommunizieren und zu interagieren, als auch auf substantielles Wis-

sen. Das substantielle Wissen bezieht sich auf die Kenntnis der konkurrierenden Denkschulen innerhalb der Psychologie und die Konsequenzen ihrer Anwendung auf den individuellen Fall.

Das Maschinenbaustudium setzt noch einen anderen Schwerpunkt auf die verschiedenen Aspekte des Wissens. Der Tauschwert des Studiumsabschlusses zeigt sich in der Betonung des rituellen Aspekts von Wissen. Gleichzeitig erscheint der Inhalt des Studiums rational, um den Studierenden die Entwicklung von generischen problemlösenden Fähigkeiten zu ermöglichen, die als Kennzeichen der Kompetenz einer professionellen Ingenieurin oder eines Ingenieurs angesehen werden. Der Erfolg der formalen Legitimität als ein ritueller Türöffner zum Arbeitsmarkt kann mit der symbolischen Berechtigung zu einer bestimmten Karriere oder Beruf verglichen werden, wie in der Studie von Kaufman und Feldman (2004) argumentiert wurde.

Eine Argument besagt dass, wenn Hochschulbildung auf die Anforderungen des Arbeitsmarktes antworten müsste, dies zu einem Schwerpunkt von unmittelbar anwendungsorientierter Kompetenz führen würde und somit eine reduktionistische Perspektive zum Schaden der Wissenstraditionen und des Lernens an Universitäten entstehen würde (Barnett 1994). Auf der anderen Seite könnte eine zu große Betonung von disziplinären Traditionen eine akademische Kompetenz hervorbringen, die wenig Wert auf dem Arbeitsmarkt hätte. Die Herausforderung für Universitäten besteht nun darin, diese widersprüchlichen Anforderungen zu überbrücken und einen Weg zu finden, der auf eine sich verändernde und überkomplexe Gesellschaft (Barnett ebd., 2000b) vorbereitet, die basiert auf

...einer Sicht auf Menschen, die weder ausschließlich in Tätigkeiten und Techniken noch in intellektuellen Paradigmen und diziplinärer Kompetenz begründet ist, sondern in der gesamten Erfahrungswelt des menschlichen Seins (Barnett 1994, S. 178).

Die rationale generische Beziehung zwischen Hochschulbildung und Arbeit wie in der Politikwissenschaft festgestellt, kann als ein Beispiel gesehen werden, wie akademische Kompetenz durch Arbeiterfahrungen transformiert wird. Dieses Ergebnis unterstützt Barnetts Argumentation, dass das, was »einen Akademiker« ausmacht, nicht eine a priori Gegebenheit ist, sondern das Ergebnis einer »dynamischen Beziehung zwischen sozialen und epistemologischen Interessen und Strukturen« (ebd. S. 256). Das rationale, sowohl substantielle als auch generische Verhältnis von universitärer Bildung und Arbeitswelt, wie es als Ergebnis des Problembasierten Studienprogramms der Psychologie analysiert werden konnte, kann als Beispiel angesehen werden, wie anwendungsorientierte und akademische Kompetenz verbunden werden können. Die Unterschiede in den Studiengängen in

Bezug auf ihre Gestaltung, wie z.B. die parallele, sequenzielle und thematische Struktur, reflektieren die Vorstellungen über die berufliche Relevanz des Studiums, die in den verschiedenen Diskursen über Hochschulbildung existieren. Die Ingenieurs- und Politikwissenschaftsstudiengänge zeigen unterschiedliche akademische Vorstellungen darüber, was in ihren jeweiligen communities of practice, mit denen die Berufsanfänger in Berührung kommen, charakteristisch ist. Das Psychologiestudium andererseits repräsentiert einen Versuch, die professionelle community of practice im akademischen Kontext abzubilden, was sich z.b. durch die weitgefassten Themen des Studiums, die mit den professionellen Besonderheiten des Arbeitsfeldes korrespondieren, zeigt.

LITERATUR

Abrandt Dahlgren, M. (2000): »Portraits of PBL: Course objectives and students' study strategies in computer engineering, physiotherapy, and psychology«, in: Instructional Science 28, S. 309-329.

Abrandt Dahlgren, M./Dahlgren, L.O. (2002): »Portraits of PBL: Students' experiences of the characteristics of problem-based learning in physiotherapy, computer engineering and psychology«, in: Instructional Science 30, S. 111-127.

Abrandt Dahlgren, M, (2003): »PBL through the looking glass: Comparing applications in computer engineering, psychology and physiotherapy«, in: International Journal of Engineering Education 19, S. 672-681.

Antepohl, W./Domeij, E./Forsberg, P./Ludvigsson, J. (2003): »A follow up of medical graduates of a problem-based learning curriculum«, in: Medical Education 37, S. 155-162.

Bauman, Z. (1991): Modernity and ambivalence, Oxford: Blackwell Publishers Ltd.

Barnett, R. (1994): The limit of competence. Knowledge, higher education and society, Buckingham, SRHE: Open University Press.

Barnett, R. (1997): Higher Education: A critical business, Buckingham, SRHE: Open University Press.

Barnett, R. (2000a): Realizing University in an age of supercomplexity, Buckingham, SRHE: Open University Press.

Barnett, R. (2000b): »Supercomplexity and the curriculum«, in: Studies in Higher Education 25 (3), S. 255-265.

Becher, T. (1989): Academic tribes and territories. Intellectual enquiry and the cultures of disciplines, Buckingham, SRHE: Open University Press.

Becher, T. (1994): »The significance of disciplinary differences«, in: Studies in Higher Education 19 (2), S. 151-161.

Brennan, J./Kogan, M./Teicher, U. (1996): Higher Education and Work, London: Jessica Kingsley Publishers.

Dahlgren, L.O.,/Fallsberg, M. (1991): »Phenomenography as a qualitative approach in social pharmacy research«, in: Journal of Social and Administrative Pharmacy, S. 150-156.

Gee, J.P. (1999): An Introduction to Discourse Analysis. Theory and Method, London, New York: Routledge.

Jones, A./McArdle, P.J./O'Neill, P. (2002): »Perceptions of how well graduates are prepared for the role of pre-registration house officer: a comparison of outcomes from a traditional and integrated PBL curriculum«, in: Medical Education 36, S. 16-25.

Johnston, B. (2003): »The shape of research in the field of higher education and graduate employment: some issues«, in: Studies in Higher Education 28 (4), S. 414-426.

Kaufman, P./Feldman, K.A. (2004): »Forming identities in college. A sociological approach«, in: Research in Higher Education 45 (5), S. 463-496.

Lave, J./Wenger, E. (1991): Situated learning, Cambridge: Cambridge University Press.

Marton, F. (1981): »Describing conceptions in the world around us«, in: Instructional Science 10, S. 177-200.

Neumann, R. (2001): »Disciplinary differences and university teaching«, in: Studies in Higher Education 26 (2), S. 135-146.

Neumann, R./Parry, S./Becher, T. (2002): »Teaching and learning in their disciplinary contexts: a conceptual analysis«, in: Studies in Higher Education 27 (4), S. 405-417.

Snow, C.P. (1964): The two cultures and A second look. An expanded version of the two cultures and the scientific revolution, 2. Aufl., London: Cambridge University Press.

SOU 2001:13 Nya villkor för lärandet i den högre utbildningen [New conditions for learning in higher education].

Symes, C./McIntyre, J. (2000): Working Knowledge. The New Vocationalism and Higher Education, Philadelphia: The Society for Research into Higher Education, Open University.

Talja, S. (1999): »Analyzing qualitative interview data: The discourse analytic method«, in: Library & Information Science Research 21 (4), S. 459-477.

Willis, S.C./Jones, A./O'Neill, P. (2003): »Can undergraduate education have an effect on the ways in which pre-registration house officers conceptualise communication?«, in: Medical Education 37 (7), S. 603-608.

Winther Jørgensen, M./Phillips, L. (2000) Diskursanalys som teori och metod [Discourse analysis as theory and method], Lund: Studentlitteratur.

Wenger, E. (1998): Communities of practice. Learning, meaning and identity, Cambridge: Cambridge University Press.

Wissenschaft und Praxis im Studium

Forschung und Praxis im Studium

Einführung ins Thema

FRANK MULTRUS

1. EINLEITUNG UND FRAGESTELLUNGEN

1.1 Analyse von Forschungs- und Praxisbezügen

Forschung und Praxis nehmen im Studium einen besonderen Stellenwert ein; beide werden von einer Hochschulausbildung erwartet und gefordert. Zwar stellen sie unterschiedliche Ansprüche an ein Studium, sind jedoch nicht unvereinbar miteinander, denn Forschung ist eine spezifische Form der Praxis.

Beide Merkmale sind integrale Bestandteile der Lehre und der Institution Hochschule. Forschung und Praxis durchdringen alle Ebenen, vom Selbstbild und den Schwerpunkten über die Struktur der Studiengänge und der Lehrangebote bis hin zur Gestaltung der einzelnen Lehrveranstaltungen und der Vermittlung des Lehrstoffes. Für Aussagen über Umfang und Güte von Forschung und Praxis in der hochschulischen Ausbildung müssen all diese Ebenen berücksichtigt werden.

Studierende differenzieren, ob und wie gut in der Lehre Bezüge zu Forschung und Praxis vorhanden sind, ob spezielle Lehrangebote dazu bestehen oder ob praktische Erfahrungen damit ermöglicht werden. Sie unterscheiden zwischen der Hochschule, ihrem Studienfach und einzelnen Dozenten, wenn sie nach der Einbindung von Forschung und Praxis ins Studium befragt werden. Sie treffen Aussagen zum Umfang solcher Angebote wie auch zur Qualität dieser Angebote. Mit ihren Erwartungen, Wünschen und Forderungen liefern sie eine Vergleichsbasis zur beobachtbaren Studiensituation. Schließlich lassen sich anhand ihres erfahrenen Studienertrags die Auswirkungen der Forschungs- und Praxiseinbindungen überprüfen.

Als Datenbasis für die Analyse der Forschungs- und Praxisbezüge im Studium dienen zwei groß angelegte Studierendenbefragungen zur Studiensituation und Studienqualität. Zum einen der Studierendensurvey der Arbeitsgruppe Hochschulforschung an der Universität Konstanz und zum anderen der Studienqualitätsmonitor des Hochschulinformationssystems (HIS), der in Kooperation mit der AG Hochschulforschung konzipiert wurde. Neben bewährten Indikatoren zu Lehr- und Studienqualität verfügen beide Untersuchungen über mehrere Messzeitpunkte, die Aussagen im Zeitverlauf ermöglichen. Es werden sowohl Studierende an Universitäten als auch an Fachhochschulen befragt, sodass beide wichtigen Hochschularten miteinander verglichen werden können. Aufgrund der großen Stichproben sind Differenzierungen nach Fächer oder Semesterzahl möglich.

1.2 Unterschiede zwischen Forschung und Praxis

Forschung stellt Erkenntnis her, Praxis wendet sie an. Die Herstellung von Erkenntnis erscheint vielen Studierenden allerdings als sehr spezifische Tätigkeit, die sie für sich nicht als Aufgabe sehen. Die Anwendung von Erkenntnissen hat dagegen in allen Bereichen eine Bedeutung, weshalb die Praxis auch bei den Studierenden eine viel größere Betonung erfährt.

Ein Studium soll auch überfachliche Kompetenzen ausbilden, wozu auch das Wissen um die Herstellung von Erkenntnis gehört. Forschung stellt zugleich eine praktische Anwendung der Wissenschaft dar, die wiederum den Studierenden durchaus wichtig ist. Die Überbetonung der Praxis scheint daher ein unzureichendes Verständnis von Bedeutung und Nutzen der Forschung in der Ausbildung widerzuspiegeln.

Die Praxis ist ein generell gefordertes Merkmal jeglicher Ausbildung, während die Forschung ein spezielles Charakteristikum der hochschulischen Ausbildung ist. Praxisbezüge sollen berufliche Kenntnisse und praktische Fähigkeiten vermitteln, in einer beruflichen Ausbildung ebenso wie in einem Studium. Ein Studium soll aber auch spezifisches Wissen über den Forschungsprozess vermitteln, wozu Methoden und Verfahren ebenso gehören wie das wissenschaftliche Denken und das aktive Miterleben eines Forschungsprozesses. Es ist die besondere Aufgabe der Hochschule, Forschung in die Ausbildung zu integrieren.

Bislang war die Forschung als Thema wie auch deren Einbindung in die Lehre das Privileg und der Ausweis der Universitäten. Mittlerweile haben sich die

Fachhochschulen in dieser Hinsicht an die Universitäten angenähert, mit einem eigenen Forschungsauftrag für den Anwendungsbezug.

Die Praxis war bislang das Aushängeschild der Fachhochschulen, mit deutlichem Praxisbezug und viel Praxisnähe. Den Universitäten wurde lange eine Praxisferne unterstellt und mit dem Bachelor-Studium mehr Praxisnähe verordnet. »Employability« wurde zum neuen Studienziel.

1.3 Fragestellungen zu Angeboten, Erfahrungen und Urteilen

Um Forschung und Praxis im Studium angemessen zu untersuchen, ist zum einen die Angebotssituation in der Lehre sowie anderer Möglichkeiten außerhalb des Curriculums an der Hochschule zu erfassen. Zum anderen sind die Urteile der Studierenden dazu zu erfragen, ebenso wie das Engagement der Studierenden, solche Erfahrungen und Kompetenzen zu erwerben. Diese Befunde lassen sich mit der Wichtigkeit, die Forschung und Praxis für die Studierenden im Studium einnehmen, oder den Wünschen und Forderungen, Forschung und Praxis zu verbessern, vergleichen.

Zu beachten sind die Folgen der Forschungs- und der Praxisbezüge im Studium für den Studienertrag, wie ihn die Studierenden verzeichnen. Zu den Erträgen des Studiums zählen neben den Forschungs- und Praxisfähigkeiten auch die fachlichen, wissenschaftlich-methodischen und überfachlichen Kenntnisse sowie die allgemeinen Kompetenzen. Diese müssen zusätzlich auch in Abhängigkeit von den Forschungs- und Praxisbezügen, den Angeboten, Möglichkeiten und dem Engagement der Studierenden überprüft werden. Im Einzelnen werden folgende Aspekte untersucht:

- **Bezugnahme innerhalb der Lehrveranstaltungen:** Wie häufig verdeutlichen die Lehrenden den Lehrstoff durch Fragen und Ergebnisse der laufenden Forschung oder durch Beispiele und Konkretisierungen aus der Praxis? Welche Anteile der Lehre sind für Forschung oder Praxis vorgesehen? Erfahren die Studierenden ihren Studiengang bzw. Fach in der Gesamtheit als forschungs- oder praxisorientiert?
- **Forschungsnahe oder praxisorientierte Lehrangebote:** Gibt es im Studiengang spezielle, eigenständige Veranstaltungen, die vorrangig Forschungs- oder Praxisthemen beinhalten?
- **Aktive Teilhabe:** Welche Möglichkeiten liegen an der Hochschule für die Studierenden vor, eigene Erfahrungen in der Forschung und der Praxis zu erwerben, auch über die Lehrangebote hinaus?

- **Bewertung:** Wie beurteilen die Studierenden die vorhandenen Bezüge und Angebote zur Forschung und Praxis in ihren Lehrveranstaltungen, als spezielle Veranstaltungen und als Möglichkeiten, eigene Erfahrungen zu sammeln?

- **Bedeutung von Forschung und Praxis:** Wie wichtig sind den Studierenden Bezüge und Angebote zu Forschung und Praxis in der Lehre, als eigene Veranstaltungen und als Möglichkeiten praktischer Teilhabe? Welche Vorteile sehen sie in solchen Erfahrungen?

- **Forderungen:** Wie dringlich wünschen oder fordern Studierende von ihren Hochschulen mehr oder bessere Bezüge bzw. Anteile an Forschung und Praxis im Studium?

- **Erfahrungsstand:** Welche eigenen Erfahrungen haben die Studierenden in ihrem bisherigen Studium bereits machen können? Welches Engagement zeigen sie, um Kompetenzen zu erwerben?

- **Studienertrag:** Welche Fähigkeiten und Kompetenzen resultieren aus der Ausbildung? Inwieweit sehen sich die Studierenden durch ihr Studium befähigt, selbst zu forschen oder in den Beruf einzusteigen? Und welchen Einfluss haben Forschungs- und Praxisbezüge auf die fachlichen und überfachlichen Erträge eines Studiums?

Die Befunde zu diesen Themen auf der empirischen Grundlage des Studierendensurveys und des Studienqualitätsmonitors wurden bereits publiziert: »Forschung und Praxis im Studium«, herausgegeben vom Bundesministerium für Bildung und Forschung (Multrus 2012). Die nachfolgenden Ausführungen stützen sich weitgehend auf diesen Bericht.

2. BEFUNDE ZU FORSCHUNG UND PRAXIS AUS STUDENTISCHER SICHT

2.1 Praxis ist Studierenden wichtiger als Forschung

Die Studierenden erwarten in erster Linie eine gute wissenschaftliche Ausbildung von ihrem Studium. Zwei Drittel sehen darin einen großen Nutzen. Dennoch bleiben Wissenschaft und Forschung für viele Studierende eher marginale Bereiche, weil nur eine Minderheit erwartet, im Beruf später wissenschaftlich oder forschend tätig zu sein. Sie sehen sich eher als passive Rezipienten der Forschungsresultate und weniger als Erforscher des Unbekannten.

Als Erträge eines Studiums erwarten die Studierenden am häufigsten den Erwerb von fachlichen Kenntnissen und praktischen Fähigkeiten. Der Praxisertrag ist dabei für 59 % an Universitäten und 71 % an Fachhochschulen sehr wichtig. Die allgemeine Beschäftigungsfähigkeit führt zudem jeder zweite Studierende als sehr wichtig an. Die Förderung wissenschaftlicher Fähigkeiten hat dagegen nur für jeden dritten, die Forschungsbefähigung sogar nur für jeden vierten Studierenden eine sehr große Bedeutung.

Von der Teilnahme an einem Forschungsprojekt verspricht sich die Hälfte der Studierenden größere persönliche und berufliche Vorteile. Aber mehr Studierende, gut zwei Drittel, sehen es für die allgemeinen Berufschancen als sehr nützlich an, Arbeitserfahrungen außerhalb der Hochschule zu sammeln, insbesondere die Studierenden an Fachhochschulen (69 %).

In der Lehre halten die Studierenden Forschungs- und Praxisbezüge durchaus für wichtig, allerdings in unterschiedlichem Umfang. Forschungsbezüge sind jedem Zweiten wichtig, an Universitäten etwas mehr als an Fachhochschulen, Praxisbezüge sind dagegen fast allen Studierenden wichtig, an Fachhochschulen noch mehr als an Universitäten. Dabei ist für die Studierenden die kontinuierliche Einbindung von Forschung und Praxis in den einzelnen Lehrveranstaltungen bedeutsamer als spezielle Vertiefungen in gesonderten Veranstaltungen oder die Möglichkeit zur praktischen Teilhabe, obwohl beides häufig gefordert wird. Die Studierenden halten es für wichtiger, dass Forschungs- und Praxisbezüge die fachliche Lehre durchdringen, als dass sie gesondert angeboten und vermittelt werden.

2.2 Weniger forschungsnahe als praxisorientierte Lehrangebote

Von forschungsnahen Studienangeboten berichtet fast jeder zweite Studierende, aber nur für 16 % an Universitäten und 11 % an Fachhochschulen werden sie sehr intensiv im Studium angeboten. Am häufigsten finden Veranstaltungen zu aktuellen Forschungsarbeiten bzw. Kolloquien statt; etwas seltener sind Übungen zu Forschungsmethoden oder Möglichkeiten, an Forschungsprojekten mitzuarbeiten. Selten sind Angebote zur Einführung in die Forschung und Forschungspraktika an der Hochschule (vgl. Abbildung 1).

Abbildung 1: Forschungsnahe Studienangebote im Studiengang
(WS 2009/10) (Skala von 0 =»trifft überhaupt nicht zu« bis 6 =»trifft voll
und ganz zu«; Angaben in Prozent für Kategorien: 3-4 =»trifft teilweise zu«
und 5-6 =»trifft stark zu«)

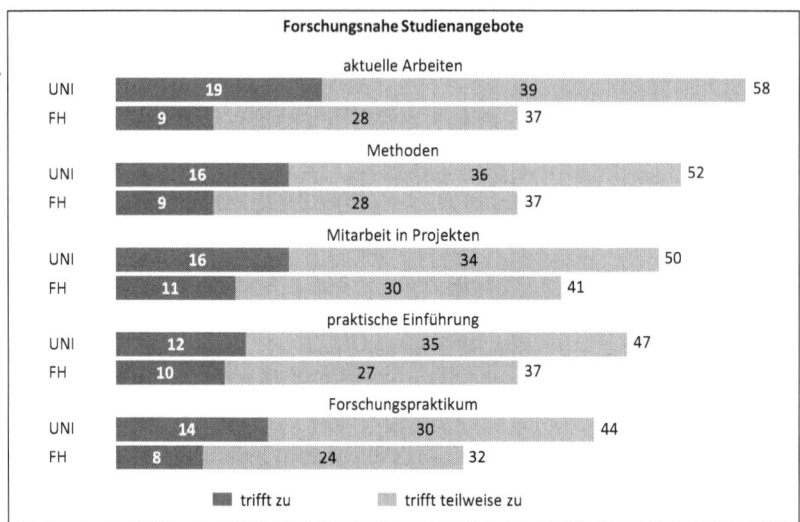

Quelle: Studierendensurvey 1983-2010, AG Hochschulforschung, Universität Konstanz.

Die Urteile der Studierenden über die Angebote mit Forschungsbezug fallen überwiegend schlecht aus. Spezielle Veranstaltungen, in denen Forschungsmethoden und Forschungsergebnisse vorgestellt werden, bewertet nur ein Viertel als gut, dagegen jeder Dritte als schlecht. Ähnlich beurteilen die Studierenden die Möglichkeit, im Studium selbst zu forschen.

Praxisorientierte Studienangebote gibt es an Universitäten für mehr als jeden zweiten Studierenden, an Fachhochschulen für die große Mehrheit. Häufig vorhanden sind diese Angebote aber nur für 25 % der Studierenden an Universitäten und für 45 % an Fachhochschulen. Am häufigsten erhalten die Studierenden Vorträge aus der Praxis. Danach folgen Angebote zu praxisorientierten Projekten an der Hochschule. Etwas seltener sind Angebote zur Einübung von berufspraktischen Tätigkeiten und Aufgaben. Am seltensten werden die Studierenden über Anforderungen und Erfordernisse in verschiedenen Berufsfeldern unterrichtet. Praktika innerhalb der Hochschule sind wenig üblich (vgl. Abbildung 2).

Veranstaltungen, in denen Praxiswissen vermittelt wird, bewertet jeder zweite Studierende an Fachhochschulen als gut, ein Fünftel hält sie für schlecht. An Universitäten gelangen dagegen nur 30 % der Studierenden zu einem guten

Urteil, während 36 % schlecht bewerten. Ganz ähnlich sind die Urteile für die Möglichkeit, eigene praktische Erfahrungen zu sammeln.

Abbildung 2: Praxisorientierte Studienangebote im Studiengang
(WS 2009/10) (Skala von 0 = »*trifft überhaupt nicht zu*« *bis 6 =* »*trifft voll*
und ganz zu«*; Angaben in Prozent für Kategorien: 3-4 =* »*trifft teilweise zu*«
und 5-6 = »*trifft stark zu*«*)*

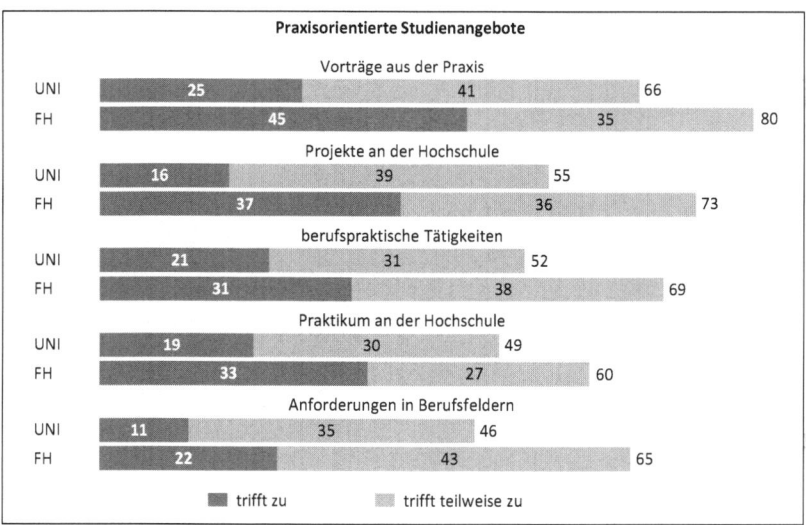

Quelle: Studierendensurvey 1983-2010, AG Hochschulforschung, Universität Konstanz.

2.3 Wenig Forschungs- und Praxisbezüge in der Lehre

Die Lehre in ihrem Fach charakterisieren 24 % der Studierenden an Universitäten und 15 % an Fachhochschulen als sehr forschungsbezogen. Die Einbindung von Forschungsfragen in die einzelnen Lehrveranstaltungen erfährt nur jeder fünfte Studierende sehr häufig. Regelmäßige Einführungen in Forschungsmethoden bekommen 15 % der Studierenden an Universitäten und 12 % an Fachhochschulen in ihren Veranstaltungen. Allerdings erleben bis zu 47 % der Studierenden zumindest manchmal Forschungsbezüge. Die bilanzierenden Urteile über den Forschungsbezug in den Lehrveranstaltungen fallen mehrheitlich nicht gut aus: Nur 40 % der Studierenden an Universitäten und 30 % an Fachhochschulen halten ihn für gelungen.

Abbildung 3: Beurteilung des Forschungsbezugs der Lehrveranstaltungen
(2010) (Angaben in Prozent für Skala von 1 = »sehr schlecht« bis 5 = »sehr gut«)

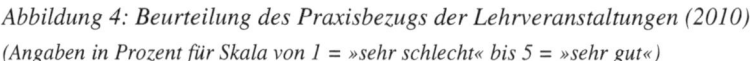

Quelle: Studienqualitätsmonitor, HIS und AG Hochschulforschung, 2010.

Ein enger Praxisbezug ist für 18 % der Studierenden an Universitäten sehr charakteristisch für ihr Studienfach, aber für 50 % an den Fachhochschulen. Eine
gute Berufsvorbereitung attestieren ihrem Fach nur 11 % (Uni) bzw. 29 % (FH);
für weitere rund zwei Fünftel ist die gute Berufsvorbereitung teilweise eingelöst.
Sehr oft erhält an Universitäten jeder dritte Studierende Praxisbeispiele in den
Lehrveranstaltungen, an Fachhochschulen jeder zweite. Zusammenhänge zur
Praxis werden für 38 % bzw. 58 % der Studierenden häufig hergestellt; bis zu
zwei Fünftel der Studierenden erhalten manchmal solche Praxisbezüge.

Die Bewertungen der Praxisbezüge in den Lehrveranstaltungen fallen an
Fachhochschulen besser aus. Die Mehrheit der Studierenden bezeichnet sie als
gut bis sehr gut (72 %, davon 34 % als sehr gut). An Universitäten urteilen weit
weniger Studierende positiv (46 %, davon 15 % als sehr gut; vgl. Abbildung 4).

Abbildung 4: Beurteilung des Praxisbezugs der Lehrveranstaltungen (2010)
(Angaben in Prozent für Skala von 1 = »sehr schlecht« bis 5 = »sehr gut«)

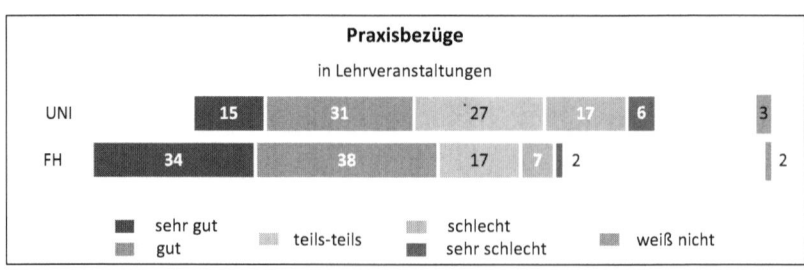

Quelle: Studienqualitätsmonitor, HIS und AG Hochschulforschung, 2010.

Insgesamt sind für die Studierenden zu wenig Forschungs- und Praxisbezüge ins
Studium eingebaut, denn sie möchten gerne deutlich mehr davon geboten bekommen. Ihre Bewertungen zu den Forschungs- und Praxisangeboten und den

Einbindungen in die Lehre fallen oftmals schlecht aus. Zudem wird die wissenschaftliche Ausbildung als zu gering empfunden und nur als durchschnittlich bewertet.

Als wichtigste Verbesserung für ihre Studiensituation heben die Studierenden an Universitäten einen stärkeren Praxisbezug im Studium hervor. Zwei Fünftel fordern ihn dringend. Demgegenüber wünschen sich nur halb so viele Studierende mehr Forschungsbeteiligung. An Fachhochschulen hält jeder vierte Studierende eine Stärkung der Forschungs- und der Praxisanteile für dringlich. Dafür spielen zum einen die vorhandenen Anteile in der Lehre eine Rolle und zum anderen die Erwartungen an das Studium. An Fachhochschulen haben die Studierenden bereits mehr Praxisanteile, weshalb sie diese weniger einfordern, und sie haben fast vergleichbare Forschungsanteile wie an Universitäten, weshalb sie diese auch nicht häufiger einfordern. Die Universitäten haben im Vergleich dazu vor allem Defizite in den Praxisanteilen.

2.4 Erfahrungen außerhalb der Hochschule: Praktikum

Das Praktikum stellt eine Phase des Studiums dar, in der berufliche Erfahrungen außerhalb der Hochschule gesammelt werden können. Insofern sind sie keine Praxisbezüge der Lehre oder des Faches, sondern eigene Erfahrungen außerhalb der theoretischen Ausbildung. Die Studierenden sind an diesen Erfahrungen sehr interessiert und sie werden von ihnen als sehr nützlich beurteilt. Deshalb unterstützt die Mehrheit der Studierenden feste Praktikumsphasen während des Studiums, an Fachhochschulen noch mehr als an Universitäten.

Die Mehrheit der Studierenden muss ein Praktikum während des Studiums absolvieren. Für 72 % an Universitäten und 87 % an Fachhochschulen ist es Pflicht. Gut die Hälfte der Studierenden war zum Erhebungszeitpunkt bereits im Praktikum. Ein großer Teil plant noch ein Praktikum ein. Etwa jeder Zehnte will dazu ins Ausland gehen. An Fachhochschulen dauert das Praktikum länger als an Universitäten. Im Schnitt benötigen die Studierenden an Universitäten vier, an Fachhochschulen fast sechs Monate für ihr Praktikum. Am kürzesten sind die Bachelor-Studierenden im Praktikum.

Die meisten Studierenden setzen große Erwartungen in den Nutzen eines Praktikums. Wichtig ist ihnen der Berufsbezug, weshalb sie außerhalb der Hochschule das Berufsleben kennenlernen wollen und weniger ein Praktikum an der Hochschule suchen. Dessen Wert schätzen sie geringer ein als Erfahrungen außerhalb der Hochschule. Über die Hälfte erwarten deutliche Vorteile durch ein Praktikum, besonders für Erfahrungen in praktischen Fertigkeiten und in beruflichen Kenntnissen, für Kontakte zu Arbeitgebern und die eigene

Berufsentscheidung. Fast genauso hohe Erwartungen haben sie für die Prüfung ihrer Berufseignung, die Möglichkeit der Anwendung des gelernten Wissens, für bessere Anstellungschancen sowie für den Erwerb und Ausbau von überfachlichen Kompetenzen. Studierende an Fachhochschulen erhoffen sich besonders häufig Arbeitgeberkontakte und dadurch später bessere Anstellungschancen (vgl. Abbildung 5).

Abbildung 5: Nutzen eines Praktikums (WS 2009/10)
(Skala von 0 =»gar keinen Nutzen« bis 6 =»sehr großen Nutzen«;
Angaben in Prozent für Kategorien: 3-4 =»nützlich« und 5-6 =»sehr nützlich«)

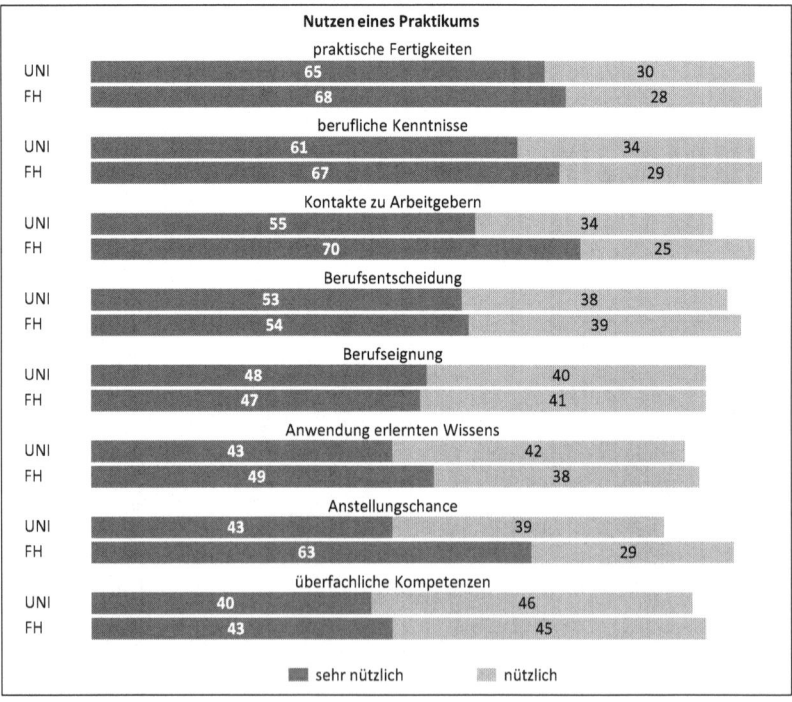

Quelle: Studierendensurvey 1983-2010, AG Hochschulforschung, Uni Konstanz.

Studierende, die bereits ein Praktikum absolviert haben, schätzen den Praktikumsnutzen höher ein als Studierende ohne diese Erfahrung. Die Erfahrungen mit einem Praktikum bestätigen damit nicht nur den erwarteten Nutzen, sondern übertreffen ihn teilweise sogar. Die größten Vorteile im Praktikum sehen Studierende an Universitäten, die sieben bis neun Monate im Praktikum waren, an den Fachhochschulen Studierende mit mehr als neun Monaten Praktikumsdauer.

2.5 Forschungsteilhabe und »Forschendes Lernen«

In besonderer Weise entspricht das »Forschende Lernen« den Vorstellungen einer Bildung durch Wissenschaft. Viele Studierende setzen es um, an Fachhochschulen ebenso wie an Universitäten. Mehr als zwei Fünftel entwickeln häufig eigene Gedanken zur Lösung eines Problems. Jeder Dritte liest regelmäßig spezielle Fachliteratur über das empfohlene Maß hinaus. 28 % der Studierenden entwickeln eigene Arbeitsbereiche. 16 % versuchen Forschungsergebnisse nachzuvollziehen. Jeder Siebte hat bereits häufiger eine eigene Untersuchung durchgeführt.

An Universitäten haben 15 %, an Fachhochschulen 9 % der Studierenden bereits an einem Forschungsprojekt mitgearbeitet. Und jeder fünfte Studierende an Universitäten und jeder achte an Fachhochschulen war bereits als wissenschaftliche Hilfskraft oder Tutor bzw. Tutorin tätig. Die Tätigkeit als wissenschaftliche Hilfskraft oder Tutor sowie die Teilnahme an einem Forschungsprojekt geht mit einem verstärkten Engagement für das »Forschende Lernen« einher. Große Effekte hat auch die Einschätzung der eigenen Studier- und Lernfähigkeit. Wer sich selbst die Fähigkeiten zuschreibt, über längere Zeit hinweg konzentriert lernen zu können, den Lehrstoff gut organisieren sowie vor allem leicht neue Fakten lernen zu können, der ist im Hinblick auf das »Forschende Lernen« viel engagierter.

Das »Forschende Lernen« beinhaltet die Auseinandersetzung mit Wissenschaft und Forschung sowie deren praktische Anwendung, vor allem aber Eigenengagement. Viele Studierende setzen Elemente des »Forschenden Lernens« um. Diese Bemühungen verbessern das Studienerleben, sie stärken die Selbsteinschätzung und erhöhen den Studienertrag. Gesteigert werden kann das »Forschende Lernen« durch ausreichende Wissenschafts- und Forschungsbezüge, durch die Vermittlung zusätzlicher Qualifikationen sowie durch ein gutes soziales Klima im Fachbereich. Forschungsnahe und praxisorientierte Angebote im Studium verstärken die Aktivität für das »Forschende Lernen« ebenfalls.

2.6 Erträge des Studiums: Kenntnisse und Kompetenzen

Fast alle Studierenden fühlen sich in den fachlichen Kenntnissen gefördert, davon an Universitäten 58 % und an Fachhochschulen 49 % sehr stark. Geringer sind die Studienerträge für die Kompetenzen in der Forschung und für die praktischen Fähigkeiten. In den Kenntnissen über wissenschaftliche Methoden fühlen sich 27 % an Universitäten und 15 % an Fachhochschulen stark gefördert, in der Fähigkeit, selbst zu forschen, sind es 16 % bzw. 11 %. Einen hohen Ertrag bei den praktischen Fähigkeiten erfahren an den Universitäten nur wenige (18 %), an den Fachhochschulen mit 32 % weit mehr.

Abbildung 6: Starke Förderungen von Kompetenzen im Studium an Universitäten und Fachhochschulen (WS 2009/10) (Skala von 0 =»gar nicht gefördert« bis 6 =»sehr stark gefördert«; Angaben in Prozent für Kategorien: 5-6 =»stark gefördert«)

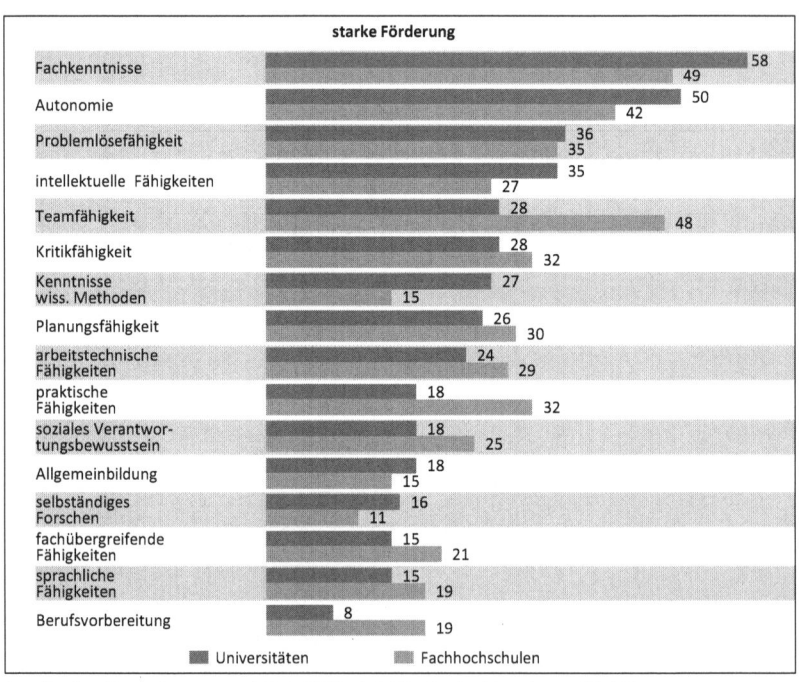

Quelle: Studierendensurvey 1983-2010, AG Hochschulforschung, Uni Konstanz.

Eine besondere Förderung in der Berufsvorbereitung bescheinigen nicht mehr als 8 % an den Universitäten bzw. 19 % an den Fachhochschulen ihrem Studium.

Die Studienerträge fallen insgesamt geringer aus als von den Studierenden erhofft. Sie werden für die Studierenden einseitig vom Fachwissen dominiert, wobei an den Universitäten ein Gewinn an Autonomie, an Fachhochschulen von Teamfähigkeit hinzukommen. Viele Kenntnisse und Fähigkeiten kommen aber nach Ansicht der Studierenden deutlich zu kurz, vor allem überfachliche Kompetenzen.

2.7 Auswirkungen auf Studienerträge

Sind Forschung und Praxis im Studium häufig vorhanden und gut integriert und wird in den Veranstaltungen häufig darauf Bezug genommen, dann sind auch deutliche Ertragsgewinne in der Kompetenzausbildung der Studierenden zu beobachten.

So berichten Studierende, die es häufig erleben, dass Lehrende in ihren Veranstaltungen auf Fragen der laufenden Forschung eingehen, an Universitäten zu 75 % von einer starken Förderung der Fachkenntnisse, an Fachhochschulen zu 68 %. Werden solche Forschungsbezüge von den Lehrenden nur manchmal in die Lehre eingebracht, dann sind nur noch 58 % an Universitäten und 49 % an Fachhochschulen der Ansicht, hohe fachliche Kenntnisse zu erhalten. Und kommen die Bezüge kaum vor, dann sehen sich noch 45 % bzw. 42 % der Studierenden stark gefördert. Ähnliche Effekte hat die Einbindung der Praxis. Hören die Studierenden häufig Beispiele aus der Praxis, dann berichten 71 % an Universitäten und 62 % an Fachhochschulen von einem hohen fachlichen Ertrag. Kommen solche Praxisbeispiele in den Lehrveranstaltungen nur manchmal vor, dann erhalten nur noch 53 % an Universitäten und 36 % an Fachhochschulen eine starke Förderung der Fachkenntnisse. Und sind Praxisbeispiele kaum vorhanden, dann berichten 39 % bzw. 21 % der Studierenden von einem hohen Fachertrag (vgl. Tabelle 1).

Häufige Einbeziehung von Forschung und Praxis in der Lehre erhöht die Kompetenzentwicklung, fehlende oder unzureichende Einbindungen vermindern den Ertrag. Dies ist für die praktischen Fähigkeiten und die Berufsvorbereitung ebenso zu erkennen, wie für die Fähigkeit selbständig zu forschen, die Ausbildung von wissenschaftlichen Kenntnissen oder die Autonomie. Auch die intellektuellen Fähigkeiten, das Problemlösen und die Planungsfähigkeit werden durch die Einbindung von Forschung und Praxis in die Lehre deutlich gesteigert (vgl. Tabelle 1).

Tabelle 1: Studienerträge in Abhängigkeit von der Häufigkeit
an Forschungsfragen und Praxisbeispielen in der Lehre (WS 2009/10)
(Studienerträge: Skala von 0 = »gar nicht gefördert« bis 6 = »sehr stark gefördert«,
Angaben in Prozent für Kategorien: 5-6 = »starke Förderung«; Kategorien für Bezüge
in der Lehre: Skala von 0 = »nie« bis 6 = »sehr häufig«; Angaben für Kategorien:
0-2 = »kaum«, 3-4 = »manchmal«, 5-6 = »häufig«)

| | Fragen zur laufenden Forschung | | | | | |
| **Studienerträge** | Universitäten | | | Fachhochschulen | | |
starke Förderung von:	kaum	manch-mal	häufig	kaum	manch-mal	häufig
Fachkenntnisse	45	58	75	42	49	68
prakt. Fähigkeiten	10	16	27	22	27	47
Berufsvorbereitung	4	8	14	14	14	35
selbst. Forschen	8	14	33	4	12	23
wiss. Kenntnisse	15	24	46	8	18	31
Autonomie	47	46	60	34	40	54
Problemlösen	30	34	51	26	30	47
Planungsfähigkeit	24	24	35	22	28	41
intellektuelle Fähigkeiten	29	32	46	23	25	37
	Beispiele aus der Praxis					
Fachkenntnisse	39	53	71	21	36	62
prakt. Fähigkeit	6	12	28	9	15	40
Berufsvorbereitung	2	6	15	1	7	27
selbst. Forschen	13	12	23	7	8	13
wiss. Kenntnisse	17	20	36	4	10	21
Autonomie	46	47	55	33	29	49
Problemlösen	30	31	45	17	20	41
Planungsfähigkeit	21	24	33	16	20	35
intellektuelle Fähigkeiten	30	32	38	23	17	32

Quelle: Studierendensurvey 1983-2010, AG Hochschulforschung, Universität Konstanz.

Allerdings tritt der Kompetenzgewinn in den Erträgen erst dann stark hervor, wenn die Einbindungen häufig vorkommen, eine Steigerung der Bezüge von „kaum" zu „manchmal", erzielt meist nur geringe Effekte.

Häufige Forschungs- und Praxiseinbindungen im Studium verbessern die Ertragsbilanz der Studierenden, wobei gute Forschungsbezüge sogar einen etwas größeren Kompetenzgewinn erzielen als gute Praxisbezüge, auch an Fachhochschulen. Ferner verbessern auch eine gute wissenschaftliche Ausbildung, eine gute Berufsvorbereitung oder eine gute Vermittlung von Schlüsselqualifikationen die Studienerträge erkennbar. Und die Studierenden fühlen sich besser gefördert, wenn die Anforderungen des Fachbereichs ausgewogen sind und keine zu hohen oder zu geringen Ansprüche gestellt werden. An Universitäten haben praktische Angebote zur Forschung sowie eine gute Berufsvorbereitung die stärksten Wirkungen auf die Studienerträge, an Fachhochschulen sind es der Forschungsbezug in der Lehre und die Anwendungen von Forschungsmethoden. Auch das eigene Engagement der Studierenden verbessert die Studienerträge. Die Mitarbeit an einem Forschungsprojekt, das »Forschende Lernen« und eine Tätigkeit als wissenschaftliche Hilfskraft erhöht an Universitäten die fachlichen, forschenden und wissenschaftlichen Kompetenzen deutlich, an Fachhochschulen die praktischen. Wenig Ertragsgewinn erbringt dagegen ein Praktikum.

2.8 Veränderungen über die Zeit

Im langjährigen Vergleich hat sich die Studiensituation nach dem Urteil der Studierenden verbessert. Die Hochschulen achten mehr auf Einbindungen von Forschung und Praxis in Lehre und Studium. Die Studierenden erfahren häufiger Forschungsbezüge und Praxisanteile als in den 90er Jahren. Daher haben die Wünsche nach Verbesserung der Studiensituation durch mehr Forschungs- und Praxisbezüge etwas nachgelassen.

Etwas verbessert hat sich die Unterstützung der Studierenden im wissenschaftlichen Arbeiten. Aufgrund der besseren Studienbedingungen erreichen die Studierenden höhere Studienerträge und fühlen sich in den verschiedenen Kompetenzen mehr gefördert als Ende der 90er Jahre.

Die Fachhochschulen haben die praktische Ausbildung und Anwendung als Schwerpunkt beibehalten. Die Praxisanteile sind im Studium weit größer als an Universitäten, und sie werden zudem von den Studierenden häufiger besser beurteilt. Hinsichtlich der Forschungsanteile haben die Fachhochschulen deutlich gegenüber den Universitäten aufgeholt, die Unterschiede sind nur noch gering. Die Studierenden an Fachhochschulen profitieren erkennbar durch den verbesserten Forschungsbezug der Lehre, auch hinsichtlich ihrer praktischen Ausbildung.

Die Universitäten haben dagegen kaum Zugewinne aufzuweisen, weder beim Forschungs- noch beim Praxisbezug. Sie haben aus Sicht der Studierenden viel zu wenig Praxisbezüge und hinsichtlich der Forschungsangebote gegenüber den Fachhochschulen keinen deutlichen Vorsprung mehr. Trotz einer Steigerung der Forschungs- und Praxisbezüge im neuen Jahrtausend reichen sie den Studierenden oftmals noch nicht aus. Zwar haben die Hochschulen deren Wichtigkeit erkannt und setzen sie zunehmend um, dennoch bestehen weiterhin große Differenzen zwischen dem Faktenlernen und der Fachleistung auf der einen Seite und den Angeboten an Forschungs- und Praxisbezügen im Studium auf der anderen Seite. Dieser Überhang erscheint problematisch, weil Forschung und Praxis nicht außerhalb der fachlichen Lehre liegen dürften, sondern gewichtiger Teil davon sein sollten, an denen sich die Fachkenntnisse ausbilden können.

2.9 Neue Studienstruktur

Große Unterschiede in den Forschungs- und Praxisbedingungen finden sich zwischen den Abschlussarten Bachelor und Master: An Universitäten bezeichnen 31 % der Masterstudierenden ihr Fach als stark forschungsbezogen, von den Bachelorstudierenden nur 19 %. An Fachhochschulen ist der Forschungsbezug etwas seltener, hier erleben 22 % der Masterstudierenden ihr Hauptfach als sehr forschungsbezogen, aber nur 13 % der Bachelorstudierenden. Ähnlich große Differenzen treten für den Praxisbezug und die Berufsvorbereitung auf (vgl. Tabelle 2).

Das Master-Studium ist vergleichsweise gut und gewinnbringend gestaltet, während der Bachelor größere Defizite beim Forschungs- wie auch beim Praxisbezug aufweist. Das Master-Studium kann im Vergleich zu den früheren Abschlüssen (Diplom, Magister) auf eine gute theoretische und praktische Gestaltung verweisen. Die Studierenden dieser Studiengänge erfahren vergleichsweise gute Studienbedingungen, gute Forschungs- und Praxisbezüge und deshalb vergleichsweise hohe Studienerträge. Dieses neue Studienmodell hat sich demnach in der zweiten Studienphase für die Studierenden positiv bewährt, obwohl auch das Master-Studium hinsichtlich Forschung und Praxis noch verbessert werden kann.

Tabelle 2: Forschungs- und Praxisbezüge als Kennzeichen des Faches an
Universitäten und Fachhochschulen nach Abschlussart (WS 2009/10)
(Skala von 0 = »überhaupt nicht« bis 6 = »sehr stark«; Angaben in Prozent
für Kategorien: 3-4 = »teilweise« und 5-6 = »stark«)

Universitäten					
Forschungsbezug	Bachelor	Master	Diplom	Magister	Staatsex.
stark	19	31	30	25	22
teilweise + stark	66	73	79	69	70
Praxisbezug					
stark	16	25	20	9	20
teilweise + stark	53	61	58	35	58
Berufsvorbereitung					
stark	9	15	11	5	12
teilweise + stark	52	57	52	25	54
Fachhochschulen					
Forschungsbezug	Bachelor	Master	Diplom		
stark	13	22	18		
teilweise + stark	58	60	55		
Praxisbezug					
stark	47	61	57		
teilweise + stark	85	88	88		
Berufsvorbereitung					
stark	27	36	33		
teilweise + stark	77	83	77		

Quelle: Studierendensurvey 1983-2010, AG Hochschulforschung, Universität Konstanz.

Das Bachelor-Studium weist dagegen große Defizite in fast allen Belangen von Forschung und Praxis auf. Der Bachelor ist doppelt benachteiligt, weil er im Vergleich zu den anderen Abschlussarten weniger an Praxiserfahrungen und weniger an Forschungsorientierung erhält. Darunter leiden die Studienerträge und vor allem die angestrebte Beschäftigungsbefähigung (»Employability«) bleibt für die Studierenden geringer.

2.10 Besonderheiten in den Fächergruppen

Große Unterschiede hinsichtlich der Forschungs- und Praxisbezüge ergeben sich zwischen den verschiedenen Fächergruppen. Es lassen sich deutliche Stärken und Schwächen erkennen. Die größte Forschungsnähe ist in den Natur- und Sozialwissenschaften sowie der Medizin vorhanden. Die stärkste Praxisorientierung findet sich bei Medizin und Jura. Wissenschaftlichkeit erfahren am häufigsten die Studierenden der Sozialwissenschaften, aber auch die Studierenden der Geistes- und Naturwissenschaften. In den allgemeinen Kompetenzen fühlen sich die Studierenden der Naturwissenschaften und der Ingenieurwissenschaften am besten gefördert.

Schwächen bestehen im Medizinstudium in der Wissenschaftlichkeit des Studiums und bei dem Gewinn an überfachlichen Kompetenzen. Die Ingenieurwissenschaften bieten wenig Wissenschaftlichkeit und Forschungsbezüge, dagegen haben die Geisteswissenschaften größere Defizite in der Praxisvermittlung. Die Wirtschaftswissenschaften weisen im Vergleich zu anderen Fächergruppen in allen Bereichen Mängel auf.

Entsprechend ihrer Ausrichtung legen die verschiedenen Fächergruppen Schwerpunkte in ihre Ausbildung, die anscheinend aber zu Vernachlässigungen in anderen Bereichen führen. Keine Fächergruppe weist nur Stärken bei den Forschungs- und Praxisangeboten auf und keine erreicht in allen wichtigen Kompetenzen gleichermaßen hohe Erträge.

Besonders auffällig ist das Medizinstudium, das sich zwar durch breite Forschungs- und Praxisbezüge in der Lehre präsentiert, doch in der Wissenschaftlichkeit und der Ertragsbilanz deutlich zurückfällt. Hier scheint eine Studiensituation vorzuliegen, die trotz guter Bedingungen zu geringe Wirkung bei den Erträgen des Studiums erzielt. Die sehr hohen Anforderungen in dieser Fachrichtung und die ungünstige kommunikative Situation können dafür eine maßgebliche Rolle spielen.

3. ZUSAMMENFASSUNG UND FOLGERUNGEN

3.1 Zusammenfassung: Spektrum der Befunde

Zusammenfassend lassen sich aus den Angaben der Studierenden im Studierendensurvey und im Studienqualitätsmonitor zum Thema Forschungs- und Praxisbezüge im Studium folgende Ergebnisse festhalten:

- Forschung und Praxis haben für die Studierenden unterschiedliche Bedeutung: Praxis ist ihnen viel wichtiger als Forschung.
- Praxisbezüge und Praxisanteile sind an Fachhochschulen größer als an Universitäten, die ein Praxisdefizit haben. Forschungsangebote sind an Universitäten kaum stärker ausgeprägt als an Fachhochschulen, die hier deutlich aufgeholt haben.
- Forschung und Praxis sind im Vergleich zur Bedeutung, die sie für die Studierenden einnehmen, beide zu wenig im Studium vorhanden.
- Die Forschungs- und Praxisanteile werden von den Studierenden nicht sonderlich positiv bewertet.
- Die meisten Studierenden charakterisieren ihre Fächer weder durch eine Forschungs- noch durch eine enge Praxisorientierung. Noch weniger eingelöst ist für die Studierenden eine gute Berufsvorbereitung.
- Die Erträge in den praktischen Fähigkeiten und in der Fähigkeit, selbständig zu forschen, fallen gering aus. Allerdings ist der Praxisertrag an Fachhochschulen deutlich größer als an Universitäten.
- Einige Studierende zeigen ein großes Engagement, Kenntnisse und Erfahrungen in der Forschung und der Praxis zu erwerben. Darunter fallen Teilnahmen an Forschungsprojekten, Anstellungen als wissenschaftliche Hilfskraft oder Tutor, Praktika an oder außerhalb der Hochschule sowie das »Forschende Lernen«.
- Die Studierenden bewerten Forschungs- und Praxisbezüge dann besser, wenn sie häufiger vorhanden sind, wenn ausreichend zusätzliche Lehrangebote dazu zur Verfügung stehen und wenn Forschung und Praxis als Kennzeichen des Hauptfaches gelten.
- Erleben die Studierenden gute Studienbedingungen, häufige Angebote und Bezüge zur Forschung und Praxis, fühlen sie sich besser in ihren Forschungs- und Praxiskompetenzen sowie in den fachlichen, wissenschaftlichen und überfachlichen Fähigkeiten gefördert.
- Studierende, die in Forschungsprojekten mitgearbeitet haben, eine Hilfskraftanstellung inne hatten oder selbständig forschend lernen, erleben und beurteilen Forschung und Praxis im Studium besser, und sie erzielen höhere Erträge in ihrem Kompetenzprofil.
- Ein Praktikum hat wenig Einfluss auf die Bewertung des Studiums. Jedoch erwarten und erhalten die Studierenden klare Vorteile durch ein Praktikum hinsichtlich Erfahrungen, Kenntnissen, Eignungsprüfung, Entscheidungssicherheit und Kontakten mit der Berufswelt.

- Gute Forschungsbezüge haben einen deutlichen Einfluss auf die praktischen Fähigkeiten, ebenso auf die wissenschaftlichen und überfachlichen Kompetenzen. Dieser Einfluss ist sogar größer als der von guten Praxisbezügen.

Diese Befunde verdeutlichen nicht nur den Stellenwert von Praxis und Forschung für die Studierenden, sie verweisen auch auf manche Defizite in Studienangeboten und Lehre. Vor allem vermitteln sie, wie bedeutsam Forschungsbezüge für den Studienertrag sind. Forschung und »Forschendes Lernen« sind zwar traditionelle Forderungen an die Hochschulausbildung, aber im Alltag des Studiums kommen sie anscheinend zu kurz.

3.2 Folgerungen für Studium und Lehre: Plädoyer für mehr Forschungsbezüge

Um Wissenschaft für Studierende erlebbar zu machen, sind Forschungsanteile im Studium notwendig, erscheinen aber oftmals vernachlässigt – in der Lehre wie von den Studierenden selbst. Forschung stellt Erkenntnisse und Einsichten her, sie ist aber zugleich selbst angewandte Praxis, in der das Gelernte umgesetzt, wissenschaftliches Denken und Handeln eingeübt und überfachliche Qualifikationen geschaffen werden können. Forschung macht Wissenschaft praktisch erfahrbar, fördert Motivation und studentisches Engagement. Daher muss auch das Verständnis für Forschung den Studierenden in ausreichendem Maße vermittelt und ihr Engagement dazu unterstützt und gefördert werden.

Forschungs- und Praxisbezüge im Studium verbessern ebenso wie die wissenschaftlichen Angebote das Studienerleben, die Studienerträge und das Eigenengagement der Studierenden. Dadurch kann insgesamt die Studienqualität erhöht werden. Die positive Auswirkung von guten Forschungsbezügen auf die Ertragsbilanz des Studiums, die sogar größer ist als die guter Praxisbezüge, erhärtet eindrucksvoll, wie wichtig Forschung für das Studium ist. Und die deutlichen Auswirkungen des Forschungsbezuges auf die Förderung von praktischen Fähigkeiten belegen, dass Forschung als eine spezifische Praxis anzusehen ist, die im Studium mehr Raum einnehmen sollte.

Daher ist der Ausbau von wissenschaftlichen und forschungsnahen Angeboten und deren frühzeitiger Einsatz besonders wichtig für ein ertragreiches Studium. Als aussichtsreich dürften sich hier einführende und übergreifende Metaveranstaltungen bereits zu Studienbeginn erweisen, in denen Wissenschaft und Forschung allgemein erarbeitet und begreiflich gemacht werden, in denen Denken und Handeln bewusst eingeübt und fachspezifisch umgesetzt werden. Dazu gehören auch Fragen der Verantwortlichkeit und Ethik in der Wissenschaft.

Wichtig sind zusätzliche Angebote mit Anregungen zu Vertiefungen und einer eigenen Teilnahme an der Forschung. Hierzu zählt ebenfalls die Verbesserung der Studienbedingungen für das »Forschende Lernen«, denn ein gutes soziales Klima, Forschungsnähe, Wissenschaftlichkeit und Praxisbezüge fördern diesen Lernstil erkennbar.

Für die Universitäten ist der Ausbau von Forschung und Praxis im Studium besonders wichtig, da sie in den Praxisbezügen große Defizite aufweisen und sich hinsichtlich Forschungsorientierung kaum noch von den Fachhochschulen unterscheiden.

Besonders wichtig sind den Studierenden praktische Erfahrungen. Die Hochschulen sollten den Wunsch nach mehr Praxisphasen aufnehmen und die Studierenden in ihren Praxisphasen besser unterstützen. Die Ergebnisse weisen auf Mängel in Vermittlung und Betreuung hin. Mehr Kooperationen mit passenden Praktikumsstellen erscheinen wünschenswert.

Im Bachelor-Studium sollten die Forschungs- und Praxisanteile gestärkt werden. Als erster Hochschulabschluss muss er wissenschaftliche Standards einhalten und einen berufsbefähigenden Abschluss vermitteln. Kritisch ist die kurze Praktikumsdauer der Bachelor-Studierenden anzumerken, weil die Ergebnisse zeigen, dass der größte Nutzen erst bei einer Dauer von zumindest einem halben Jahr einsetzt.

Forschung ist auch eine Praxisform, sodass jede Stärkung der Forschung zugleich eine Stärkung der Praxis bedeutet. Die Fachbereiche müssen deshalb vermehrt Forschungsanteile in die Ausbildung integrieren. Ein einseitiger Ausbau der Praxis würde nur einseitige Verbesserungen erbringen, während eine stärkere Forschungseinbindung dazu führt, Wissenschaft mit Praxis und Fakten mit Erkenntnis zu verbinden.

Für den Wissenschaftsrat ist das Einüben wissenschaftlichen Denkens und Arbeitens unverzichtbar für jegliches Studieren. Das Ziel des Studiums wird in der intellektuellen Bildung durch Wissenschaft und der wissenschaftlich basierten Beschäftigungsbefähigung gesehen (vgl. WR 2000, 2008). Den Empfehlungen des Wissenschaftsrates kann am meisten durch die Stärkung der Forschung und des »Forschenden Lernens« in der Ausbildung entsprochen werden, die zumindest gleicher Anstrengungen und Ressourcen bedürfen wie die Förderung des Berufsbezugs und der Praxisphasen.

LITERATUR

Multrus F. (2012): Forschung und Praxis im Studium. Bundesministerium für Bildung und Forschung (Hg.) Bonn, Berlin 2012.

Wissenschaftsrat (2000): Empfehlungen zur Einführung neuer Studienstrukturen und -abschlüsse in Deutschland. 2000.

Wissenschaftsrat (2008): Empfehlungen zur Qualitätsverbesserung von Lehre und Studium. Drucksache. 8639-08, 2008.

Hochschule-Praxis-Kooperationen in Studium und Lehre

Erfolgs- und Risikofaktoren

PEER PASTERNACK

1. KONKURRIERENDE BEWERTUNGEN

Die Verflechtung von Hochschulstudium und Praxis wird nicht einheitlich gesehen. Im Zuge der Employability-Orientierung gelten frühzeitige Praxiskontakte als Königsweg, um Berufsbefähigung herzustellen und Praxisschocks zu vermeiden. Eine ergänzende Perspektive sieht darin Chancen, Fachkenntnisse zu vertiefen, die (Praxis-)Relevanz der Fachkenntnisse erlebbar zu machen, überfachliche Kompetenzen zu erwerben und persönlichkeitsbildende Effekte zu erzeugen. Zugleich gibt es eine weit verbreitete Skepsis, inwieweit die Curriculagestaltung der gestuften Studiengänge hinreichende Freiräume für Praxiselemente bereithält.

Grundsätzlich konkurrierend wird darauf aufmerksam gemacht, dass die *Distanz* zur Welt der Arbeit ein zentrales Merkmal von Bildung sei – und zwar um Befähigungen zu erwerben, eben diese Welt der Arbeit und andere Lebenssphären erfolgreich zu bewältigen (Teichler 2003: 15). Lebenskluge Beschäftige verlangen auch genau das, denn: Praktiker wissen, »daß Praxis blind macht. Sie suchen nicht nach Leuten, die ihre Blindheit teilen« (Baecker 1999: 64).

Davon wiederum ist eine Auffassung abzusetzen, die in frühzeitigen studienbegleitenden Praxiserfahrungen einen Weg sieht, Hochschulabsolventinnen und -absolventen berufliche Perspektiven in der Region ihres Studienortes zu offerieren und damit Abwanderungsneigungen entgegenzuwirken. Diese Position gewinnt in eher peripheren Regionen an Bedeutung, da dort der sich anbahnende Fachkräftemangel schwieriger durch Anwerbungen von außen zu kompensieren ist.

Die unterschiedlichen Akzentsetzungen formulieren eine traditionelle Spannung, die in Hochschulstudien gelebt und produktiv gemacht werden muss: die Spannung zwischen Bildung und Ausbildung. Als wissenschaftliche Bildungseinrichtungen sind Hochschulen primär darauf ausgelegt, nicht für Routinetätigkeiten, sondern für solche beruflichen Handlungssituationen auszubilden, die grundsätzlich durch Ungewissheit, Deutungsoffenheit und Normenkonflikte gekennzeichnet sind. Das Handeln in solchen Situationen verträgt keine rein instrumentelle Anwendung von Wissen. Wer heute studiert, wird – in welchem beruflichen Feld auch immer – mit hoher Wahrscheinlichkeit morgen unter Zeitdruck, Ungewissheit und Normenkonflikten komplizierte Sachverhalte entscheiden und in solchen Situationen sicher handeln müssen. Daher geht es darum, den hochschulischen Bildungsauftrag mit dem Ausbildungsauftrag zu vermitteln. Es geht um die *Verbindung* von Theorie- und Praxisperspektive: Studierende und Absolventen müssen in die Lage versetzt werden, sowohl theoretisch angeleitet auf die Praxis schauen als auch die Praxisrelevanzen ihrer Theorieschulung erkennen und fruchtbar machen zu können.

2. DER OSTDEUTSCHE SONDERFALL ALS KÜNFTIGER GESAMTDEUTSCHER NORMALFALL

Eine periphere Großregion, die vom beginnenden Fachkräftemangel besonders betroffen ist, Anwerbungen von außen nur begrenzt zu realisieren vermag und daher möglichst große Verbleibsquoten der an den regionalen Hochschulen ausgebildeten Akademiker/innen benötigt, sind die ostdeutschen Bundesländer. Dort trifft der Rentenübertritt der Transformationsgeneration innerhalb eines Zeitfensters von 15 Jahren auf eine Situation, die gekennzeichnet ist durch eine vergleichsweise starke Ost-West-Mobilität bildungs- und aufstiegsorientierter junger Menschen, eine im Vergleich zu den westlichen Bundesländern niedrigere Übergangsquote vom Gymnasium an die Hochschule und einen deutlich reduzierten Umfang der nachwachsenden Generation in Folge des Geburtenknicks nach 1990. Zusammengenommen gefährdet dies den Generationsübergang in Unternehmen und bei sonstigen Beschäftigern (vgl. Lutz 2005: 10f.).

Diese ostdeutsche Problemlage ist indes keine, die allein regionale Bedeutung hat. Die Fachkräftelücke tritt hier auf Grund einer Sondersituation nur besonders zeitig und massiv auf. Die Herausforderung selbst steht auch für zahlreiche andere Regionen in der Bundesrepublik – in einigen Fächern, so den Ingenieurwissenschaften, auch dort bereits heute spürbar.

Ein Weg, die Fachkräftelücke regional zu mildern, besteht darin, Abwanderungsneigungen des akademischen Nachwuchses zu dämpfen. Sowohl der Übergang ins Studium als auch der Wechsel von der Hochschule in die Berufstätigkeit stellen kritische Statuspassagen dar, in denen Studieninteressierte bzw.
Hochschulabsolventen die Region verlassen (können). So verlassen 28% der
ostdeutschen Hochschulabsolventen und -absolventinnen die ostdeutsche Großregion zum Zwecke der Erwerbstätigkeit (insgesamt sind nur 38% der Absolventen in ihrem jeweiligen Bundesland berufstätig, wobei aber ein Teil der Wande-
rer in anderen Ländern der Großregion Ost verbleibt; auch das im inner-ost-
deutschen Vergleich relativ prosperierende Sachsen vermag nur 46% seiner
Landeskinder nach dem Studium zu halten). Nutznießer der Wanderung sind in
erster Linie die süddeutschen Länder. (Fabian/Minks 2008: 4f.)

Die Hochschulabsolventen und -absolventinnen werden zur Abwanderung wesentlich durch das Image der jeweiligen Region, keine attraktiven Berufs- und Lebensperspektiven zu bieten, veranlasst. Solche Images ändern sich nur langsam
und typischerweise schwerfälliger als die reale Situation. In Ostdeutschland lässt
sich zwar unterdessen für viele Studienrichtungen eine faktische Arbeitsplatzga-
rantie in der Region geben. Doch darf dies, wenn es Lebensentscheidungen beeinflussen soll, nicht nur behauptet, sondern muss erlebbar gemacht werden.

Eine frühzeitige studienintegrierte Verbindung zur beruflichen Praxis bei regionalen Beschäftigern kann diese Erlebbarkeit erzeugen und die Neigung ost-
deutscher Hochschulabsolventen und -absolventinnen stärken, ihre beruflichen
wie privaten Lebensperspektiven in der Hochschulregion zu finden. Es wird dabei zum einen angenommen, dass entsprechende Aktivitäten frühzeitig einsetzen
müssen, nämlich *bevor* sich ein Abwanderungswunsch herausgebildet und ggf.
verfestigt hat, d.h. in einem frühen Stadium des Studiums; zum anderen, dass die
Hochschulen allein damit organisatorisch und inhaltlich überfordert sind, weshalb sie hierfür zwingend Kontakte und Partnerschaften mit der regionalen Wirtschaft und sonstigen Beschäftigern benötigen.

Daher ist die Frage zu stellen, was Hochschulen gemeinsam mit Partnern dazu
beitragen und beitragen können, ihre Studierenden auch über den Studienabschluss
hinaus in der jeweiligen Region zu halten. Hierzu wurde 2008 am ostdeutschen
Beispiel untersucht, welche Hochschule-Praxis-Kontakte im Bereich von Studium
und Lehre bestehen (Abb. 1), welche Anregungs- und Übertragbarkeitspotenziale
diese ermittelten Aktivitäten bergen und ob sich Erfolgs- bzw. Risikofaktoren ge-
lingender Hochschule-Praxis-Kontakte identifizieren lassen.[1]

---

1   Im Auftrag des BMBF. Durchgeführt wurde eine Totalerhebung. Vgl. den Abschluss-
    bericht Pasternack et al. (2008) und die Komplettübersicht aller recherchierten Aktivi-

Abbildung 1: Aktivitäten zur Verbindung von Hochschule und Praxis in Studium und Lehre in Ostdeutschland: Überblick

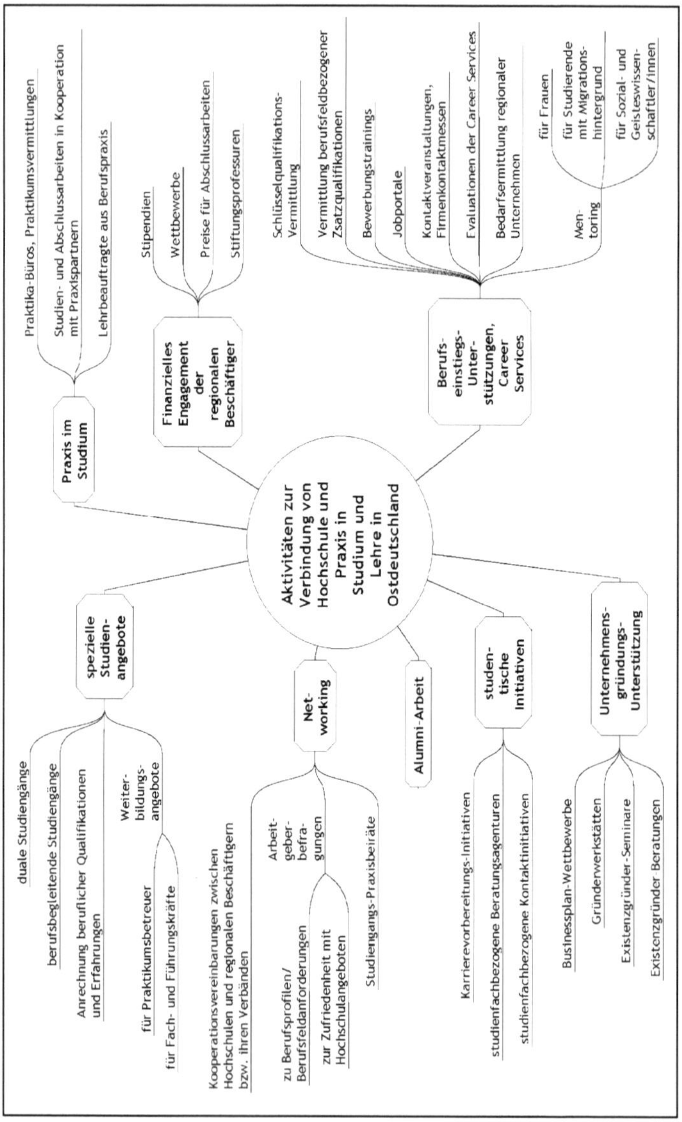

Aktivitäten zur Verbindung von Praxis in Studium und Lehre in Ostdeutschland

Praxis im Studium
- Praktika-Büros, Praktikumsvermittlungen
- Studien- und Abschlussarbeiten in Kooperation mit Praxispartnern
- Lehrbeauftragte aus Berufspraxis

Finanzielles Engagement der regionalen Beschäftiger
- Stipendien
- Wettbewerbe
- Preise für Abschlussarbeiten
- Stiftungsprofessuren

Berufseinstiegs-unterstützungen, Career Services
- Schlüsselqualifikations-Vermittlung
- Vermittlung berufsfeldbezogener Zusatzqualifikationen
- Bewerbungstrainings
- Jobportale
- Kontaktveranstaltungen, Firmenkontaktmessen
- Evaluationen der Career Services
- Bedarfsermittlung regionaler Unternehmen
- Mentoring
  - für Frauen
  - für Studierende mit Migrationshintergrund
  - für Sozial- und Geisteswissenschaftler/innen

spezielle Studienangebote
- duale Studiengänge
- berufsbegleitende Studiengänge
- Anrechnung beruflicher Qualifikationen und Erfahrungen
- Weiterbildungsangebote
  - für Praktikumsbetreuer
  - für Fach- und Führungskräfte

Networking
- Kooperationsvereinbarungen zwischen Hochschulen und regionalen Beschäftigern bzw. ihren Verbänden
- Arbeitgeberbefragungen
  - zu Berufsprofilen/Berufsfeldanforderungen
  - zur Zufriedenheit mit Hochschulangeboten
- Studiengangs-Praxisbeiräte

Alumni-Arbeit

studentische Initiativen
- Karrierevorbereitungs-Initiativen
- studienfachbezogene Beratungsagenturen
- studienfachbezogene Kontaktinitiativen

Unternehmensgründungs-Unterstützung
- Businessplan-Wettbewerbe
- Gründerwerkstätten
- Existenzgründer-Seminare
- Existenzgründer-Beratungen

täten unter http://www.hof.uni-halle.de/cms/download.php?id=142 (30.04.2012). Nicht behandelt wurde dort die Frage, was *vor* der Studienaufnahme getan werden kann, um der Abwanderungsneigung bereits an der Schwelle Schule-Hochschule entgegenzuwirken.

3. HINDERNISSE UND RISIKOFAKTOREN

Aus den Recherchen ließ sich eine Reihe von Hindernissen und Risikofaktoren, die gelingenden Hochschule-Praxis-Kooperationen im Wege stehen, destillieren. Diese können gruppiert werden in Ressourcenprobleme, Organisationsprobleme an den Hochschulen, unternehmensbezogene Probleme, kulturelle Hindernisse sowie Probleme der Abstimmung und Organisation von Kooperationen.

3.1 Ressourcenprobleme

Ressourcen, die im Verhältnis zu den anstehenden Handlungsnotwendigkeiten nicht annähernd ausreichend seien, wurden am häufigsten genannt, wenn es um Hindernisse für lehr- und studienbezogene Hochschule-Praxis-Kooperationen geht. Sie lassen sich ausdifferenzieren:

- Es bestünden Ressourcenprobleme an den Hochschulen selbst, d.h. die mit den entsprechenden Aufgaben betrauten Funktionseinheiten seien im Verhältnis zur Aufgabenfülle *unzulänglich ausgestattet;* an manchen Hochschulen müssten sämtliche Aktivitäten über – zunächst einzuwerbende – Drittmittel finanziert werden.
- An den *Fachhochschulen* im speziellen wirke hinderlich, dass *kaum Mittelbau* vorhanden ist, welcher – wenn vorhanden – für Kooperationsaktivitäten prädestiniert wäre.
- Es gebe *zu geringe Ausstattungen* von landesseitig bereitgestellten Förderprogrammen, z.B. für Gründeraktivitäten in den Hochschulen.
- Die in der Regel *befristeten Projektfinanzierungen* behinderten den Aufbau langfristiger und verbindlicher Kooperationen. Zudem unterbleibe, sofern die Förderung nicht verlängert wird, häufig eine Evaluation von Projekten. Deren Erfolg sei dann kaum einschätzbar, und ähnliche Projekte könnten nicht von bereits vorliegenden Erfahrungen profitieren.
- Die nur *eingeschränkten Unterstützungsmöglichkeiten seitens der Unternehmen*, die aus der vorrangig klein- und mittelbetrieblichen Struktur der regionalen Wirtschaft resultieren, wirkten hemmend; hierzu gehöre auch die fehlende Möglichkeit oder Bereitschaft der Kooperationspartner, finanzielle Ausgleiche zu übernehmen, d.h. für gewünschte Leistungen zu zahlen.
- Die geringen personellen *Ressourcen der regionalen Beschäftiger* wirkten für kontinuierliche Kooperationsaktivitäten hinderlich.
- Bei speziellen öffentlichen Förderungen wird z.T. die *Beschränkung auf bestimmte Entwicklungsphasen* als hemmend identifiziert, z.B. bei Existenz-

gründungen die Begrenzung der Förderung auf die Vorgründungsphase (so auch Hägele 2006: 47f. und Hägele/Machalowski/Puxi 2006).

• *Zu wenig Zeit* für den Aufbau eines Netzwerks wirke hinderlich.

Schließlich muss beachtet werden, dass immer dann, wenn die Kooperationskosten die Kooperationsgewinne übersteigen, jede Initiative gefährdet ist und sein muss. Kommt ein hoher Druck zur Amortisierung der Kosten hinzu, wie er unternehmensseitig für die hier betrachteten Aktivitäten typisch ist, dann müssen zudem die Kooperationsgewinne in überschaubaren Zeiträumen sichtbar werden.

3.2 Organisationsprobleme in den Hochschulen

Sowohl Hochschulakteure als auch außerhochschulische Akteure identifizierten eine ganze Reihe von Organisationsproblemen, die innerhalb der Hochschulen erzeugt würden und Praxiskooperationen behinderten. Dabei handelt es sich um struktur-, prozess- und personalbezogene Probleme.

Strukturbezogene Probleme seien der Mangel an sichtbarem Profil und verwirrende Außendarstellung der Hochschulen, haushaltsrechtliche Restriktionen, die es unmöglich machten, Anreizsysteme für Praxiskooperationen zu etablieren, sowie die Studienstrukturreform: Die Umstellung auf die Bachelor-/Master-Studiengänge mit ihrer strafferen Studienorganisation und kürzeren Regelstudienzeit gehe zu Lasten von Praxisanteilen und -initiativen während des Studiums. Praxisphasen, die kürzer als ein Semester sind, stießen bei Unternehmen auf kein sonderliches Interesse. Ebenso lasse die neue Studienstruktur für Gründungsaktivitäten kaum Zeit. Schließlich erschwere der Hochschulwechsel an der Schwelle vom Bachelor- zum Master-Studium den Zugang zur Hauptzielgruppe der fortgeschrittenen Studierenden.

Daneben ist Unter- oder Überkomplexität des eingesetzten Instrumentariums typisch: Entweder werden ein einziges oder einige wenige Instrumente gewählt, von dem bzw. denen dann die Lösung sämtlicher Fragen erwartet wird, obgleich jedes Instrument nur über einen begrenzten Wirkungsgrad verfügt; oder es wird ein »Overkill durch Parallelaktionen« (Pellert 2002: 25f.) initiiert, d.h. es werden zahlreiche Verfahren angewandt, die allerdings immer auf die gleichen Fachbereiche treffen. Schließlich werden Kooperations- bzw. Netzwerkbürokratie als behindernde Faktoren genannt.

Als *prozessbezogene Probleme* ließen sich fehlende Gesamtstrategien für Kooperationsaktivitäten der Hochschulen, fehlende Aufmerksamkeit für das Thema von Seiten der jeweiligen Hochschulleitung bzw. eine generelle Randständigkeit des Themas in der Hochschule sowie Konkurrenzängste zwischen

Hochschullehrern als Auswirkungen strategischer Fehlprogrammierungen festhalten.

Als weiteres operatives Problem der hochschulischen Prozesse wurde benannt, dass die gremiengebundene Entscheidungserzeugung in der Hochschule nicht umstandslos mit der Schnelligkeit und Flexibilität zusammenpasse, welche seitens kooperierender oder kooperationswilliger Beschäftigter für notwendig gehalten werde. Die Career Services schließlich kooperierten häufiger weniger mit Unternehmen als mit den (künftigen) Absolventinnen und Absolventen.

An vorderster Stelle der *personalbezogenen Problemfaktoren* wurde die nur begrenzt attraktive Bezahlung des Personals in Career Centers und ähnlichen Hochschuleinrichtungen genannt. Häufige Fluktuation der Mitarbeiter/innen in den entsprechenden Hochschuleinrichtungen sei die Folge. Doch auch bei den Partnern in der Hochschule sei häufig keine akkumulierte Erfahrung vorhanden und überdies die Vertrauensbildung schwierig. Kooperationsinteressierte Unternehmen und Verbände wiederum fänden mitunter keine geeigneten Ansprechpartner an den Hochschulen. Obendrein wurden fehlende Anreize – z.B. die nicht bestehende Möglichkeit, Hochschule-Praxis-Kooperationsaktivitäten auf das Lehrdeputat anzurechnen – beklagt.

3.3 Unternehmensbezogene Probleme

Während seitens der Hochschulakteure auch Hindernisse in der je eigenen Institution benannt werden, stammen die Problemwahrnehmungen, die sich auf Unternehmen beziehen, allein von externen Beobachtern, nämlich wiederum den Hochschulakteuren. Es wurden genannt:

- Unternehmen neigten zu einem Engagement, das den konkreten aktuellen Personalbedarf, der möglichst sofort zu erfüllen sein soll, betrifft. *Langfristiges Denken*, das die Unvorhersehbarkeit von wirtschaftlichen und Arbeitsmarktkonjunkturen berücksichtigt, sei dagegen *zu selten*.
- Die Beschäftiger stellten den Hochschulen keine Informationen über potenzielle Entwicklungen zur Verfügung, gingen nicht häufig genug auch von sich aus auf die Hochschulen zu und erwarteten *vorzugsweise Angebote*, statt solche auch selbst zu unterbreiten.
- Unternehmen erwarteten in der Regel *kostenlose Dienstleistungen* der Hochschulen.
- *Praktika* in den Unternehmen der Region seien *typischerweise unbezahlt*, sodass es häufig schwierig sei, Praktikanten zu gewinnen.

- Die *geringeren Gehälter*, die von den ostdeutschen Unternehmen gezahlt werden, unterliefen das Bestreben, die Studierenden auch nach ihrem Studium in der Region zu halten.
- Wo in der Region Großunternehmen fehlen, kann ersatzweise versucht werden, verstetigte *Kontakte zu überregionalen Großunternehmen* herzustellen. Allerdings ließe sich damit zwar die Hochschule-Praxis-Integration fördern und der Berufserfolg der Absolventen steigern, zugleich aber förderte dies auch die Abwanderung.

3.4 Kulturelle Hindernisse

Hochschulen einerseits und Unternehmen, als die größte Gruppe unter den potenziellen Beschäftigern künftiger Hochschulabsolventen, andererseits arbeiten mit unterschiedlichen Funktionslogiken. Wo die einen in einem reputationsgebundenen Wettbewerb stehen, der durch die öffentliche Finanzierung üblicherweise nicht existenziell werden kann, wirken die anderen unter Bedingungen eines preisgebundenen und gewinnorientierten Wettbewerbs, der (vermeintlich) sachfremde Rücksichten nur in engen Grenzen zulässt. Geht es bei Hochschulen um Wissenserzeugung und -vermittlung, so in Unternehmen um Produktivität, Stückkosten, Liquidität, Kreditfähigkeit usw. Daraus resultieren unterschiedliche Taktungen der internen Abläufe und differenzierte Organisationskulturen. Diese wirken sich auch auf die jeweiligen Außenbeziehungen aus. Als kulturell begründete Hindernisse erfolgreicher Hochschule-Praxis-Kooperationen ließen sich die folgenden ermitteln:

- Sowohl an Hochschulen als auch in Unternehmen kommen *Kooperationsvorbehalte* vor. Ein Ausdruck dessen sind z.B. getrennte Bildungsaktivitäten von Hochschulen und Unternehmen.
- An den Hochschulen speist sich z.T. vorhandene Skepsis gegenüber Kooperationen mit Unternehmen aus der Befürchtung, dass die Studieninhalte zu stark an *ökonomischen Verwertungsinteressen* ausgerichtet werden.
- *Unterschiedliche Zeitvorstellungen* und Planungshorizonte können das Zusammenwirken behindern.
- An den Hochschulen und bei den Initiatoren von Förderprogrammen kann eine zu einseitige *Fokussierung auf technologieorientierte Initiativen*, z.B. im Gründungsbereich, das Spektrum an Ideen künstlich limitieren und andere wissensbasierte Bereiche von der Unterstützung ausschließen (vgl. auch Lautenschläger/Haase 2006: 21).

- *Studierende* sind sich häufig *im Unklaren* darüber, welche Kompetenzen und Qualifikationen sie im Berufsleben benötigen werden, sodass sie Kurse, die an der Hochschule extra (und kostenfrei) angeboten werden – beispielsweise um bestimmte Schlüsselqualifikationen zu erwerben – nicht wahrnehmen.

3.5 Probleme der Abstimmung und Organisation von Kooperationen

Kooperationen sind per definitionem Aktivitäten mehrerer Partner. Damit bestehen Abstimmungsnotwendigkeiten und kooperationsbezogene Organisationsfragen können in der Regel nicht in Form linearer Anweisungs-Umsetzungs-Sequenzen gelöst werden. Daher sind Kooperationsbeziehungen prinzipiell störanfällig. Aufgrund unserer Recherchen lassen sich in Hochschule-Praxis-Kooperationen struktur- und prozessbezogene Hemmnisse unterscheiden. Strukturbezogene Probleme sind:

- *widersprüchliche Interessen und Zielkonflikte:* Gründungsförderung versus Personalvermittlung: Das politisch protegierte Anliegen der Gründung neuer Unternehmen steht gegen das Anliegen vorhandener Unternehmen, Fachkräfte mit Interesse am Angestelltenstatus zu gewinnen. Kooperation mit großen und/oder überregionalen Unternehmen versus Kooperationen mit KMU: Die Kooperation mit großen und überregionalen Unternehmen hat für Hochschulen ein größeres Reputationspotenzial als die Kooperation mit unbekannten KMUs; sie kann daher mit dem gleichzeitig verfolgten Ziel konfligieren, die regionale Integration der Hochschule zu fördern, da dies aufgrund der klein- und mittelbetrieblich dominierten Wirtschaftsstruktur in Ostdeutschland zumeist bedeutet, vorrangig Kontakte zu KMUs zu pflegen;
- kein gemeinsamer Nenner und *kein gemeinsames Problembewusstsein*;
- *unzulängliche Definition* der konkreten Leistungen der Partner und der Zielsetzung der Kooperation;
- unklare Netzwerkstruktur und/oder *fehlendes Netzwerkmanagement*: nicht vorhandene Netzwerkpromotoren, fehlende Verantwortlichkeiten, mangelnde Regelung der Zuständigkeitsverteilung;
- mögliche *Autonomieverluste* der Hochschule;
- der Aufbau von Kooperationsbeziehungen, insbesondere deren vertragliche/juristische Absicherung, und der erweiterte Abstimmungsbedarf zur Berücksichtigung und Ausbalancierung partikularer Interessen kann die *Transaktionskosten* in die Höhe treiben, zeitnahe Entscheidungen verhindern und Unsicherheit auf beiden Seiten produzieren;

- der Diversifikationsgrad oder die *Zahl der Kooperationsteilnehmer* kann dysfunktional werden und das Koordinationspotenzial sprengen; ebenso aber ist auch die *Nichteinbindung* einzelner Akteure potenziell problematisch;
- schlechte *Anreizstrukturen;*
- *mangelnde Durchlässigkeit* des Personals in beide Richtungen;
- *mangelnde Passung* der gegenseitig offerierten Leistungen;
- unterschiedliche Auffassungen über die *Entgeltlichkeit* von Kontakt- und Vermittlungsleistungen, welche die Hochschulen für die regionale Wirtschaft erbringen.

Als prozessbezogene Probleme ließen sich identifizieren:

- *konjunkturelle Abhängigkeiten* von Kooperationen: Insbesondere bei Kooperationen, die ohne Einbindung der Unternehmerverbände und IHKs laufen, besteht die Gefahr, dass sie nur auf den kurzfristigen Bedarf von einzelnen Unternehmen zugeschnitten sind; dies fördert die Konjunkturabhängigkeit von Kooperationen;
- *mangelnde Transparenz* von Einzelkontakten in der jeweiligen Hochschule und *mangelnder Informationsfluss* zwischen den Partnern;
- das Interesse einzelner Hochschulen an der *Exklusivität* ihrer Praxiskontakte und damit kein gesteigertes Interesse an Kooperation mit anderen Hochschulen;
- *hoher Kommunikationsaufwand* zum Erhalt der Kooperation und permanente Terminfindungsprobleme;
- *Konkurrenzsorgen* und persönliche Spannungen;
- unklare Lösungsroutinen zum *Management von Interessensgegensätzen;*
- *fehlende (Zwischen-)Resümees* und Erfolge.

4. ERFOLGSFAKTOREN

Allgemeiner Konsens herrscht über den zentralen Erfolgs*indikator* von Hochschule-Praxis-Kooperationen: die erfolgreiche Beschäftigung der Absolventen und Absolventinnen. Damit ist die Wirkungsdimension angesprochen – wenn auch nicht vollständig, denn zu den beschäftigungsbezogenen Wirkungen eines erfolgreichen Studiums zählen neben dem einfachen Umstand, eine Beschäftigung gefunden zu haben, auch die längerfristige Berufslaufbahn- bzw. Karriereentwicklung, die Einkommensentwicklung und die Berufszufriedenheit. Als Faktoren, die den Kooperationserfolg von Hochschulen und ihren Praxispartnern wahrscheinlicher machen, lassen sich solche strategischer und solche operativer Art nennen.

4.1 Strategieentwicklung

Kooperationen zwischen Hochschule und Praxis können auch gelingen, wenn *nicht sämtliche* der nachfolgend genannten strategischen Erfolgsfaktoren in die jeweilige institutionelle Policy eingebaut werden. Es muss immer auf der Grundlage der regionalen Situation, der Interessenlage und der einsetzbaren Ressourcen entschieden werden, welche Schwerpunkte gesetzt werden sollen und können. Je mehr der Erfolgsfaktoren, die sich aus den recherchierten Aktivitäten extrahieren lassen, allerdings berücksichtigt werden, desto höher dürften die Erfolgsaussichten sein:

- Elementare formale Voraussetzung jeglicher Kooperation ist, dass angemessene, d.h. *aufgabenadäquate Ressourcen* zur Verfügung stehen bzw. organisiert werden können: personelle, sächliche und – vor allem zur Umsetzung konkreter Projekte – finanzielle.
- gemeinsame/s Ziel/e: Elementare inhaltliche Voraussetzung jeglicher Kooperation ist, dass *inhaltliche Anknüpfungspunkte* zwischen Hochschulen und Unternehmen bestehen und erkannt werden; die Offenlegung der jeweiligen Eigeninteressen ist hilfreich.
- Im Anschluss daran muss die *Einsicht in den je eigenen Nutzen* der Kooperation bestehen bzw. erzeugt werden; vorzugsweise eignen sich konfliktarme und konsensfähige Themenbereiche für Kooperationen. Ideal sind Positivsummenspiele, in denen sich (idealtypisch: gleich großer) Nutzen für alle Beteiligten ergibt, also sogenannte Win-win-Situationen erzeugt werden.
- Notwendig ist ein *langfristiges Denken* und Kooperationshandeln der Unternehmen bzw. – ggf. ersatzweise für die Unternehmen – ihrer Verbände und Kammern, um Fachkräftebedarfe nicht nur aktuell zu bedienen, sondern auch künftig sicherstellen zu können.
- Kooperationen, die nicht lediglich ein eng umgrenztes Einzelproblem lösen sollen, benötigen eine *Gesamtstrategie*. Eine solche Gesamtstrategie muss auf der Bereitstellung *elementarer Informationen* basieren: Hochschulseitig werden Kenntnisse über die Anforderungen der Praxis benötigt, seitens der Beschäftiger sind Bedarfsvorstellungen zu formulieren.
- *Verbindlichkeit*: Verbindliche Vereinbarungen über Ziele und Inhalte der Partnerschaft sowie verbindliche Absprachen über zu erbringende Leistun-

gen dürfen nicht der operativen Umsetzung überlassen bleiben, sondern stellen strategische Weichenstellungen dar.

- Ebenso bedarf es einer *Synchronisierung von Zeitvorstellungen* und Planungshorizonten der Partner, die unterschiedlichen Funktionslogiken und Zeitregimen folgen.
- Damit werden zugleich die Voraussetzungen für *Kontinuität* geschaffen, welche die Kooperationseffizienz steigert, da nicht fortlaufend neue Partner gesucht und gewonnen werden müssen. Die Kontinuität ist organisatorisch abzusichern, da sie nicht zwingend im Selbstlauf entsteht und häufig personengebunden ist, und die organisatorische Absicherung gelingt leichter, wenn Kontinuität ein Bestandteil der strategischen Zieldefinition ist.
- Die *Integration von Alumni* ist insoweit ein strategischer Erfolgsfaktor, als Alumni die einzige Bezugsgruppe einer Hochschule bilden, die auf der affektiven Ebene angesprochen werden kann: Nur die früheren Studierenden verbinden mit der jeweiligen Hochschule das Erlebnis einer prägenden biografischen Phase, so dass eine latent bereits vorhandene Bindung an die Hochschule aktualisiert werden kann, die nicht allein rational grundiert ist. Wo aber emotionale Faktoren eine Rolle spielen, kann weit eher ein Engagement angeregt werden, das nicht nur oder vorrangig Kosten-Nutzen-Abwägungen folgt.

4.2 Operatives Geschäft

Strategische Absichten werden operativ umgesetzt. Die Strategie, in der die Gesamtheit der Absichten zusammengefasst ist, bildet dabei lediglich einen (förderlichen oder hinderlichen) Rahmen. Der eigentliche Umsetzungserfolg wird im operativen Geschäft erzeugt. Eine Gesamtauswertung unserer Recherchen ergibt die folgende Liste wichtiger operativer Erfolgsfaktoren (vgl. auch Konegen-Grenier/Winde 2000: 158-165):

- klare *Netzwerkstruktur*, d.h. klare Zuständigkeiten und verbindliche Arbeitsteilung sowie Benennung fester Ansprechpartner;
- leistungsfähige *Netzwerksteuerung:* Vorhandensein eines oder mehrerer Netzwerkpromotoren;
- *persönliches Engagement* der Beteiligten;
- *Unterstützung durch die Hochschulleitung* und -administration sowie das politische Umfeld;
- Offenheit für *spezifische Bedürfnisse* und Probleme aller Beteiligten;

- Vorhandensein von Lösungsroutinen zum *Management von Interessensgegensätzen* sowie einer möglichst ausgeglichenen Machtbalance;
- die *Kooperationsgewinne* sollen erkennbar die kooperationsbedingten Transaktionskosten übersteigen;
- dabei auch Schaffung der *schnellen Erfahrung des Nutzens* einer Kooperation, um Motivationen zu stärken und Demotivierungen entgegenzuwirken;
- klare, übersichtliche und niedrigschwellige *Außendarstellung* der Hochschulen, ihrer Profile, leitenden Absichten und Kooperationen;
- klare *Kontaktstrukturen*;
- *kontinuierliche Information*;
- *Kommunikation* der Hochschulkooperation innerhalb der beteiligten Unternehmen;
- *Kontinuität:* Kooperationen, die positiv verlaufen sind, entwickeln sich weiter;
- Vermeidung von *Unter- oder Überkomplexität* des eingesetzten Instrumentariums;
- Vermeidung von *Kooperations- bzw. Netzwerkbürokratie;*
- Gestaltung der *Bachelor/Master-Studienstrukturreform* so, dass studentische Freiräume für Praktika, den Erwerb von Zusatzqualifikationen und außercurriculare Aktivitäten erhalten bleiben (resp. wiedergewonnen werden);
- *Vergütung von Praktika*, um praktikumsinduzierte Abwanderung in andere Regionen zu verhindern.

5. FAZIT

Am Beispiel der ostdeutschen Bundesländer lässt sich regionalisiert betrachten, welche Wege Hochschulen gehen können, um zur Schließung der sich in ganz Deutschland anbahnenden Fachkräftelücke beizutragen. Dabei kann zweierlei vorausgesetzt werden: Die Reduzierung der Abwanderung insbesondere von Hochschulabsolventinnen und -absolventenen muss ein zentraler Bestandteil der Problemlösung sein. Dies wiederum gelingt eher, wenn frühzeitig im Studium, d.h. *bevor* sich ein Abwanderungswunsch herausgebildet und ggf. verfestigt hat, Verbindungen zu regionalen Beschäftigern hergestellt werden.

Es erweist sich, dass Verzahnungen zwischen Hochschulen und Beschäftigungssektor benötigt werden, die über Career Centers oder sonstige berufsorientierende Angebote in der Schlussphase eines Studiums hinausgehen. Die Vorteile solcher Verzahnungen sind, dass sie in den Hochschulen verbesserte Kenntnisse der beruflichen Praxisanforderungen erzeugen, den individuellen berufli-

chen Einstieg erleichtern, für die Beschäftiger Planungssicherheit in der Personalentwicklung schaffen und die personalbezogenen betriebsintegrierenden Ad-
aptionskosten verringern. Nicht zuletzt verschaffen Hochschule-Praxis-Kooperationen in Studium und Lehre den Hochschulen eine höhere Legitimität ihrer
Ausstattungsbedürfnisse, da sie offensiver mit ihrer regionalen Unverzichtbar-
keit argumentieren können.

Die studienbegleitenden Praxiskontakte dürfen dabei nicht mit einer Reduzierung der Wissenschaftlichkeit des Studiums einhergehen. Von Hochschulabsolventen wird erwartet, dass sie auch dann entscheiden und handeln können,
wenn für eine konkrete Situation noch kein erprobtes Handlungswissen vorliegt.
Darauf kann keine noch so gute Praxisintegration in das Studium allein vorbereiten. Die Praxisintegration vermag Vorstellungen von der Art der Herausforderungen zu vermitteln, die im beruflichen Alltag zu bewältigen sein werden. Doch
um die Herausforderungen selbst in all ihrer Vielfalt zu bestehen, werden Kompetenzen benötigt, die allein im Praxiskontakt nicht zu erwerben sind. Daher
zielt Hochschulbildung auf Fertigkeiten zur Bewältigung von Situationen jenseits der Routine. Das unterscheidet sie von anderen Bildungswegen.

LITERATUR

Baecker, Dirk (1999): »Die Universität als Algorithmus. Formen des Umgangs mit
der Paradoxie der Erziehung«, in: Berliner Debatte Initial 3/1999, S. 63-75.
Fabian, Gregor/Minks, Karl-Heinz (2008): »Muss i denn zum Städtele hinaus?
Erwerbsmobilität von Hochschulabsolventen«, in: HIS Magazin 3/2008, S.
4-5.
Hägele, Helmut (2006): »Evaluation der Gründungsförderung«, in: Willi K. M.
Dieterle (Hg.), Unternehmensgründungen aus Brandenburger Hochschulen.
Qualifizierung durch Training, Beratung und Coaching, Weißensee Verlag,
Berlin, S. 32-49.
Hägele, Helmut/Machalowski, Gerhard/Puxi, Marco (2006): Mit dem Lotsen-
dienst in die Selbständigkeit. Evaluation. Gemeinsame Existenzgründungs-
förderung des Ministeriums für Arbeit, Soziales, Gesundheit und Familie und
des Ministeriums für Wirtschaft. Schlussbericht, unt. Mitarb. v. Tanja Glu-
ding, Ministerium für Arbeit, Soziales, Gesundheit und Familie/Institut für
Sozialforschung und Gesellschaftspolitik Köln, Köln/Berlin/Dresden; auch
unter http://www.brandenburg.de/media/13 36/lotsendienst_evaluation06.pdf
(12.5.2008).

Konegen-Grenier, Christiane/Winde, Mathias (2000): Public Private Partnership in der Hochschullehre. Köln: Deutscher Instituts-Verlag.

Lautenschläger, Arndt/Haase, Heiko (2006): Gründungsförderung an Thüringer Hochschulen. Zur Erfolgsanalyse des GET UP-Gründernetzwerkes, COE Centers of Entrepreneurship FH Jena, Jena.

Lutz, Burkart (2005): »Geburtenberg und Überalterung. Herausforderungen für die Arbeitsmarktpolitik in Ostdeutschland«, in: Forum Ostdeutschland der Sozialdemokratie (Hg.), Wo liegen die Entwicklungspotenziale des Ostens? Konsequenzen aus Bevölkerungsentwicklung und Strukturwandel für den Arbeitsmarkt, die Regionen und die Wirtschaftsförderung in Ostdeutschland, Berlin, S. 8-11.

Pasternack, Peer/Bloch, Roland/Hechler, Daniel/Schulze, Henning (2008): Fachkräfte bilden und binden. Lehre und Studium im Kontakt zur beruflichen Praxis in den ostdeutschen Ländern, Institut für Hochschulforschung (HoF), Wittenberg.

Pellert, Ada (2002): »Hochschule und Qualität«, in: Thomas Reil/Martin Winter (Hg.), Qualitätssicherung an Hochschulen: Theorie und Praxis, W. Bertelsmann Verlag, Bielefeld, S. 21-29.

Teichler, Ulrich (2003): Hochschule und Arbeitswelt. Konzeptionen, Diskussionen, Trends, Campus Verlag, Frankfurt a.M./New York.

Praxisphasen und Praxisbezüge nach Bologna im Aufwind?

Ergebnisse und Empfehlungen aus dem ProPrax-Projekt

WILFRIED SCHUBARTH, KARSTEN SPECK, ANDREAS SEIDEL,

CORINNA GOTTMANN, CAROLINE KAMM, MAUD KROHN,

ANDREA KOPP, JULIANE ULBRICHT

1. DAS FORSCHUNGSPROJEKT PROPRAX IM KONTEXT DES BOLOGNA-PROZESSES

Der Bologna-Prozess hat auch die Frage nach dem Verhältnis von Wissenschaft und Berufspraxis in Lehre und Studium neu gestellt. Wie können Hochschulen bei Wahrung ihres traditionellen Bildungsanspruches bereits in den Bachelor-Studiengängen berufsqualifizierende Kompetenzen vermitteln und damit den Erwartungen des Arbeitsmarktes, aber auch ihrer Studierenden nach mehr Praxisbezügen und Praxisphasen gerecht werden?

Einschlägige Befragungen unter Studierenden bestätigen immer wieder die verbreitete Differenz zwischen Erwartung und Realität hinsichtlich der Praxisbezüge (vgl. z.B. Multrus 2009; Sarcletti 2009; Soellner et al. 2008). So hat der Stifterverband eine aktuelle Studie zur Arbeitsmarktbefähigung von Bachelor-Studierenden und Absolventen vorgelegt (vgl. Briedis et al. 2011), in der als Fazit festgehalten wird, dass der Praxisbezug in der Lehre und die Zeit für Praktika in den Curricula zu kurz kommen. Sowohl Studierende (Universität 68 %, Fachhochschule 55 %) als auch Unternehmen (76%) wünschen sich einen größeren Praxisbezug der Lehrinhalte. Unternehmen sehen in zu kurzen Praxisphasen sogar das größte Defizit der Bologna-Reform. Studierende an Fachhochschulen schätzen den Praxisbezug besser ein als Universitätsstudierende. Auch aus Studierendensicht besteht zwischen der Wichtigkeit und der erfahrenen Förderung berufsrelevanter Kenntnisse und Fähigkeiten eine große Diskrepanz. Die Praxisphasen begleitenden Veranstaltungen werden ebenfalls kritisiert; nur ein Drittel der Fachhochschul- und ein Fünftel der Universitätsstudierenden sei damit zufrieden. Die Schwächen der traditionellen Studiengänge – so ein weiteres Fazit – seien in den neuen Studiengängen oft erhalten geblieben.

Andere Studien wie unicensus 11 (univativ 2011) konstatieren gar, dass das Studium an der Realität vorbeigehe, dass es wenig Zeit für praktische Erfahrungen lasse und dass Studierende ein völlig falsches Bild vom Berufseinstieg haben. Hochschulen würden nicht optimal auf den Berufsstart vorbereiten und Unternehmen diesen nicht optimal unterstützen. Hinweise auf mögliche Ursachen dafür liefert u.a. die Studie des Centrums für Hochschulentwicklung (Berthold et al. 2011), welche die unterschiedlichen Problemwahrnehmungen und Selbstverständnisse von Vertreterinnen und Vertretern der Hochschule und der Studierenden deutlich macht und im Interesse der Studierenden für einen Wandel im Selbstverständnis der Hochschulen plädiert (ebd.: 40).

Die Forderung nach mehr Beschäftigungs- bzw. Berufsbefähigung im Zuge des Bologna-Prozesses stößt somit insgesamt auf großes Interesse bei den Studierenden. Wenngleich diese Forderung an Hochschulen nicht unumstritten ist, weil es deren Selbstverständnis berührt, so hat – ungeachtet dessen – die Diskussion um Praxisbezüge, Arbeitsmarktrelevanz und Beschäftigungsfähigkeit (Employability) in letzter Zeit einen spürbaren Aufwind erfahren (vgl. Nickel 2011).

In diesen Kontext ordnet sich das BMBF-Forschungsprojekt »Evidenzbasierte Professionalisierung von Praxisphasen in außeruniversitären Lernorten« (Pro-Prax) ein. Das Projekt (Laufzeit 01/2009-02/2012) geht der Frage nach, inwieweit eines der zentralen Bologna-Ziele, die Erhöhung der Praxis- und Berufsfeldbezüge in den Bachelor-Studiengängen, tatsächlich erreicht wird und welchen Beitrag dazu Praxisphasen leisten können. Im Rahmen der Untersuchung erfolgte deshalb zunächst eine vergleichende Analyse curricularer Praxiskonzepte in unterschiedlichen Fachdisziplinen und Hochschulen. Darüber hinaus wurden die organisatorische und konzeptionelle Umsetzung der Praxisphasen erforscht und in Längsschnittstudien Erkenntnisse über den Erwerb berufsorientierender und -befähigender Kompetenzen in den Praxisphasen gewonnen (vgl. ausführlicher Schubarth et al. 2012).

Die Formen von *Praxisbezügen* im Rahmen der Hochschule sind vielfältig. Sie reichen von eher forschungsorientierten Zugängen über lehr- sowie dialogorientierte Zugänge bis hin zu praxisorientierten Angeboten, wie Praktika. Unter *Praxisphasen* im Studium werden im Folgenden außeruniversitäre Praktika als besonders intensive Form von Theorie-Praxis-Verknüpfungen verstanden. Diese stellen temporäres Handeln in der Berufswirklichkeit dar, um berufsfeldbezogene Kompetenzen zu erwerben, die innerhalb der Hochschule nicht oder in nicht ausreichendem Maße zu erreichen wären (vgl. Weil/Tremp 2010). Da die Rolle von Praxisphasen und deren Wirkungen bisher erst in Ansätzen untersucht wurde, sollten mit dem Projekt ProPrax bestehende Forschungslücken geschlossen und Impulse für die Hochschulentwicklung gegeben werden.

Im folgenden Beitrag sollen ausgewählte Ergebnisse zu zwei Teilbereichen des ProPrax-Projekts, und zwar *erstens* zu curricularen Praxiskonzepten (*3.*) und *zweitens* zur Wahrnehmung des Theorie-Praxis-Verhältnisses im Studium und zum Praxisbezug in Praxisphasen aus Sicht der Studierenden in ausgewählten Studiengängen (*4.*), vorgestellt werden, bevor abschließend erste Empfehlungen zu einer Professionalisierung von Praxisphasen (*5.*) abgeleitet werden.

2. ZIELE, FRAGESTELLUNGEN UND DESIGN DES FORSCHUNGSPROJEKTES PROPRAX

Bevor die empirischen Befunde des Projektes vorgestellt werden, sollen im Folgenden zunächst Zielsetzung und Fragestellungen sowie Untersuchungsdesign und Instrumente der Studie skizziert werden.[1]

Das Anliegen des Forschungsprojektes ProPrax besteht darin, einen Beitrag zur Professionalisierung von Praxisphasen zu leisten und so Impulse für die Hochschulentwicklung zu geben, indem die Qualität und die Wirksamkeit von Praxiskonzepten in unterschiedlichen Fachdisziplinen untersucht werden. ProPrax ist disziplin- und hochschulübergreifend angelegt, sodass ein Vergleich der Praktikumskonzepte, deren organisatorische Umsetzung und berufsorientierende Wirkung in unterschiedlichen Hochschularten und Fachkulturen möglich ist. In die Untersuchung einbezogen wurden daher jeweils vergleichbare Studiengänge aus vier Fachkulturen (Agrarwissenschaften, Erziehungswissenschaften, Informatik, Lehramt) und Hochschularten (Universität, Fachhochschule). Grundlage bildet ein Untersuchungsmodell, das auf der Basis von Vorüberlegungen von Stufflebeam (1984) aus dem Bereich der Evaluationsforschung entwickelt wurde. Für die Hypothesenbildung und die Auswertungen wurden vor allem Input-, Prozess- und Ergebnisvariablen berücksichtigt.

Der multiperspektivische Ansatz der Untersuchung umfasst unterschiedliche Erhebungsinstrumente: *1.* eine Dokumentenanalyse von Praktikumskonzepten,

---

1   Eine ausführliche Darstellung des methodischen Designs findet sich in Schubarth et al. 2011: 112ff.

2. längsschnittliche Befragungen von Studierenden (*Selbsteinschätzung*) vor und nach dem Praktikum sowie *3.* die retrospektive Befragung der Praktikumsbetreuerinnen und -betreuer (*Fremdeinschätzung*) in den Praktikumseinrichtungen. Ergänzend wurden Expertengespräche mit Praktikumsverantwortlichen an den Hochschulen sowie Gruppendiskussionen mit Studierenden durchgeführt.

3. CURRICULARE PRAXISKONZEPTE: DESIGN UND ERGEBNISSE DER DOKUMENTENANALYSE

Der mit dem Bologna-Prozess verbundene Wandel zu einer an Qualifikationszielen und Kompetenzen orientierten Lernkultur führt zu der Annahme, dass auch eine curriculare Einbindung von Praxisbezügen als Indikator für Studienqualität gelten kann (vgl. Multrus 2009; Ruf 2006). Entsprechend stellt sich die Frage, inwieweit sich die Forderungen nach stärkerer Kompetenzorientierung und Beschäftigungsfähigkeit auch in den Curricula der Studiengänge niederschlagen. Im Rahmen einer Dokumentenanalyse soll deshalb beantwortet werden, welche *curricularen und organisatorischen Merkmale* die Praxiskonzepte unterschiedlicher Fachdisziplinen und Hochschulen aufweisen, d.h. wie Praxisphasen ausgestaltet und in die Studiengänge eingebunden sind. Im Anschluss an eine kurze Darstellung des Designs sollen die zentralen Ergebnisse der Dokumentenanalyse zusammengefasst und anhand eines Fallbeispiels veranschaulicht werden.

3.1 Design der Dokumentenanalyse

Die qualitative Dokumentenanalyse umfasste 22 Studiengänge unterschiedlicher Fachkulturen in Berlin und Brandenburg (vgl. Kamm 2011). Dabei erfolgte die Fallauswahl kriteriengeleitet, um eine größtmögliche Variabilität an Praktikumskonzepten zu erfassen, beispielsweise im Hinblick auf Hochschulart, Fachdisziplin[2], Dauer (z.B. Praxissemester vs. Blockpraktika), Organisation, Betreuung und curriculare Verankerung von Praxisphasen. Zudem wurden solche Studiengänge ausgewählt, die einen Vergleich von traditionellen und neuen Studienabschlüssen ermöglichten.

Für die Auswertung des umfangreichen Datenmaterials wurde die Methode der strukturierenden qualitativen Inhaltsanalyse (vgl. Mayring 2008) gewählt.

---

2 Agrar- und Umweltwissenschaften: fünf Studiengänge; Erziehungswissenschaften/Soziale Arbeit: sieben Studiengänge; Informatik: sieben Studiengänge; Lehramt: zwei Praxismodelle.

Die deduktive Kategorienentwicklung erfolgte auf Grundlage theoretischer Vorüberlegungen sowie bereits vorliegender empirischer Befunde. Zur Analyse fall-
übergreifender Zusammenhänge wurde im Anschluss an die inhaltliche Strukturierung des Materials eine empirisch begründete Typenbildung auf Basis von
Fallkontrastierungen vorgenommen (vgl. Kelle/Kluge 2010).

Die Analyse stützte sich auf verschiedene Dokumentenarten: Studien-, Prü-
fungs- und Praktikumsordnungen, Durchführungsbestimmungen und Modulbeschreibungen zu Praxisphasen, Formulare (z.b. Praktikumsverträge oder Ausbildungsvereinbarungen) sowie sonstiges Informationsmaterial (z.b. Praktikums-
leitfäden).

3.2 Ergebnisse der Dokumentenanalyse

Die Befunde zur Gestaltung von außeruniversitären Praxisphasen im Studium
auf Grundlage der qualitativen Inhaltsanalyse werden wie folgt vorgestellt: *Erstens* sollen die Veränderungen durch die Umstellung auf Bachelor- und Master-
Studiengänge skizziert werden, *zweitens* werden Typen außeruniversitärer Praxisphasen beschrieben, anhand derer sich unterschiedliche Gestaltungsmuster
von Praktikumskonzepten nach Hochschulart und Fachspezifik verdeutlichen
lassen.

Die *Befunde* der Dokumentenanalyse lassen darauf schließen, dass Praxisphasen bei der Umstellung auf Bachelor- und Master-Studiengänge im Rahmen
der Bologna-Reform kaum substanzielle Veränderungen hinsichtlich der curricularen Verankerung erfahren haben. Durch das modularisierte Studiensystem lässt
sich zwar von einer *formalen Curricularisierung* der Praxisphasen an *Universitäten* sprechen, eine Zunahme inhaltlicher wie organisatorischer Vorgaben (z.b.
durch Praktikumsordnungen) ist jedoch nicht erkennbar. Neben der tendenziellen
Verkürzung von Praktika – unabhängig von der Hochschulart – zeigt sich, dass
Kompetenzziele in den Modulbeschreibungen universitärer Praxisphasen häufig
nicht ausdifferenziert werden. Diese Befunde verweisen auf Unsicherheiten der
Universitäten hinsichtlich der curricularen Einbindung von Praxis- und Berufs-
bezügen. Eine positive Entwicklung zeigt sich jedoch hinsichtlich der *Identifikation von Berufsfeldern.* Zudem spricht die Einführung von Studienbereichen zur
berufsfeldbezogenen Qualifikation und Orientierung (z.b. durch Career Center)
für eine *stärkere Berücksichtigung der Beschäftigungsfähigkeit* durch die Hochschulen.

An den Fachhochschulen wurden mit der Umstellung auf Bachelor-
Studiengänge die Praxisphasen deutlich verkürzt. Die Sicherstellung einer äqui-
valenten beruflichen Qualifikation erfolgt zumeist über eine studienbegleitende

Einbindung praxisbezogener Elemente, wie Projekt- und Werkstattmethoden oder Praxisforschung. Die Praktikumskonzeption und -organisation wurde weitgehend beibehalten.

Mit Hilfe von Fallvergleichen konnte im Anschluss an die strukturierende Inhaltsanalyse eine *Typologie von Praktikumskonzepten* entwickelt werden, die im Folgenden vorgestellt werden soll.

Als relevante Vergleichsdimensionen stellten sich zum einen die curriculare Verankerung von Praktika im Studiengangkonzept, zum anderen der Grad der Formalisierung durch verbindliche institutionelle Bestimmungen heraus (vgl. Tab. 1). »*Curricular integriert*« heißt hierbei: inhaltlich, zeitlich und konzeptionell in das Studium eingebunden (beispielsweise durch Veranstaltungen, welche die Verknüpfung und Reflexion von Theorie und Praxis begleitend unterstützen). Die zweite Dimension zielt auf die Verbindlichkeit und Transparenz der institutionellen Ausgestaltung. Dabei wird zwischen »*formal-organisatorisch bestimmten*« und »*unbestimmten*« Praktika differenziert. Formal bestimmte Praxisphasen sind dabei z.b. durch das Vorhandensein von Praktikumsordnungen oder anderen Durchführungsbestimmungen sowie Verbindlichkeit hinsichtlich der Vorgabe konkreter Aufgaben im Praktikum bzw. dem Abschluss von Verträgen und Ausbildungsvereinbarungen zwischen den beteiligten Akteuren gekennzeichnet. Durch Kombination der Merkmalsausprägungen wurden die Praxiskonzepte der untersuchten Studiengänge nach den in Tabelle 1 dargestellten Typen gruppiert.

Tabelle 1: Typen von Praktika außerhalb der Hochschule

Institutionelle Verbindlichkeit	Curriculare Verankerung	
	integriert	nicht integriert
bestimmt	*Typ I* Curricular integriertes Praktikum nach institutionellen Vorgaben	*Typ II* Nicht curricular integriertes Praktikum nach institutionellen Vorgaben
unbestimmt	**Mischtyp**	*Typ III* Extracurricular unbestimmtes Praktikum

Typ I ist durch curricular integrierte Praxisphasen sowie verbindliche inhaltliche Vorgaben charakterisiert. In den Konzepten dieser Studiengänge bildet die Praxisphase ein integrales Element der akademischen Ausbildung, welche durch die Hochschule geregelt und begleitet wird. Ziel ist nicht nur der Einblick in die Berufspraxis, sondern die Entwicklung professioneller Handlungs- und Urteilskompetenz. Der zeitliche Umfang der berufspraktischen Phase ist mit drei bis sechs Monaten meist größer als innerhalb der anderen Typen, zum Teil ist sie als

Praxissemester organisiert. Der Zeitpunkt des Praktikums ist durch das Fachsemester vorgeschrieben. Die Praxisphasen müssen verbindlich angemeldet, vertraglich festgehalten und Praktikumseinrichtungen durch die Hochschule genehmigt werden. Die fachliche Anleitung und Betreuung am Praktikumsort ist in der Regel nachzuweisen, entsprechende Ausbildungsvereinbarungen sind zwischen Studierenden und Praktikumseinrichtung zu erarbeiten. Durch die Bereitstellung von Informationsmaterial und relevanten Formularen wird die Transparenz der Praktikumsinhalte sowie der Anerkennungspraxis unterstützt. Dieser Typus wird vor allem durch die *professionsbezogenen* Studiengänge des Lehramtes repräsentiert sowie durch die stark *berufsbezogenen Fachhochschulstudiengänge*, insbesondere der Sozialen Arbeit.

Typ II, dem vor allem die Praktika in *universitären natur- und ingenieurwissenschaftlichen Studiengängen* zugeordnet werden können, ist gekennzeichnet durch ein hohes Maß an organisatorischen Regelungen, jedoch fehlen zeitliche und konzeptionelle Bezugspunkte zum Studium. Es wird angenommen, dass vor allem die berufliche Orientierung und die Gewinnung grundlegender Einblicke in die Berufswelt sowie die praktische Übung realer Tätigkeiten als Praktikumsziele im Vordergrund stehen. Der Anwendungsbezug wird somit als bedeutsamer eingeschätzt als wissenschaftliche Reflexionskompetenz.

Das curricular nicht integrierte und institutionell unbestimmte Praktikum des *Typ III* findet sich ausschließlich an *Universitäten,* jedoch in sehr geringer Zahl. Diese Praktika werden ohne formale und inhaltliche Vorgaben losgelöst neben dem Studienverlauf als Voraussetzung für den Studienabschluss absolviert. Zudem konnte ein *Mischtyp* herauskristallisiert werden, der durch die *Studiengänge* der Erziehungswissenschaft repräsentiert wird, deren Berufsfeld breit gefächert ist. Die Praktika dieses Typs sind in Ansätzen curricular integriert und institutionell bestimmt.

Die beschriebenen Typen von Praktikumskonzepten spiegeln curriculare *Gestaltungsunterschiede sowohl zwischen Hochschularten als auch Fachkulturen* wider: Universitäre, nicht lehramtsbezogene Praktika – repräsentiert durch die Typen II und III sowie den Mischtypus mit Ansätzen zur curricularen Einbindung – sind meist kürzer, werden überwiegend losgelöst vom Studium absolviert und seltener betreut. Zwar hat sich mit Umstellung auf Bachelor- und Master-Studiengänge die Dauer der Praxisphasen an Fachhochschulen überwiegend verkürzt. Die intensive konzeptionelle Verknüpfung von Praxis und Studium sowie die Sicherstellung der qualifizierten Anleitung und Betreuung seitens der Fachhochschulen wurden jedoch weitgehend beibehalten.

Fachspezifische Differenzen in den Praktikumskonzepten zeigen sich vor allem in der Zielsetzung, der curricularen Einbindung und der damit verbundenen

Begleitung sowie der didaktischen Umsetzung. Zudem scheinen in den betrachteten naturwissenschaftlich geprägten Studiengängen an den Universitäten die Praxisphasen beispielsweise verbindlicher durch formelle Praktikumsbestimmungen geregelt als in den geisteswissenschaftlich ausgerichteten Studiengängen.

Anhand der vorliegenden Befunde wird deutlich, dass sich die curriculare und organisatorische Gestaltung von Praxisphasen einerseits nach Hochschulart unterscheidet, aber auch innerhalb der Fachdisziplinen Unterschiede in den Praktikumskonzepten bestehen. Das unterschiedliche Berufsfeld- bzw. Professionsverständnis der betrachteten Studiengänge kann hierbei möglicherweise als Erklärung dienen. Als vorläufiger Befund aufgrund des Vergleiches traditioneller und neuer Studienabschlüsse kann resümierend festgehalten werden, dass eine inhaltlich-konzeptionelle Reform der Praktika im Kontext des Bologna-Prozesses nur in Ansätzen und lediglich für den geisteswissenschaftlichen Bereich erkennbar ist. Natur- und ingenieurwissenschaftliche Studiengänge halten dagegen scheinbar – trotz zeitlicher Kürzung – an der traditionellen Praktikumsorganisation fest.

3.3 Ein Fallbeispiel

Am Beispiel zweier Studiengänge der Fachrichtung Soziale Arbeit (Fachhochschule, Typ I) und Erziehungswissenschaft (Universität, Mischtyp) soll die unterschiedliche curriculare und institutionelle Gestaltung von Praxisphasen veranschaulicht werden. Bei dem Vergleich der beiden Praktikumskonzepte wird ersichtlich, dass die Praxisphase an Fachhochschulen einen höheren Stellenwert besitzt, der sich u.a. in der Dauer (20 vs. 6 Wochen) des Praktikums, den formalen Vorgaben sowie der Praktikumsbetreuung widerspiegelt. Im Gegensatz zum universitären erziehungswissenschaftlichen Bachelor sind im Studiengang Soziale Arbeit Praxisphasen verbindlich durch eine Praktikumsordnung geregelt, in der der Abschluss eines Praktikumsvertrages sowie eines Ausbildungsrahmenplanes zwischen Hochschule und Praktikumseinrichtung vorgeschrieben sind. Es existieren feste Ansprechpartner im Rahmen eines Praktikumsbüros, die qualifizierte Praxisanleitung seitens der Praktikumseinrichtungen muss nachgewiesen werden. Neben praxisbegleitenden Veranstaltungen, welche in Form eines Vor- und Nachbereitungsseminars auch im universitären Vergleichsstudiengang vorgesehen sind, müssen regelmäßige Supervisionssitzungen absolviert werden. Das Praktikum im erziehungswissenschaftlichen Bachelor dagegen ist nicht durch institutionelle Vorgaben geregelt, es existieren außerhalb der Praktikumsseminare keine festen Ansprechpartner.

4. PRAXISBEZUG IM STUDIUM: DESIGN UND ERGEBNISSE DER QUANTITATIVEN ERHEBUNG UNTER STUDIERENDEN

Im folgenden Abschnitt werden Ergebnisse zu zwei zentralen Fragestellungen vorgestellt: a) Wie nehmen Studierende das *Theorie-Praxis-Verhältnis* ihres Studiums wahr? und b) welchen Praxisbezug bieten Praxisphasen? Ausgehend von theoretischen Vorüberlegungen zum Verhältnis von Fachhochschulen und Universitäten sowie der damit verbundenen Annahme einer gegenseitigen Annäherung hinsichtlich der Realisierung von Beschäftigungsfähigkeit und Praxisbezügen (vgl. Teichler 2009) werden dabei Unterschiede nach *Hochschulart* in den Blick genommen. In Anlehnung an eine Typologie universitärer Studiengänge mit unterschiedlichem Berufsbezug nach Griepentrog (vgl. Oechsle/Hessler 2010) werden zusätzlich die Ergebnisse nach *unterschiedlichen Fachkulturen* analysiert. Es wird davon ausgegangen, dass die Studierenden das *Theorie-Praxis-Verhältnis* ihres jeweiligen Studiums sowie die Wirkung ihrer Praxisphasen differenziert wahrnehmen und ggf. unterschiedliche Bedeutung beimessen.

4.1 Stichprobenbeschreibung

Insgesamt gingen die Aussagen von 955 Studierenden in die Untersuchung ein. Es konnten insgesamt 828 Studierende universitärer Studiengänge, davon 473 Lehramtsstudierende, sowie 127 Studierende von Fachhochschulen befragt werden. Die Studierenden der Fachkulturen Agrarwissenschaften, Erziehungswissenschaften und Informatik befanden sich zum Befragungszeitpunkt im Bachelor-Studium, während die befragten Lehramtsstudierenden ihre Praxisphase im Master-Studium einschätzten. Das durchschnittliche Alter der Studierenden liegt bei 24.3 Jahren (*SD* = 3.32). Der Frauenanteil beträgt 71 %.

4.2 Ausgewählte Befunde der Befragung

a) Theorie-Praxis-Verhältnis im Studium

Zur Wahrnehmung des Praxisbezuges und dessen Bedeutung im Studium wurden den Studierenden nach dem Praktikum drei Einzel-Items vorgelegt, welche auf einer fünfstufigen Antwortskala (*1* = *»keinesfalls« bis 5* = *»ganz sicher«*) bewertet wurden:

- Mein Studium stellt eine gute Mischung von Theorie und Praxis dar.
- Der Praxisbezug kommt in meinem Studium zu kurz.
- Das Praktikum ist wichtiger Bestandteil des Studiums.

Im Ergebnis zeigt sich, dass nur ein Drittel aller befragten Studierenden das eigene Studium als gute Mischung von Theorie und Praxis empfindet. Dabei sind rund 90 % der Studierenden, unabhängig von der Hochschulart, der Ansicht, dass ein Praktikum im Studium wichtig sei. Hinsichtlich der Einschätzungen der Studierenden zum Praxisbezug ihres Studiums zeigen sich im Vergleich der Hochschularten jedoch signifikante Unterschiede: 64 % der Universitätsstudierenden (ohne Lehramt[3]) nehmen den Praxisbezug in ihrem Studium als zu gering wahr, Studierende der Fachhochschulen tun dies nur zu 14 %. Auch im Vergleich der universitären Fachkulturen zeigen sich Unterschiede hinsichtlich des Praxisbezugs im Studium: Während jeweils mehr als drei Viertel der Studierenden der Erziehungswissenschaften, der Agrarwissenschaften und des Lehramts angeben, dass der Praxisbezug in ihrem Studium zu kurz komme, stimmen dieser Aussage nur 44 % der Informatikstudierenden zu.

Resümierend kann festgestellt werden, dass sich hinsichtlich der Bedeutung des Praktikums keinerlei Unterschiede nach Hochschulart oder Fachkultur zeigen, wohingegen das Theorie-Praxis-Verhältnis im Vergleich der Hochschularten von den Fachhochschulen als deutlich ausgewogener wahrgenommen wird als von den Studierenden der Universitäten.

b) Praxisbezug durch Praxisphasen

Praxisphasen und deren berufsorientierende Wirkung stellen einen ausgewählten Praxisbezug im Studium dar. Basierend auf der Annahme, dass Praxisphasen berufliche Orientierung und Qualifizierung bieten sowie im Studium erworbenes Wissen in der Praxis anschlussfähig machen sollen (vgl. Gröschner/Schmitt 2011; Heckt 2003; Weil/Tremp 2010), wurde eine Skala »Berufsorientierung« entwickelt, die Aspekte des Einarbeitens und Orientierens in der beruflichen Praxis, einen gelingenden Theorie-Praxis-Transfer sowie das Erlangen von Berufsklarheit umfasst (Skala: *1 = »trifft nicht zu« bis 5 = »trifft zu«; 12 Items; α = .790*). Ausgehend von dem für Praxisphasen geforderten Theorie-Praxis-Transfer (vgl. Arbeitsstelle für Hochschuldidaktik der Universität Zürich AfH 2010) wurde zusätzlich der *Praxisbezug in den begleitenden Praktikumsveranstaltungen*

---

3 Für den Vergleich zwischen den Hochschularten Universitäten und Fachhochschulen wurde das Lehramt aufgrund seiner Stichprobengröße nicht einbezogen, um Verzerrungen in den Ergebnissen zu vermeiden.

erfasst (Skalen: *1 = »nein«, 2 = »ja«; 4 Items; α = .735-.757*). Alle Skalen wurden den Studierenden nach dem Praktikum vorgelegt.

Das Ergebnis zeigt klar, dass die Mehrheit aller Studierenden (82 %) – über die verschiedenen Fachkulturen hinweg – die berufsorientierende Wirkung ihres Praktikums bestätigen. Differenziert nach Hochschulart zeigen sich keine Unterschiede in der berufsorientierenden Wirkung von Praktika. Mit Blick auf die verschiedenen Fachkulturen an den Universitäten zeigen sich dagegen Unterschiede: So schätzen die Lehramtsstudierenden die Berufsorientierung durch ihre Praxisphasen am höchsten ein, Studierende der Erziehungswissenschaften am geringsten (vgl. Abb. 1).

Abb. 1: Berufsorientierung nach dem Praktikum, universitäre Studiengänge

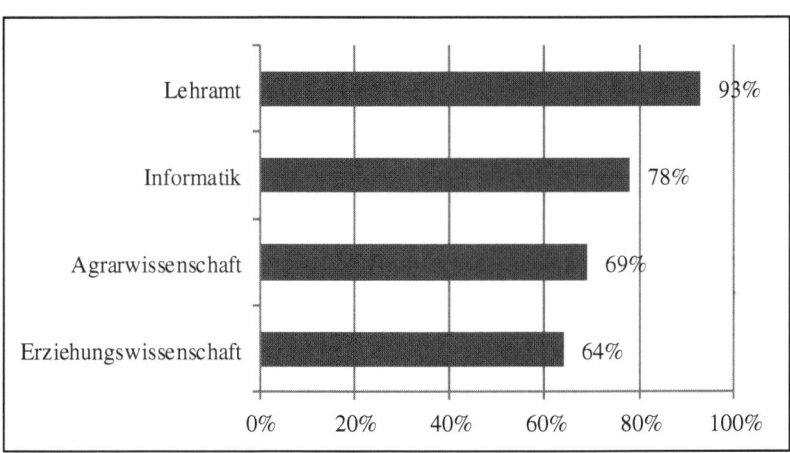

Anm.: $n_{Lehramt}$ = 315, n_{Info} = 23, n_{Agrar} = 48, n_{Ewi} = 104; geordnet nach Häufigkeit der Zustimmung; nein < 3.5; ja ≥ 3.5; Chi-Quadrat-Test: p ≤ .001

Für die Analyse der Praktikumsveranstaltungen zeigen sich bereits in der Existenz solcher Veranstaltungen Unterschiede nach Hochschulart und Fachkultur. So weisen alle Fachhochschulstudiengänge zumindest vor- und nachbereitende Veranstaltungen zur Begleitung des Praktikums auf. Für die untersuchten universitären Studiengänge gilt dies nur für die Lehramts- und erziehungswissenschaftlichen Studiengänge. Die Ergebnisse aus ProPrax zeigen, dass der Praxisbezug der vorbereitenden Veranstaltungen durch die Studierenden als durchschnittlich bewertet wird (*M* = 1.53, *SD* = .34), für die nachbereitenden Veranstaltungen fällt das Urteil dagegen positiver aus (*M* = 1.65, *SD* = .32). Hier zeigt die differenzierte Analyse keine Unterschiede nach Hochschulart.

Zusammenfassend lässt sich sagen, dass Praxisphasen die Berufsorientierung unterstützen, wobei sich die Selbsteinschätzungen der Studierenden hinsichtlich der berufsorientierenden Wirkung je nach Fachkultur signifikant
unterscheiden.

5. EMPFEHLUNGEN FÜR DIE STÄRKUNG VON PRAXISPHASEN UND PRAXISBEZÜGEN

Es folgen Empfehlungen, die sich aus ausgewählten Befunden von ProPrax
sowie Ergebnissen aus dem Dialog mit Experten im Rahmen der Projekt-
Abschlusstagung[4] ableiten lassen. Da Praxisphasen häufig nicht für sich allein
stehen, sondern vielfältige Bezüge zum Studium aufweisen sollten, zielen einige Anregungen darauf ab, den Praxisbezug im gesamten Studiengang entsprechend auszubauen. Die einzelnen Empfehlungen versuchen Antworten auf
Fragen zur Ausgestaltung, Integration und Implementation von Praxisphasen
zu geben.

5.1 Praxisbezüge und Praxisphasen curricular integrieren

Aus den Ergebnissen der quantitativen Befragungen im Rahmen von ProPrax
geht hervor, dass Studierende sich mehr Praxisbezug in ihrem Studium wünschen. Ein praxisbezogenes Studium besteht aus mehr als nur einem Pflicht-
praktikum und erfordert, Handlung und Reflexion zu verknüpfen sowie Erfah-
rungslernen in Bezug zum Theoriewissen zu setzen. Dies bedeutet, Praxisphasen konzeptionell einzubinden. Um *als Studienleistung legitimiert zu werden*,
müssen daher im Rahmen eines Pflichtpraktikums *Kompetenzen* erworben
werden, *die das Erreichen der Studienziele im Allgemeinen unterstützen* (vgl.
Weil/Tremp 2010). Hierbei handelt es sich um Kompetenzen, die nicht oder
nur ungenügend in den Lehrveranstaltungen vermittelbar (z.B. Schlüsselkompetenzen) und deshalb entsprechend auszuweisen sind. Wie die Ergebnisse der
Dokumentenanalyse zeigen, ist dies in den untersuchten Studiengängen noch
kaum erfolgt.

---

4   Studium nach Bologna: „Praxisbezüge stärken?! Praxisphasen als Brücke zwischen
    Hochschule und Arbeitsmarkt" am 17.11.2011.

Empfehlung 1:
Hochschulen sind gefordert, die Praxistauglichkeit des Studiums insgesamt zu verbessern. Praxisphasen sollten curricular integriert werden, d.h. in ein Theorie-Praxis-Konzept eingebettet sein, das modulübergreifend Praxisbezüge ermöglicht.

5.2 Die berufsorientierende Wirkung von Praxisphasen gezielt unterstützen

Praktika unterstützen vor allem die Berufsorientierung der Studierenden, und zwar gleichermaßen an Universitäten wie Fachhochschulen. Einfluss auf die berufliche Orientierung hat zuvorderst die Betreuung während des Praktikums in der Praktikumseinrichtung (vgl. Schubarth et al. 2012). Die Betreuung und Begleitung in den Hochschulen dagegen wird, wenn diese überhaupt erfolgt, kritisch eingeschätzt. Dies gilt insbesondere mit Blick darauf, inwieweit begleitende Veranstaltungen stattfinden bzw. inwieweit diese einen ausreichenden Praxisbezug herstellen. Für die Ausbildung von Beschäftigungsfähigkeit sind theoretische und praktische Ausbildungsanteile aufeinander abzustimmen. Ergebnisse der Dokumentenanalyse legen nahe, dass beispielsweise Verträge und gegenseitige Zielvereinbarungen zu institutioneller Verbindlichkeit und Transparenz beitragen.

Empfehlung 2:
Praxisphasen sind im Dialog und in Zusammenarbeit mit allen Beteiligten (Hochschulen – Studierende – Praktikumseinrichtungen) zu gestalten. Dazu sollten Erwartungen und unterschiedliche Perspektiven kommuniziert, Rahmenbedingungen und Ressourcen der Hochschulen und Unternehmen geprüft, Studieninhalte und Praktikumsziele aufeinander abgestimmt werden.

Empfehlung 3:
Keine Praxisphase sollte ohne eine qualifizierte Begleitung durch die Hochschule absolviert werden. Aus organisatorischer und didaktischer Sicht empfiehlt es sich, zur Begleitung und Beratung von Praxisphasen Lehrveranstaltungen einzurichten. Diese sollten in ihrer je spezifischen Zielstellung und Funktion in eine konzeptionelle Passung zum Praktikum gebracht sein.

5.3 Qualität von Praxisbezügen und -phasen sichern

Der Weg von Empfehlungen – gleich welcher Art – in die Hochschulpraxis führt nur über die entsprechenden Prüfungs- oder Studienordnungen. Die systematische Integration von Praxisbezügen und -phasen in den Studiengang erfolgt allerdings sehr unterschiedlich, wie die qualitativen Analysen aus ProPrax gezeigt haben. Um die Frage zu beantworten, wie Empfehlungen zur Professionalisierung von Praxisphasen Eingang in die Hochschule finden, empfiehlt es sich, auch Gründen nachzugehen, warum an Universitäten, insbesondere in disziplinbezogenen geisteswissenschaftlichen Studiengängen, Widerstände gegen Praxisbezüge und integrierte Praxisphasen existieren (genauer dazu Schubarth et al. 2011). Beispielsweise bedarf es – nicht zuletzt angesichts wachsender Studierendenzahlen – eines hohen (zusätzlichen) Personal- und Koordinierungsaufwands, um ein Praktikum zu betreuen. Der zuständige Fachbereich und jede seiner Professuren definieren sich an der Universität aber zuvorderst über die Forschung und weniger über die Lehre. Ein im Vergleich zu traditionellen Lehrformen (Vorlesung, Seminar) geringerer curricularer Anrechnungsfaktor für die Praktikumsbetreuung schafft zudem »Nachteile« in der *Deputatsanrechnung* bei einem vergleichsweise hohen persönlichen Zeitaufwand. Den akademischen Mittelbau trifft dieses Ungleichgewicht angesichts meist befristeter Stellen besonders (vgl. Esdar et al. 2011). Die Diskussion um Praxisbezüge und Praxisphasen scheint daher eng mit dem Leitbild der Einrichtung und ihren Strukturen verwoben zu sein. Sofern eine Hochschule *Wert auf Praxisbezüge* legt, wird sie diese auch als Indikatoren für Studienqualität hervorheben.

Empfehlung 4:
Praxisphasen sollten eine Aufwertung im Studium durch die Hochschule erfahren und entsprechend Eingang in die Studiengangentwicklung finden. Dafür ist sowohl auf der Ebene der Hochschulleitung als auch unter den Hochschullehrenden und Dozierenden Akzeptanzmanagement zu betreiben. Als wichtige Rahmenbedingung sind eine angemessene Deputatsanrechnung für die Betreuung von Praxisphasen sowie geeignete Anreizsysteme (wie z.B. Zielvereinbarungen) erforderlich.

Insgesamt verweisen die Befunde darauf, dass die Erhöhung der Praxis- und Berufsfeldbezüge von den Studierenden als sinnvoll angesehen sowie als notwendig eingefordert werden. Der Blick auf die Hochschullandschaft weist demgegenüber noch Handlungsbedarf auf, der vor allem die Universitäten vor die

Herausforderung stellt, Praxisphasen konzeptionell überzeugend in ihre Lehre einzubeziehen und hochschuldidaktisch zu gestalten.

LITERATUR

Arbeitsstelle für Hochschuldidaktik der Universität Zürich (AfH) (2010): Praktikum. Orientierungshilfen für Programm- und Modulverantwortliche, Dossier, Zürich: Universität Zürich.

Berthold, C./Kessler, M. S./Kreft, A.-K./Leichsenring, H. (2011): Schwarzer Peter mit zwei Unbekannten. Ein empirischer Vergleich der unterschiedlichen Perspektiven von Studierenden und Lehrenden auf das Studium. Gütersloh: CHE.

Briedis, K./Heine, C./Konegen-Grenier, C./Schröder, A.-K. (2011): Mit dem Bachelor in den Beruf. Arbeitsmarktbefähigung und -akzeptanz von Bachelorstudierenden und -absolventen, Essen: Stifterverband für die Deutsche Wissenschaft. URL: http://www.stifterverband.org/publikationen_und_podcasts/positionen_dokumentationen/mit_dem_bachelor_in_den_beruf/mit_dem_bachelor_in_den_beruf.pdf [Zugriff: 02.01.2012].

Esdar, W./Gorges, J./Kloke, K./Krücken, G./Wild, E. (2011): »Lehre unter den Forschungshut bringen... – Empirische Befunde zu multipler Zielverfolgung und Zielkonflikten aus Sicht von Hochschulleitungen und Nachwuchswissenschaftler(inne)n«, in: S. Nickel (Hg.): Der Bologna-Prozess aus Sicht der Hochschulforschung. Analysen und Impulse für die Praxis, Gütersloh: CHE gemeinnütziges Centrum für Hochschulentwicklung, S. 192-203.

Gröschner, A./Schmitt, C. (2011): Kompetenzentwicklung und Lernerfahrungen im Praktikum (KLiP). Abschlussbericht der Längsschnittstudie, München/TUM School of Education und Jena/Institut für Psychologie.

Heckt, D. H. (2003): »Pädagogische Praktika zwischen alten Ansprüchen und neuen Wirklichkeiten. Allgemeinpädagogische und arbeitsmarktpolitische Aspekte«, in: J. Schulze-Krüdener/H.G. Homfeldt (Hg.): Praktikum – eine Brücke schlagen zwischen Wissenschaft und Beruf, Reihe Hochschulwesen: Wissenschaft und Praxis (2. Aufl.), Bielefeld: Universitätsverlag Webler, S. 14-26.

Kamm, C. (2011): Mehr Praxis durch Bologna!? – Eine qualitative Analyse von Praktikumskonzepten unterschiedlicher Fachdisziplinen und Hochschulen im Kontext der Studienreform, Potsdam: unveröffentlichte Magisterarbeit.

Kelle, U./Kluge, S. (2010): Vom Einzelfall zum Typus. Fallvergleich und Fallkontrastierung in der qualitativen Sozialforschung, Qualitative Sozialforschung, Band 15, 2. überarb. Aufl., Wiesbaden: VS-Verlag.

Mayring, P. (2008): Qualitative Inhaltsanalyse. Grundlagen und Techniken, 10. neu ausgestattete Aufl., Weinheim: Beltz.

Multrus, F. (2009): Forschungs- und Praxisbezüge im Studium. Erfassung und Befunde des Studierendensurveys und des Studienqualitätsmonitors, Konstanz: Arbeitsgruppe Hochschulforschung.

Nickel, S. (2011): »Zwischen Kritik und Empirie – Wie wirksam ist der Bologna-Prozess?«, in: S. Nickel, (Hg.): Der Bologna-Prozess aus Sicht der Hochschulforschung. Analysen und Impulse für die Praxis, Gütersloh: CHE, S. 8-17.

Oechsle, M./Hessler, G. (2010): »Praxis einbeziehen – Berufsorientierung und Studium«, in: HDS.Journal 1, H. 2, S. 11-22.

Ruf, M. (2006): »Praxisphasen als Beitrag zur Employability. Didaktische Funktionsbestimmung betrieblicher Praxisphasen im Rahmen wirtschaftswissenschaftlicher Bachelor-Studiengänge«, in: Das Hochschulwesen 54, H. 4, S. 135-139.

Sarcletti, A. (2009): Die Bedeutung von Praktika und studentischen Erwerbstätigkeiten für den Berufseinstieg. Bayerisches Staatsinstitut für Hochschulforschung und Hochschulplanung (IHF), Bamberg: IHF.

Schubarth, W./Speck, K./Seidel, A./Kamm, C./Kleinfeld, M./Sarrar, L. (2011): »Evidenzbasierte Professionalisierung der Praxisphasen in außeruniversitären Lernorten. Erste Ergebnisse des Forschungsprojektes ProPrax«. in: W. Schubarth,/K. Speck/A. Seidel (Hg.) (2011): Nach Bologna: Praktika im Studium – Pflicht oder Kür? Empirische Analysen und Empfehlungen für die Hochschulpraxis, Potsdam: Universitätsverlag, S. 79-212.

Schubarth, W./Speck, K./Seidel, A./Gottmann, C./Kamm, C./Krohn, M. (2012): Studium nach Bologna: Praxisbezüge stärken?! Praktika als Brücke zwischen Hochschule und Arbeitsmarkt, Wiesbaden: VS-Verlag.

Soellner, R./Scheibner, N./Hapkemeyer, J./Fink, C. (2008): »Erwartungen an das Praktikum im Studium – Anregungen zur Entwicklung von Curricula«, in: Zeitschrift für Hochschulentwicklung 3, H. 4, S. 34-46.

Stufflebeam, D. L. (1984): »The CIPP-Model for Program Evaluation«, in: G.F. Madaus/M. Scriven/D.L. Stufflebeam (Hg.): Evaluation Model. Viewpoints on Educational and Human Services Evaluation, Boston: Kluwer, S. 117-141.

Teichler, U. (2009): »Wissenschaftlich kompetent für den Beruf qualifizieren«, in: Hochschulrektorenkonferenz (Hg.): Neue Anforderungen an die Lehre in Bachelor- und Masterstudiengängen, Bonn: HRK, S. 30-52.

univativ (2011): unicensus 11. Studium geht an der Realität vorbei. URL: http://www.univativ.de/site/misc/unicensus11/files/unicensus2011_Ergebnis praesentation.pdf [Zugriff 02.01.2012].

Weil, M./Tremp, P. (2010): »Praktika im Studium als Berufswirklichkeit auf Zeit. Zur Planung und Gestaltung obligatorischer Praktika im Studium«, in: B. Berendt/H.-P. Voss/J. Wildt (Hg.): Neues Handbuch Hochschullehre, Berlin: Raabe, S. 1-16.

Praxisbezug weiter hoch im Kurs …

Heterogene Praxiskonzepte von Lehramtsstudierenden

RENATE SCHÜSSLER, KATHRIN GÜNNEWIG

>»›Der Praxis‹ wird im Allgemeinen eine größere Dignität zugeschrieben als ›der Theorie‹. […] Das liegt wohl nicht zuletzt daran, dass es sich bei ›Praxisbezug‹ oder ›Berufsbezug‹ um äußerst unscharfe Begriffe handelt. Sie erlauben unterschiedlichste inhaltliche Aufladungen und kommunikative Verwendungen, aber auch emotionale Besetzungen, und oszillieren zwischen Erlösungsmythos und Leerformel […] ›Praxisbezug‹ oder ›Berufsorientierung‹ haben die offensichtliche Eigenschaft, immer knapp zu sein […] völlig unabhängig davon, wie viel man davon schon hat.«
>
> HEDTKE (2000)

1. MEHR PRAXISBEZUG – ABER WELCHEN?[1]

Ein hoher Praxisbezug scheint als Norm der Lehrerbildung »auf merkwürdige Weise unstrittig« (Oelkers 1999: 69) und der Wunsch nach seiner Stärkung kann

---

1 Dieser Beitrag beruht zu weiten Teilen auf dem Artikel »Mehr Praxis – aber welche? Praxiskonzepte von Lehramtsstudierenden zwischen Rezeptologie und Professionalisierung« von R. Schüssler/K. Günnewig, der erstmals veröffentlicht wurde in TriOS, 6 Jg. (2011), H. 2. Wir danken den Herausgebern der TriOS-Reihe für die Möglichkeit der erneuten Veröffentlichung.

man mit Terhart als »argumentativen Dauerbrenner« (2000: 107) bezeichnen. Auch aktuell zeigt sich der »Mythos Praxis«[2] in der Lehrerbildung als sehr wirkmächtig. So ist die Diskussion um universitäre Praxisphasen als Studienelement im Lehramtsstudium zwar nicht neu. Erneut angefacht wurde sie allerdings durch den Anspruch der Bologna-Reformen, die Praxisorientierung des Studiums zu verstärken. Aus Sicht der Studierenden herrscht dabei auf den ersten Blick weitgehend Übereinstimmung, dass das Versprechen einer dezidierten Praxisorientierung nicht eingelöst wurde.[3]

Aber um welche Art von Praxisbezug geht es überhaupt? Welches Verständnis von Praxis und ihrer Relationierung mit Theorie haben Lehramtsstudierende und wie beeinflusst dies ihre Bewertung von Studienangeboten und die individuelle Gestaltung von Studienverläufen?

Lehramtsstudierende meinen »die Schulpraxis« aus der eigenen Schulzeit gut zu kennen. Ausgehend von ihren Erfahrungen als Schülerin oder Schüler und ggf. angereichert durch erste Eindrücke in schulischen Praxisphasen, verfügen sie wie in kaum einem anderen Berufsfeld bereits über ein umfangreiches »Spektrum an subjektiven Theorien über Schule, Unterricht und Lehreraufgaben« (Weyland/Wittmann 2010: 24). Diese subjektiven Theorien gilt es frühzeitig im Studium zu thematisieren (vgl. ebd.) als wichtige Voraussetzung zur Entwicklung einer professionellen Identität in Lehrerausbildung und Berufseinstiegsphase. Allerdings gibt es bisher kaum Studien, die sich der Erforschung der subjektiven Theorien von Lehramtsstudierenden zu Praxisbezug, Kompetenzentwicklung und Professionalisierung widmen. Das qualitativ ausgerichtete Forschungsprojekt »Studium und Beruf: Subjektive Theorien von Studierenden und Lehrende zwischen Praxisbezug, Employability und Professionalisierung« (STEP) kann hier einen Beitrag leisten.[4]

---

2   Vgl. gleichlautendes Schwerpunktheft des journals für lehrerinnen- und lehrerbildung, 11. Jg. (2011), H. 3.

3   Dies unterstreicht auch der HIS-Studienqualitätsmonitor 2010 (vgl. HIS 2010).

4   Bei STEP handelt es sich um ein BMBF-gefördertes interdisziplinäres Verbundprojekt der Universitäten Bielefeld und Paderborn unter Leitung von M. Oechsle, I. Scharlau und J. Keuffer.

2. »FLICKENTEPPICH LEHRERBILDUNG« – DIFFUSITÄT DES PRAXISBEZUGS

Die Lehrerbildung der letzten Jahre kann als ein »Flickenteppich divergenter Modelle und Reformversuche« (Keuffer 2010: 55) beschrieben werden. Diese Fragmentierung behindert die Vergleichbarkeit der Abschlüsse, erschwert Übergänge und konterkariert Ziel und Versprechen einer erhöhten Mobilität durch die Einführung der Bologna-Reformen.

Die Fragmentierung, die für die Lehrerbildung im Allgemeinen feststellbar ist, gilt für die Art und Weise der Herstellung von Praxisbezug sowie für Umfang, Ausrichtung und Gestaltung der Praxisphasen im Besonderen. So schreibt sich der »Flickenteppich Lehrerbildung« in einer höchst diffusen Praktikumslandschaft fort. Konzeption und Form, Dauer, Einbindung in das Studium sowie inhaltliche Schwerpunktsetzung stellen sich als sehr heterogen dar (vgl. auch Gröschner/Schmitt 2010: 89; Hascher 2011: 10f.).

Der hohe Aufwand, der mit der Organisation von schulischen Praxisphasen verbunden ist, steht einem geringen Wissen um ihre Wirkung gegenüber. Die empirische Befundlage zur Wirksamkeit schulischer Praxisstudien und ihrem Beitrag zur Kompetenzentwicklung ist als dürftig einzuschätzen (vgl. z.B. Hedtke 2000; Gröschner/Schmitt 2010) bzw. stellt diese kritisch in Frage (vgl. Hascher 2011: 10). Bereits im Abschlussbericht der Hamburger Kommission zur Lehrerbildung haben Keuffer und Oelkers eine Reihe von bundeslandübergreifenden Problemlagen zu den schulischen Praxisphasen betont, wie ihre fehlende systematische Einbindung ins Studium und der fehlende kontinuierliche Erfahrungsaufbau (Keuffer/Oelkers 2001: 56). Es bleibe, wie auch andere Autoren in aktuellen Überblicken über die Befundlage zusammenfassen, somit offen, »ob und wie sich das Praktikum beispielsweise auf das weitere Studium auswirkt und ob sich ein kumulativer Kompetenzaufbau nachweisen lässt [...]« (Gröschner/Schmitt 2010: 91). Durch die Einbindung in die unterschiedlichen Lernorte Universität und Schule sind die Studierenden oftmals divergenten und bisweilen konfligierenden Zielsetzungen ausgesetzt (Weyland 2010). Durch Mängel in Vorbereitung, wissenschaftlicher Begleitung und Nachbereitung fehle in der Regel ein Hineinwirken von Praktika in den weiteren Studienverlauf (vgl. Weyland/Wittmann 2010).

Insbesondere der Beitrag von Praxisphasen zur Professionalisierung von zukünftigen Lehrkräften wird sehr kontrovers beurteilt (vgl. auch Schüssler et al. 2012). Unklar ist nach wie vor, ob schulische Praxisphasen die Entwicklung von Professionalität eher beeinträchtigen oder fördern und welche Gelingensbedingungen dafür formulierbar sind. Während im Allgemeinen ein *Mehr* an Praktika und Praxisbezug auch von Studierenden und Schulpraktikern und -praktikerinnen gefordert wird und mehrheitlich positiv beurteilt wird, warnt beispielsweise Hascher (2005) vor der sogenannten »Erfahrungsfalle«. Trotz in einer Reihe von Studien belegten negativen Effekten oder Begleiterscheinungen bleibe »der Wunsch, sich in der Praxis zu professionalisieren, ungetrübt« (Hascher 2011: 10). Auch die Baumert-Kommission zur Reform der Lehrerbildung in NRW betont, dass es nicht auf mehr, sondern auf eine Verbesserung der schulpraktischen Studien ankomme (vgl. MIWFT 2007). Oftmals wird durch Praxisphasen und den eventuell daraus resultierenden Handlungsdruck eine verkürzte Sicht auf die für das Berufsfeld Lehramt notwendigen Kompetenzen verstärkt.

3. FORSCHUNGSPROJEKT STEP: PRAXISKONZEPTE VON LEHRAMTSSTUDIERENDEN

Der bereits oben angesprochene Ruf nach mehr und besserer Praxis gehört offensichtlich auch zum *Common Sense* unter den Studierenden und das »unstillbare Verlangen nach Praxisbezug« (Hedtke 2000: 1) scheint ungeachtet der vielfältigen Möglichkeiten, Praxisbezug im Lehramtsstudium herzustellen, ungebrochen. Es steht »insbesondere bei Studierenden die Forderung nach mehr Praxisbezug hoch im Kurs« (Bräuer 2003). Ungeklärt bleibt dabei oftmals, um welche Form von Praxis es überhaupt geht. Auch Hedtke weist darauf hin, dass es sich bei Praxis- und Berufsbezug um gleichermaßen unscharfe wie positiv konnotierte Begriffe handelt, die »unterschiedlichste inhaltliche Aufladungen und kommunikative Verwendungen, aber auch emotionale Besetzungen« (Hedtke 2000: 3) erlauben und letztlich zwischen »Erlösungsmythos und Leerformel« (ebd.) schwanken. Welche Vorstellungen und Erwartungen, welches Verständnis von Praxis verbergen sich aber hinter dem Ruf nach mehr Praxisbezug?

In der STEP-Studie wurde untersucht, welche Praxiskonzepte in den subjektiven Theorien (vgl. Dann 1994) der Studierenden deutlich werden und welche Bewertungen, Erwartungen und Studienstrategien daraus resultieren. Dabei wurde nicht nur nach der Einschätzung schulischer Praxisphasen gefragt, sondern auch nach Praxisbezug im Studium allgemein. Im Lehramtsstudium gibt es dafür vielfältige Möglichkeiten: schulische Praxisstudien mit ihren unterschiedlichen Formaten und Zieldimensionen, Forschungspraktika oder Fallstudienmodule, Exkursionen oder Einladung von Schulpraktikern, Analyse und Reflexion von Unterricht auf der Basis eigener oder beobachteter Praxis, der Simulation von Unterricht oder der Arbeit mit Videographien, Auseinandersetzung mit schulischen Handlungsfeldern und schulbezogenen Themen wie Heterogenität, Schulentwicklung etc.

Im Rahmen der STEP-Studierendenbefragung wurden insgesamt 47 Lehramtsstudierende in Bielefeld (konsekutive Studienstruktur) und Paderborn (Staatsexamen, modularisiert) befragt und in Anlehnung an die qualitative Inhaltsanalyse (vgl. Mayring 2007) ausgewertet.[5]

Bezüglich ihres Praxisverständnisses lassen sich bei den befragten Studierenden grob zwei Merkmalsausprägungen unterscheiden. So kristallisierte sich eine Gruppe von Studierenden heraus, die sich Studieninhalte mit direktem Anwendungsbezug wünschen und eine handelnd-pragmatische Perspektive (Weyland/Wittmann 2010) in den Vordergrund rücken (Gruppe A). Von ihnen zu unterscheiden sind in Gruppe B jene Studierenden, die sich der Notwendigkeit der wechselseitigen Relationierung von Theorie und Praxis bewusst sind.[6]

3.1 Praxiskonzept A: Direkter Anwendungsbezug und handelnd-pragmatische Perspektive

In dieser Gruppe befinden sich Studierende, die eine handelnd-pragmatische Perspektive (Weyland/Wittmann 2010: 20) einnehmen. Im Zentrum ihres Praxisverständnisses steht der direkte Anwendungsbezug vor allem in Form von unterrichtspraktischen Tätigkeiten. Sie haben den Wunsch, »konkrete Anleitungen für konkrete Unterrichtssituationen zu bekommen« (Bräuer 2003: 490) und erwarten, dass ihnen »ein für die spätere Lehrtätigkeit unmittelbar einsetzbares Können« (Wissenschaftsrat 2001: 31) vermittelt wird. Das Praxiswissen wird gegenüber dem Theoriewissen betont (vgl. auch Bromme 1992). Die Studierenden dieser Gruppe weisen mehrheitlich »unkritisch positive Haltungen gegenüber der Praxis« (Hascher 2011: 8) auf.

---

5 Vgl. auch die daran anschließende Untersuchung von Scharlau/Wiescholek, im vorliegenden Band.

6 Gegenstand der folgenden Darstellung sind die 20 Befragten des Bielefelder Teilprojektes, in dem sich beide Gruppen als gleich stark besetzt gezeigt haben. Ähnliche Ergebnisse zeigten sich auch für das Paderborner Teilprojekt (vgl. z.B. Scharlau/Wiescholek, im vorliegenden Band). Entgegen den Vorannahmen sind keine Unterschiede bezüglich der durchschnittlichen Hochschulsemesterzahl (8,9 Semester) sowie keine wesentlichen Unterschiede bezüglich des Durchschnittsalters (A: 26,3 vs. B: 24,1 Jahre) und der Anzahl der absolvierten schulischen Praxisphasen feststellbar.

Vertreterinnen und Vertreter dieser Merkmalsausprägung wünschen sich den Erwerb von ›Anwendungswissen‹ im Studium und sie sind stark fokussiert auf die direkte Anwendungspraxis. Bei einigen der Studierenden zeigen sich ein mangelndes Bewusstsein für die Notwendigkeit, selbst Transfer herzustellen, und die Nachfrage ›rezeptologischen Wissens‹.

»Und in den Veranstaltungen höre ich immer nur ›STELLEN Sie sich das theoretisch VOR, wie würden Sie reagieren‹. Ja, keine Ahnung. Wie würd' ich reagieren? [...] Ich hatte diese Situation nich'.« (Leonie: 34)

In der Regel kritisieren Vertreterinnen und Vertreter dieser Gruppe das fachwissenschaftliche Studium als unbrauchbar oder definitiv zu weit über den schulischen Anwendungsbezug hinausgehend oder sie lehnen es in der derzeitigen Form ganz ab. Viele von ihnen bemängeln den fehlenden Praxisbezug des Studiums: Es gäbe fast keinen Praxisbezug, das Praktische fehle komplett (Barbara), das Studium sei langweilig, ohne Praxisbezug, zu trocken (Corinna) oder theorielastig und bereite lediglich durch die Praktika auf die zukünftige Tätigkeit vor (Julia). Das Studium solle zwar der Berufsvorbereitung dienen, komme dieser Rolle allerdings nicht nach (Leonie). Mehrmals wird der Wunsch geäußert, die Ausbildung von Lehramtsstudierenden von jener der Fachwissenschaftlerinnen und -wissenschaftler zu trennen.

Gewünscht werden Seminarinhalte, die sehr konkret auf die spätere (Unterrichts-)Tätigkeit bezogen sind. Die Studierenden möchten beispielsweise Unterrichtsverlaufspläne erstellen, Unterrichtsstunden und -reihen planen und durchführen oder korrigieren lernen. Laut Anis sollte die Universität viel praktischer agieren und die Studierenden viel mehr auf die Wissensvermittlung an sich vorbereiten. Es würde den Studierenden viel Unsicherheit nehmen, wenn es mehr Angebote in dieser Richtung gäbe. Thomas fordert eine stärker auf Lehrer zugeschnittene universitäre Ausbildung, die u.a. auch eine bessere Auseinandersetzung mit Alltagsproblemen an der Schule ermöglichen würde. Auch Katinka unterstützt einen stärkeren Bezug zum Handlungsfeld Schule:

»Und ich hab' mir auch eher vorgestellt, dass man *mehr* ähm Bezug zur Schule hat. Also dass man halt auch mehr lernt, wie man in der Praxis klarkommt. Also, nä, Leistungsbewertung, Diagnose, Unterrichtsplanung. (F: Mhm) Diese ganzen praktischen Sachen, die man halt als Lehrer dann anwenden muss. Man hat halt nur Theorie und äh aus Gesprächen weiß ich auch, dass sich das nich' wirklich ändern wird. Man kann zwar Seminare dazu besuchen, aber es ist nicht äh im Pflichtanteil drin. (F: Mhm) Und dann wird man kaum die Zeit haben, sich da intensiv mit auseinanderzusetzen.« (Katinka: 101)

Die Bedeutung von Praxisphasen und die Möglichkeit, Erfahrungen im Handlungsfeld Schule und Unterricht zu erwerben, werden in aller Regel sehr hoch eingeschätzt. Allerdings wird von einigen Studierenden die Umsetzung kritisiert (zu wenige und zu kurze Praxisphasen, keine oder zu wenige Möglichkeiten, selbst zu unterrichten). Eine ideale Praxisvorbereitung findet für sie dann statt, wenn möglichst viele und umfangreiche Praktika mit Möglichkeiten, selbst zu unterrichten, absolviert werden können. Tendenziell überwiegen bei Gruppe A die Beschwerden und die Enttäuschung hinsichtlich des geringen Umfangs der schulischen Praxisphasen und der mangelnden Möglichkeit, sich selbst im Unterricht auszuprobieren. Dies kann so interpretiert werden, dass insgesamt zu große Hoffnungen in die Praxisphasen projiziert und die Praktika – als vorrangige Möglichkeit des Praxisbezugs gesehen – zu stark mit Erwartungen überfrachtet werden.

Zwar finden sich in dieser Gruppe etwas mehr Personen, die mit einer eher passiv-konsumierenden Haltung an die Gestaltung ihres Studiums herangehen, aber es gibt auch Personen unter ihnen, die Eigeninitiative und Engagement zeigen – welches wiederum überwiegend auf die Herstellung zusätzlicher Praxiserfahrungen gerichtet ist. Corinna beispielsweise habe das Studium anfangs überhaupt nicht gefallen. Sie hätte sich vor Studienbeginn nicht vorstellen können, dass das Studium selbst so langweilig werde »und keinen Praxisbezug hat«. (40) Wegen des mangelnden Praxisbezuges habe sich Corinna immer zwei Tage freigehalten, um in einer Schule zu arbeiten. So könne sie sich vor Ort im Unterrichten ausprobieren oder mit auf Klassenfahrten fahren. Wenn sie diese Gelegenheit nicht hätte, würde ihr das Studium wohl »nichts bringen« (42), da sie es als zu trocken empfindet.

Bei einigen wenigen, vor allem jüngeren Studierenden dieser Gruppe, scheint die Argumentation und die Kritik am praxisfernen Studium wenig reflektiert und ausgewogen, wie Fallbeispiel Julia illustriert.

Fallbeispiel Julia:
Kritik an Fehlen von Anwendungsbezug und direkten Beispielen

Julia beschreibt die Universität als theorielastig:

»[...] man lernt viel Theorie aber wenig Praxis. Also wirklich, man kriegt viel Methodik beigebracht und viel – ja, irgendwelche Modelle werden einem halt erzählt, aber nicht wirklich darauf eingegangen, wie man das später im Beruf verwenden soll.« (18)

Nach einem Beispiel für die Theorielastigkeit gefragt, beschreibt sie, dass sie nicht wisse, wie sie die Konzepte aus den Methodik-Vorlesungen in der Schule anwenden könne:

»Mh, ja an sich diese Methodik-Vorlesungen zum Beispiel. Das sind wirklich nur Leute, die irgendwelche Theorien aufgestellt haben, aber nicht wirklich – so, kann man das dann auch verwenden.« (20)

»[…] Und das ist irgendwie, das stört mich einfach. Dass man nicht sagen kann, das nehm' ich mit, ich kann ja nicht irgendwie n'Konzept mitnehmen, aber ohne, dass ich da n'Praxisbezug habe. Also ich kann das nicht anwenden, praktisch später. (F: M-mh.) ich stehe vor 'ner Klasse, hab' vielleicht irgendwie was im Kopf, aber weiß nicht, wie ich das auf die Klasse anwenden soll.« (22)

Auf ihre spätere Berufstätigkeit als Lehrerin werde teilweise Bezug genommen. Allerdings blieben bei den ausgeteilten Texten und Forschungsarbeiten oft Fragen offen, sodass man sich denke:»ja, gibt's nicht irgendwie ein direktes Beispiel dazu?« (24)

Sie fühle sich bisher nur durch die Praktika auf den späteren Beruf vorbereitet. Die Praktika schätzt sie:»Weil man dann auch mal wirklich ähm die Lehrer selber kennen gelernt hat, wie die so mit den Kindern sind. Und auch die Kinder selbst kennen gelernt hat. Also wie man mit denen umgeht.« (127). Neben den Praktika hätten ihr nur noch einzelne Praxisstunden im Sport etwas gebracht. Vorlesungen in Sportmedizin oder Bewegungswissenschaft erachte sie hingegen als nutzlos:

»also die Kinder interessiert es nicht, wo welcher Knochen ist oder welche Bewegungsvorstellung... Ja gut, 'ne Bewegungsvorstellung müssen sie schon haben, aber das kann ich denen später nicht, also das kann ich nicht gebrauchen, denk' ich nicht.« (131)

3.2 Praxiskonzept B: Relationierung von Theorie und Praxis

Von der ersten Gruppe zu unterscheiden sind in Gruppe B jene Studierenden, deren Praxisverständnis die Notwendigkeit der Wechselwirkung und Verschränkung von Wissenschaftlichkeit und Praxisbezug betont (vgl. auch Weyland 2010; Heil/Faust-Siehl 2000; Wildt 2003; Nölle 2002). Lernen in der Praxis erfolgt für sie mittels der Relationierung von »theoretischem Reflexionswissen einerseits und praktischem Handlungswissen andererseits«

(Weyland/Wittmann 2010: 21). Wenngleich auch sie sich einen stärkeren Bezug des Fach-Studiums zum Handlungsfeld Schule wünschen, soll Praxisbezug für sie auf der Basis einer fach-wissenschaftlichen Ausbildung erfolgen.

Auch von den Studierenden der Gruppe B wird eine mangelnde Anwendungsrelevanz der Studieninhalte für Lehramtsstudierende bemängelt. Sie kritisieren, dass Bezüge zur schulischen Praxis in den Veranstaltungen teilweise gar nicht, teilweise nur oberflächlich hergestellt werden. Dabei differenzieren die Studierenden stark in der Beurteilung der Praxisrelevanz der einzelnen Fächer. Sie schätzen die fachwissenschaftlichen Inhalte des Studiums, wünschen sich aber gleichzeitig einen stärkeren Bezug zum Handlungsfeld Schule. So wünscht sich etwa Alvine eine konstantere Auseinandersetzung mit dem Handlungsfeld Schule und die wiederkehrende Möglichkeit, Theorie in Praxis zu testen. Für Dana ist es »ganz wichtig [...], dass man sich informiert, also [...] nicht alltagstheoretisch handelt« (Dana: 129). Dass »man weiß was man tut und warum. Und das wissenschaftlich belegen könnte« (ebd.). Um Professionalität im Lehrberuf zu erwerben, sei es wichtig, dass man »sich mit der Wissenschaft auseinandersetzt [...] und diese wissenschaftlichen Erkenntnisse für sich auf die Praxis bezieht« (Dana: 131).

Mehrere Studierende erläutern, dass es im Studium um wichtige Kernkompetenzen gehe, wie strukturiertes Denken, Probleme lösen, Zeitmanagement, Lesetechniken, das eigenständiges Erarbeiten von Fachinhalten, Recherchieren, Grundverständnis von bestimmten Materien, Strukturieren können. Für Hendrik beispielsweise geht es im Studium nicht um die Verwertbarkeit des Gelernten, sondern um Weitblick. Wichtig sei der Erwerb von »Grundkompetenzen [...], die ausgebildet werden sollen, wie zum Beispiel strukturiertes Denken, Probleme lösen, selbstverantwortlich arbeiten.« (Hendrik: 43)

Oftmals begründen die Angehörigen dieser Gruppe ihre Berufswahlentscheidung auch mit ihrer Begeisterung für ihr jeweiliges Kernfach. Einige der Bielefelder Studierenden erwähnen von sich aus die Polyvalenz des Studiums. Der Lehrerberuf wird von ihnen lediglich als ein mögliches Ziel gesehen.

Die Bedeutung von Praktika wird unterschiedlich beurteilt. Mehrheitlich werden die Praktika, ähnlich wie bei Gruppe A, sehr geschätzt. Eine ideale Praxisvorbereitung finde dann statt, wenn möglichst viele und umfangreiche Praktika mit Unterrichtserfahrung absolviert werden können und diese durch universitäre Veranstaltungen zur theoretischen Einbettung und Reflexion begleitet werden. Den Vertreterinnen und Vertretern der Gruppe B scheint es eher zu gelingen, den Stellenwert und die Funktion von Praktika als *eine* Möglichkeit des Praxisbezugs angemessen einzuschätzen und die positiven Aspekte der vorhandenen Praktika zu verwerten. So erscheint die Kritik, die sie trotzdem hinsichtlich des mangelnden Praxisbezugs des Studiums äußern, im Vergleich zur Gruppe A differenzierter und insgesamt mehr Substanz zu haben. In ihrer Argumentation wägen sie stärker unterschiedliche Faktoren miteinander ab und sie zeichnen sich durch Multiperspektivität und ein höheres Reflexionsvermögen aus. Einige der Studierenden betonen auch die Funktion des Referendariats als Ort des schulpraktischen Lernens und diskutieren, ob die Universität überhaupt den Anspruch haben sollte, auf die Berufspraxis vorzubereiten. Ein anschauliches Fallbeispiel für eine gelingende Relationierung von Theorie und Praxis stellt Astrid dar.

Fallbeispiel Astrid:
Gute Berufsorientierung durch übergreifende Kompetenzen und Fallstudienansatz

Bei der Rolle der Berufsvorbereitung durch das Studium betont Astrid beide Seiten: Einerseits solle es eine »Stringenz [...] zwischen Studiengang, Ausbildungsform und anschließendem Beruf« (28) geben, andererseits sei eine gewisse Offenheit wichtig, sodass die Wege nicht verbaut werden: »viele Kompetenzen sind ja auch übergreifend, die ich im Studium erlerne« (28), und das helfe einem im späteren Beruf, sich neue Kompetenzen anzueignen. Bezüglich der Berufsvorbereitung schneidet das Lehramtsstudium für sie nicht schlecht ab. Als Beispiele für Praxis- und Berufsorientierungsphasen im Lehramtsstudium nennt sie das Bielefelder Fallstudienmodul.

Wahrscheinlich falle es zu Beginn des Referendariats erst einmal sehr schwer, zum Beispiel eine altersadäquate Reduzierung von Inhalten vorzunehmen. Am Beispiel ihres derzeit noch mangelnden Einblicks in den Entwicklungsstand der Schülerinnen und Schüler in unterschiedlichen Altersgruppen und des damit zusammenhängenden Lerntempos verweist Astrid auf das Referendariat als »Ort, wo man das lernt« (85):

»Ich weiß nicht, ob es jetzt groß anders wäre, wenn ich im Studium mal kurze Sequenzen hätte mit dieser Thematik. Glaub' ich trotzdem nicht, dass man dann anschließend in die Schule geht und sagt, ja klar, also ich weiß ja auf jeden Fall, wie äh, wie Schüler lernen und welche, wie die Inhalte jeweils runter gebrochen werden müssen. Das ist halt n'anderes System [...].« (85)

In Bezug auf die Vorbereitung auf die berufliche Praxis unterscheidet Astrid zwischen ihren Fächern und der Schule als Lern- und Lebensort. Durch das Fallstudienmodul habe sie in dieser Hinsicht eine gute Orientierung bekommen. Astrid hat für die Fallstudie ein Projekt zum Team-Teaching evaluiert, durch das sie einen »breiteren Blick auf Schule« (89) bekommen habe. Es habe ihr große Freude bereitet, am Forschungsprozess teilzuhaben. Sie hebt positiv die Vernetzung zwischen Schule und Uni-Anspruch hervor:

»also dass wir wissenschaftlich, in dem Sinne wissenschaftlich gearbeitet haben, Interviews äh geführt haben, Fragebogenentwicklung, also auf dieser methodischen Ebene qualifiziert wurden und auch überlegt haben, na ja - wie läuft denn wirklich n' Evaluationsprozess ab? Oder wie kommt es von der Idee zu 'ner wirklichen Umsetzung? Mh - und auch in welchen Geschwindigkeiten findet das in Schule statt. Also das wird in der Uni schon dann begleitend, doch, find' ich äh begleitend, vermittelt. Also das war einfach - total gut. Also da stimmte wieder Anteil Uni und Praxis.« (101)

Vor allem in den Naturwissenschaften fehle aber »noch 'ne methodische didaktisch verstärktere Ausbildung [...] Also da stimmt das/ das Verhältnis meiner Meinung nach überhaupt nicht.« (89) Auch in Mathematik seien die Veranstaltungen auf die Diplomstudierenden ausgerichtet: »Und man fühlt sich als Lehramtsstudent da auch wirklich oft als – ja, fünftes Rad am Wagen oder als ähm Praktikanten zweiter Klasse ... ja oder als der Dummi, der auch noch irgendwie durchgebracht werden muss.« (95) Astrid spricht sich dabei nicht gegen »ne gewisse wissenschaftliche Bildung« (97) aus, aber plädiert für mehr Begleitveranstaltungen speziell für Lehramtsstudierende, mit denen eine Verbindung zwischen Thema (z.B. Wahrscheinlichkeitsrechnung) und Didaktik geschlagen werden kann und thematisiert wird, wie das Wissen »runter gebrochen werden kann, auf Schule« (97). Didaktikveranstaltungen würden dann nicht isoliert stattfinden und könnten über das Niveau der allgemeinen didaktischen Konzepte hinausgehen.

Tabelle 1 fasst die beiden Praxiskonzept-Positionen in einer Gegenüberstellung zusammen (vgl. Schüssler et al. 2012: 8).

Tabelle 1: Synopse der Praxiskonzepte

Praxiskonzept A: Direkter Anwendungsbezug	Praxiskonzept B: Relationierung von Theorie und Praxis
Praxisbezug: unstillbar, »mehr, mehr«	Praxisbezug: »anders, besser«
Theoriedistanz	Wechselseitige Verknüpfung von Theorie und Praxis
Überschätzung von Praxisphasen, eher von Umsetzung enttäuscht	Praxisphasen als nur *eine* Möglichkeit des Praxisbezugs, wissenschaftliche Begleitung und Reflexion
Wissenserwerb im Studium: Wunsch nach Rezepten, Inhalte mit direktem Anwendungsbezug	Wissenserwerb im Studium: Weitblick, Kernkompetenzen
Fokus: Unterricht	Handlungsfeld Schule
Einige: eher naive Argumentation	Eher differenzierte Argumentation
Eigeninitiative: zusätzliche Praxis	Eigeninitiative: Weitblick verschaffen

4. FAZIT UND AUSBLICK

Es hat sich gezeigt, dass der Ruf der Studierenden nach mehr Praxisbezug im Studium weder pauschalisiert werden kann noch leichtfertig abgetan werden sollte. Einem reflexartigen und teilweise wohl wenig reflektierten Wunsch nach rezeptartigem Wissen eines Teils der Studierenden, steht die differenziert hervorgebrachte Kritik an verbesserungsfähigen Möglichkeiten der wechselseitigen Verknüpfung von Theorie und Praxis gegenüber.

Hier konnte nur in begrenzter Form Einblick in die Forschungsergebnisse des STEP-Projektes gegeben werden; diese werden Gegenstand weiterer Veröffentlichungen sein.[7] Aufschlussreich könnte beispielsweise auch die Kontrastierung und Ergänzung der Studierendenbefragung mit den Ergebnissen der Lehrendenbefragung (vgl. Kram/Eickmann 2012) sein. Wie könnte beispielsweise

---

7 Vgl. z.B. Schüssler et al. 2012; Scharlau/Wiescholek i.d.B.; Hessler/Oechsle 2012.

durch die Lehre dem beschriebenen heterogenen Verständnis von Praxis Rechnung getragen werden? Wie kann man mit Studierenden umgehen, die es offensichtlich nicht vermögen, Stellenwert, Selbstverständnis und Zielperspektive des universitären Teils der Ausbildung angemessen einzuschätzen? So betont etwa einer der befragten Lehrenden:

»Man muss den Studierenden immer wieder verdeutlichen, (holt tief Luft) ähm (.) wieso, weshalb, warum (.) seid ihr hier, *was*/ was hat das hier für'n Sinn, was macht das. Das is' immer auf 'ner Meta-Ebene. (F: Ja) Und ich kann NICHT reingehen und einfach meine Inhalte durchbringen. Das funktioniert nicht. [...] Also ich kenn' viele Kollegen, die das auch so machen. Ich kenne aber genauso viele Kollegen, ähm (.) *die* ähm jetzt nur auf der rein wissenschaftlichen Ebene sind. Und das überhaupt nich'/, also die reflektieren zwar das für sich und sagen, na gut, es is' wichtig, die/ die müssen Wissenschaft lernen (F: Mhm. Klar) und so weiter, aber transportieren das nich' mehr an die Studierenden.« (Johannes: 152/154)

Die Beschäftigung mit Praxiskonzepten der Studierenden erhält in Nordrhein-Westfalen neue Relevanz durch die Umsetzung des neuen Lehrerausbildungsgesetzes von 2009 und die bevorstehende Einführung des Praxissemesters. Dieses bietet sowohl Chancen als auch Risiken für die Unterstützung der gewünschten Professionalitätsentwicklung. Die landesweit vorgesehene Planung und Durchführung von 70 Stunden Unterricht unter Begleitung lässt einen gewissen Praxisdruck antizipieren. Für das Anbahnen einer reflektierten Haltung und der Fähigkeit zur Distanznahme zum eigenen praktischen Handeln müssen vor diesem Hintergrund geschickt Spielräume ausgelotet werden. Bei der standortspezifischen Ausgestaltung des Praxissemesters wird darauf zu achten sein, dass Rahmenbedingungen für Studierende, Mentorinnen und Mentoren sowie Lehrende so gestaltet werden, dass einerseits der Wunsch nach einfachem Rezeptwissen und unterrichtspraktischer Tätigkeit nicht einseitig bedient oder verstärkt wird und andererseits die beteiligten Akteure nicht mit schwer erfüllbaren Erwartungen überfrachtet werden. Nicht das Einüben in die Rolle als Lehrkraft sollte im Vordergrund stehen, sondern als Studienelement muss auch das Praxissemester unter erkenntnistheoretischer Perspektive betrachtet werden (vgl. Weyland/Wittmann 2010). Praxissituationen, auch das eigene Probehandeln, sollen dabei theoriegeleitet durchdrungen und methodengestützt erschlossen werden. Die intensive Praxiserfahrung sollte dabei helfen, einen distanzierten Blick auf Praxis zu werfen, produktive Theorie-Praxis-Verknüpfungen zu ermöglichen und Reflexivität anzubahnen. In Bielefeld soll deswegen der Ansatz des Forschenden Lernens ausbildungsleitendes Prinzip bei der Konzipierung des Praxissemesters werden.[8]

LITERATUR

Bräuer, C. (2003): »Wider einen falschverstandenen Praxisbezug. Ein zweifacher Weg zur professionsbezogenen Lehrerbildung«, in: Die Deutsche Schule, 95. Jg., Heft 4, S. 490-498.

Bromme, R. (1992): Der Lehrer als Experte, Bern.

Dann, H.-D. (1994): »Pädagogisches Verstehen: Subjektive Theorien und erfolgreiches Handeln von Lehrkräften«, in: K. Reusser/M. Reusser-Weyeneth (Hg.): Verstehen: psychologischer Prozess und didaktische Aufgabe, Bern, S. 163-181.

Gröschner, A./Schmitt, C. (2010): »Wirkt, was wir bewegen? Ansätze zur Untersuchung der Qualität universitärer Praxisphasen im Kontext der Reform der Lehrerbildung«, in: Erziehungswissenschaft, 21. Jg., H. 40, S. 89-97.

Hascher, T. (2011): »Vom ›Mythos Praktikum‹ … und der Gefahr verpasster Lerngelegenheiten«, in: journal für lehrerinnen- und lehrerbildung, 11. Jg., H. 3, S. 8-16.

Hascher, T. (2005): »Die Erfahrungsfalle«, in: journal für lehrerinnen- und lehrerbildung, 5. Jg., H. 1, S. 30-45.

Hedtke, R. (2000): Das unstillbare Verlangen nach Praxisbezug. Zum Theorie-Praxis-Problem der Lehrerbildung am Exempel Schulpraktischer Studien, URL: http://www.jsse.org/2000/2000-0/pdf/hedtke.pdf [Stand: 30.04.2012].

Heil, S./Faust-Siehl, G. (2000): Universitäre Lehrerausbildung und pädagogische Professionalität im Spiegel von Lehrenden. Eine qualitative empirische Untersuchung, Weinheim.

Hessler, G./Oechsle, M (2012): »Studium und Beruf - Praxiskonzepte von Studierenden der Soziologie und Sozialwissenschaften«, in: W. Schubarth et al. (Hg.): Studium nach Bologna: Praxisbezüge stärken?! Praktika als Brücke zwischen Hochschule und Arbeitsmarkt. Befunde und Perspektiven, Wiesbaden.

HIS-Institut für Hochschulforschung (Hg.) (2010): Randauszählung Studienqualitätsmonitor 2010. Fächergruppen an Universitäten. Online-Befragung Stu-

---

8 Entsprechende Grundlagen sind in einem sogenannten Leitkonzept zur standortspezifischen Konzipierung und Ausgestaltung des Bielefelder Praxissemesters verankert. Vgl. http://www.bised.uni-bielefeld.de/praxissemester/kooperation/leitkonzept.pdf [Stand: 30.04.2012].

dierender im Sommersemester 2010, URL: http://www.his.de/pdf/24/sqm 2010.Uni_Faecher.pdf [Stand: 10.08.2011].

Keuffer, J. (2010):»Reform der Lehrerbildung und kein Ende? Eine Standortbestimmung«, in: Erziehungswissenschaft, 21. Jg., H. 40, S. 51-68.

Keuffer, J./Oelkers, J. (2001): Reform der Lehrerbildung in Hamburg. Abschlussbericht der Hamburger Kommission Lehrerbildung, Weinheim/Basel.

Kram, M./Eickmann, R. (2012):»Praktisch nur Theorie? Praxiskonzepte aus Sicht der im STEP-Projekt interviewten Universitätslehrenden«, in: Schulpädagogik heute, 3. Jg., H. 5, URL: http://www.schulpaedagogik-heute.de/ conimg/310.pdf [Stand: 30.04.2012].

Mayring, P. (2007): Qualitative Inhaltsanalyse: Grundlagen und Techniken, Weinheim.

MIWFT (Hg.) (2007): Ausbildung von Lehrerinnen und Lehrern des Landes Nordrhein-Westfalen. Empfehlungen der Expertenkommission zur Ersten Phase, Düsseldorf.

Nölle, K. (2002):»Probleme der Form und des Erwerbs unterrichtsrelevanten pädagogischen Wissens«, in: Zeitschrift für Pädagogik, 48. Jg., H. 1, S. 48-67.

Oelkers, J. (1999):»Studium als Praktikum? Illusionen und Aussichten der Lehrerbildung«, in: F.-O. Radtke (Hg.): Lehrerbildung an der Universität. Zur Wissensbasis pädagogischer Professionalität, Frankfurt am Main, S. 66-81.

Scharlau, I./Wiescholek, S. (2013):»Ringen um Sinn: Subjektive Theorien von Lehramtsstudierenden zum Praxisbezug des Studiums«, in: Hessler/Oechsle/ Scharlau (Hg.): Studium und Beruf: Studienstrategien – Praxiskonzepte – Professionsverständnis.

Schüssler, R./Günnewig, K (2011):»Mehr Praxis - aber welche? Praxiskonzepte von Lehramtsstudierenden zwischen Rezeptologie und Professionalisierung«, in: TriOS, 6 Jg., H. 2.

Schüssler, R./Keuffer, J./Günnewig, K./Scharlau, I. (2012):»›Praxis nach Rezept?‹ – Subjektive Theorien von Lehramtsstudierenden zu Praxisbezug und Professionalität«, in: Schulpädagogik heute, 3. Jg., H. 5, URL: http://www. schulpaedagogik-heute.de/conimg/310.pdf [Stand: 30.04.2012].

Terhart, E. (Hg.) (2000): Perspektiven der Lehrerbildung in Deutschland. Abschlussbericht der von der Kultusministerkonferenz eingesetzten Kommission, Weinheim/Basel.

Wissenschaftsrat (2001): Empfehlungen zur künftigen Struktur der Lehrerbildung, Berlin.

Weyland, U. (2010): Zur Intentionalität schulpraktischer Studien im Kontext universitärer Lehrerausbildung, Paderborn.

Weyland, U./Wittmann, E. (2010): Expertise. Praxissemester im Rahmen der Lehrerbildung. 1. Phase an hessischen Hochschulen, DIPF, Berlin.

Wildt, J. (2003): »Reflexives Lernen in der Lehrerbildung – ein Mehrebenenmodell in hochschuldidaktischer Perspektive«, in: Alexandra Obolenski/Hilbert Meyer (Hg.): Forschendes Lernen. Theorie und Praxis einer professionellen Lehrerbildung, Bad Heilbrunn, S. 71-84.

Ringen um Sinn

Subjektive Theorien von Lehramtsstudierenden zum Praxisbezug des Studiums

INGRID SCHARLAU, SABRINA WIESCHOLEK

> »Nur ein Bruchteil der Seminare, die ich besucht habe, hat mir wirklich in der Schule geholfen. Man wird mit Theoriewissen zugemüllt, in Anführungsstrichen.« (Viola, 11) »Also ich habe das gemerkt auch im Praktikum. Man kommt in die Schule und weiß eigentlich gar nichts. Man hat eine Menge Theorien irgendwie im Kopf. Und kann keine davon anwenden.« (Kristina, 28)
> ZITATE AUS DEM STEP-PROJEKT

EINLEITUNG

Die meisten Lehramtsstudierenden und Lehrenden sind mit Meinungsäußerungen in der Art der obigen Zitate aus dem universitären Alltag vertraut. Sie verschmelzen im Laufe der Semester zu einem allgegenwärtigen Chor, dessen eintönige Melodie sich schließlich wie ein Ohrwurm im Bewusstsein der Protagonisten der Lehrerbildung festsetzt: »Mehr Praxis! Mehr!« Sozialwissenschaftliche Daten bestätigen diese Forderung. Im Studienqualitätsmonitor 2010 etwa wird berichtet, dass 90 Prozent der Lehramtsstudierenden den Praxisbezug des Studiums als wichtig oder sehr wichtig bewerten. Mit den tatsächlichen Praxisbezügen sind sie aber häufig unzufrieden (HIS 2010; s. auch Multrus, i.d.B.). Im Lehramtsstudium und der Lehrerbildung ist die Forderung nach mehr Praxisbezug seit langen Jahren ein »argumentativer Dauerbrenner« (Terhart 2000: 107; vgl. auch Blömeke/Müller/Felbrich 2006; Cramer/Horn/Schweitzer 2009). Sicherlich lassen sich solche Forderungen als einseitig kritisieren. In der wahrgenommenen Monotonie des »Mehr Praxisbezug! Mehr!« verbirgt sich aber ein grundsätzliches Problem: Was überhaupt ist Praxisbezug für die an Lehrerbildung beteiligten Akteure? Befragungen von Studierenden über wahrgenommenen und erwünschten Praxisbezug des Studiums gehen davon aus, dass Klarheit darüber besteht, was genau Praxisbezug ist und setzen (oft unausgesprochen) voraus, dass sich die Akteure in ihrem Verständnis weitgehend einig sind.

Derartige Festlegungen passen nicht so recht zur Uneinigkeit in der Lehrerbildungsforschung über Sinn und Nutzen von Praxisbezug (vgl. Keuffer/Oelkers 2001; Weyland/Wittmann 2010). Wir vermuten darüber hinaus, dass sie noch aus anderem Grunde problematisch sind: Sie unterschlagen die diskrepanten Interessen der Beteiligten – Studierende, Universitäten und Schulen. Wir zeigen im Folgenden, dass es schon unter den Studierenden keinen Konsens darüber gibt, was unter Praxisbezug zu verstehen sei. Es fällt ihnen als sehr schwierige und oft unerfüllte Aufgabe zu, diesen Begriff inhaltlich zu füllen und mit seinen Komplexitäten und Unstimmigkeiten zu deuten – um seinen Sinn zu ringen. Es ist Auftrag einer entwicklungsorientierten Lehrerbildung, sie hierbei zu unterstützen.

BEFUNDE UND THEORIEN ZU PRAXISBEZUG

Ein erheblicher Teil der Daten zur Lehrerbildung und zu Praxisphasen und Praxisbezug des Studiums stellt ein Spiegelbild des oben beschriebenen, im Lehramtsstudium allgegenwärtigen und monotonen Chors dar. Es wird ein sehr einheitliches Bild der Ansichten von Lehramtsstudierenden zum Praxisbezug des Studiums gezeichnet, die durch ein Denken »von der Praxis her« (Cramer/Horn/Schweitzer 2009: 776) und »Praxisfetischismus« (Sacher 1988) charakterisiert seien. Studierende verlangen, so wird berichtet, nach konkreten Handlungsanweisungen für die Vorbereitung und Durchführung von Unterricht (Boness/Hoffmann/Koch 2003) und erwarten von der Erziehungswissenschaft, Fähigkeiten vermittelt zu bekommen, die ihnen direkt das Unterrichten ermöglichen (Blömeke/Müller/Felbrich 2006). Theoretischen Inhalten der Lehramtsausbildung wird kaum Wert für den späteren Berufsalltag zugesprochen. Veranstaltungen an der Universität werden als wenig anschlussfähig bewertet (Blömeke 1999; Cramer/Horn/Schweitzer 2009; Sacher 1988).

Praktikum bzw. schulpraktische Studien hingegen, die Möglichkeiten zum Unterrichten bieten und einen Einblick in das Berufsfeld gewähren (Hascher/Moser 1999, 2001), erhalten sehr positive Bewertungen (Arnold 2002; Blömeke/Müller/Felbrich 2006; Cramer/Horn/Schweitzer 2009; Hascher 2006). Hascher (2006: 133f.) fassst die Einstellungen und Überzeugungen von Studierenden zum Lernen im Praktikum als Subjektive Theorien folgendermaßen zusammen: Die Studierenden wünschen sich, im Praktikum vielfältige Erfahrungen zu machen, wobei das Lernen mit dem Sammeln von Erfahrungen gleichgesetzt und letzteres als zentraler Lernkontext gedeutet wird. Sie verlangen nach Tipps und möglichst konkreten Hinweisen zur Unterrichtsgestaltung. Obwohl sie wissen, dass das Praktikum einen geschützten Raum darstellt, wird in ihm doch der reale Schulalltag gesehen. Sie nehmen an, dass Theoretiker nur »wenig für die Schulpraxis liefern können, allein schon weil sie ja nicht (mehr) an der Schule unterrichten« (ebd.: 134).

Bislang deuten nur einzelne Befunde Nebenstimmen in diesem Unisono an. So weisen Blömeke und Koautoren darauf hin, dass die Studierenden die berufspraktischen Anteile zwar als die wichtigsten in ihrer Ausbildung erachten, aber auch nach mehr erziehungswissenschaftlichen Inhalten im Studium verlangen, wobei Erziehungswissenschaft und Schulpraxis allerdings nicht hinreichend differenziert werden können (Blömeke/Müller/Felbrich 2006). Hascher (2006) findet, dass die Bewertung des Praktikums mit der Zeit negativer wird und dies mit einer deutlich kritischeren Sichtweise auf die betreuenden Lehrkräfte einhergeht.

Im Gegensatz zur scheinbar eindeutigen Sichtweise der Studierenden unterstreicht die wissenschaftliche Debatte die Unschärfe von Begriffen wie Praxisbezug (Hedtke 2000; Weyland/Wittmann 2010). In der Theorie der Lehrerbildung wird davon ausgegangen, dass für eine professionelle Entwicklung verschiedene Aufgaben zu bewältigen sind (Blömeke/Müller/Felbrich 2006). Lehrerhandeln besteht aus professionstheoretischer Sicht aus mehreren Komponenten. Eine Lehrkraft soll über allgemeines theoretisches Begründungswissen, praktisches Handlungswissen und Selbstreflexionskompetenz verfügen. Durch Praxisphasen sollen erkenntnisbezogene, handelnd-pragmatische sowie selbstreflexions- und entwicklungsbezogene Perspektiven angeregt werden (Weyland/Wittmann 2010). Durch die Auseinandersetzung mit den Systemen Wissenschaft auf der einen und Praxis auf der anderen Seite und deren Systemwidersprüchen erhalten die Studierenden die Möglichkeit, sich ein eigenes Bild von der »strukturellen Differenz von theoretischem Reflexionswissen und praktischem Handlungswissen« (ebd.: 21) zu machen.

Konkrete empirische Einblicke in das Praxisverständnis von Studierenden sind dennoch rar – übrigens obwohl zu vermuten ist, dass es neben der Studienzufriedenheit auch Studienstrategien, Studierverhalten und Kompetenzentwicklung beeinflusst. Werden die Sichtweisen Studierender in den Mittelpunkt gerückt, drängt sich die Frage auf, wie sie individuell mit den Unschärfen des Begriffs und den Spannungen zwischen Theorie und Praxis umgehen. Wie von Schüssler et al. (2012) gezeigt, finden sich bei Lehramtsstudierenden zwei recht unterschiedliche Verständnisse von Praxisbezug (zu »Praxiskonzepten« s. Schüssler/Günnewig, i.d.B.; zu den Praxiskonzepten von Soziologiestudierenden s. Hessler/Oechsle, 2012). Dass dies tendenziell auch für die Lehrenden gilt, haben Kram/Eickmann (2012) herausgearbeitet.

Eines der beiden Praxiskonzepte deckt sich weitgehend mit den oben dargestellten Vorstellungen zum Lernen im Praktikum von Hascher (2006). Die Studierenden fordern mehr Praxis, nehmen eine distanzierte Haltung zur Theorie ein, messen den Praxisphasen einen sehr hohen Stellenwert bei und sind von der konkreten Umsetzung oft enttäuscht. Im Fokus ihres Lernens stehen der Unterricht und das spätere eigene Unterrichten. Die ideale Praxisvorbereitung besteht für sie darin, dass direkt anwendbares Wissen erlernt wird und Erfahrungen mit konkreten berufspraktischen Tätigkeiten (z.b. Umgang mit Unterrichtsstörungen) ermöglicht werden. Fachinhalte interessieren meist nur insoweit, als sie in den Lehrplänen vorkommen. Die Studierenden schätzen sowohl Praktika als auch Seminare abgeordneter Lehrer sehr und bewerten sie oft als die einzige Möglichkeit, sich auf den Beruf vorzubereiten.

Für die Vertreter des zweiten Verständnisses wäre die ideale Praxisvorbereitung, im Studium zu lernen, (fach-)wissenschaftliche Erkenntnisse auf die Praxis zu beziehen, d.h. auf der Basis wissenschaftlicher Erkenntnisse handeln zu können. Eine Stärkung der praxisbezogenen Komponenten im Studium wird gewünscht, dies aber nicht losgelöst von ihren theoretischen Fundamenten. Die vorhandenen Bezüge zur Praxis kritisieren sie als nicht hinreichend und oft oberflächlich. Einige von ihnen zeigen großes fachwissenschaftliches Interesse. Diese Gruppe setzt sich zum einen mit der erkenntnisbezogenen Perspektive, also der Wissenschaft, und zum anderen mit der handelnd-pragmatischen Perspektive, also der Praxis, auseinander.

Es sollte nicht unerwähnt bleiben, dass alle Studierenden in unserer Stichprobe sich der Differenz des Systems Wissenschaft zum System Praxis bewusst waren. Mit wenigen Ausnahmen scheinen sie allerdings die Tatsache der Differenz als ein Versagen des Wissenschafts- oder universitären Systems zu deuten, nicht als ein Versagen der Praxis und auch nicht als eine unhintergehbare Strukturdifferenz. Die wenigen Ausnahmen äußern Interesse an Wissenschaft oder theoretischem Reflexionswissen trotz seiner Differenz zur Praxis oder eine (vermutlich vorübergehende) Abwertung des Systems Praxis.

Schon diese Zweiteilung zeigt, dass dem Unisono »Mehr Praxisbezug! Mehr!« andere Stimmen beigemischt sind. Zudem deuten die Befunde an, dass die Studierenden auch unterschiedlich an die Frage des Praxisbezuges herangehen. Während Personen mit dem ersten Praxiskonzept klar und dezidiert argumentieren, zeigt die andere Gruppe eine tendenziell abwägende und multiperspektivische Argumentation und mehr Selbstreflexion (Schüssler/Günnewig 2011). Diese Frage stand allerdings nicht im Fokus der Auswertung, die sich auf die Inhalte der Praxiskonzepte konzentriert.

In der vorliegenden Auswertung hingegen werden wir in den Blick nehmen, wie die Studierenden mit dem *Problem* des Praxisbezugs und seinen strukturellen Widersprüchen umgehen. Dabei interessieren vor allem die formalen Charakteristika dieser Sichtweisen. Es ist damit nicht primär zu fragen, *was* Studierende unter Praxisbezug des universitären Studiums verstehen, sondern *wie* sie argumentieren, ob und welche Begründungen sie heranziehen (Erfahrungen, theoretische Konzepte und ähnliches), wie sie mit den inhärenten Schwierigkeiten und Widersprüchen umgehen und wie breit und differenziert sie an das Thema herantreten.

SUBJEKTIVE THEORIEN

Methodischer Rahmen für diese Untersuchung ist das Forschungsprogramm Subjektive Theorien (FST; Groeben et al. 1988). Menschen bearbeiten ihm zufolge ihre Alltagsprobleme durch Subjektive Theorien, komplexe und überdauernde Ensembles von Konzepten, die in Struktur und Funktion Parallelen zu wissenschaftlichen Theorien aufweisen. Die wichtigste Strukturparallele ist eine Argumentationsform, die Schlussfolgerungen erlaubt, allerdings bei Subjektiven Theorien implizit sein darf. Die Parallele in der Funktion ist, dass Subjektive wie wissenschaftliche Theorien »der Erklärung, Prognose und Technologie« dienen (ebd.: 19). Teilinstanzen von Subjektiven Theorien können entsprechend subjektive Problemstellungen, Konstrukte, Definitionen, Daten, Erklärungen, oder Prognosen sein. Im Vergleich zu wissenschaftlichen Theorien bemerken Groeben et al. jedoch, dass Subjektive Theorien »geringere Explikations-, Präzisions-, etc. Anforderungen erfüllen« (ebd.: 48). Das FST weist deswegen darauf hin, dass die Strukturaspekte der Subjektiven Theorien weit liberaler gefasst werden als solche wissenschaftlicher Theorien (ebd.: 46).

Das FST unterscheidet eine weite von einer engen Variante des Begriffs Subjektive Theorien. Sie unterscheiden sich darin, dass erstere enger an die Menschenbildannahmen des FST geknüpft ist. Dem FST liegt ein epistemologisches

Subjektmodell zu Grunde: der Mensch wird verstanden als handelndes Subjekt, dem Intentionalität, Reflexivität, (potentielle) Rationalität und Kommunikations-fähigkeit zugeschrieben werden. Parallel zum Menschen als Wissenschaftler wird auch dem Menschen als Erkenntnis-Objekt, also dem Menschen, auf den das Forschungsinteresse gerichtet ist, die Fähigkeit zugesprochen, Theorien auf-zustellen, diese zu prüfen und anzuwenden. Im engen Verständnis von Subjekti-ven Theorien kommen zwei Aspekte zu den oben beschriebenen Merkmalen hinzu: Subjektive Theorien müssen dialogischen Konsens mit dem Beforschten aufweisen und ihre Eignung als objektive Erkenntnis muss geprüft werden kön-nen.

Wahl (2005) differenziert neben der engen und weiten Begriffsexplikation Subjektive Theorien zudem nach ihrer Wirkung auf das Handeln und unterschei-det dabei solche großer, mittlerer und geringer Reichweite. Subjektive Theorien geringer Reichweite sind wichtig, wenn unter Zeitdruck gehandelt wird. Sie sind kognitiv oft nicht gänzlich transparent und deswegen auch schwer zu ändern. Subjektive Theorien großer und mittlerer Reichweite sind aufgrund ihrer Struk-tur wenig handlungsrelevant, sondern komplexe und elaborierte Kognitionen der Selbst- und Weltsicht, mit denen eigene Handlungsweisen und Vorgänge in der Welt erklärt werden. Sie lassen sich schneller verändern als Subjektive Theorien geringer Reichweite, zum Beispiel dadurch, dass das Wissen der befragten Per-sonen mittels wissenschaftlicher Theorien erweitert wird.

Die hier untersuchten Subjektiven Theorien zum Praxisbezug sind als Sys-teme mittlerer oder großer Reichweite einzustufen. Mit ihnen lösen die Studie-renden das Problem, Studium und Praxisphasen im Kontext (zukünftiger) beruf-licher Anforderungen einen Sinn zu geben und ersteres zwischen den Anforde-rungen der Wissenschaft und denjenigen des Arbeitsmarktes zu deuten.

METHODEN

Es wurden neun Lehramtsstudierende (22-26 Jahre, sieben Frauen) der Universi-tät Paderborn befragt (Wiescholek 2012). Im Gegensatz zur ersten Befragung im Rahmen des STEP-Projektes (Oechsle et al. 2011) wurde bei diesem Interview auf lange narrative Sprechanteile der Befragten verzichtet, um die Explikation der Subjektiven Theorien in den Vordergrund zu rücken. Der Interviewleitfaden besteht aus zwei Teilen. Im ersten steht das allgemeine Verständnis vom Praxis-bezug im Mittelpunkt. Die Leitfragen erfragen Assoziationen und konkrete Er-fahrungen mit Praxisbezug im Studium. Aufmerksamkeit wurde allen Aspekten von Praxisbezug geschenkt, die im ersten Sample als zentrale Charakteristika von Praxisbezug den beiden Praxiskonzepten zugeordnet wurden (vgl. Schüssler et al. 2012; Schüssler/Günnewig, i.d.B.). Wenn solche Aspekte im Interview zwar angesprochen, aber nicht weiter erläutert wurden, wurde explizit nachgefragt (z.b.: »Was verstehst du darunter, dass die Schule die wahre Wirklichkeit ist?«). Aufgrund dieser Fragetechnik sind die eigenständigen Redeanteile der Befragten deutlich kürzer.

Im zweiten Teil wurden verschiedene Techniken zur Ermittlung von Subjektiven Theorien eingesetzt. Eine Perspektivwechselfrage, bei der die Studierenden den Praxisbezug des Studiums aus der Sicht eines Dozenten reflektieren sollen, markiert seinen Beginn. Durch die Kontrastierung erhalten die Befragten die Möglichkeit, sich die »eigenen Gedanken, Gefühle und Routinen« (Wahl 2002: 16) bewusst zu machen und sich mit diesen zu beschäftigen. Danach wurden sie mit Zitaten aus fremden Subjektiven Theorien konfrontiert und angeregt, ihre persönlichen Überzeugungen auf Fallbeispiele anzuwenden. Aus den Interviews des ersten Samples des STEP-Projektes wurden drei Zitate ausgewählt, die prototypisch die beiden Praxiskonzepte und ein Mischkonzept wiedergeben. Die Interviewpartner wurden gebeten, sich einem der Zitate argumentierend zuzuordnen. In vier Vignetten erhielten sie weiterhin die Möglichkeit, ihre Ansichten und Meinungen zu erproben. Ziel war hier, die Elaboration der Subjektiven Theorie durch Anwendung auf ein Problem anzuregen. Um die Theorieförmigkeit der subjektiven Vorstellungen zu ermitteln, wurde insbesondere nachgefragt, wenn sich die Interviewten widersprachen, wenn Ungereimtheiten auffielen oder Zusammenhänge zwischen verschiedenen Aussagen nicht deutlich wurden oder unerkannt blieben.

AUSWERTUNG

Im inhaltsanalytischen Arbeitsschritt wurden die Strukturmerkmale der Subjektiven Theorien ermittelt. Die Aufmerksamkeit galt hier der Argumentationsstruktur, wofür ein deduktives Kategoriensystem angelegt wurde, das die formalen Aspekte von Subjektiven Theorien, die von Dann et al. (1987) und Haag/Dann (2001) definiert wurden, auf den hier untersuchten Fall überträgt.

Dann et al. (1987) nennen den Grad der Konsistenz als Maßstab dafür, inwiefern die Subjektiven Theorien mit dem tatsächlichen Handeln übereinstimmen, die Komplexität als Anzahl der Handlungsmöglichkeiten und die Organisation der Subjektiven Theorien, womit die Art der Zusammenhänge von beschriebenen »Situationsbedingungen und davon abhängigen Maßnahmen« (ebd.: 316) gemeint ist. Sie konnten nachweisen, dass nicht nur der Inhalt, sondern auch die

Struktur Subjektiver Theorien einen Einfluss auf das Lehrerhandeln nimmt. Beispielsweise sind die Subjektiven Theorien von Lehrern, »die erfolgreichen Gruppenunterricht durchführen sowohl formal hinreichend entfaltet als auch inhaltlich von besonderer Qualität« (Haag/Dann 2001: 9).

Für das Kategoriensystem haben wir die formalen Merkmale der Komplexität, Differenziertheit und Organisation auf das Thema Praxisbezug des Studiums übertragen und dem Handlungsrahmen der Subjektiven Theorien zum Praxisbezug angepasst. Sie dienen im Kategoriensystem der qualitativen Inhaltsanalyse (Mayring 2010) als Kategorien erster Ordnung und werden durch Kategorien zweiter Ordnung spezifiziert, die deduktiv auf der Basis theoretischer Argumentationsmerkmale der Syntax und der Textlinguistik sowie induktiv aus dem Interviewmaterial selbst gewonnen wurden (vgl. Tabelle 1).

Die Kategorie *Komplexität* kennzeichnet die Anzahl der inhaltlichen Aspekte, die zur Definition von Praxisbezug herangezogen werden, und die Menge an Handlungsmöglichkeiten, welche die Interviewten nennen, um selbst und aktiv Praxisbezug herzustellen (zum Kodierhandbuch s. Wiescholek 2012). Eine Subjektive Theorie zum Praxisbezug ist umso komplexer, je mehr Aspekte von Praxisbezug und Handlungsmöglichkeiten genannt werden. Als *Differenziertheit* wird die Anzahl der Argumentationsbestandteile gemessen, die im Interview nach der Nennung eines Aspektes von Praxisbezug, einer Handlungsmöglichkeit oder einer Ansicht folgen, also das Ausmaß, in dem eine Überzeugung begründet wird oder zur Ableitung von Schlussfolgerungen dient. Der *Organisationsgrad* wird operationalisiert als Anzahl der Rückbezüge und Querverweise sowie Anwendungen einer Theorie. Spezifisch werden hier auch Ungereimtheiten erfasst, weil diese auf eine geringere Organisation der Subjektiven Theorie hinweisen.

Tab: 1: Formale Kategorien und Ergebnisse der Inhaltsanalyse

Kategorien 1. Ordnung	1. Komplexität			2. Differenziertheit						3. Organisation			
Kategorien 2. Ordnung/ Interviews	1.1 Aspekte von Praxisbezug	1.2 Handlungsmöglichkeiten	Kategorie 1 insgesamt	2.1 Abwägende Argumentation	2.2 begründete/kausale Argumentation	2.3 Auf Erfahrung bezogene Argumentation	2.4 Perspektivwechsel	2.5 Floskel	Kategorie 2 insgesamt	3.1 Rückbezüge	3.2 Anwendung	3.3 Ungereimtheiten	Kategorie 3 insgesamt
P_1_Sara	17	2	19	10	14	2	3	-5	24	4	6	-5	5
P_2_Kathrin	13	4	17	8	9	3	4	-3	21	7	4	-6	5
P_3_Nils	11	0	11	17	15	3	4	-12	27	19	11	-4	26
P_4_Gisela	7	0	7	5	9	0	2	0	16	5	9	-7	7
P_5_Mia	9	5	14	16	6	4	2	-3	25	3	12	-3	12
P_6_Leonie	9	2	11	12	13	3	2	-3	27	3	8	-3	8
P_8_Viola	8	0	8	12	3	4	1	-6	14	7	3	-1	9
P_9_Evelin	9	0	9	6	5	2	1	-6	8	12	12	-2	22
P_10_Sven	11	3	14	15	10	1	2	0	28	7	9	0	16

Im Folgenden werden für jede Kategorie erster Ordnung die Kategorien zweiter Ordnung beispielhaft erläutert und mit Ankerbeispielen illustriert. Als *Aspekte von Praxisbezug* zählen Nennungen wie die folgende:

»Ja, also, mir fällt dazu ein, dass ich Gelerntes einfach aus Seminaren irgendwie anwenden kann, also speziell in der Schule, und dass halt einmal so Theorien, dass ich die anwenden kann [...], wie ich zum Beispiel mit Störungen im Unterricht umgehe oder wie ich besser Schüler beim Lernen fördere.« (Kathrin, 2)

Unter *Handlungsmöglichkeiten* sind Handlungen zu verstehen, die die Befragten ausführen oder in Erwägung ziehen, um eigeninitiativ einen Bezug zur Praxis herzustellen:

»Man muss sich halt bestimmte Dozenten raussuchen oder bestimmte Veranstaltungen, die gut klingen, und mir ging es halt ganz oft so, dass ich halt es gut fand, dass ich halt Dozenten hatte, die vorher selber Grundschullehrer waren oder allgemein Lehrer, weil die dann wirklich berichten können [...].« (Kathrin, 58)

Bei *abwägender Argumentation* werden Ansichten, Meinungen oder Aspekte ausgelotet und Schlussfolgerungen zurückgestellt. Dazu zählt auch die Berücksichtigung von Meinungen und Argumenten anderer Personen im Diskussionsverlauf. Diese Argumentation kann an Satzkonstruktionen und Junktoren wie *einerseits-andererseits*, *aber* oder *wobei* erkannt werden. Auffällig war, dass diese Junktoren oft implizit blieben und nur erschlossen werden konnten. Hier ein Textbeispiel mit vielen Selbsteinwänden:

»Ich denke mir halt/ Okay, ich bin erst im dritten Semester, aber ich weiß zum Beispiel auch, dass ich in der Schule war und wie das funktioniert hat und wie ich dort Sachen anwenden konnte, die ich schon gelernt habe. Und die KONNTE ich definitiv anwenden, aber es fehlen natürlich auch viele Sachen. Aber ich denke auch immer, dass die Uni da hinterher ist. Also ich musste ja auch in meinen Praktikumsbericht schreiben, wo ich mich noch unsicher fühle, WAS ich noch vertiefend lernen will.« (Sara, 44)

Begründende Argumentationen waren ebenfalls oft nicht explizit, wie das obige Beispiel von Kathrin zeigt. Das folgende Zitat bildet eine Ausnahme, weil die Konjunktion sogar betont wurde:

»was ich halt als ein bisschen schade empfinde, dass MAN dann zwar diese Grundlage hat, aber wenig, sehr wenig Möglichkeiten hat, die auch mal so ein bisschen ja an der Praxis quasi zu messen. Das ist so ein bisschen zu wenig, finde ich, WEIL vieles, wenn man mal ehrlich ist, was man im Studium lernt, das hat man dann zum Beispiel bis zum Referendariat schon wieder vergessen. Nur dann hat man gar nicht mehr die Möglichkeit, das dann wirklich praktisch auch noch umsetzen.« (Sven, 29)

Da *Erfahrungen* zu machen einen so wesentlichen Bestandteil der Wünsche an schulpraktische Phasen bildet, haben wir argumentierende Bezugnahmen auf Erfahrungen explizit kodiert, allerdings nicht beschränkt auf das Praktikum, wie man an folgendem Beispiel sieht:

»Also man hat halt schon so einige Sachen gelernt in der Uni, die man halt zu Hause einfach wieder entdeckt, aber speziell muss ich halt schon sagen, also man lernt halt oft SO spezielle Sachen und wenn ich dann zu Hause irgendwie meinen Eltern erzähle, ja ich schreibe jetzt eine Klausur über das und das, dann lachen die und sagen ‚ach Kathrin wann genau willst du das denn anwenden?' und manchmal scherze ich halt rum und das ist das und das. Oder zum Beispiel habe ich jetzt Werbekommunikation, und das ist so detailliert gewesen. Dann stand ich vor einer Werbung und habe erzählt, was das für eine Technik ist, und dann lachen die halt [...].« (Kathrin, 14)

Dieses Beispiel ist auch deswegen wichtig, weil die Ansichten bedeutsamer anderer eine relativ gewichtige Rolle für die Inhalte der Subjektiven Theorien zu spielen scheinen.

»Und das ist das auch, was irgendwie Lehrer an den Schulen einem auch immer sagen. Also die sagen (lacht leicht) halt teilweise ganz klipp und klar, 'geht zur Uni, macht das alles und nach dem ersten Examen könnt ihr eigentlich diesen berühmt-berüchtigten Reset-Knopf drücken, weil ihr (lacht leicht) davon das meiste einfach nicht mehr brauchen werdet'«. (Kristina, Hauptstichprobe, 28)

Eine *Floskel*, die in vielen Interviews auftaucht, ist die vom überflüssigen Fachwissen. Als Floskeln bezeichnen wir meist recht kurze, unbegründete und in der Regel stark vereinfachende Behauptungen.

»Aber was man teilweise lernt, hat grade so für Haupt-, Realschule einfach überhaupt gar keinen Bezug. Null. [Interviewerin: Was bedeutet das, dass das keinen Bezug hat?] Ja, zum Beispiel in Englisch ist immer ein sehr schönes Beispiel, dass man dann eine Unterrichtsreihe konzipieren soll, über das Thema Shakespeare, für die Hauptschule. Wo ich mir denke, wenn man mal realistisch ist, wird man nie an der Hauptschule Shakespeare behandeln.« (Kristina, Hauptstichprobe, 30)

Interessanterweise nennen manche Interviewpartner das Gegenargument, dass man Grundlagenwissen benötigt, führen das aber nicht aus. Die folgende Textpassage von Sara ist gleichzeitig ein Beispiel für eine ansatzweise multiperspektivische Argumentation und damit die Kategorie *Perspektivenwechsel*:

»Ja, wenn ich irgendwie ein Seminar ‚Einführung in Literaturwissenschaften' in Englisch und wir irgendwie Hamlet analysieren, dann HAT das nichts mit meinem Lehramt zu tun, und das muss man einfach so sagen. Also ja, ich würde vielleicht SO einen Bogen schlagen, dass ich sage, dass ich ja irgendwann auch mal meinen Schülern ein bisschen was von der englischen Kultur beibringen muss oder so, auch den kleinen, und das irgendwie dazu gehört oder da ein Stück englische, was weiß ich, Lebensweise oder zumindest Geschichte drin steckt und aber das ist ja auch total weit hergeholt, von daher. Also da fehlt mir völlig der Praxisbezug und da kann ich mir auch vorstellen, dass dieser Dozent keinen Praxisbezug herstellen kann einfach. So!« (Sara, 30)

Als Organisationsgrad wurden in drei Kategorien zweiter Ordnung explizite *Rückbezüge* und *Querverweise* kodiert, *Anwendungen* von Überzeugungen und Behauptungen auf konkretes Material sowie *Ungereimtheiten*. Mit letzteren sind widersprüchliche Argumentationen gemeint, also Textpassagen, die sich nicht miteinander vereinbaren lassen. Eine Ungereimtheit wird beispielsweise diagnostiziert, wenn die Befragten in einem Teil des Interviews etwas behaupten, an einer anderen Stelle aber eine gegenteilige Meinung vertreten oder Erfahrungen nicht mit einer Überzeugung übereinstimmen. Diese Kategorie erstreckt sich über den gesamten Interviewtext und die gesamte Argumentation hinweg, weswegen kein wörtliches Ankerbeispiel gegeben werden kann.

Nils betont zu Anfang des Interviews den besonders guten Praxisbezug in seinen Sportpraxisseminaren und definiert diesen über die von ihm verlangte eigene Aktivität. Seine Kritik an anderen Seminaren der Uni lautet hingegen, dass sie zu theoretisch sind – und nicht, dass sie ihm zu wenig Eigenaktivität erlauben würden. Damit wechselt er (wiederholt) zwischen zwei Definitionen von Praxisbezug. Eine weitere Unstimmigkeit liegt darin, dass er trotz der positiven Erfahrung mit dem Praxisbezug der Sportpraxisseminare wiederholt floskelartig betont, dass der Praxisbezug im Studium grundsätzlich zu kurz kommt.

ERGEBNISSE

Tabelle 1 fasst die Ergebnisse der Inhaltsanalyse zusammen. Generell lässt sich festhalten, dass sich formal ausgearbeitete nicht eindeutig von einfachen Subjektiven Theorien unterscheiden lassen. Vielmehr ist die Vielfalt groß. Die Komplexität der Subjektiven Theorien variiert erheblich. Während manche Theorien nur aus wenigen Behauptungen bestehen, enthalten andere viele verschiedene Aspekte von Praxisbezug. Möglichkeiten, selbst Bezug zur Praxis herzustellen, werden generell selten benannt, obwohl eine Frage zu eigenen Handlungsoptionen schon am Anfang des Interviews gestellt wurde. In der Regel konzentrieren sich die Ausführungen auf die Bedeutung von Praxisbezug, was heißt, dass die eigenen Handlungsmöglichkeiten quantitativ weit hinter diesen zurückbleiben. Befragte, die wenige Aspekte von Praxisbezug nennen, generieren allerdings auch keine oder sehr wenige Möglichkeiten, Praxisbezug selbst herzustellen. Letztere werden zudem meist erst spät im Interview entwickelt, das heißt nach einer Phase der Anregung und Auseinandersetzung mit den eigenen Überzeugungen. Am Rande sei bemerkt, daß von keinem der Befragten auf Theorien, Befunde oder wissenschaftliche Debatten zurückgegriffen wurde.

In Bezug auf die Argumentation ist als auffälliges Merkmal festzuhalten, dass konkrete Erfahrungen zum Thema Praxisbezug des Studiums sehr selten begründend in die Argumentation eingebaut bzw. überhaupt benannt werden, obwohl alle Befragten mindestens ein Praktikum absolviert haben. Das spricht dagegen, dass konkrete Erfahrungen ohne weitere Unterstützung in Subjektive Theorien eingebaut werden bzw. diese anreichern.

Auffällig ist auch, dass einige Überzeugungssysteme alles andere als stimmig sind. Obwohl sich die Interviewten an einigen Stellen auf schon Gesagtes rückbeziehen oder ihre Ansichten auf die Fallbeispiele anwenden, sind ihre Aussagen stellenweise unverbunden, unstimmig oder sogar widersprüchlich. Ungereimtheiten treten gehäuft bei der Anwendung der Subjektiven Theorien auf, werden von den Befragten selbst jedoch oft übersehen. Dies zeigt sich besonders im zweiten Teil des Interviews. Nils und Sara berichten im ersten Teil beispielsweise mehrmals von positiven Erfahrungen mit Praxisbezug in Lehrveranstaltungen, vertreten aber trotzdem die damit nicht ganz in Einklang zu bringende allgemeine Bewertung, dass die Seminare an der Uni im Prinzip zu theoretisch sind. Auch Gisela bewertet ein interessegeleitetes Studium positiv, sieht aber in der Anwendung keinen Bezug zu einem Zitat, welches das Interessenstudium in den Vordergrund der Argumentation stellt.

Nur zwei der Befragten verwenden keine Floskeln. Genau diese Befragten betonen im Interview mehrfach ihr Interesse und ihren Spaß an Studium und

Studieninhalten. Zwölf Kodierungen zeigen hingegen, dass Nils die meisten Floskeln verwendet, etwa:

»Also dass das im Prinzip mit der Arbeit, naja, kaum was zu tun hat. Also ich will nicht sagen, nichts zu tun hat, aber durch das Praktikum merke ich eben auch, was ich zur Zeit mache, dass es damit nichts zu tun hat.« (2) »Also als Student an der Uni in den Seminaren ist es halt wirklich Theorie.« (40)

Zugleich gehört er mit insgesamt 27 Kodierungen in der Kategorie Differenziertheit jedoch zu denjenigen, die sehr differenziert argumentieren. Die Verwendung von Floskeln ist also weder Konsequenz noch Folge oder Zeichen einer besonders undifferenzierten Subjektiven Theorie; sie widerspricht auch nicht einer eher begründenden oder abwägenden Argumentation.

Nimmt man die in die Argumentationen eingeflochtenen Floskeln genauer in den Blick, zeigt sich, dass sich floskelhafte oder stereotype Meinungen oft gegen differenzierte Meinungen und Ansichten durchsetzen und überraschenderweise als *Resultat* eines Gedankengangs stehen. Nils erkennt so zum Beispiel die Schwierigkeiten, einen Praxisbezug für Studierende in Bezug auf die Beschäftigung mit Klassikern sichtbar zu machen, endet aber doch bei undifferenzierter Kritik an fachdidaktischen Seminaren.

»Ich weiß ja auch, dass [...], wenn man sich über Schiller unterhält in Deutsch oder über Goethe sich unterhält oder irgendwelche anderen Sachen, dass es da schwieriger wird, einen Praxisbezug herzustellen, als wenn ich Leichtathletik mache und Basketball mache, gar keine Frage. Aber es ist einfach grundsätzlich festzustellen, dass der Praxisbezug für das LEHRamtsstudium zu kurz kommt. [...] ich erwarte halt schon, dass ich halt so viel Erfahrung, einfach so ein methodisches Rüstzeug einfach an die Hand zu bekommen, um in der Praxis später zu überleben, und das gibt es jetzt letztendlich nur durch Arbeit in Sportvereinen, durch Praktika, durch andere Sachen. Und selbst die Seminare, kennst du sicherlich auch, mit fachdidaktischem Anteil. [...] Das kannst du ja völlig knicken. Also das ist wirklich Murks. [...] Da kommen sicherlich didaktische Sachen rüber, aber es ist natürlich sehr, sehr schwierig auch, Leute für die Schule auszubilden, wenn Leute selbst nicht in der Schule waren oder selbst diesen Praxisbezug gar nicht genossen haben, erlebt haben oder gelehrt bekommen haben.« (Nils, 46)

Besonders auffällig ist, dass sich die Meinung, der Praxisbezug im Lehramtsstudium komme grundsätzlich zu kurz, in beinahe allen Interviews durchhält, selbst wenn sie sich nicht widerspruchsfrei mit anderen Aspekten der Subjektiven Theorien verbinden lässt. Beispielsweise betont Gisela im Interview mehrmals, dass sie Interesse an den Studieninhalten hat, vertritt aber zugleich die Meinung von Referendaren, welche sie im Praktikum kennenlernte, dass sie das im Studium erlangte Wissen im Beruf prinzipiell nicht anwenden kann, ohne diese Unstimmigkeit aufzulösen oder auch nur zu thematisieren.

Wenn es den Befragten im Interview angesichts von Widersprüchen oder Selbsteinwänden gelingt, neue Ansichten oder Meinungen zu entwickeln und damit ihre Vorstellungen zu erweitern, ist dennoch oft festzustellen, dass diese neuen Meinungen nur angedacht werden, also keinen Anschluss an die Subjektive Theorie finden. Kathrin überlegt zum Beispiel, dass Seminare aus der Soziologie, in denen sie etwas über Theorien des sozialen Zusammenlebens und Genderstudien kennenlernt, wichtig für ihren späteren Beruf als Grundschullehrerin sind, weil sie in der Grundschule mit vielen verschiedenen Menschen zusammenarbeiten muss. Daneben überlebt aber unbeschadet ihre überzeugte Kritik an der Sinnlosigkeit solcher Themen. Am Ende des Interviews ist es wichtiger, die Überflüssigkeit solcher Seminare zu betonen. Dass dezidierte Bewertungen in die Subjektiven Theorien kaum integriert sind und sich auch nicht schlüssig aus ihnen ergeben, wurde bereits oben festgestellt.

Widersprüche oder Unstimmigkeiten müssen allerdings nicht unbedingt kritisch gesehen werden. Das Beispiel von Kathrin zeigt, dass Stolpersteine innerhalb eines Interviews durchaus dazu anregen können, eine neue Theorie, neue Ansichten zu entwickeln oder die eigene Subjektive Theorie zu erweitern. Sie äußert zu Anfang des Interviews die Meinung, sie könne auch ohne Studium in die Schule gehen und unterrichten, weil sie über das Wissen, das sie in der Grundschule vermitteln muss, bereits verfügt. Nachdem sie jedoch die Perspektive eines Dozenten einnimmt und dessen Ansicht elaboriert, übernimmt sie diese in ihre eigene Theorie:

»Ich möchte ja einmal auch so Kompetenzen lernen, aber natürlich auch so in dem Sinne Fachwissen, weil manchmal wird ja auch besonders der Grundschulberuf so angesehen, ja, warum braucht man überhaupt eine universitäre Ausbildung, das kann ich doch auch oder das können auch Hausmütter irgendwie, die Betreuung machen. Aber dass man halt wirklich dann halt sagen kann, so ihr Kind zeigt das und das Verhalten, daraus lässt sich schließen das und das.« (Kathrin 36)

Der Verlauf dieses Interviews deutet an, dass es lohnenswert sein könnte, sich näher mit Ungereimtheiten in Subjektiven Theorien zu beschäftigen. Es ist zu vermuten, dass an Stellen, an denen die Studierenden nicht stimmig argumentieren, an denen sie sich unsicher sind, andere Meinungen oder Erfahrungen nicht mit der eigenen Subjektiven Theorie übereinstimmen oder letztere in der Anwendung scheitert, die Offenheit besteht, neue Subjektive Theorien zu konstruieren und alte zu modifizieren (s. der Beitrag von Scharlau/Bunte/Wiescholek i.d.B.).

Direkt auf Widersprüche in den Überlegungen hinzuweisen, war hingegen wenig wirksam. Wiescholek (2012) legte fünf Interviewpartnern einige Monate nach dem Interview eine zusammenfassende Falldarstellung vor, die sie mit ihnen im Dialog überprüfte. Obwohl vorhandene Widersprüche oder Unstimmigkeiten in den Argumentationen der Befragten explizit benannt wurden und alle Studierenden mit der Beschreibung ihrer Ansichten einverstanden waren, griff keiner diese Unstimmigkeiten in der kommunikativen Validierung auf, sodass sie auch nicht zu einer Weiterentwicklung der Subjektiven Theorien führen konnten. Was den Unterschied zu dem oben erwähnten Beispiel, in dem die Unstimmigkeiten wirksam waren, ausmacht, kann an dieser Stelle nicht geklärt werden.

Festhalten lässt sich schließlich auch, dass die Studierenden bei der Explikation und Anwendung ihrer Vorstellungen nur höchst selten eine Metaebene (etwa im Sinne des Reflektierens von eigenen Vorstellungen oder der Herstellung von Beziehungen) einnehmen.

DISKUSSION

Wie schon in der Hauptstichprobe des STEP-Projektes war allen von uns befragten Lehramtsstudierenden das Problem des Praxisbezugs im Studium sehr wichtig. Zudem konnten wir die aus quantitativen Untersuchungen bekannte, oft erhebliche Unzufriedenheit mit dem Ausmaß des Praxisbezugs bestätigen. Zentral ist aber, dass mit Blick auf die formale Struktur keine der erhobenen Subjektiven Theorien zum Praxisbezug alle drei formalen Merkmale – Komplexität, Differenziertheit und Organisation – hinreichend erfüllt. Nimmt man an, dass persönliche Sichtweisen zumindest die in dem hier entwickelten Kategoriensystem enthaltenen formalen Merkmale aufweisen müssen, um als Subjektive Theorien zu gelten, kann für die vorliegende Stichprobe festgestellt werden, dass keine Subjektiven Theorien vorliegen. Es scheint vielmehr, dass die Studierenden trotz vieler einzelner, durchaus betont vorgebrachter Ansichten nicht argumentierend elaboriert haben, was sie vom Praxisbezug im Studium erwarten. Es handelt sich bei den von uns gefundenen Überzeugungssystemen eher um Versuche von Subjektiven Theorien. Als Versuche sind sie dadurch charakterisiert, dass Überlegungen abgebrochen oder Gedankengänge nicht weiter verfolgt werden, Ansichten innerhalb einer Subjektiven Theorie sich widersprechen und sogar explizite

Wünsche, wie der, möglichst viele Erfahrungen sammeln zu können, zwar geäußert werden, an anderen Stellen dann doch keine Relevanz mehr für die Argumentation haben. Die Anwendung der Annahmen auf konkrete Probleme fällt meist mager aus. Zudem fehlt jeglicher Bezug auf wissenschaftliche Theorien. Für eine Subjektive Theorie ist dies zwar kein notwendiges Kriterium, aber ein wichtiges Merkmal.

Es reicht demnach nicht aus, nur das Verlangen nach Praxis, den »Praxisfetischismus« (Sacher 1988: 47) oder das Denken »von der Praxis her« (Cramer/Horn/Schweitzer 2009: 776) zu kritisieren. Dieses Verlangen ist, wie schon Schüssler et al. (2012) gezeigt haben, kein eintöniger Chor, und es scheint, wie die vorliegende Untersuchung zeigt, nicht einmal ein Chor zu sein. Der Umgang mit Praxisbezug im Studium kann charakterisiert werden als ein Versuch, sich zurechtzufinden innerhalb von, wie Nils es formuliert, »zwei Welten«, in strukturellen Widersprüchen, und ist geprägt von partieller Erfolglosigkeit, Disharmonien, Widersprüchen und floskelhaftem Denken einerseits und einzelnen, relativ pron, pron,ncierten Überzeugungen und Bewertungen andererseits.

Es kann weiter festgestellt werden, dass eine Entwicklung der Subjektiven Theorien zum Praxisbezug zwar manchmal schon während des Interviews einsetzt, dies aber nicht zwangsweise passiert. Kathrin, welche ihre Theorie, nachdem sie in die Perspektive einer Dozentin wechselte, um einen zentralen Aspekt erweitert, zeigt, dass Interview und kommunikative Validierung des Interviews zu einer intensiveren Auseinandersetzung mit und Veränderung von Subjektiven Theorien führen können. Sie ist ein Beispiel dafür, dass mit sehr einfachen Mitteln angeregt werden kann, was Wahl das In-Frage-Stellen der Gültigkeit der eigenen Sichtweise und Bewußtmachung der »Relativität der eignen Wirklichkeits-Konstruktionen« (Wahl 2005: 57) nennt.

Festzuhalten bleibt aber auch, dass Unstimmigkeiten und Widersprüche erstaunlich wirkungslos bleiben können. Keiner der Studierenden ging bei der kommunikativen Validierung auf diese Probleme ein, um sie etwa zu klären, auf einer Metaebene zu thematisieren oder weitere Argumente zu suchen. Vielmehr scheinen Widersprüche und Sackgassen für die Studierenden durchaus akzeptabel zu sein.

Der monotone Ruf »Mehr Praxisbezug! Mehr!« entspricht also tatsächlich den Ansichten der Studierenden. Ebenso wichtig scheint es aber auch zu berücksichtigen, dass die von uns untersuchten Studierenden keine komplexen, organisierten, reflektierten oder theoriegesättigten Ansichten haben. Es scheint vielmehr so, als ob sie – bei aller subjektiven Überzeugtheit, dass Praxisbezug wichtig ist, und trotz der betont vorgetragenen Kritik am mangelnden Praxisbezug – doch noch sehr grundsätzlich um ein Verständnis dessen ringen, was Praxisbezug eigentlich sein soll. Aufgabe einer entwicklungsorientierten Lehrerbildung ist, sie hierbei zu unterstützen. Angesichts der Komplexität des Praxisbezugs im Studium bildet das Forschungsprogramm Subjektive Theorien hierfür den passenden Hintergrund.

LITERATUR

Arnold, E. (2002): Evaluation der Schulpraktischen Studien in den Lehramtsstudiengängen der Universität Hamburg. Hamburg (Manuskript).

Blömeke, S. (1999): »Lehrerausbildung und PLAZ im Urteil von Studierenden«, in: H.-D. Rinkens/G. Tulodziecki/S. Blömeke (Hg.): Zentren für Lehrerbildung – Fünf Jahre Unterstützung und Weiterentwicklung der Lehrerausbildung. Ergebnisse des Modellversuchs PLAZ, Münster: Lit., S. 254-277.

Blömeke, S./Müller, Ch./Felbrich, A. (2006): »Forschung – Theorie – Praxis. Einstellungen von Studierenden und Referendaren zur Lehrerausbildung«, in: Die Deutsche Schule,. 98. Jg., Heft 2, S.178-189.

Boness, Ch./Hoffmann, A./Koch, K. (2003): »Das Team-Ombuds-Modell. Eine Antwort auf fehlende Standards und divergente Erwartungen bei schulpraktischen Studien«, in: Die Deutsche Schule, 95. Jg., Heft 2, S. 220-231.

Cramer, C./Horn, K.-P./Schweitzer, F. (2009): »Zur Bedeutsamkeit von Ausbildungskomponenten des Lehramtsstudiums im Urteil von Erstsemestern. Erste Ergebnisse der Studie ›Entwicklung Lehramtsstudierender im Kontext institutioneller Rahmenbedingungen‹ (ELKiR)«, in: Zeitschrift für Pädagogik, 55. Jg., Heft 5, S.761-780.

Dann, H.-D./Tennstädt, K.-Ch./Humpert, W./Krause, F. (1987): »Subjektive Theorien und erfolgreiches Handeln von Lehrer/innen bei Unterrichtskonflikten«, in: Unterrichtswissenschaft, 15. Jg., S. 306-320.

Groeben, N./Wahl, D./Schlee, J./Scheele, B. (1988): Das Forschungsprogramm Subjektive Theorien. Eine Einführung in die Psychologie des reflexiven Subjekts, Tübingen: Francke.

Haag, L./Dann, H.-D. (2001): »Lehrerhandeln und Lehrerwissen als Bedingung erfolgreichen Gruppenunterrichts«, in: Zeitschrift für Pädagogische Psychologie, 15. Jg., Heft 1, S. 5-15.

Hascher, T. (2006): »Veränderung im Praktikum – Veränderung durch das Praktikum. Eine empirische Untersuchung zur Wirkung von schulpraktischen Studien in der Lehrerbildung«, in: C. Allemann-Ghionda/E. Terhart (Hg.): Kompetenzen und Kompetenzentwicklung von Lehrerinnen und Lehrern: Ausbildung und Beruf, Zeitschrift für Pädagogik, 51. Beiheft, S. 130-148.

Hascher, T./Moser, P. (1999):»Lernen im Praktikum – die Rolle der Pratikums-leitenden in der berufspraktischen Ausbildung«, in: Bildungsforschung und Bildungspraxis, 21. Jg., S. 312-355.

Hascher, T./Moser, P. (2001):»Betreute Praktika – Anforderungen an Prakti-kumslehrerinnen und -lehrer«, in: Beiträge zur Lehrerbildung, 19. Jg., S. 217-231.

Hedtke, R. (2000): Das unstillbare Verlangen nach Praxisbezug. Zum Theorie-Praxis-Problem der Lehrerbildung am Exempel Schulpraktischer Studien, online unter: http://www.jsse.org/2000/2000-0/pdf/hedtke.pdf (zuletzt aufge-rufen am 02.03.2012)

Hessler, G. /Oechsle, M./Scharlau, I. (Hg.) (2013): Studium und Beruf: Studien-strategien – Praxiskonzepte – Professionsverständnis. Perspektiven von Stu-dierenden und Lehrenden nach der Bologna-Reform, Bielefeld: transcript Verlag.

Hessler, G./Oechsle, M. (2012):»Studium und Beruf - Praxiskonzepte von Stu-dierenden der Soziologie und Sozialwissenschaften«, in: W. Schubarth et al. (Hg.): Studium nach Bologna: Praxisbezüge stärken?! Praktika als Brücke zwischen Hochschule und Arbeitsmarkt, Wiesbaden: VS Verlag.

HIS-Institut für Hochschulforschung (Hrsg.) (2010): Randauszählung Studien-qualitätsmonitor 2010. Fächergruppen an Universitäten. Online-Befragung Studierender im Sommersemester 2010, online unter: http://www.his.de/ pdf/24/sqm2010.Uni_Faecher.pdf (letzter Zugriff am: 15.03.2012).

Keuffer, J./Oelkers, J. (2001): Reform der Lehrerbildung in Hamburg. Ab-schlussbericht der Hamburger Kommission Lehrerbildung, Weinheim: Beltz.

Kram, M./Eickmann, R. (2012):»Praktisch nur Theorie? Praxiskonzepte aus Sicht der im STEP-Projekt interviewten Universitätslehrenden«, in: Schulpä-dagogik heute, 3. Jg., Heft 5.

Mayring, P. (2010): Qualitative Inhaltsanalyse. Grundlagen und Techniken. 11. überarb. Aufl., Weinheim: Beltz.

Multrus, F. (2013):»Forschung und Praxis im Studium. Einführung ins Thema«, in: Hessler/Oechsle/Scharlau (Hg.): Studium und Beruf: Studienstrategien – Praxiskonzepte – Professionsverständnis.

Oechsle, M./Hessler, G./Scharlau, I./Günnewig, K. (2011):»Wie sehen Studie-rende das Verhältnis von Studium und Beruf? Praxisbezug und Professionali-tät in den Subjektiven Theorien Studierender«, in: S. Nickel (Hg.): Der Bo-logna-Prozess aus Sicht der Hochschulforschung. Analysen und Impulse für die Praxis, S. 178-191.

Sacher, W. (1988): »Praktika und Praxisbezogenheit im Studium«, in: H.S. Rosenbusch/W. Sacher/H. Schenk (Hg.): Schulreif? Die neue bayrische Lehrerbildung im Urteil ihrer Absolventen, Frankfurt a.M.: Lang, S. 121-176.

Scharlau, I./Bunte, N./Wiescholek, S. (2013): »Self-Assessment-Instrumente: Eine Möglichkeit der Bildung, Reflexion und Ausdifferenzierung von Subjektiven Theorien«, in: Hessler/Oechsle/Scharlau (Hg.): Studium und Beruf: Studienstrategien – Praxiskonzepte – Professionsverständnis.

Schüssler, R./Günnewig, G. (2013): »Praxisbezug weiter hoch im Kurs… Heterogene Praxiskonzepte von Lehramtsstudierenden«, in: Hessler/Oechsle/ Scharlau (Hg.): Studium und Beruf: Studienstrategien – Praxiskonzepte – Professionsverständnis.

Schüssler, R./Günnewig, K. (2011): »Mehr Praxis – aber welche? Praxiskonzepte von Lehramtsstudierenden zwischen Rezeptologie und Professionalisierung«, in: TriOS, 6 Jg., Heft 2.

Schüssler, R./Keuffer, J./Günnewig, K./Scharlau, I. (2012): »›Praxis nach Rezept?‹ – Praxisbezug und Professionalität in den subjektiven Theorien von Lehramtsstudierenden«, in: Schulpädagogik heute, 3. Jg., Heft 5.

Terhart, E. (Hg.) (2000): Perspektiven der Lehrerbildung. Abschlussbericht der von der Kultusministerkonferenz eigesetzten Kommission, Weinheim: Beltz.

Wahl, D. (2002): »Veränderung Subjektiver Theorien durch Tele-Learning?«, in: W. Mutzeck/J. Schlee/D. Wahl (Hg.): Psychologie der Veränderung. Subjektive Theorien als Zentrum nachhaltiger Modifikationsprozesse, Weinheim: Beltz, S. 10-21.

Wahl, D. (2005): Lernumgebungen erfolgreich gestalten. Vom trägen Wissen zum kompetenten Handeln, Bad Heilbrunn: Julius Klinkhardt.

Weyland, U./Wittmann, E. (2010): Expertise. Praxissemester im Rahmen der Lehrerbildung. 1. Phase an hessischen Hochschulen, Berlin: DIPF.

Wiescholek, S. (2012): Strukturen und Strukturveränderungen Subjektiver Theorien Studierender zum Praxisbezug, unveröffentlichte Hausarbeit im Ersten Staatsexamen, Universität Paderborn, online erhältlich unter www.stepprojekt.de

Self-Assessments: Reflexionsinstrumente in der Lehrerbildung

Self-Assessment-Instrumente

Eine Möglichkeit der Bildung, Reflexion und
Ausdifferenzierung von Subjektiven Theorien

INGRID SCHARLAU, NICOLA BUNTE UND SABRINA WIESCHOLEK

Das Forschungsprojekt STEP – Studium und Beruf: Subjektive Theorien von
Studierenden und Lehrenden zwischen Praxisbezug, Employability und Professionalisierung – untersucht, wie Studierende und Lehrende die Erwartungen von
Wissenschafts- und Beschäftigungssystem aufeinander beziehen. Ziel war, durch
qualitative Interviews die Subjektiven Theorien beider Akteure zu Themen wie
Praxisbezug, Kompetenzen und Professionalisierung zu rekonstruieren. Eher beiläufig ergab sich, dass die zu Forschungszwecken durchgeführten Interviews
auch zu einer Bewusstwerdung, Reflexion und Veränderung von Subjektiven
Theorien führen können und wirksame wie notwendige Interventionsmaßnah-
men sind.

ÄNDERUNG VON VORSTELLUNGEN

Die Interviews des STEP-Projekts schufen eine Kommunikationssituation, die es
ermöglichte, sich mit den eigenen Vorstellungen zu Praxisbezug, Professionalisierung und Kompetenzen kritisch-reflektiert zu beschäftigen. Ohne einen solchen Rahmen scheint eine systematische Auseinandersetzung mit diesen Themen hingegen selten stattzufinden, obwohl die Studierenden ihre klaren und vielfach wertenden Überzeugungen ohne Bedenken äußern. Ein Befragter brachte
dies in der Untersuchung von Wiescholek (2012) direkt in Worte:

»Also ich kann nur sagen, dass mir das ganze Interview sehr viel genützt hat, weil man natürlich sich über so was gar nicht austauscht. Also man macht sich natürlich selbst jetzt Gedanken drüber und findet vielleicht hier und da mal einen Anknüpfungspunkt oder es kommt halt im Gespräch irgendwie zur Bedeutung, aber so stichhaltig, habe ich mir da noch gar keine – hat man vielleicht an der ein oder anderen Antwort auch gemerkt – noch gar nicht so die Gedanken gemacht.« (Nils 108)

Als anregend erwies sich sogar die typisierend-vereinfachende Zuordnung zu Deutungsmustern. Die meisten Lehramtsstudierenden lassen sich einer von zwei Verständnisweisen von Praxisbezug zuordnen, Praxis als direkter Anwendungsbezug oder Wechselbeziehung von Theorie und Praxis (Schüssler/Keuffer/Günnewig/Scharlau 2012). Studierende mit der erstgenannten Perspektive wünschen sich im Studium direkt anwendbares Wissen und messen den Praxisphasen sehr hohen Stellenwert bei; Fachinhalte und Theorie schätzen sie dann, wenn sie direkt in Unterrichtshandeln umgesetzt werden können. Vertreter der zweiten Perspektive sehen ein Wechselverhältnis; guter Praxisbezug im Studium heißt für sie, wissenschaftliche Erkenntnisse auf die Praxis zu beziehen. Sie wünschen sich eine Stärkung des Praxisbezugs *und* eine Stärkung der wechselseitigen Bezüge von Universität und Praxisphasen (Schüssler/Günnewig i.d.B.).

In der Untersuchung von Wiescholek (2012) wurden die Studierenden anhand ihrer Aussagen einem der beiden Konzepte zugeordnet. Diese deskriptive, nicht wertende Zuordnung wurde ihnen mit einer Kurzbeschreibung des Praxiskonzeptes einige Monate später im Rahmen einer kommunikativen Validierung vorgelegt. Dies regte eine inhaltliche und metakognitive Auseinandersetzung mit den persönlichen Vorstellungen an. Der oben erwähnte Student etwa sieht sich dem Praxiskonzept »direkter Anwendungsbezug« richtig zugeordnet, bemerkt aber, dass er die Beschreibung des anderen als positiver empfindet, und reflektiert:

»Der zweite Typ klingt natürlich etwas positiver. Aber letztendlich ist es so. Ja, also da sehe ich schon / find ich mich schon wieder, ne? [...] Da fehlt mir aber so, dass das auf Grund der mangelnden Auseinandersetzung oder der mangelnden Erfahrung auch so ein bisschen mit reinkommt, ne? Also, ich glaube, dass das was ganz anderes wäre – ohne mich dafür jetzt entschuldigen zu wollen, wonach es natürlich jetzt erstmal klingt im ersten Moment –, wenn man sich damit jetzt auseinandersetzt, ne?« (Nils kV[1] 32)

---

1   Der Verweis kV bedeutet, dass das Zitat aus der kommunikativen Validierung der Interviewzusammenfassungen mit den Befragten stammt, s. Scharlau und Wiescholek (i.d.B.).

Eine Studentin ist mit der Zuordnung zum direkten Anwendungsbezug einverstanden, betont aber, dass sich ihre Einstellung nach dem Interview geändert habe:

»Auf jeden Fall würde ich jetzt im Nachhinein sagen, dass ich die Theorie, also das Studium und damit den Theorieanteil dieser Ausbildung schon wesentlich wichtiger finde, glaube ich, als ich es zur Zeit des Interviews empfunden habe. Weil ich einfach denke, dass hier einfach Grundwissen vermittelt wird, was letztendlich wichtig ist für das Berufsleben, für das Referendariat, für die Praktika jetzt, für das spätere Berufsleben. Man muss da irgendwie eine Verknüpfung sehen.« (Evelin, kV 4)

Die unpersönliche Formulierung »man muss« und das einschränkende Adverb »irgendwie« deuten allerdings an, dass die Ansicht nicht Teil der persönlichen Überzeugungen geworden ist. Die Studentin scheint vielmehr Druck zu empfinden, »richtig« zu denken.

Zudem fiel auf, dass sich die Vorstellungen zum Teil schon während des Interviews entwickelten, wenn dieses Fragetechniken wie Explikation an konkreten Beispielen und Wechsel in die Perspektiven anderer nutzte. So wurden die Studierenden gebeten, Praxisbezug aus der Sicht eines Lehrenden zu beschreiben. Eine Studentin stellte dabei überrascht fest, dass ihr dies nicht gelang, was zunächst inhaltlich-metakognitive Überlegungen und als Schluss aus diesen den Wunsch nach einer Anreicherung der persönlichen Ansichten durch objektive Theorien auslöste.

»Das aus der Perspektive der Dozenten mal zu sehen, was Praxisbezug bedeuten könnte, weil es einfach super schwierig war und ich auch eigentlich nicht wirklich eine Antwort gefunden habe, aber überhaupt diesen Ansatz erst mal zu haben, weil darüber habe ich mir noch NIE Gedanken gemacht. Also ich habe die halt immer eher verurteilt dafür, wenn der Praxisbezug nicht da war, dass die mich halt irgendwie wahrscheinlich / ach, keine Ahnung, keine Lust haben oder was weiß ich / nie daran gedacht, warum es irgendwie eventuell so sein könnte, dass sie es vielleicht aus einer völlig anderen Sichtweise oder so betrachten. [...] Aber es wäre vielleicht auch mal ganz interessant, Praxisbezug wirklich wissenschaftlich irgendwie zu definieren, also wenn man das überhaupt kann.« (Sara 113-117)

LEHRAMTSBEZOGENE ERGEBNISSE

Das STEP-Projekt basiert auf der Annahme, dass subjektive Deutungen die Nutzung von Lerngelegenheiten und damit die Kompetenzentwicklung beeinflussen. Nachzuweisen, dass die ermittelten Vorstellungen das Studierverhalten beeinflussen, stand nicht im Fokus der Untersuchungen. Die Annahme, dass subjektive Weltkonstruktionen und individuelle Begriffsbildungen handlungswirksam werden, speist sich neben dem Forschungsprogramm Subjektive Theorien auch aus Befunden zu Lernorientierungen und epistemologischen Überzeugungen (z.b. Hofer/Pintrich 2002; Marton/Säljö 1976; Schommer 1990).

Die lehramtsbezogenen Analysen des STEP-Projekts konzentrieren sich auf Lehrerkompetenzen (Scharlau/Bunte/Wiescholek in Vorb.), Professionalität und Praxisbezug (Schüssler/Günnewig i.d.B.). In allen Bereichen lassen sich Entwicklungsbedarfe feststellen. Für wirksame Interventionen ist es nötig, neben den *Inhalten* auch die *Struktur* der subjektiven Deutungen zu berücksichtigen. Das wird im Folgenden am Beispiel der Lehrerkompetenzen illustriert.

Die Studierenden wurden gefragt, welche Qualifikationen oder Kompetenzen ihrer persönlichen Ansicht nach Lehrer benötigen. In einer deduktiven qualitativen Inhaltsanalyse (Mayring 2010) wurden die Kompetenzen mithilfe des Standardmodells von Terhart (2002) ausgewertet. Da dieses weniger als die Hälfte der von den Studierenden erwähnten Kompetenzen erfasste, wurde das System um eine induktiv-inhaltsanalytisch gewonnene Klasse personaler und sozialer Kompetenzen, die in den Interviews sehr prominent waren, ergänzt.

Neun von zehn Studierenden erwähnen Kompetenzen aus der Klasse des Fachwissens, die Hälfte erziehungswissenschaftlich-schulpädagogische Kompetenzen und jeder fünfte den fachdidaktischen Bereich. In jeder dieser Klassen wird allerdings nicht mehr als ein konkreter Standard von zehn bzw. elf im Modell von Terhart (2002) benannt; oft findet sogar lediglich die Oberkategorie Erwähnung. Von den der zweiten Phase, die in beinahe allen Interviews angesprochen wird, zugeordneten elf Standards werden pro Interview im Schnitt drei genannt. Personale und soziale Kompetenzen schließlich werden häufig und differenziert benannt.

Auffällig war, dass die Studierenden nur wenige Kompetenzen erläutern und begründen. So werden Fachkenntnisse oft in einer floskelhaft wirkenden Verkürzung benannt: »Ja, man braucht natürlich auch fachliche Kompetenzen. Fachkenntnis« (Emanuel 131). Das Fehlen von Begründungen und Anschlüssen an andere Überlegungen und Adverbien wie »natürlich« und »klar«, die in diesem Kontext weniger verstärkend als verkürzend wirken, machen diese Aussagen zu Fremdkörpern in den Deutungen der Studierenden. Hier könnte es sich um ein Beispiel der von Scheele berichteten »Aufschwemmung« Subjektiver Theorien durch Störungen handeln. Wenn von Anderen eingebrachte Inhalte nicht in echte Konkurrenz zu denen der Subjektiven Theorien treten, werden letztere um die Inhalte der Störungen erweitert und die Subjektiven Theorien damit lediglich »aufgeschwemmt« (Scheele 1988: 157).

Argumentative Verknüpfungen fehlen vor allem bei fachlichen, erziehungswissenschaftlichen und fachdidaktischen Kompetenzen. Personale und soziale Kompetenzen werden hingegen häufiger erläutert und begründet:

»Ja, wichtig finde ich, dass man / also der Umgang mit Menschen. Also dieses Sozialverhalten, dass man selber sich vernünftig verhält. Und dass man das auch anderen Leuten vernünftig beibringt. Und dass man die Kinder halt auch richtig erzieht. Und durch dieses eigene Verhalten kann man ja auch viel einfacher Informationen vermitteln. Also wenn man wirklich auf einer Ebene ist, wo man mit den Kindern zum Beispiel oder mit den Eltern auch gut klarkommt, also richtig gut kommuniziert, dann ist das viel einfacher, als wenn man wirklich sich doof anstellt. (leise) Ich weiß auch nicht (lacht). Blödsinn. Egal. (..) Also das wäre für mich, glaub' ich, das ist für mich sehr wichtig. Dass man das kann. Also das sollte eigentlich jeder Lehrer hinbekommen.« (Roswita 98)

Das Erläutern und Begründen von Kompetenzen fällt einfacher, wenn die Kompetenz lebensweltlich oder aus der persönlichen Erfahrungsgeschichte verständlich ist. Auch wenn zu vermuten ist, dass darüber hinausgehende vorhandene Strukturaspekte der subjektiven Vorstellungen im Interview implizit geblieben sind, ist festzuhalten, dass das Studium keine hinreichende Grundlage für *begründendes* Denken über lebensweltlich fremde Kompetenzen bietet.

Der lose argumentative Charakter hat noch einen weiteren Aspekt. Im Interview wurde an mehreren Stellen auf ähnliche Fragen eingegangen. So boten zwei Stellen Anlass, Kompetenzvorstellungen zu äußern. Zu Beginn wurde gefragt, welche beruflichen Tätigkeiten die Befragten vor Augen hatten, als sie sich für das Lehramtsstudium entschieden, später explizit nach den für Lehrer notwendigen Kompetenzen. Diese Fragen rufen unterschiedliche Assoziationen hervor. Die folgende Studentin berichtet bei der Frage nach den Lehrertätigkeiten ausschließlich über unterrichtspraktische Tätigkeiten:

»Ja, das waren von ganz einfachen Dingen wie irgendwie Vokabeln abfragen oder so und irgendwelche Tests vielleicht beaufsichtigen [...] bis hin zu irgendwie Leute rausschmeißen und über Bestrafungen nachzudenken, die irgendwie angemessen sind, auch wenn man das nicht gerne macht. Bis hin zu Ermahnungen ganz normal im Unterricht. Texte einfach kontrollieren.« (Ursula 28)

Die Frage nach den Kompetenzen löst hingegen Assoziationen überwiegend zur Selbstdarstellung aus, die den zunächst erwähnten Tätigkeiten zum Teil widersprechen (Schwäche zeigen vs. Kontrolle ausüben):

»Ein Lehrer sollte immer relativ selbstsicher auftreten. Ob man das in jeder Situation wirklich ist, ist eine andere Frage. Aber ich möchte damit jetzt nicht sagen, man soll keine Schwäche zeigen. Ich denke, manchmal ist Schwäche zeigen vor einer Klasse ganz effektiv eigentlich, um gewisse Situationen einfach zu beruhigen [...]. Also, ja, ich denke halt wirklich weniger, dass es bei Lehrern darauf ankommt, wie man sich jetzt irgendwie anzieht oder wie man jetzt wirklich aussieht, als, wie man sich wirklich irgendwie selber gibt. Und vielleicht auch ein Stück weit darstellt [...] Ja, Autorität halt schon so, dass die Schüler vor mir Respekt haben, also dass ich jetzt nicht irgendwie so der Kumpeltyp bin. Ich möchte die Grenze schon ganz klar haben zwischen Lehrer und Schüler. [...] Gerade als Pädagogiklehrerin finde ich es auch wichtig, dass man DA irgendwie so weit halt wirklich offen ist, zu den Schülern, dass gerade Probleme auch von den Schülern irgendwie thematisiert werden. Weil das ja grade in der Pädagogik ein sehr wichtiges Thema auch ist. [...] Ja, das Wissen natürlich. Also (lacht leicht) das sollte natürlich nicht fehlen, ne? [...] Ja, sonst natürlich finde ich ganz wichtig, Teamfähigkeit. Also ich denke, das macht ganz stark den Beruf aus.« (Ursula 72-88)

SUBJEKTIVE THEORIEN?

Welche Art subjektiver Repräsentationen liegt hier vor? Das Projekt geht davon aus, dass sie prinzipiell als Subjektive Theorien gedeutet werden müssen. Grundidee des Forschungsprogramms Subjektive Theorien (FST; Groeben et al. 1988) ist, dass handelnde Subjekte sich auf Kognitionen beziehen, die man ähnlich wie wissenschaftliche Theorien beschreiben kann, relativ komplexe Deutungssysteme aus argumentativ miteinander verknüpften Konstrukten wie Begriffe, Definitionen, Daten und Hypothesen, die Schlussfolgerungen erlauben, welche wiederum der Erklärung, Vorhersage und Veränderung von Ereignissen dienen; der Mensch wird dementsprechend stets als Erkenntnissubjekt gedeutet. Letzteres verlangt in der von Groeben et al. (1988) formulierten engen Variante, dass die vom Forscher rekonstruierten Subjektiven Theorien in einem dialogischen Konsens mit dem befragten Subjekt geprüft bzw. ermittelt werden.

Nach der ursprünglichen Fassung der Theorie müssen Kognitionen, die zu Subjektiven Theorien gehören, explizierbar sein; spätere Versionen (Dann 1994) erlauben auch teilweise implizite und nicht oder kaum bewusstseinsfähige Annahmen wie unreflektierte Überzeugungen. Wahl (2005) unterscheidet ferner

Subjektive Theorien langer von solchen mit kurzer Reichweite. Im ersten Fall ist der Handlungsbezug marginal; die Theorien sind breit, lassen sich gut erläutern und leicht verändern. Theorien kurzer Reichweite haben einen engen Handlungsbezug, sind stark verdichtet, schwieriger zu berichten und weisen erheblichen Widerstand gegen Veränderung auf (z.B. Dann 1994; Mutzeck 1988; Wahl 1991). Sie sind bislang wenig erforscht (für Ausnahmen: Bovet 1993; Carle 1995; Koch-Priewe 1986; Kunze 2004). Die von uns untersuchten Überzeugungssysteme sind als Systeme großer, eventuell auch mittlerer Reichweite anzusehen.

Diese Annahme, dass Subjektive Theorien vorliegen, kann man als theoretische Vorentscheidung, aber zumindest in einem begrenzten Sinn auch als empirische Frage formulieren. Im Folgenden beantworten wir letztere. Die Analysen sind nicht als abschließende Bewertung dessen, was die Studierenden in einem vollen Erforschungsprozess Subjektiver Theorien elaborieren könnten, zu lesen, sondern dienen dazu, sich in Maßnahmen reflexiver Lehrerbildung auf die Voraussetzungen der Studierenden einzustellen.

Das enge Verständnis Subjektiver Theorien setzt voraus, dass die Explikation von Inhalten und Struktur derselben herausgefordert wird, dass Inhalte und Struktur in getrennten Phasen rekonstruiert und im dialogischen Konsens mit der befragten Person geprüft werden. Eine Veränderung der Theorien durch ihre Erforschung ist hier kein Nachteil, sondern eine »unhintergehbare Forschungskonsequenz« (Scheele 1988: 140). Im weiteren Forschungsansatz wird aus pragmatischen oder wissenschaftstheoretischen Gründen auf einige oder alle dieser Ansprüche verzichtet. Wird die Validierung im Dialog-Konsens unterlassen, bleibt unklar, ob die rekonstruierte Theorie der Innensicht des Beforschten entspricht. Verzichtet man auf Explikationshilfen, erhält man möglicherweise nur die Oberfläche der Theorien. Auch die Struktur Subjektiver Theorien muss in einem eigenen Schritt expliziert werden, da alltagssprachliche Deutungen diese oft implizit lassen. Mit Blick auf die praktischen Konsequenzen etwa in der Lehrerbildung haben diese Einschränkungen aber auch Vorteile, denn sie ergeben ein realistisches Bild der Überzeugungen, die Studierende tatsächlich bei der Planung ihrer Kompetenzentwicklung oder Professionalisierung und der Suche nach Praxisbezügen im Studium aktualisieren *werden*, anstelle eines umfassenden Bildes dessen, was sie als Erkenntnissubjekte im forschenden Dialog aktualisieren *können*.

Wie oben schon angedeutet, liegen die von uns untersuchten explizierbaren Überzeugungen eher als lose Konglomerate von Konzepten vor. Für die Ansichten zu den Kompetenzen haben wir drei formale Strukturen identifiziert: Liste, Erläuterung und Argumentation. Prinzipiell ist für die Argumentationsstruktur

Subjektiver Theorien mit hoher Implizitheit zu rechnen. Unsere Befunde bestätigen dies. Spontane Systematisierungen beispielsweise – die angeführten Kompetenzen werden sortiert oder klassifiziert – fehlen in den Interviews gänzlich; auch Junktoren werden selten explizit gemacht (s. Scharlau/Wiescholek i.d.B.).

Liste: Bei listenartiger Darstellung werden mehrere Kompetenzen genannt, jedoch nicht oder redundant erläutert. Weder werden Bezüge zwischen Kompetenzen hergestellt noch wird auf eine Metaebene gewechselt. Beispielhaft zeigt sich dies in folgender Textpassage:

>»Also eine gewisse Ruhe, finde ich. Ja, nicht so hibbelig sein. Das finde ich nicht so gut. Und Überzeugung. Überzeugungskraft. So. Und einen Zugang auch zu den Jugendlichen. [...] Ja, man braucht natürlich auch fachliche Kompetenzen. Fachkenntnis. Ja, und das mit dem Umgang, das ist ja einfach auch so eine Kommunikationskompetenz, sage ich mal. Zugang zu den Jugendlichen. Ja, und dann halt auch so didaktische Sachen. dass man weiß, wie man Sachen gut rüberbringen kann.« (Emanuel 126, 131)

Auf die Elemente Subjektiver Theorien nach Groeben et al. (1988: 54ff.) zurückgreifend, kann festgehalten werden, dass die Textpassage Begriffe enthält, jedoch keine Definitionen oder Erläuterungen, und dass Belege und Hypothesen fehlen. Als listenförmig haben wir Interviewpassagen kodiert, wenn mindestens die Hälfte der Kompetenzen nicht oder redundant erläutert wurden (diese Festlegung gilt auch für die beiden anderen Kategorien).

Erläuterung: Diese Form kennzeichnet sich dadurch, dass eine Kompetenz durch ein Beispiel oder eine Definition illustriert oder erklärt wird.

>»Ich glaube, diese Flexibilität ist das Wichtigste, also irgendwo pädagogisches Geschick zu haben und aber trotzdem auch nicht zu vergessen, dass man auf viele Situationen und Menschen immer wieder neu eingehen muss. Dass man da diese Bereitschaft auch hat. Nicht irgendwann sagt, bei problematischen Fällen mache ich die Ohren zu, das bringt nichts. Sei es jetzt, dass halt eine Klasse Ärger macht oder dass Eltern Ärger machen oder dass im Kollegium irgendwas schief läuft. Also dass man da nicht aufhört dran arbeiten zu wollen, sich dieses Umfeld auch irgendwie immer wieder neu zu erarbeiten. Ich denke, das ist das Wichtigste.« (Elisabeth, 60)

Auch hier fehlen Hypothesen und Belege.

Argumentation: Bei argumentativer Darstellung werden die Notwendigkeit einer Kompetenz begründet, Hypothesen über Wirkung und Bedeutung aufgestellt oder Bezüge zwischen Kompetenzen hergestellt. Eine solche Theorie kann auch Definitionen und Beispiele umfassen, darf sich aber nicht hierauf beschränken.

»Also ich denke, dass sich dieses Berufsfeld dahingehend erweitert hat, dass uns immer wieder oder immer mehr diese Erzieherrolle auch zufällt, also pädagogisches Handeln. Ich glaube, dass, sag ich mal, diese ältere Lehrergeneration, die noch sehr stark fachwissenschaftlich arbeitet und sich lediglich darum bemüht, Wissen zu vermitteln, dass das nicht mehr ausreicht, sondern dass man Kindern irgendwo auch eine andere Perspektive geben muss.« (Emilie 11)

Nur auf diesen Fall lässt sich der Begriff Subjektive Theorie anwenden und die objektive Richtigkeit prüfen; Erläuterungen und insbesondere Listen sind stark eingeschränkte Vorformen von Subjektiven Theorien. Insgesamt beschränkte sich die Kategorie »Argumentation« auf die Hälfte der Interviews.

Widersprüche, Ungereimtheiten und Ungeklärtes stechen vor allem in den Interviewpassagen zum Praxisbezug hervor. In der Untersuchung von Wiescholek (2012) wurden Aktualisierungshilfen genutzt, die solche Strukturschwächen zum Vorschein brachten, etwa die Anwendung der Vorstellungen auf Beispiele, die Störung durch Perspektiven anderer bzw. dadurch, dass die Interviewten auf Widersprüche aufmerksam gemacht wurden (Scharlau/Wiescholek i.d.B.). Selbst wenn die Anforderungen an die Kohärenz Subjektiver Theorien niedriger sind als solche an die Kohärenz wissenschaftlicher Theorien, spricht das Vorhandensein von Widersprüchen gegen eine Klassifikation als Subjektive Theorien.

Die Studierenden beziehen sich fernerhin höchst selten auf Wissen. Es finden sich weder explizite noch implizite Bezugnahmen auf theoretische Kompetenzmodelle; selbst die in den Studienordnungen detailliert beschriebenen Kompetenzen werden nicht in die Argumentation einbezogen. Möglicherweise sollten die Vorstellungen deswegen als Alltagstheorien oder teacher beliefs gedeutet werden. Solchen Alltagstheorien fehlt der Bezug zu wissenschaftlicher Expertise, sie sind alltagssprachlich verfasst, enthalten oft monokausale Erklärungen und trennen deskriptive nicht von normativen Aussagen (Kunze 2004; zu teacher beliefs: Calderhead 1996; Kagan 1992; Thompson 1992). Der Begriff Subjektive Theorien soll hier dennoch den allgemeinen Rahmen bilden, weil er, wie Kunze formuliert, einen »normativen Überschuss« erzeugt,

»indem dem Subjekt Qualitäten zugeschrieben werden, über die es u.U. nur partiell verfügt. Das ist zwar nicht unproblematisch, könnte aber auch positive Effekte haben:

- auf der Seite des Forschers entstehen möglicherweise eher Aufmerksamkeit für das Vorhandene sowie Sensibilität für die Leistungen und Entwicklungspotentiale des ›erforschten Subjekts‹ anstelle der vorrangigen Wahrnehmung von Defiziten,
- für die ›erforschten Subjekte‹ wird es so vielleicht leichter, sich ernst genommen zu fühlen und Impulse für die eigene Entwicklung annehmen zu können, und
- auf der Seite der Rezipienten der Forschungsergebnisse kann eher Einsicht in die Komplexität des Gegenstandsbereiches erzeugt werden.« (2004, S. 74)

Dieser Überschuss ist für die Veränderung der Vorstellungen und speziell für die Ausbildung von Subjektiven Theorien im engeren Sinne wichtig.

VERÄNDERUNGSBEDARFE

Wie lassen sich nun Entwicklungspotentiale der Studierenden und Handlungsbedarfe für die Lehrerbildung konkretisieren? Kompetenzen, die auf eine flexible und verantwortungsvolle Nutzung zielen, müssen bewusst und reflexiv erworben werden, was sich in entsprechenden Subjektiven Theorien niederschlagen sollte. Als (zukünftig) verantwortlich Handelnde benötigen die Studierenden ein komplexes, argumentatives und zutreffendes Verständnis relevanter Lehrerkompetenzen einschließlich ihrer persönlichen Kompetenzen und damit auch Entwicklungsbedarfe wie ein hinreichend komplexes Bild von Professionalisierung.

Der augenfälligste Handlungsbedarf ergibt sich aus den *Diskrepanzen zwischen wissenschaftlichen Modellen und den Subjektiven Konzepten oder Theorien*, etwa der relativen Überbetonung unspezifischer personaler und sozialer Kompetenzen und der Unterschätzung fach- und erziehungswissenschaftlicher sowie fachdidaktischer Kompetenzen. Vergleicht man die genannten Kompetenzen, wie oben, mit den explizit für die Evaluation gedachten Standards der Lehrerbildung nach Terhart (2002), zeigt sich, dass die Studierenden noch nicht über die notwendige Differenziertheit in ihren Kompetenzvorstellungen verfügen, um ihre Kompetenzentwicklung selbständig zu steuern. Umgekehrt ist zu fordern, dass die subjektive Sichtweise Eingang in wissenschaftliche Modelle findet, das heißt psychologische Kompetenzmodellierung auch die Innensicht der handelnden Akteure berücksichtigt und aufklärt, wie es beispielsweise zu der starken Betonung personaler Kompetenzen kommt.

Differenzierte Kompetenztheorien und Kompetenzmodelle müssen dabei zu persönlichem Wissen werden, anstatt unverbunden neben die subjektiven Vorstellungen zu treten (Messner/Reusser 2000; Wahl 2001) oder gar nicht erst zu persönlichen Überzeugungen zu werden. Die bereits oben erwähnte Redeweise vom Fachwissen, das »natürlich auch« notwendig ist, ist möglicherweise darauf zurückzuführen, dass von Fachlehrende gehörte Begründungen von den Studierenden als unintegrierte Bestandteile in ihre Überzeugungssysteme übernommen werden.

Zahlreiche Grundbegriffe der Lehrerbildung, darunter auch die Begriffe Kompetenzen, Praxisbezug, Professionalität, haben neben ihrer wissenschaftlichen auch eine alltägliche Bedeutung. Alltagskonzepte und wissenschaftliche Begriffe können schwer unterscheidbar sein. Eine Interviewte bringt dieses Problem auf den Punkt:

»Ja, also, ich bin irgendwie immer so ein bisschen flapsig mit dem Wort Wissen und Fachwissen umgegangen. Und irgendwie fällt das immer etwas schwer zu sagen, was ist jetzt Wissen, was ist Theoriewissen, was sind Kompetenzen. Aber, also, das sind auch so Begriffsklärungen, die man einfach im Alltag verwendet und ja, das ist halt noch aufgefallen, dass ich da irgendwie auch heute für mich noch keine klare Definition für finden kann, was ist jetzt wirklich Wissen, was ist Praxis, was ist Kompetenz.« (Kathrin kV 6)

Die Gefahr, zwei disparate Konzepte subjektiv zu repräsentieren, die in je spezifischen Kontexten abgerufen werden, ist schon verschiedentlich untersucht worden (z.B. Calderhead 1996; Leuchter/Pauli/Reusser/Lipowsky 2006; Opdenakker/van Damme 2006; Wahl 2001). Anders als in den meisten bisherigen Untersuchungen entfällt angesichts der großen Reichweite der hier thematisierten Subjektiven Theorien oder Überzeugungssysteme allerdings das Problem, die hinzugewonnenen Hypothesen zu handlungsleitenden Routinen zu kompilieren.

Ein zweites, wichtigeres Problem sind die *mangelnden Verbindungen innerhalb der von uns erfassten subjektiven Repräsentationen*. Vorstellungen werden nur in spezifischen Kontexten abgerufen; die Wissensbestände sind nicht stark integriert. Daraus ergibt sich als Entwicklungsbedarf, vorhandene Kognitionen unterschiedlicher Art, und insbesondere persönliche Erfahrungen, Werte oder Konzepte auf der einen Seite und wissenschaftliche Theorien und Modelle auf der anderen Seite, aktiv zu verknüpfen.

Insbesondere fehlt ferner der *schlussfolgernde Charakter Subjektiver Theorien*. Bevor eine inhaltliche Anreicherung der Vorstellungen oder Restrukturierung der vorhandenen Überzeugungen sinnvoll wird, müssen überhaupt erst einmal komplexe Überzeugungssysteme gebildet werden. Ohne deren schlussfolgernd-argumentative Funktion können die Vormeinungen und Überzeugungen kaum angewandt, geprüft und verändert werden. Wie bereits erwähnt, findet sich in den Textpassagen zu den sozialen und personalen Kompetenzklassen deutlich mehr Argumentation; der Mangel an Theorieförmigkeit ist also inhalts-abhängig und nicht grundsätzlich.

Die Unterstützung der Studierenden bei der Elaboration expliziter Subjekti-ver Theorien ist auch deswegen wichtig, weil Komplexität und strukturelle Wi-dersprüche der Aufgaben von Lehrern hohe Ansprüche an deren berufsbezogene subjektive Repräsentationen stellen. Anwendung von Wissen und Fähigkeiten al-lein wird den Widersprüchen und strukturellen Dilemmata oder Paradoxien des Lehrerhandelns nicht begegnen können.

VERÄNDERUNG

Dem FST und seinen Menschenbildannahmen zufolge setzt die Veränderung Subjektiver Theorien Bedingungen voraus, die Scheele (1988) sprechakttheore-tisch als Aktualisieren, Kommunizieren, Gleichberechtigtsein, Auseinanderset-zen, argumentatives Verständigen und einsichtsvolles Übernehmen von Argu-menten kennzeichnet, wobei diese Folge stufenartig gedacht wird. Die Arbeit an Subjektiven Theorien verlangt, aktiv auf die eigenen Kognitionen zu bestimmten Themen zuzugreifen, diese zu explizieren, zu elaborieren und im Lichte anderer Theorien sowie Erfahrungen zu reflektieren (Wahl 2001). Bereits die Rekons-truktion im Gespräch, etwa durch Fragen und Explizierung, regt eine Distanzie-rung an, die wiederum gute Bedingungen für Überprüfung sowie Klärung bietet. Das einsichtsvolle Übernehmen von Argumenten anderer (auch solcher aus wis-senschaftlichen Theorien) bildet nach Scheele eine letzte Stufe, die nur erreicht werden kann, wenn die Voraussetzungen der weiteren Stufen gegeben sind.

Viele aktuelle Verfahren der Lehrerbildung nutzen ähnliche Methoden, auch wenn sie sich nicht dem FST zuordnen, etwa die Reflexion der eigenen Studien-voraussetzungen im Rahmen des Career Counselling for Teachers (Nieskens i.d.B.), die Bewusstmachung der Lernbiographie in einem Training psychosozia-ler Kompetenzen (Nolle/Döring-Seipel 2011), die biographische Selbstreflexion beim Erwerb von Theoriewissen, Forschungskompetenz und professionellem Habitus (Büker/Nitsche 2011) oder Förderung von Conceptual Change (Tillema 1998). Gemeinsam ist ihnen, Self-Assessment-Verfahren im weiten Sinne zu sein, welche Arbeit an persönlichen Überzeugungen und individuellen Erfahrun-gen zu einem zentralen Aspekt von Lehrerbildung machen.[2] Es gelingt der uni-

---

2 Diese Begriffsverwendung erweitert die bisherige enge Konnotation von Selbstreflexion in der Berufswahlphase zu einem theoretisch gehaltvolleren Konzept (etwa Ru-
   dinger/Horsch 2009).

versitären Bildung bislang nicht hinreichend, diese Vormeinungen und Überzeugungen anschlussfähig für die Auseinandersetzung mit Inhalten des Studiums zu machen.

Die vorliegenden Befunde des STEP-Projektes zeigen, dass es dabei ganz besonders um die Ausbildung *komplexer, argumentativer* Überzeugungssysteme gehen muss. Der erste Schritt ist dabei, die vorhandenen Überzeugungen überhaupt einmal explizieren zu lassen und diese Explikation zum Gegenstand des Arbeitens im Seminar zu machen. Dies sei am Beispiel von Lehrerkompetenzen kurz erläutert.

Konkrete Maßnahmen könnten sein, das individuelle Bild von Lehrerkompetenzen zunächst schriftlich festhalten zu lassen. In einem zweiten Schritt geht es um den Vergleich. Hier können, je nach Kontext, verschiedene Maßstäbe gewählt werden – der Vergleich mit den subjektiven Vorstellungen relevanter Anderer (Kommilitonen, Praktikumsbetreuer, Lehrer), der bewusste Wechsel in die Perspektive anderer (Welche Kompetenzen erwartet eine Schuldirektorin von Lehrern, welche erwarten Schüler?) oder der Vergleich mit wissenschaftlichen Kompetenzmodellen. In allen Fällen muss unseren Befunden nach ein begründender Zugang im Zentrum stehen. Beim Vergleich mit Kompetenztheorien kann eine Variante der von Korthagen (1992) »Mauer« genannten Aufgabe zum Einsatz kommen, bei der die Studierenden vorgegebene Kompetenzen nach ihrer Wichtigkeit sortieren und dabei auch weitere hinzufügen bzw. vorgegebene streichen dürfen. Die bildliche Darstellung unterstützt die Explikation der Struktur. Explizierte Kompetenzvorstellungen können dann auch in Beobachtungshypothesen für Praxisphasen im Studium eingehen.

Zu warnen ist angesichts unserer Befunde allerdings vor der Förderung besonders erklärungsstarker Überzeugungen; diese können die Entwicklung sogar verhindern. So setzt sich bei mehreren von uns befragten Studierenden die Überzeugung, dass der Praxisbezug im Lehramtsstudium grundsätzlich zu kurz komme, gegen alternative Gedankenansätze und -gänge durch – etwa gegen den Zweifel, »dass natürlich nur Praxis auch völlig sinnfrei ist« (Nils, 52). Eine ähnliche Wirkung hat Nils' Erfahrung aus dem Praktikum, dass Schule und Uni »einfach zwei völlig verschiedene Welten [sind]. Das ist einfach so« (70). Mit dieser Phrase bringt er Selbsteinwände effektiv zum Schweigen und beschränkt seine Ansichten auf ein einfache Bewertungen erlaubendes Überzeugungssystem. Ziel muss demgegenüber vielmehr sein, komplexes Umgehen mit diesen Problemen zu fördern.

Unstimmigkeiten und Sackgassen, die zum Beispiel durch Perspektivwechsel oder Auseinandersetzung mit Aspekten fremder Ansichten erkennbar werden, können zu Veränderungen der eigenen Vorstellungen führen. So erweiterte eine von uns befragte Studentin ihre Ansichten, nachdem sie in die Perspektive einer Dozentin wechselte, um einen zentralen Aspekt, stellte ihre eigene Sichtweise in Frage und wurde sich der Beschränktheit ihrer Wirklichkeitskonstruktion bewusst. Für sich selbst definierte sie Praxisbezug zunächst rein aus handelnd-pragmatischer Perspektive, für eine Dozentin hingegen als anwendbares theoretisches Wissen. Danach kam sie auf sich selbst zurück und entwickelte eine vermittelnde Ansicht:

»Ich möchte ja einmal auch so Kompetenzen lernen, aber natürlich auch so in dem Sinne Fachwissen, weil manchmal wird ja auch besonders der Grundschulberuf so angesehen, ja warum braucht man überhaupt eine universitäre Ausbildung, das kann ich doch auch oder das können auch Hausmütter irgendwie, die Betreuung machen. Aber dass man halt wirklich dann halt sagen kann, so ihr Kind zeigt das und das Verhalten, daraus lässt sich schließen das und das. Also, das soll jetzt zwar nicht so hochgegriffen wirken, aber man muss halt bestimmte Situationen durchschauen können und das auch irgendwie wissenschaftlich.« (Kathrin, 36)

Zugleich blieben einige plausibel erscheinende Maßnahmen zur Veränderung Subjektiver Theorien wirkungslos. Wenig hilfreich war verblüffenderweise der Verweis auf Widersprüche. Wiescholek (2012) legte fünf Interviewpartnern einige Monate nach dem Interview eine zusammenfassende Falldarstellung vor und diskutierte mit ihnen, ob diese ihre Ansichten richtig wiedergibt. Obwohl hierbei Widersprüche und Unstimmigkeiten in den Argumentationen explizit benannt wurden und alle Studierenden mit der Darstellung ihrer Ansichten einverstanden waren, griff keiner diese Unstimmigkeiten in der kommunikativen Validierung auf.

Diese beiden Bezugnahmen auf Widersprüche unterscheiden sich darin, dass die erste einen Wechsel in eine konkrete andere Perspektive verlangt, während die zweite direkt zur metakognitiven Reflexion über das eigene Überzeugungssystem anregt. Die bisherigen Befunde aus den kommunikativen Validierungen lassen nur ersteres als wirksam erscheinen. Dabei können neben der Übernahme der Perspektive wichtiger Anderer – wie in diesem Fall – auch Wechsel in die Perspektive von anderen Studierenden, etwa anhand von Interviewbeispielen, eingesetzt werden. Dies scheint wirksamer zu sein als über die eigenen Ansichten direkt zu reflektieren.

LITERATUR

Bovet, G. (1993): Wie sieht guter Psychologieunterricht aus? Frankfurt/M.: Lang.

Büker, P./Nitsche, A. (2011): »›Denk-Pausen‹ als Impulse zur biographischen Reflexion«, in: J. Eckhardt et al. (Hg.), Ästhetisch-biographische Reflexion in Lehrerbildung und Schule, Frankfurt/M.: Lang, S. 195-218.

Calderhead, J. (1996): »Teachers: Beliefs and knowledge«, in D.C. Berliner/R.C. Calfee (Hg.), Handbook of educational psychology, New York: Macmillan, S. 709-725.

Carle, U. (1995): Mein Lehrplan sind die Kinder, Weinheim: DSV.

Dann, H.-D. (1994): »Pädagogisches Verstehen: Subjektive Theorien und erfolgreiches Handeln von Lehrkräften«, in: K. Reusser/M. Reusser-Weyeneth (Hg.), Verstehen. Psychologischer Prozeß und didaktische Aufgabe, Bern: Huber, S. 163-182.

Groeben, N./Wahl, D./Schlee, J./Scheele, B. (1988): Das Forschungsprogramm Subjektive Theorien, Tübingen: Francke.

Hessler, G./Oechsle, M./Scharlau, I. (Hg.) (2013): Studium und Beruf: Studienstrategien – Praxiskonzepte – Professionsverständnis. Perspektiven von Studierenden und Lehrenden nach der Bologna-Reform, Bielefeld: transcript Verlag.

Hofer, B.K./Pintrich, P.R. (2002): Personal epistemology, Mahwah, NJ: Erlbaum.

Kagan, D.M. (1992): »Implications of Research on Teacher Belief«, in: Educational Psychologist 27, S. 65-90.

Koch-Priewe, B. (1986): Subjektive didaktische Theorien von Lehrern Frankfurt/M.: Lang.

Korthagen, F. (1992): »Techniques for stimulating reflection in teacher education seminars«, in: Teaching and Teacher Education 8, S. 265-274.

Kunze, I. (2004): Konzepte von Deutschunterricht, Wiesbaden: VS.

Leuchter, M./Pauli, C./Reusser, K./Lipowsky, F. (2006): »Unterrichtsbezogene Überzeugungen und handlungsleitende Kognitionen von Lehrpersonen«, in: Zeitschrift für Erziehungswissenschaft 9, S. 562-579.

Marton. F./Säljö, R. (1976): »On qualitative differences in learning: II. Outcome as a function of the learners conception of the task«, in: British Journal of Educational Psychology 46, S. 115-127.

Mayring, P. (2010): Qualitative Inhaltsanalyse. Grundlagen und Techniken, 11. Aufl, Weinheim: Beltz.

Messner, H./Reusser, K. (2000): »Berufliche Entwicklung von Lehrpersonen als lebenslanger Prozess«, in: Beiträge zur Lehrerbildung 18, S. 157-171.

Mutzeck, W. (1988): Von der Absicht zum Handeln, Weinheim: DSV.

Nieskens, B. (2013): »Selbsterkundungsverfahren in der Lehrerbildung«, in: Hessler/Oechsle/Scharlau (Hg.): Studium und Beruf: Studienstrategien – Praxiskonzepte – Professionsverständnis.

Nolle, T./Döring-Seipel, E. (2011): »BASIS – ein Kompaktseminar zu psychosozialen Kompetenzen für den Lehrerberuf«, in: Lehrerbildung auf dem Prüfstand 4, S. 88-107.

Opdenakker, M.-C./van Damme, J. (2006): Teacher characteristics and teaching styles as effectiveness anhancing factors of classroom practice«, in: Teaching and Teacher Education 22, S. 2-21.

Rudinger, G./Horsch, K. (Hg.) (2009): Self-Assessment an Hochschulen, Göttingen: V&R.

Scharlau, I./Wiescholek, S. (2013): »Ringen um Sinn: Subjektive Theorien von Lehramtsstudierenden zum Praxisbezug des Studiums«, in: Hessler/Oechsle/Scharlau (Hg.): Studium und Beruf: Studienstrategien – Praxiskonzepte – Professionsverständnis.

Scharlau, I./Wiescholek, S./Bunte, N. (in Vorbereitung): Kompetenzvorstellungen von Lehramtsstudierenden: Eine empirische Analyse.

Scheele, B. (1988): »Rekonstruktionsadäquanz: Dialog-Hermeneutik«, in: N. Groeben et al. (Hg.), Das Forschungsprogramm Subjektive Theorien: Eine Einführung in die Psychologie des reflexiven Subjekts, Tübingen: Francke, S. 126-180.

Schommer, M. (1990): »Effects of beliefs about the nature of knowledge on comprehension«, in: Journal of Educational Psychology 82, S. 498-504.

Schüssler, R./Günnewig, G. (2013): »Praxisbezug weiter hoch im Kurs.... Heterogene Praxiskonzepte von Lehramtsstudierenden«, in: Hessler/Oechsle/ Scharlau (Hg.): Studium und Beruf: Studienstrategien – Praxiskonzepte – Professionsverständnis.

Schüssler, R./Günnewig, K. (2011): »Mehr Praxis – aber welche? Praxiskonzepte von Lehramtsstudierenden zwischen Rezeptologie und Professionalisierung«, in: TriOS 6 (2).

Schüssler, R./Keuffer, J./Günnewig, K./Scharlau, I. (2012): »Praxis nach Rezept? Subjektive Theorien von Lehramtsstudierenden zu Praxisbezug und Professionalität«, in: Schulpädagogik online 3 (5).

Terhart, E. (2002): Standards für die Lehrerbildung. Eine Expertise für die Kultusministerkonferenz, Münster.

Thompson, A.G. (1992): »Teachers' beliefs and conceptions. A synthesis of the research«, in: D.A. Grows (Hg.), Handbook of research on mathematics teaching and learning, New York: Macmillan. S. 127-146.

Tillema, H. (1998): »Stability and change in student teachers' beliefs about teaching«, in: Teachers and Teaching: Theory and practice 4, S. 217-228.

Wahl, D. (1991): Handeln unter Druck, Weinheim: Beltz.

Wahl, D. (2001): »Nachhaltige Wege vom Wissen zum Handeln«, in: Beiträge zur Lehrerbildung 19, S. 157-174.

Wahl, D. (2005): Lernumgebungen erfolgreich gestalten, Bad Heilbrunn: Klinkhardt.

Wiescholek, S. (2012): Strukturen und Strukturveränderungen Subjektiver Theorien Studierender zum Praxisbezug. Unveröffentlichte Hausarbeit im Ersten Staatsexamen, Universität Paderborn. Siehe: www.step-projekt.de

Kompetenzabklärung zu Studienbeginn

Am Beispiel des Kasseler Projekts »Psychosoziale Basiskompetenzen für den Lehrerberuf«[1]

DORIT BOSSE

Im Rahmen der Standardisierung von Studienstrukturen und Studieninhalten ist über die Frage, wie Studieren zukünftig stärker kompetenzorientiert und berufsfeldbezogen gestaltet werden kann, in den letzten Jahren viel diskutiert worden. In der Lehrerbildung wird diese Diskussion vor dem Hintergrund der gestiegenen gesellschaftlichen wie globalen Anforderungen an Schule geführt, auf die angehende Lehrerinnen und Lehrer wissenschaftlich fundiert und praxisbezogen vorbereitet werden sollten (vgl. ZfPäd 2006; Lüders/Wissinger 2007; Kraler/Schratz 2008; Unterrichtswissenschaft 2009; Bosse/Dauber/Döring-Seipel/Nolle 2012). Ein wichtiger Aspekt in dieser Diskussion ist das Bemühen um einen kontinuierlichen Aufbau professioneller Handlungskompetenz, der für Lehrerinnen und Lehrer im Sinne eines biografischen Kontinuums bereits mit Aufnahme des Studiums beginnen sollte. Mit diesem Anspruch rückt der Lernende stärker als bisher in den Mittelpunkt universitärer Lehrerbildung. Mit dem notwendigen Wandel von der Lehrfokussierung zur Lernerorientierung – zumindest für einen Teil des Studienangebots – wird die Kultivierung hochschuldidaktischer Lernszenarien erforderlich, die Raum für individuellen Kompetenzerwerb bieten, auch unter Berücksichtigung bereits vorhandener berufsrelevanter Fähigkeiten von Studierenden.

---

1   Bei dem vorliegenden Text handelt es sich um eine erweiterte Fassung der beiden Beiträge der Autorin, die im Band „Professionelle Lehrerbildung im Spannungsfeld von Eignung, Ausbildung und beruflicher Komeptenz" (Bosse/Dauber/Döring-Seipel/Nolle 2012) erschienen sind.

EIGNUNGSABKLÄRUNG IM LEHRAMTSSTUDIUM

In den vergangenen Jahren haben Hochschulen in Deutschland, Österreich und der Schweiz damit begonnen, für Lehramtsstudiengänge Auswahl- und Eignungsverfahren einzuführen (vgl. Beiträge zur Lehrerbildung 2006; journal für lehrerInnenbildung 2007; Seminar 2008; Wirth/Seibert 2011; Eder/Hörl 2011; Bosse/Dauber/Döring-Seipel/Nolle 2012). Die Gründe für diese Entwicklung sind vielfältig und sollen für Deutschland dargelegt werden. Seit 2004 lässt das novellierte Hochschulrahmengesetz zu, dass sich Hochschulen stärker als bisher ihre Studierenden selber auswählen können. Dies geschieht vor allem auch mit dem Bestreben, die Quote der Studienabbrüche durch eine bessere Passung von Studentin oder Student und Studiengang zu verringern. Im Zuge des erhöhten Wettbewerbs der Hochschulen untereinander und des zunehmenden ökonomischen Denkens spielen zweifellos Effektivitätsgesichtspunkte eine Rolle, aber auch Exzellenzansprüche, besonders geeignete Bewerberinnen und Bewerber für die eigene Hochschule gewinnen zu wollen. Ausschlaggebend ist auch die Umstrukturierung auf BA- und MA-Studiengänge, die zu inhaltlichen Neuausrichtungen geführt hat. So sind bei der Konzeption eines zeitgemäßen Lehramtsstudiums vielerorts auch die Überlegungen leitend, über welche Dispositionen und Voraussetzungen ein Student verfügen sollte, um die für den Lehrerberuf nötigen Kompetenzen erwerben zu können. Bei der Auflistung von Gründen sei abschließend noch die OECD-Expertise erwähnt, die auf die Notwendigkeit verweist, für den Lehrerberuf geeignete Studierende zu gewinnen und ihnen optimale Ausbildungsbedingungen zu bieten (vgl. OECD 2005).

Dass der Aspekt der Eignung insbesondere für das Lehramtsstudium relevant ist, hängt mit der gesellschaftlichen Schlüsselfunktion des Lehrerberufs zusammen. Schließlich haben die unterrichtlichen und erzieherischen Kompetenzen von Lehrerinnen und Lehrern einen großen Einfluss auf die individuellen Bildungsverläufe von Kindern und Jugendlichen und damit auch auf deren Ausbildungs- und Studierfähigkeit. Und im Bereich der sozialen Entwicklung und Förderung von Heranwachsenden spielt die Schule neben der Familie inzwischen eine gewichtige Rolle. Entsprechend bedeutsam ist die Wirkkraft, die innerhalb der Gesellschaft von dieser Berufsgruppe auf die nachwachsenden Generationen ausgeübt wird. Für die verantwortungsvolle Tätigkeit als Lehrerin oder Lehrer sollten sich folglich besonders leistungsorientierte, beziehungsfähige und belastbare junge Menschen entscheiden (vgl. Strittmatter 2007).

In Finnland gibt es schon seit geraumer Zeit Auswahlverfahren für Lehramtsstudierende. Kohonen hebt hervor, dass zwei wesentliche Ziele der Lehrerbildung in Finnland darin bestehen, Lehrer als reflektierte Praktiker und als Professionelle, die ihre eigene Arbeit beforschen, auszubilden (vgl. Kohonen 2007). Entsprechend wird bei Auswahlverfahren auf kommunikative, selbstreflexive, kognitive und sprachliche Potenziale der Bewerber geachtet. In Deutschland haben Forschungsbefunde zu Lehrerbelastung, Lehrergesundheit und Berufszufriedenheit dazu geführt, dass die Potenziale von Lehramtsstudierenden mit identifizierten »Risikomustern«, »persönlichen und sozialen Ressourcen« wie günstigen »arbeitsbezogenen Erlebens- und Bewältigungsmustern« in Beziehung gesetzt werden (vgl. Dauber/Vollstädt 2004; Schaarschmidt/Kieschke 2007; Hanfstingl/ Mayr 2007; Dauber/Döring-Seipel 2010; Döring-Seipel 2012).

KOMPETENZEN FÜR DEN LEHRERBERUF

Die Forschung zu Fähigkeiten angehender und praktizierender Lehrkräfte der vergangenen Jahre basiert auf unterschiedlich akzentuierten Konzeptualisierungen professioneller Kompetenz (vgl. Blömeke/Kaiser/Lehmann 2008; Kunter et al. 2011; Schubarth/Speck/Seidel 2011). So setzt sich das Konzept der COACTIV-Studie, die Unterrichten als die eigentliche Kernaufgabe von Lehrkräften ansieht (vgl. dazu auch Baumert/Kunter 2006: 473), dezidiert von jenen Kompetenzmodellen aus der Lehrereignungsforschung ab, die von stabilen Persönlichkeitsmerkmalen ausgehen, die sich wiederum auf den Berufserfolg auswirken. Für COACTIV mit dem Fokus auf Mathematiklehrkräfte ist die Vorstellung der Erlernbarkeit und Veränderbarkeit professionellen Wissens leitend (vgl. Kunter et al. 2011: 10f.). Gleichwohl wird von den Autoren betont, dass sie keineswegs davon ausgehen, kognitive und nicht-kognitive Eingangsvoraussetzungen von Studierenden seien für den Kompetenzerwerb unbedeutend. Vielmehr ginge es nicht um eine unmittelbare Wirkung, sondern um eine Wechselwirkung mit der Nutzung von Lerngelegenheiten während des Studiums.

Zu den Universitäten, die sich mit der Frage der Eignungsabklärung von Lehramtsstudierenden auseinandersetzen, gehört auch die Universität Kassel mit ihrem Projekt »Psychosoziale Basiskompetenzen für den Lehrerberuf«. Welches Kompetenzmodell liegt dem Seminar zugrunde? Um Lehramtsstudierenden gleich zu Beginn des Studiums die Möglichkeit zu bieten, bereits vorhandene und noch zu entwickelnde basale Kompetenzen im psychosozialen Bereich zu trainieren, werden Studienanfängern lernerzentrierte Lehr-Lernszenarien geboten, um eigene Stärken und den individuellen Entwicklungsbedarf austarieren zu können. Das Ganze geschieht im Rahmen eines für alle Lehramtsstudierenden verbindlichen Kompaktseminars, das für kleine Gruppen konzipiert ist. Unter »psychosoziale Basiskompetenzen« fallen nicht-kognitive Persönlichkeitsmerkmale und kognitive wie soziale Fähigkeiten, die als besonders berufsrelevant angesehen werden, wie Kontaktfähigkeit, Teamorientierung, Reflexionsfähigkeit, Empathie und Lernbereitschaft. Sie bilden gleichsam die Basis für den Erwerb von fachlichen, fachdidaktischen, allgemein-didaktischen und pädagogischen Kompetenzen. Das Seminarkonzept ist so angelegt, dass die Studierenden in Handlungssituationen verwickelt werden, in denen sie sich erprobend bewähren können und zugleich erleben, worauf es im angestrebten Beruf neben der Sachkompetenz in den Fächern, den Fachdidaktiken und den Bildungswissenschaften ankommt.

Der dem Projekt zugrunde liegende Kompetenzbegriff bezieht sich auf die Fähigkeit, situativ gegebene Anforderungen zu erfüllen. Folglich geht es um die Performanz, aus der heraus auf die Kompetenzen eines Studierenden geschlossen werden kann – die Kompetenzen sind dabei Voraussetzung für die ausgeübten Handlungen. Damit bezieht sich das Projekt mit seinem Kompetenzverständnis auf Weinerts grundlegende Definition von Kompetenz (Weinert 2001). Weinert konzentriert sich auf die kognitiven Fähigkeiten und Fertigkeiten, die bei einem Lerner vorhanden oder erlernbar sind, um Probleme zu lösen. Er schließt in seine Definition auch die Bereitschaft und Fähigkeit, Problemlösungen in variablen Situationen nutzen zu können, mit ein. Weinert bleibt beim Potenzial, um Handlungen zu vollführen, während es im Seminarkonzept auch um den Vollzug einer Handlung geht. Entsprechend ist das Projekt »Psychosoziale Basiskompetenzen für den Lehrerberuf« nicht nur auf den Bereich der Kompetenz, sondern auch auf die Performanz ausgerichtet. Terhart weist darauf hin, dass es bei der Bestimmung dessen, was unter beruflichen Kompetenzen von Lehrkräften zu verstehen ist, immer auch um die in bestimmten Anforderungssituationen realisierten Fähigkeiten geht (vgl. Terhart 2007a: 45). Entsprechend schließt Terharts Definitionsversuch von beruflicher Kompetenz, bei der er sich auf Frey (vgl. Frey 2004: 904) bezieht, die Handlungsebene mit ein und berücksichtigt auch die eigene Bewertung erzielter Lösungen zur Weiterentwicklung des eigenen Repertoires von Handlungsmustern.

In der Diskussion über Verfahren zur Auswahl und zur Eignungsfeststellung von Lehramtsstudierenden wurde in den letzten Jahren problematisiert, ob sich die Ausrichtung eher auf Selektion oder auf Förderung und Qualifizierung konzentrieren sollte (vgl. Shulman 2004: 347; Schaarschmidt/Fischer 2008). Mayr kritisiert zu Recht, dass sich die Diskussion in der Lehrerforschung vielfach in ein »Entweder-oder« entwickelt hat, bei der es um Abgrenzungen zwischen selektiven und qualifizierenden Ansätzen geht (Mayr 2010). Beim Kasseler Seminarkonzept handelt es sich um ein förderorientiertes Verfahren, das Eignungsvoraussetzungen diagnostiziert, um den individuellen Professionalisierungsprozess von Studierenden gezielt unterstützen zu können. Gleichwohl können Studierende – wie bisher – vom Studium ausgeschlossen werden, wenn die Anforderungen in einzelnen Modulen, wie etwa in den Schulpraktischen Studien, wiederholt nicht erfolgreich erfüllt wurden. Neu hinzugekommen ist durch die verpflichtende Einführung der Teilnahme am Kasseler Seminarkonzept zu Studienbeginn, also vor dem schulpraktischen Ausbildungsteil, dass Studierende mit großem Entwicklungsbedarf gezielte Unterstützung insbesondere bei der Durchführung der Schulpraktika erhalten. Die betreffenden Studierenden werden von erfahrenen Hochschuldozentinnen und -dozenten während der Schulpraktischen Studien betreut, die über die Bereiche, in denen besondere Förderung erforderlich ist, in Abstimmung mit dem jeweiligen Studenten informiert werden. Das Kasseler Modell ist folglich insofern auch selektiv ausgerichtet, als Studierende mit Entwicklungsbedarf nun gezielter als bisher gefördert und begleitet werden, ihnen bei ungünstigen Lernentwicklungen aber auch kein erfolgreiches Absolvieren des schulpraktischen Ausbildungsteils attestiert werden kann.

KOMPETENZEN UND STANDARDS IN DER LEHRERBILDUNG

Mit der Einführung der Standards für die Lehrerbildung für die Bildungswissenschaften durch die Kultusministerkonferenz im Jahre 2004 wurde gefordert, dass das Verhältnis zwischen universitärer und stärker berufspraktisch ausgerichteter Ausbildung so zu koordinieren ist, dass ein systematischer, kumulativer Erfahrungs- und Kompetenzaufbau erreicht wird (KMK 2004). Neun Jahre später lässt sich mit Blick auf die Umsetzung dieser Forderung feststellen, dass es bundesweit inzwischen zahlreiche Initiativen gibt, mit denen versucht wird, die Lehrerausbildung der 1. und 2. Phase stärker aufeinander zu beziehen.[2] Es bleibt jedoch eine große Herausforderung, zunächst erst einmal innerhalb der 1. Phase das Studienangebot so zu gestalten, dass die Studieninhalte einen möglichst großen Zusammenhang bilden und in einer Weise studiert werden können, dass angehende Lehrerinnen und Lehrer ihre berufsrelevanten Kompetenzen aufeinander aufbauend und miteinander verzahnt erwerben können. Oelkers beklagt zu recht, dass die an der Lehrerbildung beteiligten Studienanteile Fachwissenschaft, Fachdidaktik, Bildungswissenschaften und Schulpraktische Studien nach wie vor

---

2　Beispielsweise durch die Einführung des Praxissemesters (vgl. dazu Kleinespel/
Lütgert 2009) oder in Hessen durch den Aufbau der »Phasenübergreifenden Lehrerbildungsregion Nordhessen« (vgl. Amt für Lehrerbildung Hessen/Zentrum für Lehrerbildung der Universität Kassel 2010).

mehr oder weniger unverbunden nebeneinander studiert werden und eine konse-
quente Orientierung am Berufsfeld in der universitären Lehrerbildung noch aus-
steht (vgl. Oelkers 2009: 50f.). So berechtigt die Forderung nach einer stärkeren
Verzahnung auch sein mag, sei doch kritisch angemerkt, dass sich im Rahmen
eines universitären Studiums mit dem Anspruch eines jeweils hohen wissenschaftlichen Niveaus in den einzelnen Fachdisziplinen eine Verbindung zwischen den beteiligten Studienanteilen aufgrund des ausgeprägten Maßes an fach-
spezifischer Ausdifferenzierung wahrscheinlich nur bedingt realisieren lässt.
Außerdem sei bei einer »konsequenten Orientierung am Berufsfeld« auf die Gefahr hingewiesen, dass eine zu praxeologisch ausgerichtete Berufsfeldorientierung wiederum dem wissenschaftlichen Anspruch einer universitären Lehrerbildung abträglich sein kann.

Immerhin gibt es als Orientierungsrahmen die festgelegten Standards, durch
die sichergestellt werden soll, dass Lehramtsstudierende am Ende ihrer Ausbildung über die Kompetenzen verfügen, die für den Lehrerberuf als notwendig
gelten. Mit der Formulierung von Standards wurde die Absicht verbunden, die
Wirkung der Lehrerbildung durch die Präzisierung von Handlungszielen empirisch fundiert erfassen zu können. Bisher ist allerdings weitgehend unklar, wie
sich die zu erreichenden Standards überprüfen lassen[3] und – was zunächst noch
viel dringlicher erscheint – wie die für den Lehrerberuf als notwendig erachteten
Kompetenzen während des Studiums tatsächlich erworben werden können.

PSYCHOSOZIALE BASISKOMPETENZEN ALS
VORAUSSETZUNG ZUR ERREICHUNG DER STANDARDS

Mit den von der KMK festgelegten Standards der Lehrerbildung in den Bildungswissenschaften – wie inzwischen auch in den einzelnen Fachdisziplinen –
wird von angehenden Lehrerinnen und Lehrern erwartet, dass sie über ein komplexes Bündel an Verhaltensdispositionen als Voraussetzung und Grundlage für

---

3 Lehrerwirkungsstudien und Lehrerausbildungsforschung gibt es bisher insbesondere
im Bereich Mathematik. So wird in der bereits erwähnten COACTIV-Studie untersucht, welche Merkmale von Mathematiklehrkräften (Professionswissen, Überzeugungen, motivationale Orientierungen, selbstregulative Fähigkeiten) Voraussetzung
für professionelles Handeln sind (vgl. Kunter et al. 2011), und die MT21-Studie (Mathematics Teaching in the 21st Century) konzentriert sich auf das Wissen und die
Überzeugungen angehender Mathematiklehrkräfte, Studierende wie Referendare (vgl.
Blömeke/Kaiser/Lehmann 2008).

professionelles Lehrerhandeln verfügen. Wie sind nun die »Psychosozialen Basiskompetenzen« innerhalb der für die Lehrerbildung festgelegten Standards und hier insbesondere für die Standards in den Bildungswissenschaften zu verorten? Bei den »Psychosozialen Basiskompetenzen« handelt es sich um basale, überwiegend nicht-kognitive Persönlichkeitsmerkmale und kognitive wie soziale Fähigkeiten, die als Voraussetzung für die Entwicklung essentieller Kompetenzen für den Lehrerberuf angesehen werden. Sie bilden die Basis für den Erwerb von Kompetenzen, die notwendig sind, um die Standards für die Lehrerbildung und hier insbesondere die Standards für die Bildungswissenschaften erfüllen zu können. Zu den »Psychosozialen Basiskompetenzen« gehören folgende Persönlichkeitsmerkmale und grundlegende Fähigkeiten:

- Selbstwertschätzung, Sensitivität,
- Reflexion und Selbstreflexion,
- Kontaktfähigkeit und Kommunikation,
- Kooperationsbereitschaft, Gestaltung von Beziehungen, Teamorientierung,
- Empathie,
- Offenheit und Lernbereitschaft.

Die aufgelisteten Persönlichkeitsmerkmale und Fähigkeiten bilden die Grundlage für den Aufbau der vier festgelegten Kompetenzbereiche für die Bildungswissenschaften: »Unterrichten«, »Erziehen«, »Beurteilen« und »Innovieren« für die 1. und 2. Phase der Lehrerausbildung. Das Konzept der »Psychosozialen Basiskompetenzen« sieht vor, zu einem frühen Zeitpunkt der Lehrerausbildung gleichsam einen »kompetenzorientierten Grundstock« an Fähigkeiten zu legen, auf den der angehende Lehrer dann während des Referendariats und schließlich ein Berufsleben lang zurückgreifen kann, um seine berufliche Expertise kontinuierlich weiterzuentwickeln. Damit ist zugleich die Hoffnung verbunden, dass Lehramtsstudierende, die sich habituell früh auf ihre zukünftige Berufstätigkeit als »reflexive, innovationsfreudige und teamorientierte Unterrichtsgestalter, Förderer jedes einzelnen Schülers sowie Schulentwickler« einstellen, später die täglichen Belastungssituationen und mögliche berufliche Krisen besser meistern können.

Dazu sei angemerkt, dass die Lehrerbildung an der Universität Kassel durch das so genannte »Erziehungs- und gesellschaftswissenschaftliche Kernstudium« als dritter Lern- und Studienbereich neben den beiden Studienfächern so ausgerichtet ist, dass sich angehende Lehrerinnen und Lehrer über ihre wissenschaftlich fundierte fachspezifische Ausbildung hinaus auch intensiv mit pädagogisch-psychologischen Lehr-Lernthemen und mit dem gesellschaftlichen Bedingungs-

gefüge von Schule auseinandersetzen sollen.[4] Außerdem ist die Kasseler Lehrerbildung seit ihrer Gründung Anfang der 1970er Jahre ausgesprochen praxisorientiert ausgerichtet.[5] Damit bewegt sich die Konzeption der »Psychosozialen Basiskompetenzen für den Lehrerberuf« mit ihrem Fokus auf wichtige dispositio-
nelle wie habituelle Voraussetzungen und grundlegende Fähigkeiten ganz in der
Tradition der Kasseler Lehrerbildung, die seit ihrer Gründung um eine kritisch-
reflexive, berufsfeldbezogene Bildung und Ausbildung bemüht ist.

PSYCHOSOZIALE BASISKOMPETENZEN FÜR DEN LEHRERBERUF – KONZEPTION UND EVALUATION

Das Studienelement »Psychosoziale Basiskompetenzen für den Lehrerberuf«
wurde mit dem Anspruch konzipiert, Studierenden individuelle Reflexions- und
Lerngelegenheiten zu bieten, um studien- und berufsrelevante Kompetenzen
gleich zu Studienbeginn erproben und entwickeln zu können. Dafür wurde mit
einer Gruppengröße von jeweils zwölf Studierenden mit zwei Dozenten/Dozen-
tinnen ein vergleichsweise überschaubares Arbeitssetting gewählt. Damit sollte
Studierenden die Möglichkeit gegeben werden, den Prozess des Lehrerwerdens
von Anfang an bewusst selbst mitzugestalten. Dies erscheint vor dem Hintergrund der Standardisierung der Lehrerbildung hervorhebenswert, die im Dienste
der Qualitätssteigerung, Vergleichbarkeit und Flexibilisierung steht (vgl. Bosse
2009). Gerade weil Studium und Referendariat zu einer quantifizierbaren Größe
geworden sind, deren abzuleistender Umfang mittels workload und der Anzahl
von Modulen erfasst wird, sollte nicht aus dem Blick geraten, dass der Aufbau
der eigenen Professionalität vor allem als ein berufsbiografischer Entwicklungs-
prozess zu verstehen ist, in dessen Verlauf stets die individuelle Person und Persönlichkeit des angehenden Lehrers bzw. der angehenden Lehrerin im Mittelpunkt steht (Terhart 2007b).

Seit 2008 wird das Kasseler Konzept der »Psychosozialen Basiskompetenzen
für den Lehrerberuf« in der Studieneingangsphase in Form eines eineinhalbtägi-
gen Kompaktseminars umgesetzt, das Teil des Moduls »Einführung in die Päda-

---

4 Das Kernstudium umfasst die Disziplinen Erziehungswissenschaft, Psychologie, Soziologie, Geschichte, Psychoanalyse, Philosophie und Politikwissenschaft.

5 So wurden bereits 1976 auch für Gymnasiallehramtsstudierende verbindliche Schulpraktische Studien eingeführt, die von Seiten der Universität wissenschaftlich betreut
und durch Schulbesuche des jeweiligen Hochschulbetreuers an den Praktikumsschu-
len intensiv begleitet werden.

gogik der Sekundarstufen« ist (innerhalb des bereits erwähnten »Erziehungs-
und gesellschaftswissenschaftlichen Kernstudiums«). Der Besuch des Kompaktseminars ist für alle 650-700 Studienanfänger der allgemein bildenden Lehräm-
ter verpflichtend. Die Seminare werden nicht getrennt nach Lehrämtern angeboten, d.h. Lehramtsstudierende für Grundschule, Haupt- und Realschule und
Gymnasium nehmen gemeinsam an den Kompaktveranstaltungen teil. Einige
Jahre zuvor wurden erste Erfahrungen mit Vorläuferkonzepten der heutigen Se-
minargestaltung mit interessierten Lehramtsstudierenden gesammelt. Die Konzeption des Studienelements ist erstmals 2005 publiziert worden und wird seitdem laufend leicht modifiziert (vgl. Bosse/Dauber 2005; Dauber 2012).

Dass das Studienelement reflexiv angelegt ist, wird für die Studierenden bereits dadurch erkennbar, dass sie vor Beginn des Kompakttermins eine kurze
Lernbiografie zu Berufswahlmotiven und schulischen Lernerfahrungen abgeben.
Die Dozenten lesen die Lernbiografien in Vorbereitung auf die Veranstaltung.
Nach Abschluss des Kompaktseminars sind die Studierenden aufgefordert, Erfahrungen aus der Veranstaltung zu notieren und mit dem Beginn ihres individuellen Professionalisierungsprozesses in Beziehung zu setzen. Zu dieser Seminarreflexion erhalten sie von ihren Dozenten dann wiederum ein kurzes schriftliches
Feedback.

Das Studienelement »Basiskompetenzen«, wie es hochschulintern inzwischen abgekürzt wird, besteht im Wesentlichen aus folgenden vier Handlungssituationen, in denen die Studierenden unterschiedliche Kompetenzen erproben
und trainieren können: (1) Das kurze Auftreten vor einer Gruppe (von Kommilitonen und Kommilitoninnen) mit der Option, das Feedback der Peers für einen
zweiten modifizierten Auftritt zu nutzen; (2) das gemeinsame Lösen einer Aufgabe im Team; (3) sich mittels eines projektiven Verfahrens mit einer als bedeutsam erfahrenen pädagogischen Situation auseinanderzusetzen und (4) das
Erproben der Methode der »Kollegialen Fallarbeit« anhand eines »Falles«, den
die Studierenden einbringen. Bestandteil der einzelnen Handlungssituationen ist
ein gezieltes Peer-Feedback oder zumindest ein Austauschen mit den Kommilitoninnen und Kommilitonen. Nach Abschluss einer jeden Übung findet unter
Anleitung der Dozenten eine gemeinsame Reflexion über die Situation statt. In
den einzelnen Übungen kommen bestimmte Persönlichkeitsmerkmale und Fähigkeiten zum Zuge, wobei für das gesamte Studienelement gilt, dass von den
Studierenden Offenheit, Lernbereitschaft, Selbstwertschätzung und Sensitivität
gefordert wird. Relevant sind bei den einzelnen Handlungssituationen folgende
Dispositionen und Fähigkeiten: Kontaktfähigkeit und kommunikative Kompetenzen (1), Kooperationsbereitschaft und Gestaltung von Beziehungen (2),
Selbstreflexion (3) sowie Empathie (4). Die beiden Dozenten notieren sich krite-

riengeleitet ihre Beobachtungen und Einschätzungen, die neben den gelesenen Lernbiografien Grundlage für das Perspektivgespräch sind, das den Abschluss des Kompaktseminars bildet. Seit einigen Monaten wird jeder Dozent/jede Dozentin beim Festhalten seiner/ihrer Beobachtungen von einem geschulten Beobachter, einem studentischen Tutor aus dem letzten Studienjahr, unterstützt. Jeder Teilnehmer/jede Teilnehmerin des Kompaktseminars kann sich für das Perspektivgespräch, für das 15 Minuten zur Verfügung stehen, einen der beiden Dozenten/Dozentinnen aussuchen und selbst Schwerpunkte des Gesprächs festlegen. Sofern für die Rückmeldung durch die Dozentin/den Dozenten die zur Verfügung stehende Zeit nicht ausreicht, ein Student/eine Studentin ein längeres Gespräch mit ausführlicher Beratung wünscht oder bei einem Studierenden großer Entwicklungsbedarf im psychosozialen Bereich festgestellt wurde, findet ein erweitertes Perspektivgespräch statt. Vor allem im letzteren Fall wird der schriftlich festgehaltene Inhalt des Gesprächs in Abstimmung mit dem Studierenden zur Information an den Hochschulbetreuer der nachfolgenden Schulpraktischen Studien weitergeleitet, damit die/der Studierende gezielt unterstützt werden kann (s. dazu oben unter »Kompetenzen für den Lehrerberuf« die Ausführungen zur Frage der Förderung oder Selektion).

Seit Einführung des Kompaktseminars als verpflichtendes Studienelement vor vier Jahren wird das Projekt evaluiert. Die Begleituntersuchung konzentriert sich vor allem auf diese erste Gruppe von Studienanfängern aus dem Wintersemester 2008/09 (vgl. Nolle 2012). Grundlage bilden unterschiedliche Datenquellen: die Seminarreflexion der Studierenden, die kriteriengeleiteten Beobachtungen der Dozenten während des Seminarverlaufs, eine standardisierte Befragung der Studierenden zum Nutzen des Studienelements für die eigene Lernentwicklung sowie die Einbeziehung einzelner Daten aus einer an der Universität Kassel parallel laufenden Fragebogenerhebung zu Studienverlauf und Studienerfolg im Lehramt von Lipowsky und Künsting (vgl. Künsting/Lipowsky 2011).

Nolle standen für seine Untersuchung die Datensätze von 308 Studierenden zur Verfügung. Davon studieren 24 % Grundschullehramt, 29 % Lehramt an Haupt- und Realschulen und 47 % Gymnasiallehramt, der Anteil an Studentinnen beträgt 73 %. Er verfolgt die Forschungsfrage, wie sich bereits vorhandene psychosoziale Fähigkeiten zur psychosozialen Lernorientierung der Studierenden verhalten, wobei unter letzterem die Haltung eines Menschen sich selbst und seinen Entwicklungsmöglichkeiten und -zielen gegenüber verstanden wird (für diese und die folgenden Ausführungen zur Untersuchung vgl. Nolle 2012: 68ff.). Mittels Mediansplit wurden vier Gruppen gebildet mit jeweils hohen und niedrigen Ausprägungen von psychosozialer Lernorientierung und bereits vorhandenen Kompetenzen im psychosozialen Bereich. Die Untersuchung zeigt, dass die typisierte Gruppe von Studierenden, die über geringe psychosoziale Kompetenzen verfügt, aber eine hohe psychosoziale Lernorientierung aufweist, offenbar am stärksten vom Studienelement profitiert. Studierende dieses Typs haben mit Situationen, in denen zwischenmenschliche Kommunikation und das Umgehen mit eigenen und fremden Emotionen gefordert ist, Schwierigkeiten oder reagieren verunsichert. Sie erleben die Teilnahme am Kompaktseminar als Erfolg, fühlen sich in ihrer Studienwahl bestätigt und in ihrem Selbstwirksamkeitserleben gestärkt. Dieser Studierendentyp zeigt sich am beratungsoffensten und erfährt in seinem sozialen Umfeld die größte Zustimmung und Unterstützung für seinen Berufswunsch Lehrer. Er ist an pädagogischen Inhalten interessiert und ist mit den Inhalten seines Studiums sehr zufrieden.

Problematisch erscheint die Gruppe, bei der sowohl die vorhandenen Kompetenzen als auch die Lernorientierung gering ausgeprägt sind. Der Umgang mit eigenen und fremden Emotionen spielt für Studierende dieses Typs mit Blick auf ihre zukünftige Lehrertätigkeit eine vergleichsweise geringe Rolle. Probleme werden von ihnen nicht aktiv und offensiv angegangen, Beratungsangeboten stehen sie hilflos bis ablehnend gegenüber. In ihrem sozialen Umfeld erhält dieser Studententyp für seinen Berufswunsch Lehrer/Lehrerin wenig Unterstützung. Für die Studien- und Berufswahl waren pädagogische Inhalte wenig entscheidend und mit den Inhalten des Studiums zeigen sich Studierende dieser Gruppierung wenig zufrieden.

Mit der Beschreibung dieses Studierendentyps, den ambitionierte Lehrerbildner an einer Hochschule als eine echte Herausforderung betrachten dürften, schließt sich der Kreis zu den Ausführungen zu Beginn dieses Beitrags. Es wurde aufgezeigt, dass im Zuge der Festlegung von zu erreichenden Kompetenzen am Ende eines Lehramtsstudiums auch die Voraussetzungen für die Aufnahme eines Studiums mit Ausrichtung auf den angestrebten Beruf in den Blick geraten sind. Mit dem Anspruch der Eignungsabklärung geht die Frage einher, wie Studierende, die sich für ein Lehramtsstudium entschieden haben und den Lehrerberuf anstreben, bei großem Entwicklungsbedarf entsprechend gefördert werden können. Das Studienelement »Basiskompetenzen« möchte Studienanfängern und -anfängerinnen eine feedbackgestützte Einschätzung ihrer bereits bestehenden und noch zu entwickelnden psychosozialen Fähigkeiten bieten, die für die professionelle Ausübung des Lehrerberufs als essentiell angesehen werden. Ob jener zweite Studententyp mit den geringen Ausprägungen der Fähigkeiten und der Lernorientierung sein Studium erfolgreich absolvieren und ein guter Lehrer werden wird, hängt sicherlich nicht unwesentlich davon ab, ob er die Kompetenzabklärung mit dem aufgezeigten Entwicklungsbedarf zu Beginn seines Studiums produktiv zu nutzen weiß. Dazu gehört auf der anderen Seite aber auch eine Universität, die im Laufe des Studiums entsprechende Lerngelegenheiten bietet, um Defizite im psychosozialen Bereich gezielt angehen zu können und die Studierenden in ihrem individuellen Professionalisierungsprozess unterstützt.

LITERATUR

Amt für Lehrerbildung Hessen/Zentrum für Lehrerbildung der Universität Kassel (Hg.) (2010): Auf dem Weg zu einer phasenübergreifenden Lehrerbildung Nordhessen – Dokumentation bestehender Kooperationsbezüge. Fuldatal.

Baumert, J./Kunter, M. (2006): »Stichwort: Professionelle Kompetenz von Lehrkräften«, in: Zeitschrift für Erziehungswissenschaft 9 (4), S. 469-520.

Beiträge zur Lehrerbildung (2006): Rekrutierung, Eignungsabklärung und Selektion für den Lehrerinnen- und Lehrerberuf 24 (1).

Blömeke, S./Kaiser, G./Lehmann, R. (Hg.) (2008): Professionelle Kompetenz angehender Lehrerinnen und Lehrer. Wissen, Überzeugungen und Lerngelegenheiten deutscher Mathematikstudierender und -referendare. Münster u.a.

Bosse, D. (2009): »Universitäre Lehrerbildung unter dem Einfluss des Bologna-Prozesses«, in: Pädagogische Rundschau 63 (6), S. 675-681.

Bosse, D./Dauber, H. (2005): »Psychosoziale Basiskompetenzen für den Lehrerberuf«, in: H. Dauber/D. Krause-Vilmar (Hg.), Schulpraktikum vorbereiten. Pädagogische Perspektiven für die Lehrerbildung, 2. erw. Aufl., Bad Heilbrunn, S. 55-82.

Bosse, D./Dauber, H./Döring-Seipel, E./Nolle, T. (Hg.) (2012): Professionelle Lehrerbildung im Spannungsfeld von Eignung, Ausbildung und beruflicher Kompetenz, Bad Heilbrunn.

Dauber, H. (2012) (unter Mitarbeit von Timo Nolle): »Manual zur Durchführung des Kompaktseminars ›Psychosoziale Basiskompetenzen für den Lehrerberuf‹«, in: D. Bosse et al. (Hg.), Professionelle Lehrerbildung im Spannungsfeld von Eignung, Ausbildung und beruflicher Kompetenz, Bad Heilbrunn, S. 217-238.

Dauber, H./Vollstädt, W. (2004): »Psychosoziale Belastung im Lehramt. Empirische Befunde zur Frühpensionierung hessischer Lehrer«, in: Die Deutsche Schule 3, S. 359-369.

Dauber, H./Döring-Seipel, E. (2010): »Salutogenese in Lehrerberuf und Schule. Konzeption und Befunde des Projekts SALUS«, in: Pädagogik 62 (10), S. 32-35.

Döring-Seipel, E. (2012): »Die Bedeutung von persönlichen und sozialen Ressourcen für Lehrergesundheit und Unterrichtshandeln – Implikationen für die

Lehrerausbildung«, in: D. Bosse et al. (Hg.), Professionelle Lehrerbildung im Spannungsfeld von Eignung, Ausbildung und beruflicher Kompetenz, Bad Heilbrunn, S. 185-193.

Eder, F./Hörl, G. (2011):»Studienberatungstests für Lehramtsstudierende der Universität Salzburg«, in: Lehrerbildung auf dem Prüfstand 4 (1), S. 63-87.

Frey, A. (2004):»Die Kompetenzstruktur von Studierenden des Lehrerberufs. Eine internationale Studie«, in: Zeitschrift für Pädagogik 50, S. 903-925.

Hanfstingl, B./Mayr, J. (2007):»Prognose der Bewährung im Lehrerstudium und im Lehrerberuf«, in: journal für lehrerInnenbildung 7 (2), S. 48-56.

journal für lehrerInnenbildung (2007): Auswahlverfahren auf dem Weg zu guten Lehrerinnen und Lehrern, 7 (2).

Kleinespel, K./Lütgert, W. (2009):»John Dewey in der Lehrerbildung«, in: D. Bosse/P. Posch (Hg.), Schule 2020 aus Expertensicht – Zur Zukunft von Schule, Unterricht und Lehrerbildung, Wiesbaden, S. 271-278.

KMK (2004): Sekretariat der Ständigen Konferenz der Kultusminister der Länder der Bundesrepublik Deutschland: Standards für die Lehrerbildung: Bildungs-wissenschaften. Beschluss der Kultusministerkonferenz vom 16.12.2004.

Kohonen, V. (2007):»Auswahlverfahren für Lehramtsstudierende in Finnland: Aufbau einer ›transformativen‹ Professionalität«, in: journal für lehrerInnen-bildung 7 (2), S. 26-32.

Kraler, Ch./Schratz, M. (2008): Wissen erwerben, Kompetenzen entwickeln, Münster.

Künsting, J./Lipowsky, F. (2011):»Studienwahlmotivation und Persönlichkeits-eigenschaften als Prädiktoren für Zufriedenheit und Strategienutzung im Lehramtsstudium«, in: Zeitschrift für Pädagogische Psychologie 25, S. 105-114.

Kunter, M./Baumert, J./Blum, W./Klusmann, U./Krauss, S./Neubrand, M. (Hg.) (2011): Professionelle Kompetenz von Lehrkräften. Ergebnisse des For-schungsprogramms COACTIV, Münster u.a.

Lüders, M./Wissinger, J. (Hg.) (2007): Forschung zur Lehrerbildung. Kompe-tenzentwicklung und Programmevaluation, Münster.

Mayr, J. (2010):»Selektieren und/oder qualifizieren? Empirische Befunde zur Frage, wie man gute Lehrpersonen bekommt«, in: J. Abel/G. Faust (Hg.), Wirkt Lehrerbildung? Münster, S. 73-89.

Nolle, T. (2012):»Psychosoziale Basiskompetenzen und Lernorientierung in der Eingangsphase des Lehramtsstudiums Ergebnisse einer Evaluationsstudie«, in: D. Bosse et al. (Hg.), Professionelle Lehrerbildung im Spannungsfeld von Eignung, Ausbildung und beruflicher Kompetenz, Bad Heilbrunn, S. 67-80.

OECD (2005): Teachers matter: Attracting, developing and retaining effective teachers, Paris.

Oelkers, J. (2009): »I wanted to be a good teacher ...« – Zur Ausbildung von Lehrkräften in Deutschland, Studie der Friedrich-Ebert-Stiftung, Bonn.

Schaarschmidt, U./Kieschke, U. (Hg.) (2007): Gerüstet für den Schulalltag, Weinheim.

Schaarschmidt, U./Fischer, A.W. (2008): Lehrereignung frühzeitig erkennen und fördern. Projektleitfaden (Langfassung), unveröffentlichtes Manuskript.

Schubarth, W./Speck, K./Seidel, A. (Hg.) (2011): Nach Bologna: Praktika im Studium – Pflicht oder Kür? Potsdam.

Shulman, L.S. (2004): The wisdom of practice. Essays on Teaching, Learning, and Learning to Teach, San Francisco: Jossey-Bass.

Seminar (2008): Entwicklungslinien in der Lehrerbildung: Berufseignung, Berufseingangsphase, 14 (2).

Strittmatter, A. (2007): »Gute Lehrkräfte gewinnen ist mehr als eine Selektionsaufgabe«, in: journal für lehrerInnenbildung 7 (2), S. 9-19.

Terhart, E. (2007a): »Erfassung und Beurteilung der beruflichen Kompetenz von Lehrkräften«, in: M. Lüders/J. Wissinger (Hg.), Forschung zur Lehrerbildung, Münster u.a., S. 37-62.

Terhart, E. (2007b): »Was wissen wir über gute Lehrer?«, in: Friedrich-Jahresheft 25, S. 20-24.

Unterrichtswissenschaft (2009): Kompetenzentwicklung in der Lehrerbildung, 37 (2).

Weinert, F.E. (2001): »Vergleichende Leistungsmessungen in Schulen«, in: Ders. (Hg.), Leistungsmessungen in Schulen, Weinheim und Basel, S. 17-32.

Wirth, R./Seibert, N. (2011): »Parcours – ein eignungsdiagnostisches Verfahren für Lehramtsstudierende der Universität Passau«, in: Lehrerbildung auf dem Prüfstand 4 (1), S. 47-62.

ZfPäd (Zeitschrift für Pädagogik) (2006), 51. Beiheft: Kompetenzen und Kompetenzenentwicklung von Lehrerinnen und Lehrern: Ausbildung und Beruf, Ch. Allemann-Ghionda/E. Terhart (Hg.), Weinheim und Basel.

Selbsterkundungsverfahren in der Lehrerbildung

BIRGIT NIESKENS

»Ich bin im Moment mitten im Abitur-Stress, doch ich plane ein Lehramtsstudium nach dem hoffentlich erfolgreichen Abitur. Ich bin etwas ängstlich und nervös, was meine Zukunft betrifft, denn ich weiß, dass ich nun mein Leben ›planen‹ muss und selbst für mein Tun und Handeln verantwortlich bin. Trotzdem freue ich mich gleichzeitig auf diesen neuen Schritt, denn ich bin davon überzeugt, dass der Beruf des Lehrers zu mir passt. Dieser Beruf verbindet meine Wünsche und Vorstellungen, die ich an meinen zukünftigen Beruf hatte: Ich will unbedingt mit Kindern bzw. Jugendlichen arbeiten und damit meine Leidenschaft, die Fremdsprachen, verbinden.«
REFLEXION EINES ABITURIENTEN
(QUELLE: WWW.NRW.CCT-GERMANY.DE, 2011)

EINLEITUNG

Mit welchen subjektiven Theorien von den Tätigkeitsfeldern und Anforderungen des Lehrerberufs kommen Studienbewerberinnen und -bewerber an die Hochschule? Was haben sie in der eigenen Schulzeit über den Beruf erfahren, wie haben sie die Arbeit ihrer Lehrkräfte erlebt? Wo konnten sie sich schon selbst in pädagogischen Situationen erproben (z.B. als Nachhilfelehrerin, Trainer im Sportverein, in Praktika oder auf Kinderfreizeiten) und was haben sie dabei über sich erfahren? Wie kann es gelingen, diese subjektiven Theorien für die Auswahl, Eignungsabklärung und Lehrerausbildung zu nutzen? Je nach biografischem Hintergrund und Einstellung zum Lehrerberuf unterscheiden sich die Sichtweisen. So stammen überzufällig viele Lehramtsstudierende aus Familien, in denen Väter, Mütter oder nahe Verwandte als Lehrkräfte tätig sind. Die so genannte Berufsvererbungsquote liegt im Lehramt bei gut 24 %[1] (Kühne 2006; vgl. im Überblick Nieskens 2009; Rothland 2011a). Bei 11-12 % der Studierenden haben sogar beide Elternteile den Lehrerberuf inne. Zieht man zur Erklärung dieser Selbstrekrutierung die Berufswahltheorie nach Holland (1997) zu Rate, so kann belegt werden, dass individuelle berufliche Interessen zum Teil durch die Interessen der Eltern bestimmt werden. Maurice (2004) konnte zeigen, dass sich die Interessenprofile zwischen Studierenden und deren Eltern überzufällig ähneln und miteinander signifikant korrelieren. Einen weiteren Erklärungsansatz liefert die soziologische Milieuforschung. Danach gehören in einer Studie über 63 % der Grundschullehrkräfte dem so genannten liberal-intellektuellen Milieu an (erfasst wurden im Dienst befindliche Lehrkräfte sowie Studierende und Referendarinnen und Referendare). Zu den Lebenszielen dieses Milieus gehören postmaterielle Ansprüche wie Selbstverwirklichung, Persönlichkeitsentwicklung, Individualität, Freiräume für sich selbst und eine sozial gerechte und umwelt- und gesundheitsbewusste Lebensführung (Schumacher 2002; vgl. im Überblick Rothland 2011a). Das sind Ziele, die in einem engen Zusammenhang zu den Motiven der Berufswahl Lehramt stehen und damit die Sichtweise auf den Beruf beeinflussen können. Betrachtet man die Befunde zu Berufswahlmotiven für den Lehrerberuf im deutschsprachigen Raum im Überblick (Rothland 2011b; Nieskens 2009), ergibt sich trotz der unterschiedlichen methodischen Vorgehensweisen und Stichprobenzusammensetzungen, dass Berufswahlmotive wie »wichtige gesellschaftliche Aufgabe«, »Schülerinnen und Schüler fördern«, »Autonomie in der Tätigkeit«, »abwechslungsreiche und vielseitige Tätigkeit« in den meisten Studien zu den am häufigsten genannten intrinsischen Motiven gehören. Hier zeigen sich Motive, die sich auch in den Lebenszielen des liberal-intellektuellen Milieus finden. Daraus folgt: Bei einem nicht unerheblichen Anteil von Lehramtsbewerberinnen und -bewerbern wird die Sichtweise auf den Beruf durch das familiäre Umfeld und die Herkunft belegt. Hinzu kommen die zahlreichen pädagogischen Vorerfahrungen der Studienbewerberinnen und -bewerber. Die Forschungslage ist allerdings heterogen. Herlt (2004) wies in einer Befragung von 205 Lehramtsstudierenden nach, dass 79 % vor Studienbe-

---

1   Die Zahlen können höher ausfallen, wenn in Studien neben Eltern auch Geschwister und andere Verwandte miterfasst werden.

ginn auf praktische Erfahrungen in der Kinderbetreuung zurückblicken konnten. Ein gutes Drittel gab an, dass diese Erfahrungen die Berufswahl stark beeinflusst hätte. Geringere Zusammenhänge zeigten sich an der Universität Jena, dort hatten nur um die 40 % der Studierenden pädagogische Vorerfahrungen[2] (Gröschner/Schmitt 2008). Zur langfristigen Wirkung solcher pädagogischen Vorerfahrungen auf die Ausbildung und den Beruf fehlen allerdings noch Forschungen.

Um die Eingangsfrage aufzugreifen: Wie kann man das Wissen um die Herkunft und die daraus folgenden subjektiven Sichtweisen der am Lehrerberuf Interessierten für die Initiierung eines ausbildungsbegleitenden Reflexions- und Professionalisierungsprozesses nutzen? Was wären mögliche Schlussfolgerungen für Auswahlverfahren und Eignungsabklärungen? Und wer hat welches Interesse daran?

Zur Beantwortung dieser Fragen kann man unterschiedliche Perspektiven einnehmen. Eine solche Perspektive könnte die der Bildungspolitik sein, die dafür gerade stehen muss, dass die Schülerinnen und Schüler eine akzeptable Unterrichtsversorgung in allen Fächern erhalten. In dieser Perspektive hätte man – in Zeiten des andauernden Lehrermangels in bestimmten Schulformen und Fächern – eher ein Interesse an Werbeprogrammen, um junge Menschen zum Lehrerberuf zu motivieren. Unter Slogans wie »Gute Lehrer braucht das Land« (Niedersachsen) oder »Lehrer/Lehrerin in Brandenburg – ein Beruf mit Zukunft« versuchen die Verantwortlichen, mit einem Mix aus Informationen zum Beruf, Beispielen motivierter Lehrpersonen und Hinweisen auf die gute Stellensituation für den Lehrerberuf zu werben. Die Gefahr bei dieser Perspektive ist, dass materielle Vorteile des Berufs wie Gehalt, Verbeamtung und lange Ferien zu stark in den Blick geraten und die Auseinandersetzung mit der eigenen Motivation und den Berufsaufgaben auf der Strecke bleibt. Die meisten Werbekampagnen verweisen daher auf frei zugängliche Angebote zur Selbsterkundung und Eignungsabklärung.

Die Perspektive der Lehrerbelastungsforschung hat dagegen ein entgegengesetztes Interesse: Forscherinnen und Forscher sowie bildungspolitisch Verantwortliche, die vor diesem Hintergrund auf die Eignungsabklärung für den Lehrerberuf schauen, möchten dafür Sorge tragen, dass weniger geeignete (psychisch wenig belastbare oder kaum an der Arbeit mit Schülern interessierte) Personen erst gar nicht die Ausbildung beginnen. Personen und Institutionen mit dieser Blickrichtung implementieren häufig Hürden im Studium zur Überprü-

---

2   Die Ergebnisse unterscheiden sich je nach Art und Weise der erfassten Erfahrungen. Wenn z.B. Aufgaben wie Babysitten und Nachhilfegeben aufgenommen werden, sind die Zahlen in der Regel sehr hoch.

fung der Entwicklung oder verordnen Trainings zum Erwerb von Copingstrategien. »Entspannter« kommt dagegen die Berufspsychologie daher. Ihr geht es darum, ein Umfeld zu schaffen, in dem Menschen und Berufe gut zueinander finden. Ziel ist es, Personen mit entsprechenden Instrumenten dabei zu unterstützen, den für sie passenden Beruf zu wählen, eigene Stärken und Schwächen zu reflektieren und Potenziale für die Ausbildung auszuschöpfen.

Im Folgenden sollen zwei dieser Perspektiven ausführlicher vorgestellt und ein Ausblick bzgl. der Entwicklung zur Eignungsabklärung in den Bundesländern gegeben werden. Im Mittelpunkt des Beitrags steht dabei die Perspektive der Berufspsychologie.

DIE PERSPEKTIVE DER LEHRERBELASTUNGSFORSCHUNG

Die deutsche Diskussion um die Entwicklung und Implementierung von Verfahren zur Eignungsabklärung für den Lehrerberuf wird seit etlichen Jahren durch eine Forschungsrichtung maßgeblich geprägt: die Lehrerbelastungsforschung, hier vor allem durch die dominante personenbezogene Forschung. Persönlichkeitsdiagnostische Studien belegen seit Jahren die hohe psychosoziale Belastung im Lehrerberuf und zeigen, dass so genannte »Risikomuster« – arbeitsbezogene Erlebens- und Bewältigungsmuster, die mit einem erhöhten Risiko für das Auftreten von Gesundheitsproblemen verknüpft sind – bereits bei einem Viertel der Lehramtsstudierenden nachgewiesen werden können (Schaarschmidt 2005). Das lässt vermuten, dass diese Muster weniger Folge von Berufsanforderungen sind, sondern vielmehr relativ stabile, bereits bei der Berufswahl ausgeprägte Persönlichkeitsmuster. Ähnliche Befunde ergaben sich auch aus der zwölfjährigen Längsschnittstudie von Rauin (2007) an Lehramtsstudierenden badenwürttembergischer Pädagogischer Hochschulen, die aufzeigte, dass nur ein gutes Drittel der befragten Lehramtsstudierenden, die das Studium erfolgreich abschlossen und ins Referendariat wechselten, als »Engagierte«, mit positiven Werten in didaktischer, diagnostischer und organisatorischer Kompetenz sowie im Klassenmanagement bezeichnet werden konnten.

27 % identifizierte Rauin (2007) als »Risikotypen«, die in fast allen Bereichen der berufsbezogenen Persönlichkeitsmerkmale, im Studienverlauf und bei Berufswahlmotiven unterdurchschnittliche Werte erreichten.

Diese Ergebnisse der personenbezogenen Lehrerbelastungsforschung haben über Jahre eine hohe Verbreitung in den Medien der Tagespresse, innerhalb der Lehrerverbände und auf bildungspolitischer Ebene erfahren und dazu geführt, dass der Ruf nach Auswahlverfahren und Selektionsinstrumenten im Einstieg in den Lehrerberuf zeitweise recht deutlich war. Bei der Suche nach Instrumenten zur Laufbahnberatung stand lange Zeit die Frage im Mittelpunkt, wie Personen mit ungünstigen Eingangsvoraussetzungen vom Lehramtsstudium »abgehalten« werden können. Damit verfolgte die Forschung und Entwicklung zur Laufbahn-beratung überwiegend einen defizitorientierten Ansatz, der zum Teil bis heute Bedeutung hat. Der breite Ansatz der OECD-Expertise (2005), neben der Phase des Einstiegs in die Lehrerausbildung auch Charakteristika des Berufs sowie die Arbeitsbedingungen zu thematisieren – und damit die Option, auch diese weiter zu entwickeln, um den Lehrerberuf für ambitionierte Menschen attraktiv zu ma-chen und ihnen die Rahmenbedingungen für eine qualitätsvolle Arbeit bereit zu stellen – geriet eher in den Hintergrund.

Vor dem Hintergrund der Belastungsforschung wird seit 2004 auch der On-line-Fragebogen »Fit für den Lehrerberuf« von der Firma Coping (www. coping.at; Herlt/Schaarschmidt 2007) angeboten. Er fokussiert – seiner Entste-hung aus den Potsdamer Studien zur Lehrerbelastung entsprechend – auf die mit dem Lehrerberuf verbundenen Beanspruchungen. Inhalt ist der Abgleich der in-dividuellen personalen Voraussetzungen für den Lehrerberuf mit den zu erwar-tenden Anforderungen, um eine reflektierte Berufsentscheidung treffen und eventuellen Entwicklungsbedarf identifizieren zu können. In vergleichbarer Tra-dition und unter Nutzung der Dimensionen des »Fit für den Lehrerberuf« wird an der Ludwig-Maximilians-Universität in München derzeit ein so genannter »Risiko-Check« für den Studienbeginn entwickelt (Kiel 2012).

Trotz aller Kritik am überwiegend personenbezogenen und damit ursprüng-lich wenig auf Veränderung durch Ausbildung angelegten Ansatz des »Fit für den Lehrerberuf« (vgl. dazu Rothland/Tirre 2011) wird auch bei diesem inzwi-schen versucht, die Potenzialentwicklung der Studierenden in den Blick zu neh-men. Ein gutes Beispiel dafür ist die Universität Hamburg. Zum Ende des Inte-grierten Schulpraktikums (ISP) sollen sich die Studierenden mit einer eigens für Hamburg überarbeiteten Version des »Fit für den Lehrerberuf« auseinanderset-zen. Nach der Selbsteinschätzung folgt eine onlinebasierte Fremdeinschätzung durch Mentorinnen und Mentoren. In einem Gespräch werden Selbst- und Fremdurteil abgeglichen, problematische Studierende müssen dann noch ein Training absolvieren. Dieses Training wird derzeit von ca. 4 % der Studierenden genutzt (Lehberger 2012).

Einen anderen methodischen Zugang hat die Universität Passau gewählt. Unter der Frage »Sind alle, die sich für ein Lehramtsstudium immatrikulieren, für den Lehrerberuf geeignet?« wurde dort ein Assessment, »PArcours« genannt, als Verhaltensbeobachtung von Studierenden in handlungsorientierten Aufgabenstellungen für den Einstieg in das Lehrerstudium entwickelt (Wirth/Seibert 2011). Zurzeit noch freiwillig, soll es zukünftig einmal selektiv wirken.

Eines haben alle Verfahren mit dem Fokus auf die Lehrerbelastungsforschung gemeinsam: Sie setzen derzeit eher auf Beratung, um Impulse für die Ausbildung zu geben, in manchen Fällen auch in Ermangelung eines validen »Eignungsurteils« oder einer juristisch sauberen Selektionsbefugnis. Ob es ihnen jemals gelingt, ungeeignete Personen vom Studium und Lehrerberuf abzuhalten, bleibt fraglich. Eine echte Selektion bedarf einer juristisch abgesicherten Fremdentscheidung, z.B. über Noten und andere Studienleistungen und so valider Prädiktoren, dass man bereits bei heute 17-Jährigen vorhersagen können müsste, ob diese zehn Jahre später erfolgreich und zufrieden im Beruf arbeiten. Jedoch kann eine Eignungsabklärung, die den Schwerpunkt auf die Auseinandersetzung mit den zukünftigen Berufsbelastungen legt, für einzelne Nutzerinnen und Nutzer Warnsignale für die Berufswahl Lehrerin/Lehrer enthalten und bei entsprechender Unterstützung Anhaltspunkte für das Aufsuchen von Lerngelegenheiten und Trainings geben.

DIE PERSPEKTIVE DER BERUFSPSYCHOLOGIE

Die Berufspsychologie ist der Zweig der Psychologie, der die Bedingungen feststellt, unter denen ein spezieller Beruf erfolgreich ausgeführt werden kann. Die Entwicklung und begleitende Forschung zu Selbsterkundungsverfahren für den Einstieg in die Lehrerausbildung speist sich bis heute aus den zwei Forschungsgebieten, die auch in der Berufspsychologie eine große Rolle spielen: aus der Berufsinteressenforschung auf der Grundlage der Theorie von Holland (2007) und aus der Persönlichkeitsforschung mit dem »Fünf-Faktoren-Modell« oder dem Modell der »Big Five« von McCrae/Costa (1999; vgl. dazu im Überblick auch Mayr/Neuweg 2006; Nieskens 2009: 88f.).

Gerade die Forschung um das Person-Umwelt-Modell von Holland hat sich seit Ende der achtziger Jahre des vorigen Jahrhunderts intensiv mit dem Lehrerberuf und der Berufswahl Lehramt auseinandergesetzt. Das mag zum einen daran liegen, dass die Autorinnen und Autoren der entsprechenden Studien beruflich in der Lehreraus- und -weiterbildung an Universitäten und pädagogischen Akademien in Deutschland und Österreich beheimatet sind. Das mag zum anderen aber auch daran liegen, dass gerade in Österreich zeitgleich zur Adaption der Holland-Instrumente ins Deutsche (Entwicklung und Validierung des AIST und UST, später dann auch des EXPLORIX) umfassende Projekte zur Laufbahnberatung für am Lehrerberuf Interessierte durchgeführt und über längere Zeiträume

evaluiert wurden (Bergmann/Eder 1994; Bergmann 2008). Diese Laufbahnbera-
tungsprojekte werden – um weitere Instrumente ergänzt – bis heute fortgesetzt.
Ein gutes Beispiel dafür ist das Programm »Studienchecker« (www.studien
checker.at), das vor dem Schulabschluss eine fundierte Studien- und Berufswahl
unterstützen möchte.

Bereits 1994 haben Bergmann/Eder zur Frage »Wer interessiert sich für ein
Lehramtsstudium?« eine umfangreiche Längsschnittstudie vorgelegt. Ausgehend
von der problematischen Befundlage früherer Studien, die in den pädagogischen
Akademien in Österreich (Volksschullehrausbildung[3]) neben zielgerichtet und
motiviert studierenden Personen auch berufswahlunsichere und in anderen Studiengängen gescheiterte Personen finden, wollten Bergmann und Eder untersuchen, was junge Erwachsene kennzeichnet, die sich zielgerichtet und frühzeitig
für den Lehrerberuf entscheiden. Zu den förderlichen Bedingungsvariablen der
Berufswahl zählt die Holland-Forschung: Kongruenz zwischen Person und Beruf; hohe Konsistenz, Differenziertheit und Stabilität der Interessen; günstige be-
rufswahlbezogene Einstellungen wie Sicherheit/Entschiedenheit, hohe subjektive
Bedeutsamkeit der Berufswahl und der beruflichen Arbeit sowie frühe Kristalli-
sation bzw. Klarheit der Ausbildungspräferenzen.

Die Interessenschwerpunkte blieben in der Studie über drei Messzeitpunkte
hinweg stabil. Insgesamt zeichnete die Studie für die frühzeitig am Lehramt Interessierten ein günstiges Bild: Diese Personen erlebten ihre schulische Umwelt
positiv und unterstützend, waren motiviert in der Mitarbeit, hatten ein positives
Selbstkonzept und hatten berufsspezifische Interessenprofile.

Die Befunde aus verschiedenen Untersuchungen zeigen: Mit zunehmender
Passung von personalen Interessen und gewähltem Studienfach (Interessen-
Studienfach-Kongruenz) sind Studierende mit der Wahl ihres Faches und ihrem
Studium insgesamt zufriedener, nach eigenen Angaben in ihrem Studium erfolg-
reicher, fühlen sich in geringerem Maße durch ausbildungs- und berufsbezogene
Identitätsprobleme belastet und zeigen ein stabileres Laufbahnverhalten (gerin-
gere Studienwechsel und -abbruchtendenzen).

Daraus folgt die Notwendigkeit einer entwicklungspsychologischen Betrachtung der Berufs- und Laufbahnwahl. Die Kongruenzbedingungen und damit das
vorberufliche Entwicklungsgeschehen sollten verstärkt beachtet werden, um etwa frühzeitig Anregungen zur Auseinandersetzung mit beruflichen Entwicklungsaufgaben zu geben.

---

3 »Volksschule« meint in manchen deutschen Bundesländern »Grund- und Hauptschule
in einem Gebäude«. In Österreich gibt es noch heute die vierjährige Volksschule
(Grundschule).

Hier setzt auch das Laufbahnberatungsprogramm Career Counselling for Teachers (CCT, www.cct-germany.de[4]) an. Dieses soll im Folgenden als ein Beispiel für einen Ansatz vorgestellt werden, der der Perspektive der Berufspsychologie folgt.

ZIELE UND VERFAHREN IM PROGRAMM CCT

Ab 1999 im Rahmen eines EU-Projekts entwickelt, wird CCT seit 2007 von einem gemeinnützigen Verein betreut. Die Mitglieder in diesem Verein kommen aus Lehrerbildungseinrichtungen aus dem deutschsprachigen Raum. Das Grundanliegen von CCT ist es, den Lehrerberuf als attraktiven und herausfordernden Beruf zu präsentieren und dazu zu animieren, die persönliche Eignung für diesen Beruf zu überprüfen bzw. in späteren Berufsjahren Möglichkeiten des Um- und Aufstiegs in andere pädagogische Aufgabenfelder, zum Beispiel in eine Leitungsfunktion, zu erkunden. Zu diesem Zweck bietet CCT eine Reihe von Selbsterkundungsverfahren sowie Informationstexte und Reportagen zum Lehrerberuf an.

Die Selbsterkundungsverfahren im Programm CCT stützen sich auf die üblicherweise in der Laufbahnberatung bzw. Eignungsabklärung verwendeten diagnostischen Zugänge (Schuler 2001; vgl. im Überblick Nieskens/Mayr/Meyerdierks 2011).

Die in CCT verwendeten Verfahren erfassen Eigenschaften, z.B. über Persönlichkeits- und Interessenfragebögen, oder thematisieren die in der Biografie oder Ausbildung erworbenen Erfahrungen, z.B. indem sie pädagogische Vorerfahrungen vor dem Studium bzw. später im Studium den Umgang mit Erfolgen und Misserfolgen in Praxissituationen ansprechen. Die meisten dieser Selbstbeschreibungsverfahren haben eine dreistufige Rückmeldestruktur von Globalauswertung über Detailauswertung bis hin zu Reflexionsimpulsen. Auf der dritten Rückmeldestufe wird dazu angeregt, die Selbsteinschätzungen durch Fremdeinschätzungen abzurunden. Für den Persönlichkeitsfragebogen werden zusätzlich Verfahren für den Reflexionsprozess begleitende Mentorinnen und Mentoren angeboten (Fremdeinschätzung).

Die Rückmeldung im Programm CCT erfolgt nach einem klientenzentrierten Beratungsansatz. Den Nutzerinnen und Nutzern wird zurückgespiegelt, wie sie

---

4 Von CCT gibt es verschiedene Länderwebsites: http://cct.rlp.de (Rheinland-Pfalz), http://www.bw-cct.de (Baden-Württemberg), www.nrw.cct-germany.de (Nordrhein-Westfalen).

sich eingeschätzt haben und welche Relevanz das eingeschätzte Merkmal für den Lehrerberuf hat. In einem zweiten Schritt wird das persönliche Ergebnis vor dem Hintergrund der Relevanz des Merkmals interpretiert. Dabei wird angeregt, sich umfassender mit dem Thema zu beschäftigen und – bei problematischem Ergebnis – die Laufbahnentscheidung auf eine solidere Basis zu stellen, z.b. mit Hilfe der Reflexionsimpulse.

Tabelle 1: Verfahren im Programm CCT für die Berufswahl Lehramt

Zugang	Verfahren	Skalen
Interessen	*Lehrer-Interessen-Skalen* (Lis; Erstpublikation: Mayr 1998, überarbeitete Version Mayr/Nieskens 2012)	Unterricht gestalten Soziale Beziehungen fördern Auf spezifische Bedürfnisse eingehen Verhalten kontrollieren und beurteilen Mit Eltern und Kolleginnen/Kollegen zusammenarbeiten Sich fortbilden
Persönlichkeit	*Lehrer-Persönlichkeits-Adjektivskalen* (LPA; Erstpublikation: Brandstätter/Mayr 1994)	Kontaktbereitschaft Stabilität Selbstkontrolle
Pädagogische Vorerfahrungen	(FPV; Mayr o.J.)	Erfahrungen mit einzelnen Kindern/Jugendlichen oder Gruppen Freude an der Tätigkeit Erfolgserleben

Das Programm CCT versteht sich als Laufbahnberatungsprogramm für die Berufsbiografie von Lehrkräften. Es enthält z.B. Angebote für Berufseinsteigerinnen und -einsteiger[5] sowie für im Beruf stehende Lehrkräfte.

---

5   Neu sind seit 2012 die Angebote für Personen im Quer- oder Seiteneinstieg in den Lehrerberuf, demnächst folgt ein Verfahren für an einer Schulleiterstelle Interessierte.

Institutionalisierte Nutzung der Eignungsabklärung mit CCT

In manchen Fällen soll die Eignungsabklärung mittels CCT – freiwillig oder verpflichtend – vor der Aufnahme eines Studiums an einer Hochschule oder in einem Bundesland absolviert werden. Die Nutzerinnen und Nutzer durchlaufen für diesen Anlass die »Geführte Tour 1«. Touren sind Abfolgen von auf den jeweiligen Beratungsanlass abgestimmten Selbsterkundungsverfahren mit einem Gesamtresümee, deren Ergebnisse abgespeichert und jederzeit abgerufen werden können.

Die Tour beginnt mit einem Informationstext über das Tätigkeitsprofil von Lehrkräften. Nach dieser ersten Etappe folgt der Interessenfragebogen (LIS) zur Klärung, ob diese Tätigkeiten für die betreffende Person attraktiv sind. Der Persönlichkeitsfragebogen (LPA) und der Fragebogen zu den pädagogischen Vorerfahrungen (FPV) bilden die nächsten Etappen. Den Abschluss stellt eine Zusammenschau aller zuvor bereits angezeigten Teilergebnisse, deren zusammenfassende Interpretation sowie Empfehlungen für eventuelle weitere Abklärungen dar. Am Ende dieser Etappe kann eine Bestätigung über die Absolvierung der Tour abgerufen werden, wie sie mancherorts verlangt wird. Die Bestätigung enthält nur die Information, welche Tour absolviert wurde sowie das Datum. Der Name der Person ist von dieser nach Ausdrucken der Bestätigung selbst einzusetzen. Damit soll sichergestellt und den Bewerberinnen und Bewerbern signalisiert werden, dass tatsächlich alle Schritte der Nutzung von CCT anonym erfolgen.

Wirksamkeit von Laufbahnberatung mit CCT

Im Folgenden soll die Wirksamkeit eines Selbsterkundungsverfahrens am Beispiel des CCT aufgezeigt werden.

An der Leuphana Universität Lüneburg wurde CCT ab 2007 im Bewerbungsprozess freiwillig eingesetzt, seit 2010 verpflichtend. In den Jahren der freiwilligen Nutzung zeigte sich, dass die Freiwilligkeit der Selbsterkundung dazu führte, dass bevorzugt Personen mit günstigen Studienvoraussetzungen dieses Angebot aufsuchen. Da das Material ein positives Bild vom Lehrerberuf zeichnet, ergab sich insgesamt eher eine werbende als eine vom Lehramtsstudium abhaltende Wirkung.

Eine typische Rückmeldung eines anonymen Nutzers mit einer solchen werbenden Wirkung lautet:

»Die CCT Website hat mich in meiner Entscheidung Lehrerin zu werden sehr bestärkt! Ich habe Mut bekommen und jetzt richtig Lust bekommen mein Studium zu beginnen und mich auf etwas ganz Neues einzulassen.«

Zur Evaluation der Nutzung von CCT wurde in Lüneburg ein Forschungsfrage-bogen eingesetzt. Dieser wurde, da freiwillig, nur von einer kleinen Anzahl der Bewerberinnen und Bewerber ausgefüllt. Diese Personen unterscheiden sich aber von den anderen nur insofern, als sie geringfügig selbstkontrollierter sind (t-Test; $p < .05$, zweiseitig; $d = .19$). Man kann also davon ausgehen, dass die Charakte-ristika der Stichprobe, von der die evaluierenden Aussagen zu CCT stammen, bezüglich ihrer pädagogischen Vorerfahrungen sowie ihrer Persönlichkeits- und Interessenstruktur weitgehend den nicht rückmeldenden Personen entsprechen (Nieskens/Mayr/Meyerdiercks 2011). Befragt danach, wie sie die Angebote im Programm CCT bewerten, zeichnet sich ein positives Bild ab, das sich auch in anderen Studien zu CCT immer wieder finden lässt. Vor allem die Geführte Tour erhält mit 44 % »Sehr gut« und 46 % »Gut« eine positive Rückmeldung. Auch die anderen Elemente wie Informationen und Reportagen erfahren, wenn sie denn genutzt werden, eine überwiegend hohe Akzeptanz.

Im Forschungsfragebogen wurde nach den Wirkungen der CCT-Nutzung ge-fragt. Dazu wurden zwei Instrumente genutzt, zum einen ein Fragebogen zur Evaluierung der Wirkung von CCT und anderer vergleichbarer Verfahren der Laufbahnberatung bei Studieninteressierten, Studierenden und Lehrkräften (Mayr 2011) und zum anderen eine offene Frage »Sie haben die Website CCT benutzt: Welche Gedanken und Gefühle sind Ihnen dabei in den Sinn gekom-men? Welche Erkenntnisse haben Sie gewonnen?«

CCT hat...

Abbildung 1: Wirkungen der Bearbeitung von CCT

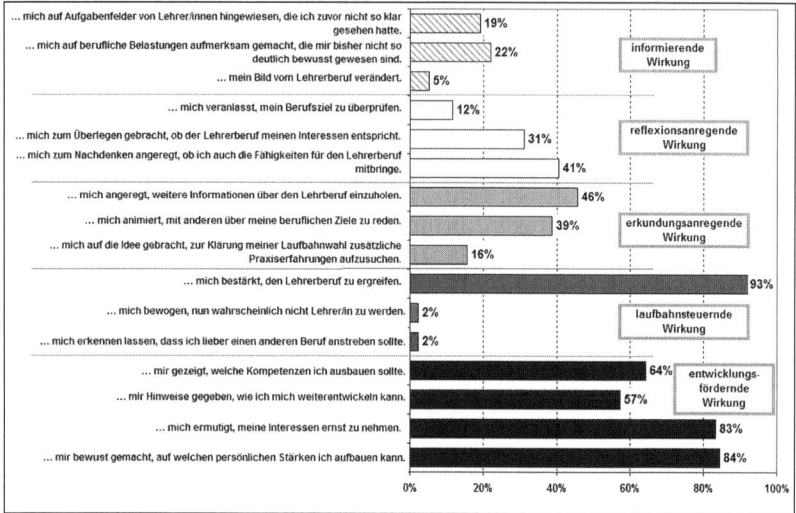

$N = 1736$, % = *Prozentsatz der Personen, die das betreffende Statement auf einer fünfstufigen Skala als »zutreffend« (4) oder »in hohem Maß zutreffend« (5) bezeichneten*

Im Folgenden werden die Ergebnisse aus dem Wirkungsfragebogen unterlegt mit den passenden Reflexionen aus der offenen Frage. Die Auswertung dieser verbalen Daten erfolgte anhand eines Kategoriensystems von Meyerdierks (2011), das in einem induktiven Vorgehen erstellt worden war. Soweit möglich sollte dabei die Grobstruktur des quantitativen Fragebogens zu den Wirkungen von CCT aufgegriffen werden. Die folgende Zuordnung stammt aus Nieskens, Mayr und Meyerdierks 2011.

---

6   Die geringe Stichprobengröße der Evaluation in Lüneburg erklärt sich auch dadurch, dass sich manche Bewerberinnen und Bewerber mit dem Gruppencode der Universität Hamburg angemeldet haben, wo CCT ebenfalls Bestandteil des Bewerbungsprozesses ist oder ohne Gruppencode die Rückmeldung abgegeben haben. In der Auswertung wurden nur die Personen berücksichtigt, die sich eindeutig als Bewerberinnen und Bewerber an der Leuphana Universität Lüneburg identifizieren ließen.

(1) Informierende Wirkung

31 % der rückmeldenden Personen hatten zumindest eines der drei zu diesem Faktor gehörenden Items des Wirkungsfragebogens deutlich zustimmend beantwortet (Skalenstufen 4 oder 5). Bei ihnen rückten demnach bisher wenig beachtete bzw. belastende Aspekte der Lehrerarbeit ins Blickfeld. Dasselbe kommt auch in 27 % der Reflexionen zum Ausdruck, wobei als Themen vor allem der Umgang mit Erwachsenen angesprochen wird sowie die Aufgabe, Schülerinnen und Schüler – im weitesten Sinn – zu disziplinieren:

Der Lehrerberuf ist viel komplexer, als er für die Öffentlichkeit zu sein scheint / Ich habe [...] das erste Mal richtig realisiert, dass auch die Arbeit mit den Eltern eine Teilaufgabe darstellt / Ich erkannte, dass auch die Zusammenarbeit mit anderen Lehrern der Schule sehr wichtig ist, daran habe ich zuvor aus welchem Grund auch immer nicht gedacht. Auch habe ich bemerkt, wie viel Verantwortung es erfordert, die Schüler zu benoten, sie zu bewerten und ihre Leistungen einzuschätzen / (Durch die) Reportagen von Studierenden (...) habe (ich) nun eine bessere Vorstellung davon, was mich im Studium erwarten wird.

(2) Reflexionsanregende Wirkung

52 % der Nutzerinnen und Nutzern beantworteten eines der drei Reflexions-Items zustimmend, es kam also zu einem Nachdenken über die eigene Neigung und Eignung für den Lehrerberuf bzw. zu einer Überprüfung des Berufsziels. In den Reflexionen fanden sich bei 34 % der Befragten Hinweise auf solche Prozesse:

Besonders der Test über die Persönlichkeit hat mich bewegt, da ich über Dinge nachdenken musste, die ich zuvor lieber ignoriert habe, weil ich mich vor einem negativen Ergebnis fürchtete / Mir wurde erst bewusst, wie viel Erfahrung ich im Lehren, Betreuen und Organisieren [...] schon habe. Der CCT Test hat meine Selbsteinschätzung also nicht nur bestätigt, sondern sogar noch vertieft / Dieser Test ist auf jeden Fall weiterzuempfehlen, da er die persönlichen Eigenschaften »ordnet« und ein Resümee daraus zieht / Mir ist im Lauf der »Tour« bewusst geworden, dass ich mir selbst [...] in den letzten Wochen diese Fragen gestellt habe und ausführlich darüber nachgedacht hatte.

(3) Erkundungsanregende Wirkung

65 % der Befragten stimmten mindestens einem der drei Items zu, wurden also angeregt, weitere Informationen oder Praxiserfahrungen einzuholen bzw. mit anderen über ihre beruflichen Ziele zu reden. In den Reflexionen sprachen aller-

dings nur 2 % solche Themen an, jedes Mal mit Blick auf noch zu erwerbende Praxiserfahrungen:

Bei der Arbeit mit Kindern habe ich noch zu wenig Erfahrung, deshalb werde ich vor Beginn des Studiums versuchen, Nachhilfeunterricht zu geben.

(4) Laufbahnsteuernde Wirkung

93 % fühlen sich durch CCT bestärkt, ein Lehramtsstudium aufzunehmen (die anderen Items bleiben hier unberücksichtigt, da sie umgekehrt gepolt sind). Auch in den Reflexionen berichten 47 % von oftmals markanten und stark motivierenden Impulsen in diese Richtung:

Die Beantwortung des Fragebogens [...] hat mir sehr geholfen, mich selbst abzusichern, dass der Beruf zu mir passen würde / Es war schön Punkte abzuhaken und für sich selbst zu erkennen: Ja, genau deshalb ist es mein Traumberuf! / Durch diesen Test bin ich fest davon überzeugt, in die richtige Richtung zu gehen / Durch die Bestätigung durch den Test habe ich jetzt nochmal Kraft geschöpft, um mich für einen Studienplatz stark zu machen / Es hat mich in meiner Wahl des Studiengangs Lehramt bestätigt. Ich freue mich auf das Studium und habe ein gutes Gefühl bei der ganzen Sache.

Nur 2 % erklärten ausdrücklich, dass CCT bei ihnen keine laufbahnsteuernde Wirkung hatte:

Nun kann ich nicht sagen, dass mich der Selbsterkundungstest erheblich bestärkt hätte in meiner Entscheidung [...]. Das liegt jedoch daran, dass ich meinen Wunsch, Lehrer zu werden, schon längere Zeit hege und eine Bestärkung [...] nicht mehr nötig war.

(5) Entwicklungsfördernde Wirkung

Neben der Ermutigung zum Lehrerberuf erlebten die Befragten vor allem ein Bewusstwerden eigener Stärken und Kompetenzen und eine Ermutigung, ihre Interessen ernst zu nehmen, und sie fanden Hinweise, wie sie sich weiterentwickeln können. 95 % stimmten mindestens einem der entsprechenden Items deutlich zu (aufgrund der größeren Itemanzahl ist dieser Prozentsatz nicht direkt mit den anderen Prozentsätzen vergleichbar). Im Kontrast dazu sprechen nur 10 % der Befragten dieses Thema in ihren Reflexionen an:

Problem der Diskrepanz zwischen Anforderungen an einen Lehrer und meiner eigenen Persönlichkeit (Stichwort Labilität) war mir zwar zuvor bewusst, die Auswertung durch CCT hat mir aber nochmal klar gemacht, dass ich in diesem Punkt an mir arbeiten sollte / (Der Test konnte) mir einige zu bearbeitende Schwächen aufzeigen, an denen ich noch zu arbeiten gedenke / (Meine Neigungen und Eigenschaften so dargestellt zu bekommen) heißt für mich auch in hohem Maße, meine »Stärken« auszubauen, aber auch an meinen »Schwächen« zu arbeiten / Trotzdem hat sich auch ein kleiner Schwachpunkt herauskristallisiert. Mit diesem Wissen kann ich sicherlich im Studium besser auf meine Schwächen achten und sie eventuell bearbeiten.

(6) Emotionen

In 9 % der Reflexionen finden sich Äußerungen, die auf stärkere, vor oder nach der Bearbeitung von CCT auftretende, Emotionen schließen lassen.

Vor dem Beginn hatte ich etwas Angst, dass der Test mir sagt, ich sei als Lehrerin ungeeignet / Durch den Fragebogen gingen die letzten Zweifel [...], ob ich Lehrer werden soll, verloren / Gefühle und Gedanken: spannend, Glück, Vorfreude, Lust mehr zu erfahren.

In Lüneburg werden die Reflexionsimpulse aus der Auseinandersetzung mit CCT zukünftig in neu einzuführenden Zulassungsgesprächen und im Studium aufgegriffen. Erste Erfahrungen mit der institutionalisierten Nutzung von CCT im Mix von Beratung und Portfolio zeigen, dass die Wirkung deutlich gestärkt wird, wenn die Selbsterkundung Teil der Ausbildung wird und Reflexionsimpulse in der Beratung und im Studium aufgriffen werden.

BUNDESLÄNDER IM VERGLEICH: IMPULSE FÜR REFLEXIONEN UND ENTWICKLUNG

Betrachtet man die aktuelle Entwicklung der Eignungsabklärung in den deutschen Bundesländern im Überblick, so lässt sich ein eindeutiger Trend abzeichnen: Die Länder setzen auf frühzeitige Attrahierung und nehmen eher die berufspsychologische Perspektive ein. So schreibt etwa das Land Rheinland-Pfalz in einer Informationsbroschüre für Interessierte am Lehrerberuf: »Die Selbsterkundung ist wesentlicher Bestandteil der Lehrerinnen- und Lehrerbildung!«. Selbsterkundungsverfahren werden dort als Weg zum eigenen beruflichen Profil als Lehrerin oder Lehrer empfohlen, sie sollen Entwicklungsschritte deutlich machen und zur Verantwortungsübernahme für die Ausbildung anregen (http://

cct.rlp.de). Ähnliches findet sich im neuen Lehrerleitbild in Nordrhein-Westfalen, dort werden (zukünftige) Lehramtsstudierende als selbstverantwortliche Lerner betrachtet, die es in ihrem Reflexionsprozess zu unterstützen gilt. Auf der Grundlage der Empfehlungen aus einem Gutachten (»Baumert-Gutachten«) wurde hier der Fokus auf die Vorstellung von Lehrerbildung und Lehrersein als einem berufsbiografischen Prozess gelegt (vgl. auch die Empfehlung der deutschen Kultusministerkonferenz zu den »Perspektiven der Lehrerbildung in Deutschland« von 1999/2000; Terhart 2000).

Die meisten der Bundesländer, die in ihren Lehrerausbildungsgesetzen die Auseinandersetzung mit der Eignung für den Lehrerberuf festgeschrieben haben, setzen nicht auf Selektion und damit auf das Abhalten von Personen mit ungünstigen Merkmalen vom Lehrerberuf, sondern auf eine frühzeitige und ausbildungsbegleitende Selbsterkundung mittels webbasiertem Self-Assessment, Beratung und Dokumentation der Reflexionen in Portfolios oder Praxistagebüchern, wie die folgende Abbildung zeigt.

Bei dieser Form einer sanktionsfreien, auf Selbsteinschätzung abzielenden Eignungsabklärung liegt der Fokus darauf, dass die Person für sich selbst herausfindet, ob sie zum Beruf Lehrerin/Lehrer passt. Im Mittelpunkt steht eine – mit vielerlei Unwägbarkeiten verbundene – Prognose späterer Berufsbewährung. Zwischen der Entscheidung für ein Lehramtsstudium und der späteren Berufstätigkeit liegen die Jahre des Studiums mit all ihren Impulsen für die Entwicklung der angehenden Lehrkräfte – und es ist nicht völlig vorhersehbar, unter welchen Rahmenbedingungen die heutigen Studienbewerberinnen und -bewerber einmal den Beruf ausüben werden. In diesem Kontext ist »Eignung« daher keine fixe Größe – sie bedeutet vielmehr das Vorliegen von Dispositionen und Kompetenzen, die es mit einiger Wahrscheinlichkeit erwarten lassen, dass die betreffende Person (1) die Lehrerausbildung erfolgreich durchlaufen und danach (2) den Lehrerberuf über längere Zeit kompetent und berufszufrieden ausüben und (3) sich im Beruf kontinuierlich weiter entwickeln wird (Nieskens/Mayr/ Meyerdiercks 2011; Nieskens/Demarle-MeuseL 2012).

Abbildung 2: Bundesländer mit gesetzlicher Verankerung der Eignungsabklärung für den Lehrerberuf

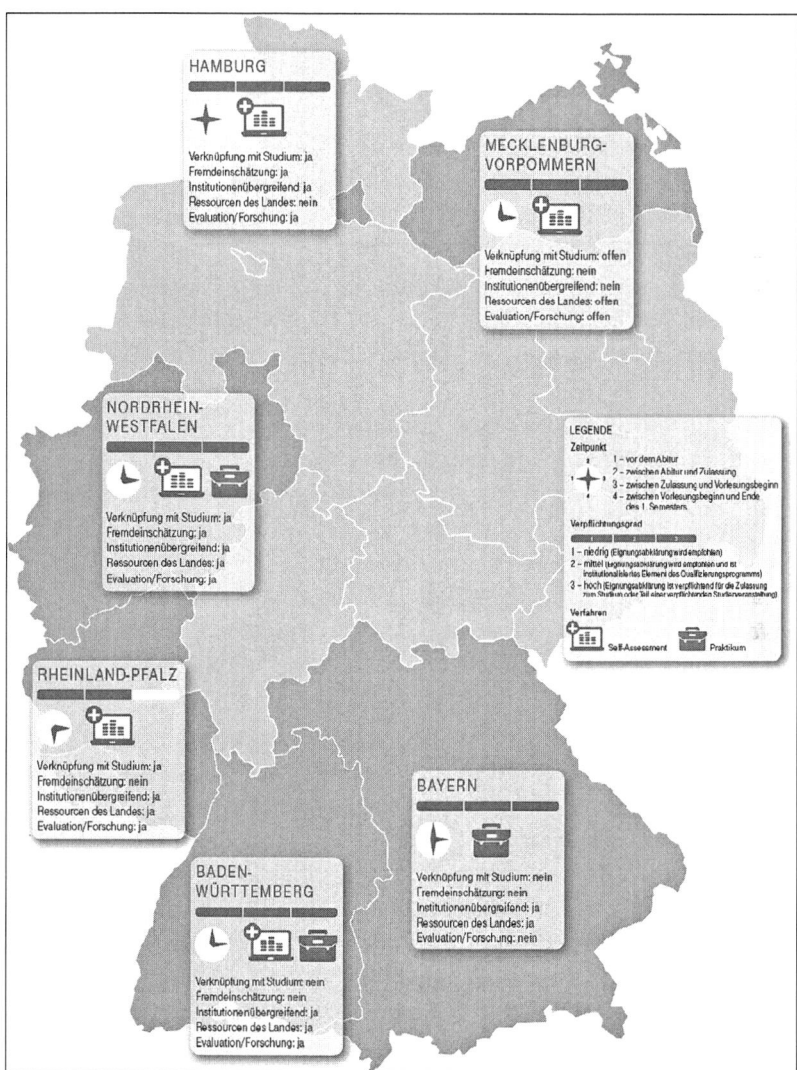

Quelle: Nieskens & Demarle-Meusel, 2012

LITERATUR

Bergmann, C./Eder, F. (1994): »Wer interessiert sich für ein Lehramtsstudium? Leistungsmerkmale, Interessen und schulische Erfahrungen von Schülern, die einmal Lehrer werden wollen«, in: J. Mayr (Hg.), Lehrer/in werden, Innsbruck: Österreichischer Studienverlag, S. 47-64.

Bergmann, C. (2008): »Beratungsorientierte Diagnostik zur Unterstützung der Studienentscheidung studierwilliger Maturanten«, in: H. Schuler/B. Hell (Hg.), Studierendenauswahl und Studienentscheidung, Göttingen: Hogrefe, S. 67-77.

Gröschner, A./Schmitt, C. (2008): »Fit für das Studium? – Studien- und Berufswahlmotive, Belastungserfahrungen und Kompetenzerwartungen am Beginn der Lehramtsausbildung«, in: Lehrerbildung auf dem Prüfstand 1-2, S. 658–677.

Herlt, S. (2004): Entwicklung eines Selbsteinschätzungsbogens für Abiturienten. Unveröffentlichte Diplomarbeit, Universität Potsdam.

Herlt, S./Schaarschmidt, U. (2007): »Fit für den Lehrerberuf?!«, in: U. Schaarschmidt/U. Kieschke (Hg.), Gerüstet für den Schulalltag. Psychologische Unterstützungsangebote für Lehrerinnen und Lehrer, Weinheim: Beltz, S. 157-187.

Holland, J.L. (1997): Making vocational choices. A theory of vocational personalities and work environments, 3. Aufl., Odessa, FL: Psychological Assessment Resources, Inc.

Kiel, E. (2012): »Lehrer werden: Von der Attraktivität zur Selektivität«, in: Eberhard von Kuenheim Stiftung der BMW AG/Stiftung der Deutschen Wirtschaft (Hg), Geeignet für den Lehrerberuf? Repräsentativbefragung der Bevölkerung zum Lehrerberuf im Vergleich zur eigenen Beschäftigung. Siehe: www.kuenheimstiftung.de/fileadmin/media/pdf/presse/e-cho/Lehrwerk statt/Geeignet_fuer_den_Lehrerberuf.pdf [01.06.2012].

Krapp, A. (2007): »An educational-psychological conceptualisation of interest«, in: International Journal of Educational and Vocational Guidance 7, S. 5-21.

Kühne, S. (2006): »Das soziale Rekrutierungsfeld der Lehrer. Empirische Befunde zur schichtspezifischen Selektivität in akademischen Berufspositionen«, in: Zeitschrift für Erziehungswissenschaft 9 (4/2006), S. 617-631.

Lehberger, R. (2012): »Von der Eignungsreflexion zur Potentialentwicklung«, in: D. Bosse et al. (Hg.), Professionelle Lehrerbildung im Spannungsfeld von Eignung, Ausbildung und beruflicher Kompetenz, Bad Heilbrunn: Klinkhardt, S. 59-66.

Mayr, J. (2010): »Selektieren und/oder qualifizieren? Empirische Befunde zu guten Lehrpersonen«, in: J. Abel/G. Faust (Hg.), Wirkt Lehrerbildung? Antworten aus der empirischen Forschung, Münster: Waxmann, S. 73-89.

Mayr, J. (2011): »Der Persönlichkeitsansatz in der Lehrerforschung. Konzepte, Befunde und Folgerungen« in: E. Terhart/H. Bennewitz/M. Rothland (Hg.), Handbuch der Forschung zum Lehrerberuf, Münster: Waxmann, S. 125-148.

Mayr, J. (2012): Fragebogen zur Evaluierung von CCT, im Manuskript, Klagenfurt: Alpen-Adria-Universität.

McCrae, R.P./Costa, P.T. jr (2008): »The five-factor theory of personality«, in O.P. John/R.W. Robins/L.A. Pervin (Hg.), Handbook of personality, New York: Guilford Press, S. 159-181.

Meyerdierks, I. (2011): Entwicklung eines Kategoriensystems zur Auswertung qualitativer Daten: Evaluation von Angeboten zur Laufbahnberatung, Poster bei der 75. Tagung der AEPF in Bamberg, 01.03.2011.

Nieskens, B. (2009): Wer interessiert sich für den Lehrerberuf – und wer nicht? Berufswahl im Spannungsfeld von subjektiver und objektiver Passung, Göttingen: Cuvillier.

Nieskens, B./Mayr, J./Meyerdierks, I. (2011): »CCT – Career Counselling for Teachers: Evaluierung eines Online-Beratungsangebots für Studieninteressierte«, in: Lehrerbildung auf dem Prüfstand 4, S. 8-32.

Nieskens, B./Demarle-Meusel, H. (2012): Für den Lehrerberuf geeignet? Eine Bestandsaufnahme zu Eignungsabklärung, Beratung und Bewerberauswahl für das Lehramtsstudium, Deutsche Telekom Stiftung (Hg.). Siehe: http://www.telekom-stiftung.de/dtag/cms/content/Telekom-Stiftung/de/1924170 [01.06.2012].

OECD (2005): Teachers matter: Attracting, developing and retaining effective teachers, Paris. Siehe: http://www.oecd.org/dataoecd/38/63/34991-087.pdf [01.06.2012].

Rauin, U./Meier, U. (2007): »Subjektive Einschätzungen des Kompetenzerwerbs in der Lehramtsausbildung«, in: M. Lüders/J. Wissinger (Hg.), Forschung zur Lehrerbildung. Kompetenzentwicklung und Programmevaluation, Münster: Waxmann, S. 103-132.

Rothland, M. (2011a): Warum entscheiden sich Studierende für den Lehrerberuf? Interessen, Orientierungen und Berufswahlmotive angehender Lehrkräfte im Spiegel der empirischen Forschung. In E. Terhart, H. Bennewitz & M. Rothland (Hrsg.), Handbuch der Forschung zum Lehrerberuf (S. 268-295). Münster u.a.: Waxmann.

Rothland, M. (2011b): »Wer entscheidet sich für den Lehrerberuf? Forschung zum soziodemographischen Profil sowie zu Persönlichkeits- und Leistungs-

merkmalen angehender Lehrkräfte«, in: E. Terhart/H. Bennewitz/M. Rothland (Hg.), Handbuch der Forschung zum Lehrerberuf, Münster u.a.: Waxmann, S. 243-267.

Rothland, M./Tirre, S. (2011): »Selbsterkundung für angehende Lehrkräfte: Was
erfassen ausgewählte Verfahren der Eignungsabklärung?«, in: Zeitschrift für
Pädagogik 57 (5), S. 655-673.

Schaarschmidt, U. (2005) (Hg.): Halbtagsjobber? Psychische Gesundheit im
Lehrerberuf. Analyse eines veränderungsbedürftigen Zustandes, Weinheim:
Beltz.

Schuler, H. (2001): Lehrbuch der Personalpsychologie, Göttingen: Hogrefe.

Schumacher, E. (2002): »Die soziale Ungleichheit der Lehrer/innen - oder: Gibt
es eine Milieuspezifität pädagogischen Handelns?«, in: J. Mägdefrau/E.
Schumacher (Hg.), Pädagogik und soziale Ungleichheit. Aktuelle Beiträge –
Neue Herausforderungen, Bad Heilbrunn: Klinkhardt, S. 253-270.

Terhart, E. (2000): Perspektiven der Lehrerbildung in Deutschland. Abschlussbericht der von der Kultusministerkonferenz eingesetzten Kommission,
Weinheim: Beltz.

Wirth, R./Seibert, N. (2011): »PArcours – ein eignungsdiagnostisches Verfahren
für Lehramtsstudierende der Universität Passau«, in: Lehrerbildung auf dem
Prüfstand 4, S. 48-63.

Bewusst studieren. Zur Bedeutung von Studienstrategien und Metakognition

Eine Nachbetrachtung zu einigen Beiträgen dieses Bandes

Ludwig Huber

Wer durch die Beiträge dieses Bandes, die die subjektiven Konzepte, Theorien und Strategien der Studierenden betreffen, streift, findet etliche Themen, die in vielen von ihnen auftauchen und zu einem sie übergreifenden Nachdenken Anlass geben: Was unter »Praxisbezug« des Studiums verstanden werden sollte und was darunter verstanden wird, wie es um ihn in der wahrgenommenen Realität verschiedener Studiengänge steht, welche Vorstellungen Studierende und Lehrende davon haben, wie weit diese als Konzepte oder Subjektive Theorien zu begreifen oder ob sie überhaupt klar sind, wie diese elaboriert und der Praxisbezug selbst verbessert werden könnte, und viele andere mehr. Eines dieser Themen, das sich offen oder latent durch so manchen dieser Artikel zieht und das mich aus Gründen, die gleich noch deutlich werden, besonders interessiert, möchte ich zum Gegenstand einer kleinen Nachbetrachtung machen: die Bedeutung von Studienstrategien, Interessen und Metakognition für erfolgreiches Studieren.

1. WAS BRAUCHT MAN FÜR ERFOLGREICHES STUDIEREN?

Die Frage zielt auf die personalen Voraussetzungen für ein Studium, das nicht nur objektiv erfolgreich ist, insofern es in angemessener Zeit zu dem angestrebten Abschluss mit guten Noten führt, sondern auch subjektiv befriedigend verläuft, insofern an interessanten Themen gelernt und gearbeitet und ein Zuwachs an Kompetenzen erfahren werden kann. Eine – abstrakte – Antwort darauf heißt:

Voraussetzung ist Studierfähigkeit. In der einschlägigen Diskussion erscheint der Begriff der Studierfähigkeit allerdings allzu häufig auf die Bewältigung der Anforderungen beschränkt, die sich mit dem Studienanfang stellen und vor allem an ihm beobachtet werden: Orientierung, wissenschaftliches Arbeiten, Selbstorganisation, Kommunikation usw. Er muss aber auf den ganzen Studienverlauf bezogen und entwickelt werden. Ein Blick auf die typischen Phasen – vom Zugehen auf das Studium (Studienentscheidung, -wahl) und die Eingangsphase über die ganze Strecke mit ihren Fortschritten und Krisen (Durchhalten) bis zum Abschluss und »Fortgang« im einen oder anderen Sinne – offenbart, welche Fülle von »Entwicklungsaufgaben« darin zu bewältigen ist. Die »Bologna«-Reform mag inzwischen insgesamt für eine stärkere Strukturierung der Studiengänge gesorgt haben; sie hat, je nach lokaler Ausführung, mehr Belegpflichten definiert, eine stärkere Sequenzierung oder auch Gruppierung der Veranstaltungen, oft nur äußerlich, herbeigeführt, insbesondere dichtere Termine und Fristen für Studienleistungen und Prüfungen gesetzt. Gerade mit dem letzteren ist ein in früheren Zeiten, als es in vielen Studiengängen ganz bei dem einzelnen Studierenden lag, wann er oder sie sich zur Prüfung meldete, um eine Abschlussarbeit bemühte, um einen Termin für die mündliche Prüfung bat, sehr weiter Raum der Unsicherheit (und Angst) erheblich eingeengt worden.

Aber weiterhin ist, wenn auch nach der Struktur der Studiengänge und nach Größe der Fächer und Hochschulen unterschiedlich, die Menge der Optionen, zwischen denen die Studierenden zu wählen haben, und die Menge der Entscheidungen, die sie treffen müssen, gewaltig. (Die gegenüber den Hochschulen stark übertreibende und gegenüber der Schule ungerechte Rede von der »Verschulung« des Studiums ist zwar sehr verbreitet, aber mindestens bezogen auf diesen Aspekt der Möglichkeit und Notwendigkeit von Wahlen irreführend.) In großen Fächern stehen zur Erfüllung derselben Belegpflichten inhaltlich alternative Veranstaltungen zur Wahl, die Zeitpunkte (Semester), zu denen man sie absolviert, können in bestimmtem Rahmen frei oder umgekehrt durch interne Teilnahmebeschränkungen oder Stundenplanzwänge diktiert sein oder verschoben werden, Module können alternative Elemente enthalten und für verschiedene Studiengänge angerechnet werden. Häufig steht zur Disposition, wo man nur »aktive Teilnahme« und wo man individuelle und benotete Lernleistungen erbringt, immer aber, wie intensiv und engagiert man sich auf diese oder jene geforderte Leistung einlässt. Weiterhin liegt die Entscheidung, welche Themen man für Referate oder als Prüfungsspezialgebiete wählt, mit wem man zusammenarbeitet oder welchen Arbeitsgruppen oder Projekten man sich anschließt und wieviel Arbeit man jenseits des unvermeidlichen Minimums jeweils investiert, beim Individuum: Bis wann muss ich was gemacht oder erbracht haben?

Was gibt und nimmt es mir, wenn ich mich auf ein nicht vorgeschriebenes Thema einlasse? Was wird in der Prüfung in x oder y gefordert? Wann spätestens
sollte ich wen um Rat gefragt haben? Und unverändert bleiben alle Fragen von
der Art wie: »Wie bringe ich Studium und mein Leben im übrigen (inkl. eventu-
elles Jobben) zusammen?« Oder: »Was werde/kann ich nach dem Examen sein,
tun?«

Indizien und Belege dafür liefern alltägliche Beschreibungen und empirische
Untersuchungen gleichermaßen reichlich. Nur als eine solche Quelle sei hier der
Konstanzer Studierendensurvey herangezogen: Ca. drei Viertel der Studierenden
insgesamt finden im Durchschnitt (bei großen Unterschieden nach Fächern) den
Studienaufbau nicht gut gegliedert, die Wahlmöglichkeiten unübersichtlich, die
Prüfungsanforderungen zwar hoch, aber unpräzise und schlecht auf die Lehrinhalte abgestimmt, aus diesen Gründen die Semestervorgaben zeitlich schlecht er-
füllbar (Multrus/Ramm/Bargel 2011: 10f.). Nach leistungsbezogenen Schwierigkeiten folgen deswegen auf dem zweiten Rang »Orientierungsprobleme. Mehr
als die Hälfte der Studierenden an Universitäten haben einige bis große Schwierigkeiten damit, das Studium voraus zu planen [= für 20% »erhebliche Beeinträchtigung«], und knapp die Hälfte hat Probleme, in der Vielfalt der Fachinhalte
eine eigene Orientierung zu gewinnen« (ebd.: 15). Die Planungsschwierigkeiten
haben sogar nach 2000 und im Bachelor-Studium zugenommen (ebd.: 16).

Die Aufgabe, sich in dieser Lernumgebung zu orientieren, die Folgen von
Entscheidungen zu antizipieren, bleibt also offenbar schwierig. Für die Lehrerausbildung, die in einem Teil des STEP-Projekts und der hier versammelten Beiträge Untersuchungsgegenstand ist, gilt das in besonderem Maße; die Fragmentierung dieses Studiums wird mehrfach angesprochen.

Um unter diesen Umständen nicht von den allzu vielen Informationen und
Angeboten hin und her getrieben zu werden, sondern erfolgreich zu studieren,
braucht man, so nehme ich an, mehr als nur Studierfähigkeit, soweit diese durch
einen Satz von obligatorischen Vorkenntnissen und nützlichen Fertigkeiten definiert ist. Sie muss geleitet oder gestützt werden durch eine Orientierung, ein
Wissen, wofür bzw. worin man sich warum engagiert, wo man gerade steht und
wohin man weitergeht – oder anders: durch *Interesse*, *Strategie* und *Reflexion*.

Für das erste dieser drei, Interesse, habe ich an anderer Stelle ausführlich argumentiert (vgl. Huber im Erscheinen). Hier nur so viel: Interesse, verstanden
als »die besondere Beziehung einer Person zu einem (Lern-)Gegenstand«
(Krapp/Weidenmann 2001: 220) stellt generell eine entscheidende Voraussetzung für fruchtbares, auch emotional engagiertes Lernen dar. Diese Form der intrinsischen Motivation geht nach übereinstimmender Meinung anders als die ex-
trinsische »mit dem Einsatz tiefergehender Lernstrategien« einher und bewirkt

eine stärkere Zielbindung und eine »ausgeprägte und stabile Aufgabenorientierung« (Krapp/Weidenmann 2001: 225; Schiefele/Urhahne 2000; Ditton 1998:
56), und diese wiederum erbringt vor allem auf lange Sicht höhere Leistungen
und größere Wissenszuwächse als die bloße so genannte Leistungsmotivation
(Krapp/Weidenmann 2001: 225). Die Annahme scheint gerechtfertigt, dass ein
deutliches fachliches oder praktisches Interesse in den oben geschilderten Ent-
scheidungssituationen hilfreich ist. Für das Studium im Ganzen als einen sehr
komplexen Prozess sind zwar die Befunde aus der Studenten-, speziell der Stu-
dienverlaufsforschung dazu, welche Bedeutung dem Interesse im Verhältnis zu
gewichtigen anderen Faktoren (IQ, Schulleistung, Persönlichkeitsvariablen etc.)
zukommt, gemischt. Dennoch aber kann man aus ihnen vorsichtige Schlussfolgerungen ziehen: Passung und Grad des Interesses stellen zum einen für den
Studienerfolg sowohl nach gemessener Leistung als auch besonders nach erfah-
renem Kompetenzzuwachs zwar nicht den wichtigsten Faktor, aber doch einen
der unmittelbar und vor allem mittelbar daran mitwirkenden Faktoren dar (der
vielleicht noch deutlicher als solcher hervortreten würde, wenn Komplexität und
Nachhaltigkeit des Kompetenzerwerbs besser erfasst würde)[1]. Zum anderen sind
Passung und Grad des Interesses von besonderem Einfluss auf die Studienzufriedenheit und die Ausdauer, das Studium nicht abzubrechen (vgl. Huber ebd.).

Hier soll es aber im Folgenden vor allem um die beiden anderen gehen: Strategie und Reflexion.

2. STRATEGIEN FÜR DAS STUDIUM?

Wie für Interesse, so versteht sich auch die Annahme, man brauche Studienstrategien, nicht von selbst.

Zunächst: »Strategie« kann als Handlungsplan (Grobplan) oder Handlungs-
konzept umschrieben werden: ein mentales Modell von Zielrichtung, Mit-
teln/Wegen, Erfolgskriterien oder, mit Ditton, als erweitertes Modell der Infor-
mationsverarbeitung (Lernbedarf feststellen, Lernziele definieren, Initiative ergreifen, Ressourcen ermitteln, Lernstrategien auswählen und anwenden, Lernprozess in Gang halten, Lernergebnisse feststellen und beurteilen). Sie bedeutet
also mehr als einzelne Techniken, vielmehr umfassendes Zusammenwirken von
Wissen, Können und Wollen (vgl. Ditton 1998: 45). Für das USuS-Projekt (das

---

1   Auch in diesem Band findet sich die Interviewäußerung eines Hochschullehrers, in
    der er dem Interesse (oder gar einer »Leidenschaft«) die größte Bedeutung sowohl für
    das Studium wie für die Berufsfindung zuspricht (vgl. Hessler/Oechsle/Heck i.d.B.).

etwa zeitgleich mit dem STEP-Projekt verlief, in diesem Band auch vertreten ist und deswegen hier besonders herangezogen wird) wurde als Ausgangsannahme formuliert: »Studienstrategien sind durch dieselben Faktoren beeinflusst wie der Studienstil, sie sind jedoch im Unterschied zu diesem weniger habitusbasierter Umgang mit den Anforderungen der Institution als vielmehr zielorientierte Handhabung von Anforderungen und Rahmenbedingungen. Strategien setzen voraus, dass zunächst ein Ziel formuliert wird, welches mit verschiedenen Mitteln, die in den Augen der Handelnden hierfür geeignet scheinen, versucht wird zu erreichen« (Bülow-Schramm/Rebenstorf/Wölk 2009).

Das sind sehr umfassende Konzepte von Strategien für das ganze Studium – anstatt, was doch näher liegt, zunächst einmal für Teilziele und Zwischenschritte. Die Vorstellung, dass Studierende von Anfang an gleichsam mit einem Generalstabsplan dieser Art durch das Studium gehen, gehen sollten oder könnten, greift gewiss zu weit. Die Unabsehbarkeit der Chancen und Anforderungen und damit möglicher Ziele in der heutigen bzw. künftigen Berufswelt, die Komplexität der Mittel und Wege im Studium und der Entwicklungsstand der Studierenden als noch in der Adoleszenz (zumal nach der Verkürzung der Schulzeit und Wegfall der Wehrpflicht) machen eine solche Annahme gleichermaßen unwahrscheinlich. Dennoch bleibt die Frage nach einer situationsübergreifenden Orientierung, die es Studierenden ermöglicht, Informationen und Stimuli zu filtern, sich für bestimmte Wege selbst zu entscheiden und Erfolge und Erfahrungen an eigenen Maßstäben zu bewerten.

Das könnten, zumal am Studienanfang, unvollständige Strategien sein. So nahmen Bülow-Schramm/Rebenstorf/Wölk (2009) an, dass zu Studienbeginn »vielleicht Ziele vorhanden sind, aber noch Unklarheit über die zur Zielerreichung erforderlichen Mittel besteht. Weiterhin gehen wir davon aus, dass sich einmal formulierte Ziele unter dem Einfluss der objektiven Studiengangsstruktur verändern können.« Vor noch vagen Fernzielen z.B. für den Beruf könnten zunächst klarere Zwischenziele stehen (»die nächsten Abschnittsprüfungen möglichst gut absolvieren« oder ungeliebte Pflichtanforderungen, die man für sich selbst als unwichtig oder ablenkend eingestuft hat, »mit möglichst geringem Aufwand hinter sich bringen«). Es könnte um Ziele gehen, die nicht als Mittel zu einem fernen Zweck definiert, sondern erst einmal unabhängig von einem solchen, z.B. beruflichem Erfolg, gleichsam als Selbstzweck angestrebt werden (»so studieren, dass ich daneben noch etwas ganz anderes machen kann«, »auf jeden Fall diese Kompetenz … erwerben bzw. ausbauen« oder »einer Frage oder Thematik, die mich interessiert, nachgehen«). Dann würden Entscheidungen über Mittel und Wege (Wahl von Themen, Schwerpunkten, Lehrveranstaltungen; Arbeitsformen, Zeiteinsatz usw.) nach diesen ausgerichtet, Erfahrungen und

Feedback an diesen gemessen werden. Ein Ansatz zu einer Strategie könnte es auch schon sein, wenn Studierende nur sich genauer ihrer eigenen Potentiale vergewissern, um diese aufzugreifen und auszubauen (darauf ist nachher noch einmal zurückzukommen). Mindestvoraussetzungen, damit von einer Strategie gesprochen werden kann, wären also bewusste, auch kognitiv begründete Entscheidungen der einen oder der anderen Art, darauf bezogener Einsatz der Ressourcen und systematische Selbstreflexion (Metakognition), die auf der motivationalen Seite verbunden sind mit Interesse (als positiv oder wertvoll empfundene Beziehung zu einem Gegenstand, einer Aufgabe, einer Tätigkeit) und Überzeugung von der Kontrollierbarkeit des Lernvorganges und Vertrauen in die eigenen Fähigkeiten (vgl. Ditton 1998: 46).

Strategietypen lassen sich angesichts der unterschiedlichen Füllung und Gewichtung dieser Kategorien mannigfach bilden. Typologien sind schon seit langem eine beliebte Übung in der Forschung über Studierende: angefangen von der Einteilung nach primärer Orientierung auf/an Beruf/Praxis, Wissenschaft/Fach, persönlicher Entwicklung, studentischem Leben (vocational, academic, nonconformist, collegiate) bei Clark/Trow (1966) über phänomenologische Beschreibungen nach Arbeitshaltungen wie »Klein-Humboldt«, »Teamworker« (sonst auch »Sozialwühler«, »Sozial Geschickte«), »Arbeitsbiene« (Keil/Piontkowski 1973; vgl. Morsch u.a. 1974) bis zu faktorenanalytisch aus der großen Datenbasis der NSSE (vgl. die Jahresberichte, z.B. NSSE 2011) gewonnenen Differenzierungen (academics, unconventionals, disenganged, collegiates, maximizers, grinds, conventionals) (vgl. Hu/Katherine/Kuh 2011). Stile, die am Umgang mit Lernaufgaben beobachtet wurden – z.B. »Holisten« vs. »Serialisten« – lassen sich auch auf der Handlungsebene des Studiums beobachten. In den Hypothesen zum gerade abgeschlossenen USuS-Projekt (s.o.) wurden Strategietypen antizipierend unterschieden nach Prioritäten – schneller, erfolgreicher Studienabschluss; Kompetenzerwerb; Klärung der eigenen Ziele oder Sinnfragen im Studium – und jeweils damit Annahmen über das daraufhin entwickelte Studierverhalten verbunden.

Es ist nicht immer ohne weiteres erkennbar, an welchen Grad von Ausprägung einer Strategie gedacht wird bzw. werden soll, wenn das Fehlen von Strategien als Desiderat oder Mangel markiert (wie z.B. von Bargel 2012, s.u.) oder umgekehrt, wenn positive Effekte im Studieren auf das Vorhandensein von Strategien zurückgeführt werden. Für Kuh et al. (2006), um ein Beispiel zu nennen, sind offenbar die »Erwartungen« (expectations), man könnte auch sagen, die »Konzepte«, was es heißt, zu studieren, welche Angebote und Herausforderungen zu verarbeiten, welche Entscheidungen zu treffen sind, ein Angelpunkt für ein erfolgreiches Studium; jedenfalls arbeiten sie in ihrem Forschungsreview heraus, wie sehr die Erwartungen, mit denen die Studierenden ins College hineingehen, als Filter schon der Wahrnehmungen und als Kriterium eigenen Engagements wirken; ohne bewusste Suche nach entsprechenden Möglichkeiten werden bestimmte Erfahrungen nicht gemacht (s. Kuh et al. 2006: 32ff.). Die »Projektgruppe Eigenevaluation«, hier als ein anderes Beispiel genommen, folgert aus einer Erhebung an der Universität Halle-Wittenberg vor allem die Bedeutung einer Orientierung an intrinsischen Motiven: »Studierende, die sich in ihrer bisherigen Studiengestaltung an ihren fachlichen Interessen, an der beruflichen Verwertbarkeit der Studieninhalte orientiert haben und um die bestmögliche Bewältigung der Studienanforderungen gerungen haben – statt einer ›Nur-Durchkommen-Strategie‹ zu folgen – sehen sich häufiger durch das bisherige Studium gefördert als Studierende, die sich in ihrer individuellen Studiengestaltung weniger stark intrinsisch orientieren« (Projektgruppe Eigenevaluation 2005: 86).

Im USuS-Projekt haben sich vollständige Studienstrategien im zu Anfang definierten Sinne, entgegen den Hypothesen (s.o.), im empirischen Material, also den Äußerungen der Studierenden, so nicht finden lassen (Rebenstorf mündlich; vgl. Bülow-Schramm/Rebenstorf 2012: 30). Was man durch Faktorenanalyse identifizieren konnte, erschien den Autoren eher als *Studienstile*: als Produkt aus Haltungen/Einstellungen zum Studium und Studienverhalten, und zwar merkwürdigerweise nur diese zwei:

- der Studienstil »mit Zuversicht zu studieren aufgrund der eigenen Lern- und Organisationsfähigkeit«. Hierunter wird verstanden, dass es den Studierenden laut eigenen Angaben leicht fällt, fachbezogene Inhalte zu lernen und zu behalten, einen roten Faden ins Studium zu bringen, den Lernstoff gut zu organisieren sowie über längere Zeit konzentriert arbeiten und ihre Leistungsfähigkeit einschätzen zu können. (Von den bei Ditton, s.o., genannten motivationalen Stützen einer Studienstrategie wäre hier vor allem die »Selbstwirksamkeit« beteiligt.) Darüber hinaus machen sie sich keine Sorgen, ihr Studium zu schaffen;
- der Studienstil »mit Spaß inhaltsorientiert studieren«, d.h. »die Studierenden haben mehr Spaß am Studium, die Beschäftigung mit bestimmten Studieninhalten wirkt sich positiv auf ihre Stimmung aus und ihnen hat sich der Sinn des Studiums erschlossen.« (Rebenstorf/Bülow-Schramm 2012; nach Ditton, s.o., sähe man hier die hohe Wertschätzung des Gegenstandes des Studiums als Motivation am Werk.)

Diesen Befund kann ich noch nicht richtig einordnen. Könnte man noch anders fragen oder beobachten, um zugrundeliegende Studienstrategien im oben definierten Sinn doch aufzudecken? (Diese Frage kann erst geprüft werden, wenn der vollständige Projektbericht vorliegt). Oder muss das Postulat einer vollständigen Strategie im strengen Sinne selbst verabschiedet bzw. zugunsten von unvollständigen Strategien, wie schon angedeutet, geöffnet werden? Wir haben es ja heute mit einer Generation von Studierenden zu tun, die internalisiert hat, dass sowieso keine langfristige Lebens- und Berufsplanung möglich ist[2]. Für sie könnte also eine »Strategie« auch darin bestehen, auf Zukunftsziele zu verzichten und sich auf das Hier und Jetzt des Studiums zu konzentrieren.[3] Dann könnte man die beiden o.g. Stile auch wieder als Strategien verstehen, die eine leistungsmotiviert, auf Lernerfolge und Kompetenzerfahrungen unter den gegebenen Anforderungsbedingungen gerichtet, die andere stärker intrinsisch motiviert, auf die Verfolgung gegenwärtiger inhaltlicher Interessen angelegt.

Vielleicht indiziert der empirische Befund aber auch ein *praktisches Desiderat*: Viele Studierende entwickeln keine Studienstrategien, obwohl sie sie bräuchten. Dafür sprechen die fortbestehenden, ja gestiegenen Orientierungsprobleme: »Mehr als die Hälfte der Studierenden an Universitäten haben einige bis große Schwierigkeiten damit, das Studium voraus zu planen [=für 20 Prozent »erhebliche Beeinträchtigung«], und knapp die Hälfte hat Probleme, in der Vielfalt der Fachinhalte eine eigene Orientierung zu gewinnen« (Multrus u.a. 2011 S. 15f.; Bargel 2012, S. 3f., in diesem Band). Nach Bargel (ebd. S. 4f.) lassen sich die Studierenden auf alles dies und zahlreiche Zusatzanforderungen (Schlüsselqualifikationentrainings, Auslandsaufenthalte, Praktika) ein aus der vagen Erwartung, so berufsfähiger zu werden (Employability), aber mit zu wenig Strategie und zu viel »Durchwursteln«. Angesichts der Intransparenz des Studiums,

---

2   Zwar sind die Aussichten auf dem Arbeitsmarkt kurzfristig besser. »Aber, was zu wenig beachtet wird: die Bereitschaft zur Aufgabe der beruflichen Identität ist so verbreitet wie noch nie. Studierende stellen sich häufiger darauf ein, etwas ganz anderes, auch auf Dauer, beruflich zu machen, als sie gelernt haben. Daher herrschen mehr Sorgen um den sicheren Arbeitsplatz auf Dauer, begleitet von einem fast ständigen Blick auf die Konjunkturen der Berufsaussichten. Es ist gelungen, die spätere Berufstätigkeit für einen Großteil der Studierenden als Druckmittel aufzubauen und den nebulösen Arbeitsmarkt als Drohkulisse herzurichten.« (Bargel i.d.B.).

3   Gegen diese Zuschreibung sprechen die zahlreichen Belege dafür, dass den Studierenden Praxisbezüge, und zwar besonders im Hinblick auf künftige Berufsmöglichkeiten, im Studium ungemein wichtig sind, bedeutend wichtiger als Forschungsbezüge (Multrus 2012).

wechselnder oder widersprüchlicher Anforderungskataloge aus dem Beschäftigungssystem und vielfach zu enger oder platter Berufsnützlichkeitsvorstellungen
unter ihren Kommilitonen wäre es stattdessen wichtig, dass die Studierenden
eigene Konzepte von »Beruf«, »Praxis« und »Studium« entwickeln und umsetzen (Bargel i.d.B.).

3. REFLEXION VON KONZEPTEN – SUBJEKTIVE THEORIEN?

Mit »eigene Konzepte« gibt Bargel ein maßgebliches Stichwort für diese Nachbetrachtung. Voraussetzung von Studienstrategien sind gewiss deutliche Konzepte von Sinn und Potential des Studiums als Kriterien für die Wahrnehmung
von Chancen und Anforderungen. Die Beiträge in diesem Band werfen ein erhel-
lendes Licht darauf, wie es um die Konzepte der Studierenden häufig steht. Einige Beispiele:

(1) Bezüglich der Ziele oder Aufgaben des universitären Studiums, hier der
Soziologie, betont die eine Gruppe von Studierenden, dass es unbeeinträchtigt
von Rücksichten auf den späteren Beruf Bildung durch Wissenschaft ermöglichen soll, die andere, dass es im Gegenteil konkret und unmittelbar für den Beruf
bzw. ein bestimmtes Berufsfeld orientieren und qualifizieren soll, die dritte
möchte beides und sieht den möglichen Konflikt zwischen diesen Zielen (vgl.
Hessler/Oechsle/Heck i.d.B.) Diese Konzepte spiegeln durchaus die objektive
Komplexität der Funktionen der Hochschule, aber man ahnt aus den Formulie-
rungen, besonders aus den einfachen Gegenüberstellungen, dass sie nicht durch-
dacht und ausdiskutiert sind, z.B. nicht daraufhin, wie weit gerade Bildung durch
Wissenschaft auch berufsnützliche Kompetenzen implizieren könnte oder umgekehrt in der Auseinandersetzung mit beruflichen Aufgaben Wissenschaft getrieben werden kann.

(2) Mehr Praxis bzw. Praxisbezug ist eine wiederkehrende, geradezu ubiqui-
täre Forderung in Befragungen von Studierenden auch sonst (vgl. Multrus 2012).
In den Beiträgen dieses Bandes zeigt sich ebenso wiederkehrend, wie verschiedene und z.T. undeutliche Begriffe von Praxisbezug hinter diesen Aussagen stehen und zumeist nicht mit expliziert werden. Sie reichen von der von vielen ge-
hegten Erwartung, unmittelbar einsetzbare Kenntnisse und Fertigkeiten – in der
Lehrerausbildung z.B. für die Durchführung von Unterricht – vermittelt zu bekommen bis zu der von wenigen geforderten kritischen Auseinandersetzung
auch mit den Kontexten der beruflichen Praxis und der Anerkennung, dass dafür
zunächst einmal theoretische Arbeit notwendig ist (vgl. Scharlau/Wiescholek

i.d.B. und Schüssler/Günnewig i.d.B.). Auch darin spiegelt sich das Spektrum der an sich vorfindlichen Möglichkeiten. Aber wiederum zeigt sich auch hier, dass die durch dieses Spektrum aufgeworfenen Fragen nicht bearbeitet werden. Scharlau/Wiescholek stellen fest, »dass es schon unter den Studierenden keinen Konsens darüber gibt, was unter Praxisbezug zu verstehen sei. Es fällt ihnen als sehr schwierige und oft unerfüllte Aufgabe zu, diesen Begriff inhaltlich zu füllen und mit seinen Komplexitäten und Unstimmigkeiten zu deuten – um seinen Sinn zu ringen« (ebd.). Schüssler/Günnewig finden, dass, jedenfalls bei einigen, »die Argumentation und die Kritik am praxisfernen Studium wenig reflektiert und ausgewogen ist« und stellen ein Beispiel dafür vor (ebd.).

Ähnlich lauten die Befunde bezüglich der Konzepte von Kompetenzen, die es im Studium zu erwerben gälte, oder von Profession bzw. Professionalität. Demnach sprechen die befragten Studierenden nur über personale und soziale Kompetenzen etwas differenzierter, über fachliche und methodische hingegen eher formelhaft: »Auch wenn zu vermuten ist, dass darüber hinausgehende vorhandene Strukturaspekte der subjektiven Vorstellungen im Interview implizit geblieben sind, ist festzuhalten, dass das Studium keine hinreichende Grundlage für *begründendes* Denken über lebensweltlich fremde Kompetenzen bietet.« (Scharlau/Bunte/Wiescholek i.d.B.)

Noch deutlicher tritt das Problem hervor, wenn man nicht nur nach Konzepten, sondern nach Subjektiven Theorien schaut, in denen diese in Relationen gesetzt, in Erklärungs- und Argumentationszusammenhänge eingebunden werden (müssen). Scharlau/Wiescholek gehen davon aus, dass »persönliche Sichtweisen die in dem hier entwickelten Kategoriensystem enthaltenen formalen Merkmale erfüllen müssen, um als Subjektive Theorien zu gelten«, nämlich »Komplexität, Differenziertheit und Organisation«, die sich inhaltlich darin erweisen, ob und wieweit mit den Konzepten argumentierend umgegangen wird. Mit Blick auf eine solche formale Struktur »kann für die vorliegende Stichprobe festgestellt werden, dass keine Subjektiven Theorien vorliegen. Es scheint vielmehr, dass die Studierenden trotz vieler einzelner, durchaus betont vorgebrachter Ansichten nicht argumentierend elaboriert haben, was sie vom Praxisbezug im Studium erwarten. Es handelt sich bei den von uns gefundenen Überzeugungssystemen eher um Versuche von Subjektiven Theorien« (i.d.B. mit weiteren Beobachtungen und Belegen).

Zu denken gibt nicht nur dieser Befund für sich, sondern darüber hinaus die Beobachtung, dass manche Studierende mit diesen Unstimmigkeiten und Widersprüchen offenbar subjektiv problemlos leben können. Zwar stellten solche Interviews wie die hier geführten in einzelnen Fällen für die Befragten einen Anstoß dar, über die Konzepte etwas mehr nachzudenken, den sie sonst offenbar im

Studium nicht erhielten (vgl. Scharlau/Bunte/Wiescholek i.d.B.). Andererseits ging bei der kommunikativen Validierung, also der Konfrontation mit der Auswertung durch die Interviewer, »keiner der Studierenden... auf diese Probleme [der Unstimmigkeiten und Widersprüche] ein, um sie etwa zu klären, auf einer Metaebene zu thematisieren oder weitere Argumente zu suchen« (ebd.).

4. Schlussfolgerungen

Die letztgenannten Beobachtungen erinnern an den Eindruck oben, dass Studierende auch ohne oder mit nur einer rudimentären Strategie »irgendwie« durchs Studium kommen. Soll man daraus schließen, dass die Frage nach Studienstrategien und Subjektiven Theorien für die Studierenden nicht relevant und sich darum von Seiten der Lehrenden Mühe oder Sorge zu machen überflüssig ist? Die Antwort darauf müsste wohl lauten: Dass die überwiegende Mehrheit der Studierenden irgendwie den Abschluss des Studiums erreicht, besagt nicht, dass dieses nicht doch besser gelingen, fruchtbarer werden könnte, wenn es bewusster gestaltet und genauer bedacht würde. Prüfungsnoten hierzulande bzw. Grade Point Averages in den USA mögen zwar in empirischen Untersuchungen sowohl zu Interessen wie zu bestimmten Strategien nur undeutliche Korrelationen zeigen; das spricht jedoch weniger gegen die Bedeutung dieser Faktoren als vielmehr gegen die Validität der Prüfungsverfahren, in denen diese Noten zustande kommen; sie dürften komplexeres Lernen unvollkommen erfassen (vgl. Huber im Erscheinen). Studienzufriedenheit und subjektiv wahrgenommene Lerngewinne aber korrelieren deutlich mit Strategien bzw. Orientierungen auf inhaltliches Engagement, also Interessen (vgl. Hu/Katherine/Kuh 2011). Zu offensichtlich sind ja auch die Reibungsverluste, die bei Mangel an Strategie entstehen – Probleme mit Auswahlentscheidungen, Zeiteinteilung, Arbeitsüberlastung (vgl. oben Bargel); zu deutlich treten die Schwierigkeiten der Verständigung über Sinn und Wert von Studium und Studienelementen hervor, die aus Unklarheit und Widersprüchlichkeit der Konzepte über und damit auch der Erwartungen an das Studium resultieren. Beides wird in den schon zitierten Beiträgen aus dem STEP-Projekt ersichtlich. In jedem wird mehr oder minder deutlich gefolgert, dass es hier einen Veränderungsbedarf gibt: Die unterschiedlichen Verständnisse von Praxisbezug müssen auch auf einer theoretischen Ebene mit- und gegeneinander diskutiert werden (auch zwischen Studierenden und Lehrenden), die Konzepte bewusst gemacht und geklärt werden; »die Arbeit an Subjektiven Theorien verlangt, aktiv auf die eigenen Kognitionen zu bestimmten Themen zuzugreifen, diese zu explizieren, zu elaborieren und im Lichte anderer Theorien sowie Erfahrungen zu reflektieren« (Scharlau/Bunte/Wiescholek i.d.B.). Das schält sich bei dieser Nachbetrachtung zu Studienstrategien und Subjektiven Theorien als das Gemeinsame heraus. Ohne sich auf Vollständigkeits- oder Stringenzansprüche festzulegen, bleibt als mindestes Postulat und damit auch als Ziel von Studienberatung und -reform: bewusstes Studieren – ein bewussteres jedenfalls als es nach all diesen Untersuchungen die Praxis vieler Studierender ist. Es zielt auf eine Stärkung der *Metakognition* der Kognitionen, die das Studium faktisch leiten. In Frage käme auch der etablierte Begriff des »Metalernens«. Jedoch umfasst »Studieren« ja noch mehr als Lernen, eine ganze Lebensführung – »Metastudieren« aber ist noch nicht eingeführt. Die grundsätzliche Bedeutung einer Förderung der Metakognition bzw. des Metalernens ist unumstritten; vor allem gilt sie als entscheidender Bestandteil des Selbstgesteuerten Lernens (vgl. Beck/Guldimann/Zutavern 2004; Artelt/Moschner 2005).

Metakognition beginnt mit Thematisierung, damit also, dass eigene Vorstellungen und Erfahrungen zum Gegenstand des Austauschs mit anderen gemacht werden. »Bereits die Rekonstruktion im Gespräch, etwa durch Fragen und Explizierung [wie bei den Interviews, L.H.], regt eine Distanzierung an, die wiederum gute Bedingungen für Überprüfung sowie Klärung bietet« (Scharlau/Bunte/Wiescholek i.d.B.). Das geschieht vermutlich auch in so mancher Studienberatung, einzeln oder in Gruppen, soweit sich diese nicht auf Information und Ratschläge zu Studienmöglichkeiten, -wegen, -anforderungen oder materiellen Voraussetzungen beschränkt, sondern sich zu Reflexion und Selbstreflexion hin öffnet. Gewiss könnte dies noch weiter ausgebaut werden. In der Studienberatung selbst, aber auch darüber hinaus, damit auch solche Studierende erreicht werden, die die Studienberatung nicht in Anspruch nehmen. Thematisierung und Austausch ist ein gleichsam geborener Gegenstand für Tutorien und für Mentorengruppen, wo es diese denn gibt, besonders in der Studieneingangsphase.

Eine besondere Fundierung solcher Gespräche, ob in der Beratung oder in Tutorien und Mentorien, bieten Lern- (oder: Studien-)Portfolios. Schon an sich für den einzelnen, der es führt, wie auch das Lerntagebuch ein äußerst hilfreiches Mittel, sich mit dem tatsächlichen »Gang der Dinge« – Lernfortschritten oder -stagnation, Leistungserfolgen oder Rückschlägen, Erfahrungen, Arbeitsweisen und Zeiteinsatz – zu konfrontieren, sind die Portfolios auch ein fruchtbarer Anstoß für den Austausch mit anderen: Im Vergleich der Praktiken entwickeln sich genauere Identifikation und Relativierung der eigenen Praxis und Anregungen zu deren Modifikation gleichsam natürlich.

Einen ähnlich wichtigen Einstieg in die Kultivierung von Metakognition bietet das Self-Assessment, eine Methode, die zur Zeit wesentlich in der Beratung bzw. Entscheidungsfindung für die Studienfachwahl und von den Career Centers am Ende der Studienzeit zur Vorbereitung der ersten beruflichen Schritte genutzt wird. Während das Lerntagebuch oder Portfolio einen Prozess begleitet und reflektieren hilft, ermöglicht das Self-Assessment eine Bestandsaufnahme oder Selbstdiagnose in einem bestimmten Moment, punktuell also, dafür aber, je nach dazu benutztem Instrument, umfassender, mit systematisch generierten Fragen, auf die der Portfolioschreiber eventuell gar nicht kommt. Diskussion und Literatur zum Thema Self-Assessment gibt es schon reichlich, ebenso wie Angebote von Instrumenten dafür. Es geht aber nur folgerichtig aus der Befassung mit den subjektiven Einstellungen der Studierenden von Studium und Praxis hervor, dass Self- Assessment auch in den Beiträgen zu diesem Band, aus dem STEP-Projekt und darüber hinaus, eine gewichtige Rolle spielt.

Die Funktion, die es vor und beim Studieneinstieg dafür haben könnte, die eigene Berufsentscheidung noch einmal zu prüfen, erhellt aus dem Beitrag von Nieskens, in dem das Laufbahnberatungsprogramm Career Counselling for Teachers vorgestellt wird (Nieskens i.d.B.). In ihm werden Persönlichkeitsvariablen, Interessenrichtungen, Vorleistungen und -erfahrungen abgefragt und das Ergebnis in Relation auch zu den Berufsanforderungen den Nutzern, hier an Lehrer, zurückgespiegelt. Es zielt also explizit auf eine Eignungsklärung, die eine bewusste(re) Laufbahnentscheidung ermöglicht. Andere Verfahren können andere Akzente setzen. Eines davon, auf das ich durch Karin Fischer-Bluhm (2012) aufmerksam geworden bin, möchte ich noch erwähnen, weil es ein Potential für die Entwicklung einer gewissen Form der Studienstrategie verspricht: Das im Rahmen des Verbundes Norddeutscher Universitäten entwickelte und offenbar viel nachgefragte Online-Self-Assessment (vgl. Zettler/Putz/Hornke 2010), das vor allem der Selbstexploration der persönlichen Voraussetzungen einschließlich der biographischen dient. Aus diesen gleichsam etwas zu machen (»effectuation«) soll den Ausgangspunkt für (die jeweils nächsten anstehenden) Studienentscheidungen liefern. Gegenüber ökonomisch-rationalen Verfahren der Entscheidungsfindung via Zukunftsprognosen, Nutzenanalyse, Zieldefinition, Mittelableitung, Störungsabwehr usw. geht diese Entwicklung von Strategien von der Analyse der jeweils gerade (kontingent) verfügbaren Mittel, insbesondere der eigenen Potentiale, Interessen usw., der Abschätzung der eigenen Einsatz- oder Risikobereitschaft, den möglichen »Bündnissen« mit den Verhältnissen und anderen Partnern aus und vollzieht sich in situativen Abwandlungen von Zielen – aber eben bewussten. »Diese Auffassung von Entscheidung kommt der Situation der Studieninteressierten [von noch Adoleszenten angesichts größter Unsicherheiten aller Entscheidungsparameter] viel näher als etwa eine Nutzwertanalyse oder ein vom Ziel aus deduzierter Handlungsplan.« (Fischer-Bluhm 2012: 11)

Der Einsatz von Self-Assessment-Verfahren ist aber nicht nur beim Studieneingang sinnvoll. Den in den Beiträgen dieses Bandes thematisierten Problematiken entspricht es, wenn es auch als Instrument zur Methodisierung studienbegleitender Reflexion von Konzepten und Subjektiven Theorien in Betracht gezogen wird. In diesem Sinne verweisen Scharlau/Bunte/Wiescholek auf Self-Assessments zur Bewusstmachung der Lernbiographie, zur »biographischen Selbstreflexion beim Erwerb von Theoriewissen, Forschungskompetenz und professionellem Habitus« oder zur Förderung von Conceptual Change. »Gemeinsam ist ihnen, Self-Assessment-Verfahren im weiten Sinne zu sein, welche Arbeit an persönlichen Überzeugungen und individuellen Erfahrungen zu einem zentralen Aspekt von Lehrerbildung machen« (i.d.B.) – und, möchte ich hinzufügen, darüber hinaus. Sie beschreiben, daran anschließend, ein stufenweises Vorgehen zur Bewusstmachung, Explikation und Diskussion subjektiver Konzepte und Theorien, das auf Offenheit für Unterschiede, Perspektivenwechsel, Relativierung und vor allem Argumentation angelegt ist, nicht auf die Verfestigung schon erklärter Überzeugungen (ebd.).

In der Tat muss in der weiteren Entwicklung von Lehre und Studium, zu diesem Schluss führt diese Nachbetrachtung, auch diese Richtung (neben stärkerer Studierendenzentrierung der Lehre, neuen Lernformen u.ä.) verfolgt werden. Es müssen seitens der Institution, seitens der Lehrenden, mehr Anstöße und Gelegenheiten zur Reflexion von Entscheidungen und Strategien, zur Elaboration von Konzepten und Subjektiven Theorien geschaffen werden, wenn uns an der Ermöglichung bewussteren Studierens und insoweit an »Bildung durch Wissenschaft« gelegen ist, für die eine Mindestvoraussetzung Reflexivität ist. Als Orte dafür wurden Tutorien und Mentorien schon erwähnt; Veranstaltungsevaluationen, ob am Schluss oder schon in der Mitte des Semesters, und Besprechungen von Portfolios könnten ebenfalls dafür genutzt werden; bestimmte Veranstaltungen, z.B. solche in der Studieneingangsphase oder übergreifende (»Capstone«-) Seminare, in die arbeitsteilige Lernwege oder Projekte münden, könnten solchem Austausch Raum und Aufmerksamkeit bieten.

In der Schlussdiskussion der dem STEP und verwandten Projekten gewidmeten Tagung in Bielefeld kam angesichts solcher Forderungen beiläufig die Befürchtung auf, vor lauter »Metastudium« käme man dann vielleicht nicht mehr zum Studieren selbst. Nach diesem Band darf man sagen, dass zwischen solch einem Umschlag ins andere Extrem und dem in den Beiträgen hier aufgedeckten Mangel an Studienstrategien und Konzeptbildung noch so viele positive und daher anzustrebende Niveaus liegen, dass man entsprechende Bemühungen nicht scheuen darf.

LITERATUR

Artelt, C./Moschner, B. (Hg.) (2005): Lernstrategien und Metakognition. Implikationen für Forschung und Praxis. Münster: Waxmann.

Bargel, T. (2013):»Studierende heute – Bekanntes und Unbekanntes: Einstellungen, Motive und Studienstrategien«, in: Hessler/Oechsle/Scharlau (Hg.): Studium und Beruf: Studienstrategien – Praxiskonzepte – Professionsverständnis.

Beck, E./Guldimann, T./Zutavern, M. (2004): Eigenständig lernen, St. Gallen: UVK Fachverlag für Wissenschaft und Studium.

Bosse, D. (2013):»Kompetenzabklärung zu Studienbeginn am Beispiel des Kasseler Projekts ›Psychosoziale Basiskompetenzen für den Lehrerberuf‹«, in: Hessler/Oechsle/Scharlau (Hg.): Studium und Beruf: Studienstrategien – Praxiskonzepte – Professionsverständnis.

Bülow-Schramm, M./Rebenstorf, H. (2012):»So gelingt Studieren in Bachelor-Studiengängen: mit validen Befragungsdaten zu einer erfolgversprechenden Studiengangsgestaltung«, in: Das Hochschulwesen 60 (1), S. 28-33.

Bülow-Schramm, M./Rebenstorf, H./Wölk, M. (2009): Zentrale Forschungsfragen und Analysemodell, Ms, Download: www.zhw.uni-hamburg.de/usus/ Grundlagen

Clark, B.R./Trow, M. (1966):»The Organizational Context«, in: T.M. Newcomb/E.K. Wilson (Hg.), College Peer Groups: Problems and Prospects for Research, Chicago: Aldine, S. 17-71.

Ditton, H. (1998):»Studieninteresse, kognitive Fähigkeiten und Studienerfolg«, in: J. Abel/Chr. Tarnai (Hg.), Pädgogisch-psychologische Interessenforschung in Studium und Beruf, Münster: Waxmann, S. 45-62.

Fischer-Bluhm, K. (2012): Wahl eines Studienfaches. Konzept für Schüler-Arbeitsgruppen in der Oberstufe. Abschlussarbeit in der Praxisbegleitenden Weiterbildung für in der Beratung Tätige (April 2011-Februar 2012) in der Hochschule Bremen, Typoskript, Heeslingen.

Hessler, G. /Oechsle, M./Scharlau, I. (Hg.) (2013): Studium und Beruf: Studienstrategien – Praxiskonzepte – Professionsverständnis. Perspektiven von Studierenden und Lehrenden nach der Bologna-Reform, Bielefeld: transcript Verlag.

Hessler, G./Oechsle, M./Heck, J. (2013):»Subjektive Theorien von Studierenden und Lehrenden zum Verhältnis von Studium und Beruf«, in: Hessler/ Oechsle/Scharlau (Hg.): Studium und Beruf: Studienstrategien – Praxiskonzepte – Professionsverständnis.

Hu, Sh./Katherine, L./Kuh, G.D.(2011): »Student typologies in higher education«, in: Using Typological Approaches to Understand College Student Experiences and Outcomes, Special Issue, New Directions for Institutional Research, S1, S. 5-15.

Huber, L. (im Erscheinen): »Zur Studierfähigkeit gehört auch Interesse«, in: J.
Asdonk, et al. (Hg.), in Vorbereitung.

Keil, W./Piontkowski, U. (1973): Strukturen und Prozesse im Hochschulunter-
richt, Weinheim: Beltz.

Krapp, A./Weidenmann, B. (Hg.) (2001): Pädagogische Psychologie. Ein Lehrbuch, 4. Aufl., Weinheim: Beltz.

Kuh, G.D. et al. (2006): What Matters to Student Success: A Review of the Lit-
erature, National Postsecondary Education Cooperative.

Morsch, R. u.a. (1974): Ingenieure. Studium und Berufssituation, Frankfurt:
Akademische Verlagsgesellschaft.

Multrus, F. (2012): Forschung und Praxis im Studium. Befunde aus Studierendensurvey und Studienqualtätsmonitor, Berlin/Bonn: BMBF.

Multrus, F./Ramm, M./Bargel, T. (2011): Studiensituation und studentische
Orientierungen. 11. Studierendensurvey an Universitäten und Fachhochschulen, Bonn/Berlin: BMBF.

Nieskens, B. (2013): »Selbsterkundungsverfahren in der Lehrerbildung«, in:
Hessler/Oechsle/Scharlau (Hg.): Studium und Beruf: Studienstrategien –
Praxiskonzepte – Professionsverständnis.

NSSE=National Survey of Student Engagement (2011). Annual results. Foste-
ring Student Engagement Campuswide, http://nsse.iub.edu/html/annual_
results.cfm (eingesehen 27.7.12).

Projektgruppe Eigenevaluation (2005):»›Studium und Lehre‹ als Forschungsprojekt. Ansatzpunkte und Ergebnisse interner Evaluationen an einem Fachbereich. Teil II«, in: Das Hochschulwesen 53 (2), S. 80-86.

Rebenstorf, H./Bülow-Schramm, M. (2013): »Ergebnisse des BMBF-Projektes
USuS. Was fördert den Studienerfolg?«, in: Hessler/Oechsle/Scharlau (Hg.):
Studium und Beruf: Studienstrategien – Praxiskonzepte – Professionsverständ-
nis.

Scharlau, I./Bunte, N./Wiescholek, S. (2013): »Self-Assessment-Instrumente:
Eine Möglichkeit der Bildung, Reflexion und Ausdifferenzierung von Sub-
jektiven Theorien«, in: Hessler/Oechsle/Scharlau (Hg.): Studium und Beruf:
Studienstrategien – Praxiskonzepte – Professionsverständnis.

Scharlau, I./Wiescholek, S. (2013): »Ringen um Sinn: Subjektive Theorien von
Lehramtsstudierenden zum Praxisbezug des Studiums«, in: Hessler/Oechsle/

Scharlau (Hg.): Studium und Beruf: Studienstrategien – Praxiskonzepte – Professionsverständnis.

Schiefele, U./Urhahne, D. (2000): »Motivationale und volitionale Bedingungen der Studienstleistung«, in: U. Schiefele,/K.-P. Wild (Hg.), Interesse und Lernmotivation, Münster u.a.: Waxmann, S. 183-206.

Schüssler, R./Günnewig, G. (2013): »Praxisbezug weiter hoch im Kurs….. Heterogene Praxiskonzepte von Lehramtsstudierenden«, in: Hessler/Oechsle/ Scharlau (Hg.): Studium und Beruf: Studienstrategien – Praxiskonzepte – Professionsverständnis.

Zettler, I./Putz, D./Hornke, L.F. (2010): Abschlussbericht zum Projekt Self-Assessment für Studieninteressierte im Verbund Norddeutscher Universitäten, hektogr. Ms., (www.uni-nordverbund.de/selfassessment).

Anhang

Autorinnen und Autoren

Abrandt Dahlgren, Madeleine, Dr., Professorin an der Universität Linköping, Faculty of Health Sciences, Department of Medicine and Health Sciences, Linköping, Schweden;
Kontakt: madeleine.abrandt.dahlgren@liu.se

Bargel, Tino, Dipl.-Soz., freier Mitarbeiter der Arbeitsgruppe Hochschulforschung an der Universität Konstanz und Koautor des Studienqualitätsmonitors;
Kontakt: tino.bargel@uni-konstanz.de

Bosse, Dorit, Dr., Professorin für Schulpädagogik mit Schwerpunkt gym-
nasiale Oberstufe an der Universität Kassel; Arbeitsschwerpunkte: Kompetenzentwicklung und Praxisphasen in der Lehrerbildung, Schul- und Unter-
richtsforschung in der gymnasialen Oberstufe;
Kontakt: bosse@uni-kassel.de

Bülow-Schramm, Margret, Dr., Professorin für Hochschuldidaktik an der
Universität Hamburg, Zentrum für Hochschul- und Weiterbildung und Pro-
jektleiterin im BMBF-Verbundprojekt USuS;
Kontakt: buelow-schramm@uni-hamburg.de

Bunte, Nicola, M.A., wissenschaftliche Mitarbeiterin im Institut für Mu-
sikwissenschaft und Musikpädagogik an der Universität Bremen, ehemalige
wiss. Mitarbeiterin im Forschungsprojekt STEP;
Kontakt: bunte@uni-bremen.de

Dahlgren, Lars Owe, Dr., war Professor an der Universität Linköping, Schweden, Department of Behavioural Sciences and Learning, Studies in Adult, Popular and Higher Education.

Gottmann, Corinna, Dipl.-Psych., wissenschaftliche Mitarbeiterin am FB Erziehungswissenschaft und Psychologie der FU Berlin und ehem. wiss. Mitarbeiterin im Forschungsprojekt ProPrax, Universität Potsdam; Arbeitsschwerpunkte: Schul- und Unterrichtsentwicklung, Professionalisierung von Lehrkräften

Günnewig, Kathrin, Dipl.-Psych., wissenschaftliche Mitarbeiterin am Zentrum für Bildungsforschung und Lehrerbildung (PLAZ) der Universität Paderborn und ehem. wissenschaftliche Mitarbeiterin im Forschungsprojekt STEP;
Kontakt: guennewig@plaz.upb.de

Hård af Segerstad, Helene, Dr., ehem. Dozentin an der Universität Linköping, Schweden, Department of Behavioural Sciences and Learning, Studies in Adult, Popular and Higher Education.

Heck, Justus, M.A., promoviert an der Universität Bielefeld und war wissenschaftliche Hilfskraft im Forschungsprojekt STEP; Arbeitsschwerpunkte: Interaktions- und Rechtssoziologie, Studierendenforschung;
Kontakt: justus.heck@uni-bielefeld.de

Hessler, Gudrun, Dipl.-Soz., promoviert an der Universität Bielefeld und war wissenschaftliche Mitarbeiterin im Forschungsprojekt STEP; Arbeitsschwerpunkte: Hochschul- und Bildungsforschung, Arbeits- und Professionssoziologie;
Kontakt: gudrun.hessler@uni-bielefeld.de

Huber, Ludwig, Dr. Dr. h.c., Professor em. der Universität Bielefeld, Fakultät für Erziehungswissenschaft, AG Schulentwicklung und Schulforschung; Arbeitsschwerpunkte: Wissenschaftsdidaktik, Hochschulsozialisationsforschung, Bildungstheorie;
Kontakt: ludwig.huber@uni-bielefeld.de

Hult, Håkan, Dr., Associate Professor, Centre for Educational Research and Development, Faculty of Health Sciences, Linköping, Schweden; Kontakt: Hakan.hult@liu.se

Johansson, Kristina, Dr., Senior Lecturer in Pädagogik an der University West, Trollhättan, Schweden; sie hat zum Thema: "Broad entrance, vague exit - the trajectory of political science students through higher education into work life" promoviert; Kontakt: kristina.johansson@hv.se

Kamm, Caroline, M.A., wissenschaftliche Mitarbeiterin am Institut für Erziehungswissenschaften, Humboldt Universität Berlin und ehem. wissenschaftliche Mitarbeiterin im Forschungsprojekt ProPrax, Universität Potsdam; Arbeitsschwerpunkte: Hochschulforschung, Bildungssoziologie; Kontakt: caroline.kamm@hu-berlin.de

Kopp, Andrea, Dipl.-Päd., wissenschaftliche Mitarbeiterin am Department Erziehungswissenschaft der Universität Potsdam und ehem. wissenschaftliche Mitarbeiterin im Forschungsprojekt ProPrax; Arbeitsschwerpunkte: Hochschulforschung, Jugend- und Sozialisationsforschung, Evaluation; Kontakt: akopp@uni-potsdam.de

Krohn, Maud, Dipl.-Päd., wissenschaftliche Mitarbeiterin am Department Erziehungswissenschaft der Universität Potsdam und ehem. wissenschaftliche Mitarbeiterin im Forschungsprojekt ProPrax, Universität Potsdam; Arbeitsschwerpunkte: Hochschulforschung, bürgerschaftliches Engagement, Evaluation; Kontakt: maud.krohn@uni-potsdam.de

Multrus, Frank, Dr., Mitarbeiter der Arbeitsgruppe Hochschulforschung an der Universität Konstanz und Koautor des Studienqualitätsmonitors; Kontakt: Frank.Multrus@uni-konstanz.de

Nieskens, Birgit, Dr., wissenschaftliche Mitarbeiterin im Zentrum für Angewandte Gesundheitswissenschaften an der Leuphana Universität Lüneburg, Mitgründerin des Career Counselling for Teachers; Arbeitsschwerpunkte: webbasierte Laufbahnberatung für Lehrer/innen, Lehrergesundheit und psychische Gesundheit in der Schule; Kontakt: nieskens@uni.leuphana.de

Oechsle, Mechtild, Dr., Professorin für Sozialwissenschaften an der Universität Bielefeld, Projektleiterin des soziologischen Teils des Forschungsprojekts STEP; Arbeitsschwerpunkte: Übergang Schule-Universität-Arbeitswelt, Bildungs- und Arbeitssoziologie, Geschlechterforschung; Kontakt: mechtild.oechsle@uni-bielefeld.de

Pasternack, Peer, Prof. Dr., Direktor des Instituts für Hochschulforschung (HoF) an der Universität Halle-Wittenberg, Wissenschaftlicher Geschäftsführer des Wissenschaftszentrum Sachsen-Anhalt Wittenberg; Kontakt: peer.pasternack@hof.uni-halle.de

Rebenstorf, Hilke, Dr. habil., wissenschaftliche Mitarbeiterin des Sozialwissenschaftlichen Instituts der EKD und ehem. Mitarbeiterin im Forschungsprojekt USuS am Zentrum für Hochschul- und Weiterbildung der Universität Hamburg; Kontakt: hilke.rebenstorf@si-ekd.de

Schaeper, Hildegard, Dr., wissenschaftliche Mitarbeiterin des HIS-Institut für Hochschulforschung, Hannover, Arbeitsbereich Absolventenforschung; Kontakt: schaeper@his.de

Scharlau, Ingrid, Dr., Professorin für Psychologie am Innovations-Inkubator der Leuphana-Universität Lüneburg, Projektleiterin des psychologischen Teils des Forschungsprojekts STEP an der Universität Paderborn; Arbeitsschwerpunkte: Allgemeine und Pädagogische Psychologie; Kontakt: ingrid.scharlau@inkubator.leuphana.de

Schubarth, Wilfried, Dr., Professor für Erziehungs- und Sozialisationstheorie am Department Erziehungswissenschaft der Universität Potsdam; Arbeitsschwerpunkte: Jugend- und Sozialisationsforschung, empirische Bildungsforschung, Lehrerbildungsforschung; Kontakt: wilschub@uni-potsdam.de

Schüssler, Renate, Dr., wissenschaftliche Mitarbeiterin an der Bielefeld School of Education (BiSEd) und ehem. wissenschaftliche Mitarbeiterin an der Fakultät für Erziehungswissenschaft der Universität Bielefeld, Forschungsprojekt STEP;
Kontakt: renate.schuessler@uni-bielefeld.de

Seidel, Andreas, Dr., wissenschaftlicher Mitarbeiter am Department Erziehungswissenschaft der Universität Potsdam; Arbeitsschwerpunkte: Hochschulentwicklung, Lehrerbildungsforschung, Evaluationsforschung;
Kontakt: eseidel@uni-potsdam.de

Speck, Karsten, Dr., Professor für Forschungsmethoden der Erziehungs- und Bildungswissenschaften an der Carl von Ossietzky Universität Oldenburg; Arbeitsschwerpunkte: Empirische Forschung zur Qualität und Evaluation im Bildungs- und Sozialbereich, Kooperations- und Netzwerkforschung, Jugend- und Sozialisationsforschung;
Kontakt: karsten.speck@uni-oldenburg.de

Teichler, Ulrich, Dr. Dr. h.c., Professor em. und ehem. Direktor des Internationalen Zentrums für Hochschulforschung (INCHER-Kassel) der Universität Kassel;
Kontakt: teichler@incher.uni-kassel.de

Ulbricht, Juliane, M.A., wissenschaftliche Mitarbeiterin am Lehrstuhl für Erziehungs- und Sozialisationstheorie, Universität Potsdam, Forschungsprojekt »Employability und Arbeitsmarktrelevanz durch verstärkte Praxisbezüge im wissenschaftlichen Studium«;
Kontakt: Juliane.Ulbricht@uni-potsdam.de

Wiescholek, Sabrina, wissenschaftliche Mitarbeiterin an der Universität Paderborn, Abteilung Psychologie und ehem. studentische Hilfskraft im Forschungsprojekt STEP, sie hat ihre Abschlussarbeit zu Praxiskonzepten von Studierenden geschrieben;
Kontakt: sabrinawiescholek@gmail.com

Science Studies

Diego Compagna (Hg.)
Leben zwischen Natur und Kultur
Zur Neuaushandlung von Natur und Kultur
in den Technik- und Lebenswissenschaften

Juni 2013, ca. 250 Seiten, kart., ca. 32,80 €,
ISBN 978-3-8376-2009-2

Stefan Kühl
Der Sudoku-Effekt
Hochschulen im Teufelskreis der Bürokratie.
Eine Streitschrift

2012, 172 Seiten, kart., 19,80 €,
ISBN 978-3-8376-1958-4

Sibylle Peters (Hg.)
Das Forschen aller
Artistic Research als Wissensproduktion
zwischen Kunst, Wissenschaft und Gesellschaft

Mai 2013, ca. 200 Seiten, kart., ca. 26,80 €,
ISBN 978-3-8376-2172-3

Leseproben, weitere Informationen und Bestellmöglichkeiten
finden Sie unter www.transcript-verlag.de

Science Studies

RUDOLF STICHWEH
Wissenschaft, Universität, Professionen
Soziologische Analysen
(Neuauflage)

April 2013, 360 Seiten, kart., 34,80 €,
ISBN 978-3-8376-2300-0

TRISTAN THIELMANN, ERHARD SCHÜTTPELZ,
PETER GENDOLLA (HG.)
Akteur-Medien-Theorie

Mai 2013, ca. 800 Seiten, kart., zahlr. Abb., ca. 39,80 €,
ISBN 978-3-8376-1020-8

CHRISTINE WOLTERS, CHRISTOF BEYER,
BRIGITTE LOHFF (HG.)
Abweichung und Normalität
Psychiatrie in Deutschland vom Kaiserreich
bis zur Deutschen Einheit

2012, 410 Seiten, kart., zahlr. Abb., 34,80 €,
ISBN 978-3-8376-2140-2

Science Studies

Leseproben, weitere Informationen und Bestellmöglichkeiten
finden Sie unter www.transcript-verlag.de